Manfred Rudersdorf

»Das Glück der Bettler«
Justus Möser
und die Welt der Armen

Für Herrn Harol,
den Dekan meines Habil.-verfahrens,
mit herzlichem Dank
für Rat und Tat und
allen guten Wünschen!
Osnabrück, am 10. III. 95
Ihr Manfred Rudersdorf.

*Ernst Gottlob: Justus Möser, Osnabrücker Staatsmann,
Geheimer Justizrat, Syndikus der Ritterschaft, Advocatus Patriae
(1720–1794), 1777.*
Landesmuseum Oldenburg, Inv.-Nr. LMO 8.219 B.
(Aufnahme H. R. Wacker)

Manfred Rudersdorf

»Das Glück der Bettler«
Justus Möser
und die Welt der Armen

Mentalität und soziale Frage
im Fürstbistum Osnabrück
zwischen Aufklärung und Säkularisation

ASCHENDORFF MÜNSTER

© 1995 Aschendorffsche Verlagsbuchhandlung GmbH & Co., Münster

Das Werk ist urheberrechtlich geschützt. Die dadurch begründeten Rechte, insbesondere die der Übersetzung, des Nachdrucks, der Entnahme von Abbildungen, der Funksendung, der Wiedergabe auf fotomechanischem oder ähnlichem Wege und der Speicherung in Datenverarbeitungsanlagen bleiben, auch bei nur auszugsweiser Verwertung, vorbehalten. Die Vergütungsansprüche des § 54, Abs. 2, UrhG, werden durch die Verwertungsgesellschaft Wort wahrgenommen.

Gesamtherstellung: Druckhaus Aschendorff, Münster, 1995

ISBN 3-402-02950-2

Meinem akademischen Lehrer
der Gießener und der Tübinger Jahre

Prof. Dr. Volker Press
(1939–1993)

in dankbarer Erinnerung
gewidmet

Justus Möser, Silhouette aus dem Nachlaß Goethes, nach 1780.
Archiv der Universität Osnabrück

Inhaltsverzeichnis

Vorwort XI

Justus Möser: Daten zu Person und Wirken . XVII

Kapitel I

Einleitung: Thema und Methode 1
1. Gegenstand und Ziel der Untersuchung:
Wahrnehmung und Erfahrung von Armut,
Bettelei und sozialer Fürsorge im paritätischen
Hochstift Osnabrück 3
2. Quellen und Literatur:
Der »soziale« Möser als Bezugspunkt der
Untersuchung 15

Kapitel II

»Das Glück der Bettler« –
Mösers imaginäre und reale Lebenswelten
in der Armut 27
1. Ausgangslage und Problemhorizont:
Der Geistliche Staat Osnabrück als Beispiel . . . 31
2. »Wohlfahrtsstaat« und Politikhorizont:
Mösers eigenständiger Weg zum »Glück« 53
3. Wahrnehmungs- und Erfahrungshorizont:
Kulturen der Armut in Osnabrück 72
4. Armutsbewältigung ohne Horizont?
Reformpläne, Maximen, Postulate 100
5. Handeln und Gestalten mit Horizont:
Bürgerehre, Bettlerglück und gemeiner Nutzen –
Möser im Vergleich mit Dalberg 129

Kapitel III

»Armut muß verächtlich bleiben« –
Mösers Regiment zwischen normativer
Disziplinierung und lokaler Selbstkontrolle . 155
1. Das System der Osnabrücker »Verfassungs-Parität«:
   Legitimation, Chancen und Barrieren 159
2. Balance der Macht – Balance der Ansprüche:
   Reformpläne im Konflikt zwischen Stadtmagistrat,
   evangelischer Regierung und katholischer Kirche . 179
3. Die Last der politischen Weichenstellung:
   Institutionelle Armenhilfe zwischen Stagnation und
   Wandel 209
4. Lokalmilieu und Engagement:
   Das »städtische« Osnabrück als Handlungsbühne . 228
5. Kirchspielsregionalismus und Beharrung:
   Das »stiftische« Osnabrück als Handlungsbühne . 272

Kapitel IV

Resümee und Ausblick:
Der Osnabrücker Weg – ein Modell?
Tradition, Beharrung und Resignation . . . 315

Anlagen

Anlage 1: Justus Möser, Das Glück der Bettler (1767) 333
Anlage 2: Justus Möser, Etwas zur Verbesserung der
          Armenanstalten (1767) 336
Anlage 3: Justus Möser, Von der Armenpolizei unser
          Vorfahren (1769) 341
Anlage 4: Konfessionsstatistik für die Ämter des
          ehemaligen Hochstifts Osnabrück (1811/12) 344

Abkürzungen 349

Inhalt

Quellen- und Literaturverzeichnis 353
1. Ungedruckte Quellen 353
2. Justus Möser (Editionen, Teilausgaben, Briefe) . . 354
3. Gedruckte Quellen (allgemein) 356
4. Literatur 360

Personen- und Ortsregister 407

Abbildungen

Dem Armen fehlen Geld, Beziehungen, Einfluß, Macht, Wissen, technische Qualifikation, ehrenhafte Geburt, physische Kraft, intellektuelle Fähigkeit, persönliche Freiheit, ja Menschenwürde. Er lebt von einem Tag auf den andern und hat keinerlei Chance, sich ohne die Hilfe anderer aus seiner Lage zu befreien. Michel MOLLAT

Vorwort

Diese Arbeit lag im Sommersemester 1993 dem Fachbereich Kultur- und Geowissenschaften der Universität Osnabrück als Habilitationsschrift vor. Für die Drucklegung wurde sie geringfügig überarbeitet, die seither erschienene Literatur habe ich nach Möglichkeit berücksichtigt. Die Untersuchung wurde 1994 mit dem erstmals verliehenen Habilitations-Preis der Osnabrücker Wissenschaftlichen Gesellschaft (OWG) ausgezeichnet.
Den Anstoß, das Thema in der vorliegenden Weise konzis und problembezogen anzugehen, es sozusagen methodisch als eine »Problemgeschichte« der Armut im Zeitalter der Aufklärung zu konzipieren, gab Herr Professor Dr. Anton SCHINDLING, dessen Wissenschaftlicher Assistent ich sechs Jahre lang an der Universität Osnabrück war. Ihm als erstem gilt mein herzlicher Dank – für die vielen guten Ratschläge und Gespräche und nicht zuletzt für die optimalen Arbeitsbedingungen während der intensiven Zeit der Fertigstellung. In gleicher Weise danke ich sehr herzlich den Herren Professoren Klaus J. BADE (Osnabrück), Peter BAUMGART (Würzburg) und Volker PRESS (gest. 1993, Tübingen), die sich der Mühe unterzogen, die weiteren Gutachten für das Verfahren zu erstellen. Ihr wertvoller Rat, ihre hilfreiche Kritik und ihre nützlichen Ergänzungen in Einzelfragen sind der Arbeit sehr zugute gekommen. Dem De-

kan, Professor Dr. Gerhard Hard, danke ich für die zügige Durchführung des Habilitationsverfahrens.
Fachliche Förderung, loyale Unterstützung und vor allem die Ermutigung, sich in Fragen der Interpretation und der Konzeption stringent auf das Wesentliche zu konzentrieren, habe ich von vielen Seiten erfahren. Für Anregungen, Gespräche und Ratschläge danke ich besonders den Herren Professoren Rüdiger Griepenburg (Osnabrück), Notker Hammerstein (Frankfurt am Main), Alwin Hanschmidt (Vechta) und Winfried Woesler (Osnabrück), ferner der verdienten Mitarbeiterin bei der Göttinger AkademieAusgabe der Möser-Werke, Frau Dr. Gisela Wagner (Lüneburg), ebenso Herrn Dr. Karl H. L. Welker (Frankfurt am Main) und nicht zuletzt ganz persönlich Herrn Oberstudienrat a. D. Walter Rudersdorf (Ellar).
Der freundschaftliche, offene Gedankenaustausch mit den Weggefährten aus der Zeit der gemeinsamen Tübinger »Hegelbau-Jahre«, mit Georg Schmidt (jetzt Professor in Jena), mit Dieter Stievermann (jetzt Professor in Erfurt) sowie mit Ronald Asch (jetzt Hochschuldozent in Münster), hat mir bei meiner Arbeit in Osnabrück sehr geholfen. Meinen hiesigen Kollegen Johannes-Dieter Steinert, Ulrich Andermann, Bernard van Wickevoort Crommelin, Thomas Franke und Wolfgang Spickermann danke ich für ihr stetes Interesse und für ihre kollegiale Unterstützung, Herrn Jochen Oltmer M.A. für mancherlei kleine Hilfen.

Bei meiner Arbeit im Niedersächsischen Staatsarchiv in Osnabrück war ich in hohem Maße auf das großzügige Entgegenkommen seines Leiters, Herrn Dr. Gerd Steinwascher, und seiner Mitarbeiter angewiesen. Ihnen allen gebührt mein nachdrücklicher Dank für ihre Hilfe und ihre Beratung, ebenso Herrn Diözesanarchivar Dr. Wolfgang Seegrün für seine sachdienlichen Hinweise sowie den Mitarbeitern der Universitätsbibliothek und der Möser-Dokumentationsstelle an der Universität Osnabrück. Frau Professorin Dr. Jutta Held (Osnabrück) danke ich sodann für ihren fachkundigen kunst-

historischen Rat bei der Auswahl der Bildvorlagen für dieses Buch.
Gewissenhaft und mit bewährter Ausdauer hat cand. phil. Heiko Ebbel JANSSEN M.A. das druckfertige Computer-Typoskript für den Verlag erstellt, mit Fleiß und Umsicht hat cand. phil. Jens BRUNING M.A. beim Korrekturlesen geholfen, in der Schlußphase tüchtig unterstützt von Oliver ALTMANN und Antje KLUSMANN (beide Hilfskräfte in Osnabrück). Ihnen allen sei hier herzlich für ihr Engagement gedankt!
Schließlich gilt mein Dank dem VERLAGSHAUS ASCHENDORFF, seiner Leitung und seinen Mitarbeitern für die gute Zusammenarbeit und die Bereitschaft, durch eine zügige Produktion das schnelle Erscheinen dieser Studie ermöglicht zu haben.

∗∗∗

Es ist mir an dieser Stelle mehr als nur eine traurige Pflicht, meinem allzu früh verstorbenen akademischen Lehrer, Herrn Professor Dr. Volker PRESS, für seinen Einsatz und für all seine Hilfen den angemessenen Dank auszusprechen. Als auswärtiger Gutachter und als Mitglied der Osnabrücker Habilitationskommission hat er den Abschluß des Verfahrens nicht mehr ganz bis zum erfolgreichen Ende miterlebt – wenige Tage vor meiner Antrittsvorlesung als Privatdozent ist er am 16. Oktober 1993 unerwartet im Alter von nur 54 Jahren in seinem Tübinger Domizil plötzlich gestorben. Volker Press vor allem verdanke ich das systematische Erlernen des methodischen und des terminologischen Instrumentariums, das mir zweifellos den Zugang erleichtert hat zu den aktuellen Themenfeldern und den spezifischen Fragestellungen einer modern verstandenen Frühneuzeitgeschichte, wie sie sich zwischen den beiden Achsenepochen der Reformation und der Aufklärung facettenreich entfaltet und inzwischen fest im Gesamtfach etabliert hat. Seit den frühen Studentenjahren in Gießen, seit 1982 zumal, als ich sein Wissenschaftlicher Mitarbeiter am Historischen Seminar in Tübingen war, hat er in mir – behutsam werbend, wie es seiner Art entsprach – das Interesse und die Neugier geweckt, einerseits für die kulturgeschichtliche Vielfalt der frühneuzeitlichen ständischen Lebenswelten und Handlungsbühnen, zum anderen für die Bedeutung der neuentstehenden kirchlichen wie staatlichen Verfassungs- und Verwaltungssysteme, die für den Zusammenhalt des bikonfessionellen Reiches und seiner Territorienwelt konstitutiv waren. Damit waren die Weichen für einen langen, nicht immer einfachen Weg gestellt, der nun ohne den vertrauten Rat des Tübinger Doktorvaters fortgesetzt werden muß.

Professor Dr. Volker Press, dem engagierten und klugen, dem unvergessenen Universitätslehrer, Forscher und Impulsgeber, widme ich diese »Prüfungs-Schrift« im stillen Gedenken an sein gelehrtes Wirken und mit bleibendem Respekt vor seiner jäh beendeten Lebensleistung. Sein wissenschaftliches Vermächtnis wird über den Tag hinaus Bestand haben und verdientermaßen Rang und Anerkennung behalten.

Osnabrück, am 31. Mai 1994　　　　　　　　Manfred Rudersdorf

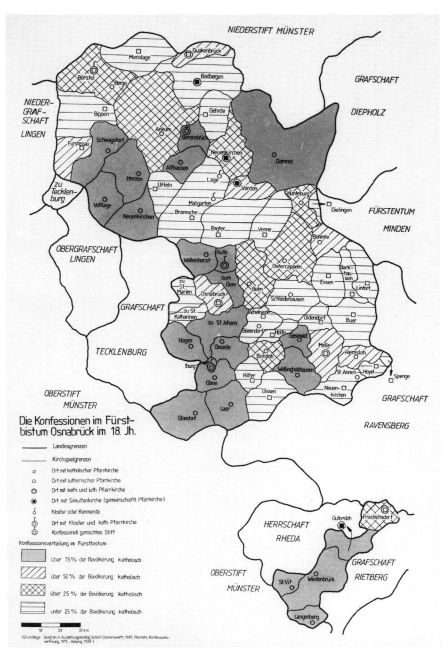

Aus: Handbuch des Bistums Osnabrück, ²1991, n. S. 48.

Justus Möser:
Daten zu Person und Wirken

»*Er hatte Zeitlebens auf ein ganzes Land den wichtigsten und wohlthätigsten Einfluß; aber auf ein Land, das klein, und dessen innere Verfassung in Deutschland nur Wenigen bekannt ist. Seine Schriften haben einen ganz originalen Character, und erheben den Verfasser zu einem der ersten deutschen prosaischen Schriftsteller; aber wegen der beständigen Beziehung auf das, was ihm am nächsten lag, sind sie in Deutschland bei weitem nicht genug bekannt und gelesen. Er besaß seltene Weltkenntniß, Menschenkenntniß, und gesellige Tugenden, die aber nur in einem eingeschränkten Cirkel, obgleich ganz ausgezeichnet, glänzten.*«

(Aus: Friedrich Nicolai, Leben Justus Möser's, 1797, Seite 5.)

Justus Möser:
Daten zu Person und Wirken

1720	14. Dez.	Geburt in Osnabrück
1740	7. Okt.	Immatrikulation an der Universität Jena
1741	26. Aug.	Wahl zum Sekretär der Osnabrücker Ritterschaft
1742	16. Okt.	Immatrikulation an der Universität Göttingen
1744	21. Jan.	Amtsantritt (Bestallung) als Sekretär der Ritterschaft
1746	25. Okt.	Heirat mit Regina Juliana Elisabeth Brouning
1747	17. April	Ernennung zum »Advocatus Patriae«
1749	5. Juni	Geburt der Tochter Johanna Wilhelmina Juliana (»Jenny«)
1753	2. Sept.	Geburt des Sohnes Johann Ernst Justus
1756	10. Jan.	Ernennung zum Syndikus der Ritterschaft
	18. Aug.	Ernennung von Mösers Vater zum Direktor der Land- und Justizkanzlei
1757 bis 1762		Wechselnde Besetzung des Hochstifts durch die Kriegsparteien
1758 bis 1763		Deputierter der Landstände zu Verhandlungen über Kriegsforderungen an das Hochstift Osnabrück
1761	6. Febr.	Tod des Fürstbischofs von Osnabrück, Kurfürst Clemens August von Köln; Beginn der Regierungsvakanz
1762	3. Febr.	Ernennung zum Rat und Justitiarius beim Kriminalgericht
1763	5. Jan.	Übernahme der Regierungsgeschäfte von Osnabrück durch König Georg III. von England
	5. Nov.	Abreise im Auftrag der Stände nach London

Daten zu Person und Wirken

1764	27. Febr.	Wahl Friedrichs, Herzog von York, zum Fürstbischof von Osnabrück – Beginn der Minderjährigkeitsregierung
	6. April	Ernennung zum Konsulenten ohne Stimmrecht bei den Regierungsräten (Geheimer Rat)
	April	Rückkehr aus London
1766	4. Okt.	»Wöchentliche Osnabrückische Anzeigen«, Ausgabe Nr. 1
1768	29. März	Ernennung zum Regierungsreferendar »Osnabrückische Geschichte, erster Theil«
1773		Die Vorrede Mösers zu seiner »Osnabrückischen Geschichte. Allgemeine Einleitung« erscheint in Herders »Von deutscher Art und Kunst. Einige fliegende Blätter«
1774	Okt./Nov.	»Patriotische Phantasien, erster Theil«
1775	Okt./Nov.	»Patriotische Phantasien, zweiter Theil«
1778		»Patriotische Phantasien, dritter Theil«
1780		Neue, vermehrte Ausgabe der »Osnabrückischen Geschichte« in zwei Bänden
1783		Amtsantritt Friedrichs, Herzog von York, als Fürstbischof von Osnabrück – Ende der Minderjährigkeitsregierung – Ernennung Mösers zum Geheimen Referendar und Geheimen Justizrat
1785		Verleihung des Rechts, bei Verhinderung des Geheimen Rats im Namen des Herzogs zu unterzeichnen
1786		»Patriotische Phantasien, vierter Theil«
1787	31. Mai	Tod seiner Frau Regina Juliana Elisabeth
1792	17. Jan.	50jähriges Amtsjubiläum (gerechnet vom Datum der Landtagssession nach der Ausfertigung des Patents vom 26. Aug. 1741)
1794	8. Jan.	Tod in Osnabrück

Kapitel I

Einleitung:
Thema und Methode

»Osnabrück ist ferner ein geistlicher Staat von ganz besonderer Art, nicht nur aus katholischen und protestantischen Domherrn und Staatsbeamten zusammengesetzt, sondern auch die Rittergutsbesitzer sind meist protestantisch; und das Land ist einem Landesherrn und Bischofe aus beiden Religionen wechselweise unterworfen. Hier stoßen die sonderbarsten Combinationen im höchsten Maße zusammen, indem der Geist des Protestantismus sich an den Geist des Katholicismus anschmiegen soll und muß.«

(Aus: Friedrich Nicolai, Leben Justus Möser's, 1797, Seite 18–19.)

1. Gegenstand und Ziel der Untersuchung: Wahrnehmung und Erfahrung von Armut, Bettelei und sozialer Fürsorge im paritätischen Hochstift Osnabrück

Der bemerkenswerte, in seiner Bedeutung nicht zu unterschätzende Reformprozeß in den Territorien des Heiligen Römischen Reiches im Zeichen der Aufklärung in der zweiten Hälfte des 18. Jahrhunderts ist in den letzten Jahren erneut verstärkt in das Blickfeld der geschichtswissenschaftlichen Forschung in Deutschland gerückt. Die einschlägigen Studien von Karl Otmar Freiherr von ARETIN, Peter BAUMGART, Günter BIRTSCH, Heinz DUCHHARDT, Notker HAMMERSTEIN, Alwin HANSCHMIDT, Ernst HINRICHS, Johannes KUNISCH, Horst MÖLLER, Volker PRESS, Rudolf VIERHAUS und Eberhard WEIS, um nur einige Autoren zu nennen, sind hierfür ein eindrucksvolles und beredtes Zeugnis. Reformmaßnahmen im Bereich des Bildungswesens, der Sozialfürsorge und der Justiz waren allgemein für die Zeit des aufgeklärten Reformabsolutismus im Reich kennzeichnend und prägend. Entsprechende Reformen wurden jedoch auch in den Territorien in Angriff genommen, die nicht absolutistisch oder nicht von weltlichen Herren regiert waren, so in den Geistlichen Staaten der adeligen deutschen Reichskirche, deren traditionelles Herrschaftssystem und Institutionengefüge bereits an vielen Orten im Vorfeld der Säkularisation obsolet geworden war. Dennoch bildeten die Geistlichen Staaten neben den weltlichen Fürstentümern bis zur Auflösung des Heiligen Römischen Reiches 1803/1806 formaljuristisch und faktisch einen konstitutiven Faktor der Reichsverfassung, und dies ungeachtet der Tatsache, daß die aufgeklärt-bürgerliche Kritik am Ende des 18. Jahrhunderts, also noch zur Zeit ihres Bestehens, die reichskirchlichen Territorien massiv der »Rückständigkeit«, ja der altertümlichen Regierungspraktiken zieh und ihren nahen Untergang kommen sah. So wie das Reich, das den institutionellen verfassungsrechtlichen Rahmen bot, mit den bekannten negativen Stereotypen wie »morsch«, »verrottet« und »zerfallen« bedacht wurde, so wurden auch die Länder unter dem Krummstab von ihren zeitgenössischen Kritikern pauschal abqualifiziert und mit den Prädikaten »veraltet«, »überlebt« und »dem Untergang nahe« versehen (so Peter HERSCHE und Peter WENDE). Es stellt sich daher die Frage, inwieweit die Existenzberechtigung der Geistlichen Staaten in dem »aufgeklärten« Klima der Erneuerung und des Wandels tatsächlich gefährdet war, inwieweit die Wirksamkeit der bürokratischen Reformimpulse den staatlichen Auflösungsprozeß verzögert oder aber beschleunigt hat, und schließlich: welche endogenen und welche exogenen Faktoren die im Prinzip aus freien, von manchen auch aus weniger freien Stücken angestrebte innere Modernisierung im Sinne des aufgeklärten Reformabsolutismus beeinflußt und mitgestaltet haben.

Daß diese Fragestellung in ihrer historischen Komplexität unter verschiedenen Aspekten und unter verschiedenen methodischen Vorgehensweisen diskutiert werden kann und durchaus zu unterschiedlich akzentuierten Ergebnissen gelangen kann, ist in der profan- und in der kirchengeschichtlichen Aufklärungsforschung heute weitgehend unstrittig. Die hier projektierte und durchgeführte Untersuchung, die sich auch als ein Beitrag zur Kultur-, Sozial- und Mentalitätsgeschichte und zum Werte- und Bewußtseinswandel der vorindustriellen kleinteiligen ständischen Gesellschaft – im Zeichen einer quasi-säkularen evangelischen Bischofsherrschaft in Osnabrück – versteht, markiert recht deutlich die Möglichkeiten und die Grenzen einer an den Quellen orientierten Analyse und Bewertung: Weder die ganzheitliche Betrachtung des Phänomens »Geistlicher Staat« im Banne seines säkularen Niederganges noch die Beschränkung auf die originär politik- und verfassungsgeschichtliche Interpretation des Themas im engeren Sinne bilden den Ausgangspunkt und den Rahmen der Fragestellung. Diese wird vielmehr definiert durch die gezielte Blickrichtung auf einen bislang noch immer in der Forschung eher unterrepräsentierten, erst allmählich entdeckten und noch auszulotenden Sektor der territorialstaatlichen Innen- und Sozialpolitik, nämlich auf den menschlich so überaus sensiblen und politisch keineswegs unumstrittenen Bereich des

1. Gegenstand und Ziel der Untersuchung

vormodernen Armen-, Kranken- und Fürsorgewesens, eines elementaren, ja existentiellen sozialen Lebensbereiches also, der in dem Spannungsfeld von Territorium, Konfession und frühneuzeitlicher Mentalität aufschlußreich ist für die Beurteilung der Stabilität und der Dauerhaftigkeit des sozialen Grundkonsenses in der ständisch-verfaßten partikularen Stadt- und Territorialgesellschaft des Alten Reiches.
Im Umgang mit der Armut, im Engagement für die »Welt der kleinen Leute«, spiegelte sich neben dem allgemeinen Zivilisationsgrad auch ein bedeutendes Stück Kulturgeschichte der damaligen Gesellschaft, manifestierten sich Opferbereitschaft, materielle Großzügigkeit und Fürsorgepflicht von Staat und Kirche, von Privatpersonen und korporativen Schutzverbänden, artikulierte sich das soziale Gewissen der landesherrlichen Obrigkeit. Dies waren Erfahrungen einer Zeit, die noch weit entfernt war von dem stützenden Korsett der Schutzbestimmungen einer modernen Sozialgesetzgebung, von der Effizienz des Prinzips der Subsidiarität und der Solidarität, und in der erste, unvollkommene Ansätze zur Rehabilitation verarmter und bedrängter Existenzen in Gestalt der Zucht- und Arbeitshäuser, in der Einrichtung von Spitälern und Waisenanstalten, nur partiell und von Region zu Region verschieden einen Fortschritt, aber noch keinen generellen Wandel herbeiführten – einen Wandel, der das virulente Armutsproblem in der partikularen Territorialgesellschaft des Alten Reichs, ob nun katholisch oder evangelisch, mehr obrigkeitlich-herrschaftlich oder mehr ständisch-autonom bestimmt, gelöst hätte.
Die Problematik von Armut und Krankheit, von Bettelei, Hunger und sozialer Deklassierung, von einem Leben am Rande der Gesellschaft, das durch persönliches Mißgeschick und Unglück, durch Mangel an Vorsorge im Familienverband oder durch Müßiggang, Isolation und Resignation als Folge fehlender Arbeitsmöglichkeiten potentiell jeden treffen und gefährden konnte, war ein Phänomen, das die geistlichen Territorien aufgrund ihrer inneren Verfassung und Herrschaftsordnung sowie aufgrund ihrer religiösen sakralen Tradition und ihrer sozial-karitativen Programmatik tendenziell stärker

erfaßte als die gleichfalls bedrängten und involvierten, aber im Bewußtsein der Zeitgenossen »moderneren« und »fortschrittlicheren« weltlichen Fürstenstaaten und städtischen Kommunen, die die eigentlichen Brennpunkte der sozialen Armutsmisere waren. Einen besseren Beweis für die Armut, die bedrückte Lage der Bevölkerung, eben für die Rückständigkeit gerade der Krummstabländer konnte es freilich für die »aufgeklärten« Kritiker der Alten Kirche, wie der Vergleich mit den weltlichen Territorien suggeriert, gar nicht geben.

Wenn wir im folgenden generell nach den systemimmanenten Voraussetzungen und den konkreten praktischen Ausformungen, den Bausteinen einer wie auch immer gearteten aufklärerisch durchwirkten »Sozialpolitik« in einem Geistlichen Staat der Reichskirche fragen, die sich mit der Problematik der Reform einer als unzulänglich empfundenen Organisation der Sozialfürsorge, der Krankenversorgung und der Bettlerbewältigung auseinanderzusetzen hatte, so läßt sich diese Aufgabe zunächst nur adäquat an einem dafür geeigneten regionalen Fallbeispiel lösen, bevor es zu verallgemeinernden Aussagen und zu gezielten Gegenproben im konkreten Vergleich kommen kann. Dabei erscheint es wichtig, stets die institutionelle Verfaßtheit und die personelle Kräftekonstellation, also das innere politische, ständisch-soziale und kirchliche Koordinatensystem des untersuchten Fallbeispiels im Blick zu behalten, das heißt vor allem den Wahlcharakter des geistlichen Territoriums, die Rolle des Domkapitels als Träger der Mitherrschaft einerseits und als ständischer Opponent andererseits sowie schließlich die Regierung des bischöflichen Landesherrn selbst, der in seiner verfassungsrechtlich legitimierten Doppelrolle neben den geistlich-kirchlichen zugleich die weltlich-obrigkeitlichen Funktionen auszuüben hatte.

Im Zusammenhang der Geschichte der Geistlichen Staaten im Zeitalter des Absolutismus und der Aufklärung bildete das Hochstift Osnabrück nach dem Westfälischen Frieden von 1648 einen in mehrerer Hinsicht interessanten »Sonderfall«, der im Mittelpunkt der vorliegenden Untersuchung steht. In dem erneuerten osnabrückischen Bischofsstaat, einem bemerkenswerten Produkt der Westfälischen Friedensverhandlun-

1. Gegenstand und Ziel der Untersuchung

gen, war durch die vorgeschriebene konfessionelle Parität in der Tat bis zur Säkularisation im Jahre 1803 vieles anders als anderswo in den vergleichbaren Bruderstaaten geistlicher Dignität, so etwa in dem benachbarten größeren Fürstbistum Münster, aber auch in dem Erzbistum Köln, dessen Suffragan Osnabrück als katholische Diözese war.

Mit Justus Möser (1720–1794) stand am Ende des Alten Reichs ein durchaus befähigter und begabter Staatsmann bürgerlicher Provenienz an der Spitze des kleinen ständestaatlichen Hochstifts, der sich in seinem reichhaltigen literarischen Schrifttum, in seiner aktuellen Zeitungspublizistik und in seiner konkreten Regierungspraxis als ein exponierter Vertreter aufgeklärter Reformgesinnung und aktiver Politikgestaltung profilierte. Der in Osnabrück geborene Bürger- und Beamtensohn und studierte Jurist, der seit 1764 rund drei Jahrzehnte lang ohne Unterbrechung im Dienst des evangelischen Fürstbischofs von Osnabrück aus dem Hause Braunschweig-Lüneburg stand, schaffte es wie kein anderer seiner Generation, sich in die unterschiedlichen Mentalitäten und Verhaltensweisen seiner Mitbürger, der kleinen Handwerker und Kaufleute, der Kleriker und Akademiker, der Advokaten und Verwaltungsjuristen, in die Lebenswelt des Adels und nicht zuletzt in die der Stadtbewohner und der bäuerlichen Gesellschaft auf dem platten Land hineinzudenken, in Lebens-, Erfahrungs- und Wahrnehmungsformen also, die von dem bikonfessionellen Charakter und von den paritätischen Strukturen in Stadt und Stift sehr nachhaltig geprägt wurden.

Das Funktionieren des konfessionell-paritätischen Verfassungssystems in dem Osnabrücker fürstbischöflichen Territorium, das nach 1648 die Alternation im Bischofsamt zwischen einem katholischen und einem evangelischen Bischof verbindlich vorschrieb, war dem karrierebewußten Politiker und Publizisten Möser dank seiner kontinuierlichen Präsenz am Ort und dank seiner guten Kenntnis der lokalen und regionalen Binnenstrukturen wohl vertraut. Seine pragmatische Regierungskunst, zunächst als Konsulent (1764), dann als Geheimer Referendar (1768), schließlich als Geheimer Justizrat der Regierung (1783), sein intensives Ringen um einen Ausgleich zwischen den Interessen der Landesherrschaft und den Forderungen der Landstände, dem altgläubigen Domkapitel, der evangelischen Ritterschaft und den bürgerlichen Amtsträgern der Städte, fußte auf dem praktischen Wissen um die Handhabung der eingefahrenen Spielregeln und der funktionierenden Mechanismen, die das komplizierte Kräftefeld in dem Herrschaftsgefüge des halb katholischen, halb protestantischen Osnabrücker Landes kennzeichneten. Trotz der alternierenden Sukzession im Bischofsamt blieb das Hochstift nach 1648 bis zum Ende des Alten Reiches – dank der juridifizierenden Garantiefunktion der Reichsverfassung – als ein geistliches Fürstentum der deutschen Reichskirche bestehen, obwohl es zuletzt immer mehr unter dem Banner der protestantischen Konfession und der daraus resultierenden politischen Zwänge zu einem welfischen »Nebenland« herabgesunken und damit einem starken Interventions- und Säkularisierungsdruck durch die kurfürstlich-königlichen Regierungen in Hannover und in London ausgesetzt war.

Die weitgehenden Kompetenzen, die der evangelische Möser in seiner »patria« Osnabrück genoß, ermöglichten es ihm, eine Reihe von Reformmaßnahmen im Geiste der Aufklärung durchzuführen, die den ständischen Kleinstaat im Nordwesten des Reichs, den Nachbarn des größeren und in seiner Bedeutung wichtigeren Hochstifts Münster, politisch und kulturell noch einmal aufblühen ließen, bevor er 1802/1803 im Zuge der Säkularisation in dem ungleich mächtigeren hannoverschen Kurstaat aufging. Das weit über Osnabrück hinaus in der gelehrten Kommunikationsgesellschaft des Reiches, in einer gebildeten Öffentlichkeit, beachtete literarische und publizistische Wirken Mösers, sein Politik- und Staatsverständnis, seine Rolle als Stände- und als Regierungspolitiker und nicht zuletzt sein umfangreiches schriftstellerisches Œuvre (vgl. das Quellen- und Literaturverzeichnis) haben in der Forschung bislang eine große Resonanz gefunden, die sich in zahlreichen älteren und neueren Publikationen sowie in den beiden wichtigen Werkausgaben aus dem letzten Jahrhundert (ABEKEN, 1842/1843) und aus diesem Jahrhundert (GÖTTINGER AKADEMIE-AUSGABE, 1943–1990) widerspiegelt. Bei der systema-

1. Gegenstand und Ziel der Untersuchung

tischen Durchsicht der Literatur fällt auf, daß das zweifellos vorhandene, wenn auch oft hinter seinen merkantilistischen Wirtschaftsmaßnahmen verdeckte sozialpolitische Engagement Mösers in der Regel immer nur knapp gestreift, allenfalls in anderen administrativen Zusammenhängen, nie aber zentral als eigene Fragestellung thematisiert wurde. Seine Position zur Beurteilung und zur Handhabung der sozialen Frage im Hinblick auf das Phänomen von Armut, Armutsbekämpfung, Not und Bettelei im Hochstift Osnabrück ist nur in vagen Umrissen bekannt, eine zusammenhängende analysierende Darstellung dieses für die Kultur- und Zivilisationsgeschichte der »vormodernen« Gesellschaft so zentralen sozialgeschichtlichen Komplexes gibt es für das exemplum Osnabrück bislang nicht.

Natürlich war Möser in seinen Aktionen stets gezwungen, unter den spezifischen Bedingungen der Osnabrücker Religions- und Verfassungsparität einen behutsamen politischen Kurs zwischen Bewegung und Bewahrung, zwischen Fortschritt und Stagnation, ja zwischen einer sinnvollen Verbindung alter und neuer Techniken und Methoden des Regierens, zu steuern. Ein für das aufgeklärte Zeitalter auch nur halbwegs funktionierendes, institutionalisiertes System der sozialen Absicherung und Prävention gab es in dem paritätischen Hochstift nicht – noch immer bot der funktionierende klassische Familien- und Nachbarschaftsverband den besten persönlichen Schutz gegen ein unverschuldetes Abgleiten in Bedürftigkeit und Krankheit, in Mittellosigkeit und in Altersarmut. Die uneinheitliche, rudimentäre Ausgestaltung des Fürsorgewesens, zumal in den ländlichen Kirchspielen, lag noch weitgehend in der Hand der beiden christlichen Konfessionskirchen und ihrer örtlichen Repräsentanten, der Pastoren und Armenprovisoren – dies weniger im Sinne einer offenen Konkurrenz, sondern mehr im Hinblick auf ein synchrones und verantwortbares, konfliktvermeidendes Handeln, wenngleich die religiös bedingten mentalitätsmäßigen Unterschiede in Sitte und Brauchtum sowie die lokalen Animositäten zwischen Bauern und Bettlern, zwischen Spendern und Spendenempfängern die konkrete Alltagspraxis und das Ziel der sozialen Hilfen lange Zeit bestimmten. Es war ein langer und keineswegs geradlinig verlaufener Prozeß, der von der kirchlich dominierten mittelalterlichen »Caritas« und christlichen Barmherzigkeit über die ethische und organisatorische Neuorientierung in der Reformation, über Klostersäkularisierung, Landeshospitäler und gemeine Almosenkästen, zu dem neuen wohlfahrtsstaatlichen Denken der Aufklärungszeit führte, das gekennzeichnet war durch eine Vielzahl privater mäzenatischer Initiativen des wohlhabenden Bürgertums, durch die Einrichtung bedeutender milder Stiftungen, durch testamentarische Schenkungen und nicht zuletzt durch das breite Ausmaß obrigkeitlicher Regelungen und Verordnungen im Sinne einer »guten und gerechten Polizei«. Auch für Möser stellte die Bekämpfung des gravierenden Bettelunwesens in Stadt und Land Osnabrück als Ausdruck von Armut, Arbeitsmangel und Regellosigkeit eine große Herausforderung dar, die mit dem Instrumentarium einer reglementierenden Politik, mit Armen- und Bettelordnungen, mit öffentlichen Mandaten und Verboten, mit volkspädagogischen Disziplinierungsappellen allein nicht zu meistern war. Das von aufgeklärter bürgerlicher Humanität, freilich auch von einem streckenweise erstaunlichen verbalen Rigorismus durchwirkte Programm Mösers, mit dem Ziel, die pädagogische Erziehung des Menschen von Grund auf zu verbessern, den Arbeitslosen das Arbeiten beizubringen und den Bedrängten Hilfe zur Selbsthilfe zu leisten, war zweifellos mehr als nur ein intellektueller rhetorischer Impetus in einer Situation, die die damalige interessierte, vornehmlich gebildete und regierungsnahe Öffentlichkeit beschäftigte und bewegte.

Möser gelang es trotz mancher Anstrengungen und Anläufe nicht, durch gezielte Maßnahmen zur Eindämmung der Bettelei eine Lösung des Armutsproblems zu erreichen. Damit entspricht der Befund aus Osnabrück in vielem der These, die Rudolf ENDRES vor einigen Jahren – gestützt durch die Forschungen von Rudolf VIERHAUS – durchaus mit einem generalisierenden Anspruch vertreten hat, daß nämlich das Armenproblem im Absolutismus nicht bewältigt wurde. »Auch der vielzitierte aufgeklärte Wohlfahrtsstaat«, so schreibt ENDRES, »hat die sozialen Verhältnisse nicht verändert« (Das Armenproblem im Zeitalter des Absolutismus, S. 1020). In diesem Sinne förderte auch die zwangsweise Kasernierung unbotmäßiger Müßiggänger und arbeitsscheuer Bettler in dem neuerrichteten »Zucht-, Besserungs- und Gefangenhaus« in Osnabrück (konkrete Planungsphase seit Anfang der 1750er Jahre) die damit intendierte Arbeitspflicht und Arbeitslust der eingesperrten und kontrollierten Insassen nur wenig, von dem erhofften ökonomischen Nutzen für den »Flor« des Landes einmal ganz abgesehen. Die rein polizeiliche, repressive Armenpflege, so prägend und so alternativlos sie über lange Zeit in einem System der abgestuften Disziplinierung zu sein schien, stieß im ausgehenden 18. Jahrhundert an die Grenzen ihrer Ordnungs- und Integrationsfähigkeit, sie vermochte der im Gefolge des Siebenjährigen Krieges überhandgenommenen Bettelplage und der daraus resultierenden sozialpolitischen Konsequenzen mit den traditionellen Methoden der Konfliktlösung nicht mehr Herr zu werden.

Die Notwendigkeit einer zentral-geordneten allgemeinen öffentlichen Armenpflege, die obrigkeitlich legitimiert und in eigener Regie behördenmäßig organisiert war, wurde von Möser in ihrer Tragweite auch für ein kleines Land wie Osnabrück nicht für dringlich, jedenfalls nicht für zweckmäßig erachtet, ja er stand einem Zuwachs an zentraler bürokratischer Kontrolle und damit einer tendenziellen Reduzierung der ständischen Autonomie aus prinzipiellen weltanschaulichen und staatspolitischen Gründen mehr skeptisch als befürwortend gegenüber – dabei die anderswo als Vorteil empfundene rationale Koordination und Uniformierung der Verhältnisse im Sinne einer effizienten Herrschaftsoptimierung bewußt ablehnend. So sollte es in Osnabrück, trotz mancher konzentrierter Anstrengungen in der Zwischenzeit, schließlich bis zum Jahr 1810 dauern – das Hochstift hatte durch die Säkularisation längst seine staatliche Selbständigkeit verloren, der Einfluß der napoleonischen Reformgesetze war bereits evident –, bis das neue System der allgemeinen Sozialfürsorge mit der Etablierung einer zentralen städtischen Armenanstalt, in die sukzessive fast alle Mittel der kommunalen, kirchlichen und zünftischen Einzelstiftungen (mit Ausnahme der katholischen Armenfonds) einflossen, institutionalisiert und funktionsfähig war. Erst jetzt, im Zeichen des politischen Wandels und der Auswirkungen der frühen Industrialisierung, wurde die Betreuung der »würdigen« Armen, der Kranken und der Bettler, wurde die Relevanz dieser sozialen Frage also, als eine administrative »öffentliche« Aufgabe der staatlichen Obrigkeit und der kommunalen Selbstverwaltungsorgane verstanden, während in der langen Amtszeit Mösers unter dem Dach des Ancien Régime noch weitgehend eine diffuse Mischstruktur aus privater und aus kirchlicher, aus ständischer und aus regierungsamtlicher Initiative vorherrschend war. Gerade dies aber war eine elastische Konstruktion, die den altständischen gesellschaftlichen Grundkonsens zwar nicht in Gefahr brachte, die andererseits aber auch das politisch heikle und sensible Problem der Randexistenzen – einen potentiellen sozialpolitischen Sprengstoff also – ohne lauten Protest der betroffenen Gruppen nur in unvollkommener Weise regulierte, ohne dabei letztlich die Ursachen des Dauerphänomens »Armut« und das damit korrespondierende individuelle Los der vielen Einzelschicksale ändern zu können.

Am Beispiel des für die Geistesgeschichte der deutschen Aufklärung wichtigen Wirkens Justus Mösers läßt sich das Verhältnis von konzeptionellem theoretischem Anspruch und von praktischer politischer Regierungserfahrung, von dessen Übereinstimmung, Erfolg oder Diskrepanz diskutieren, und dies in einem Territorium, in dem der interkonfessionelle Vergleich zwischen der katholischen und der lutherischen Lebenswelt auf engstem Raum, zwischen den verschiedenen Mentalitäten und verschiedenen Verhaltensmustern der Bevölkerung möglich ist, also eine Aussage, wenn auch behutsam und vorsichtig, gemacht werden kann zur sozialen und zur anthropologischen Dimension des Armutsproblems im Zeichen konfessioneller Nachbarschaft, relativer Friedfertigkeit und pragmatischer Anpassung.

Der methodische Ansatz der Untersuchung zielt daher nicht in erster Linie auf das bewährte traditionelle Muster einer verfassungsmäßig orientierten Institutionen- und Organisationsgeschichte des Armenwesens, sondern auf die Anwendung und kombinierte Verknüpfung von kultur-, sozial- und mentalitätsgeschichtlichen Fragestellungen und Ansätzen, wie sie etwa in den Arbeiten von FRANÇOIS, GEREMEK, GUTTON, MOLLAT sowie zuletzt von DINGES, FINZSCH, JÜTTE, KOPITZSCH, STIER und MONTANARI innovativ angewandt und überzeugend quellennah präsentiert wurden. Das heißt: Nicht zuerst die einzelne Institution, die einzelne Stiftung, die einzelne Verordnung als hilfreiche und im Kontext des Geschehens nützliche Tat stehen im Mittelpunkt des Forschungsinteresses, sondern – soweit nachweisbar und belegbar – das Wahrnehmen und Verarbeiten der Probleme durch die handelnden Personen in ihren Ämtern, sodann das Denken und das öffentliche Reden über den Lebens- und Erfahrungsbereich von Armut, Not und Bettelei als Teil des neuzeitlichen Zivilisationsprozesses, das Aufspüren seiner soziokulturellen Antriebs- und Motivationskräfte und nicht zuletzt das ernste praktische Ringen im politischen Diskurs um ein erneuertes konsensfähiges System der individuellen und der kollektiven sozialen Sicherheit im gesellschaftlichen Gefüge des geistlichen Territoriums am Vorabend seiner Auflösung. Auch an der Armutsfrage konstituierten sich, wie sich zeigen läßt, neue Formen von Erfahrung, Wahrnehmung und Öffentlichkeit im Spannungsfeld von traditioneller Ständegesellschaft und »modernisierender« Aufklärung.

Um den Stellenwert des Armen- und Fürsorgewesens im Spektrum der Regierungsmaßnahmen angemessen zu gewichten, erscheint es schließlich wichtig, danach zu fragen, in welchen begrifflichen und sachlichen Kategorien über das Problem der »würdigen« und der »unwürdigen« Armut, der »ehrlichen« und der »unehrlichen« Arbeit nachgedacht und geurteilt wurde: Galt die Armut im Geiste der strengen protestantischen Ethik als selbstverschuldetes Unglück und als Schande, oder war sie im Sinne der katholischen sozialkaritativen Tradition mehr ein gottgegebener Anlaß zur Mildtätigkeit für die Wohlhabenden, um auf diese Weise neben irdischer Reputation und sozialer Prestigeerhöhung das eigene Seelenheil durch fromme Taten zu fördern? Dahinter steht die generelle Frage nach den Determinanten und nach dem Verständnis des damaligen Menschenbildes, nach dem Einfluß der religiös-konfessionellen und der rational-säkularen Triebkräfte, die dieses Menschenbild bestimmten – dies alles vor dem Hintergrund eines sich wandelnden Normen- und Wertesystems in der kleinräumigen ständischen Agrargesellschaft, deren Transformationsprozeß im Zeichen der allmählichen Auflösung der alten Strukturen – im Banne der Säkularisierungstendenzen und der französischen Okkupationspolitik in Deutschland während des Siebenjährigen Krieges – in vollem Gange war. Die Ära des Osnabrücker Justizrats Möser in ihrer eigentümlichen Mischung aus »konservativen« und aus »emanzipatorischen« Zügen bietet für die gestellten Fragen durchaus ein hinreichendes Anschauungs- und Interpretationsmaterial: Das bürgerliche urbane Denken dieses Mannes in der Auseinandersetzung mit dem beharrenden Traditionsbewußtsein des mehrheitlich katholischen Domkapitels und den Statusinteressen der mehrheitlich evangelischen Ritterschaft, die Abstimmung mit den politischen Außenachsen einerseits im kurkölnischen Bonn, andererseits im welfischen Hannover und am Hofe von St. James in London, führte immer wieder von neuem zu Kompromiß- und zu tragfähigen Konsensregelungen und damit letztlich zu einem für das Land und seine mehr als 100 000 Einwohner sozial- und wirtschaftspolitisch produktiven Ergebnis. Allerdings muß im Sinne einer Korrektivfunktion nachdrücklich danach gefragt werden, inwieweit das exklusive Fallbeispiel des paritätischen Osnabrück im Hinblick auf die gestellte Thematik typische oder untypische Verhaltens- und Verlaufsmuster widerspiegelt, und inwieweit Möser als leitender Territorialbeamter in seinem regierungsamtlichen Handeln singuläre oder allgemeine Tendenzen der Aufklärungszeit repräsentiert. Die vergleichende Überprüfung und gegebenenfalls einschränkende Relativierung kann angesichts der langen Dauer der welfischen Landesherrschaft in Osnabrück nur gezielt an den zentralen Nahtstellen der Interpretation vorgenommen werden, um auf diese Weise die Gefahr einer einseitig auf die Person Mösers fixierten verabsolutierenden Deutung zu bannen. Es zeigt sich, daß der komparatistische Blick über die Grenzen des nordwestdeutschen Hochstifts hinaus das Problem der Armen- und Sozialfürsorge ebenso wie die Herausforderung durch Bettelei und Vagantentum in einen größeren überregionalen zeitgenössischen Diskussionszusammenhang zu stellen vermag, der die aufgeklärte öffentliche Meinung beschäftigte und der die Virulenz der Thematik einem betroffenen Publikum in eindringender Weise zugänglich machte. Nicht zuletzt der osnabrückische Staatsmann Möser hatte in seiner Rolle als Publizist und als Propagandist einer gemäßigten volksnahen Aufklärung einen beträchtlichen Anteil an dem Verlauf und an dem Nutzen dieser Debatte.

2. Quellen und Literatur: Der »soziale« Möser als Bezugspunkt der Untersuchung

Die vorliegende Problemstudie über das »Glück der Bettler« – ein programmatischer Titel, der einer der »Patriotischen Phantasien« von Möser entnommen ist – kombiniert die Analyse von Mösers literarisch-publizistischen Stellungnahmen zur Armutsfrage mit seinem politischen Handeln als leitender Staatsmann und Landesadvokat im Fürstbistum Osnabrück. Die facettenreichen Wahrnehmungen und Erfahrungen von Armut in der Stadt Osnabrück und auf dem flachen Land innerhalb des Stiftsterritoriums, der öffentliche Umgang mit Armut und mit Armutsbewältigung sowie die Prägungen der Mentalitäten des »bürgerlichen Regenten« Möser, der besitzenden Schichten von Bürgern und Bauern sowie der Armen und der Bettler am Rande der Ständegesellschaft interessieren hier vor allem – sie bestimmen den methodischen Zugang und den analytischen Rahmen der Arbeit.

Ihr besonderes Profil freilich gewinnt die Arbeit durch die Person, die als Bezugspunkt in der Mitte der Darstellung steht, nämlich Justus Möser, der exponierte Schriftsteller und Politiker von Osnabrück. Seine Auffassungen, seine Vorschläge und seine soziale Lösungskompetenz im Umgang mit dem gesellschaftsgeschichtlich ebenso wichtigen wie dringlichen Problem der Armutsbekämpfung bilden in dem Spannungsfeld von beharrender Tradition, vorsichtig forciertem Wandel und aufgeklärter Reformgesinnung den Ausgangspunkt und das Zentrum der Fragestellung, die unter verschiedenen methodischen Zugangsweisen und komparatistischen Aspekten diskutiert und beleuchtet wird. Dabei fließen Anregungen aus der politischen Ideengeschichte und der Literaturgeschichte ebenso in die Gesamtinterpretation ein wie Standards aus den etablierten Forschungstraditionen der Verfassungs- und der Sozialgeschichte sowie der Konfessions- und der Mentalitätsgeschichte – Einflüsse, die über eine pointierte Synthese zu einem schlüssigen Gesamtbild der komplexen Möserschen Armenphilosophie und Armenpolitik in der Theorie und in der Praxis hinführen sollen.

Bemerkenswert erscheint, daß in der Reihe der klassischen deutschen Schriftsteller kaum ein anderer in seinem literarischen Werk so facettenreich den lebensweltlichen Alltag der Menschen widerzuspiegeln vermochte wie Justus Möser, und zwar nicht nur in einem spezifisch elitären Kulturzusammenhang der regierungsnahen höheren Schichten, sondern gerade auch mit Blick auf den breiten Bereich der sogenannten Volkskultur: »mundus in gutta« – die Lebenswelten des Fürstbistums Osnabrück am Ende des Alten Reiches als ein Abbild gesellschaftlichen Lebens in Deutschland zwischen altehrwürdiger Tradition und Aufklärung, zwischen Altem Reich und dem Aufstieg des Bürgertums. Zwar hat die deutsche Volkskunde in Justus Möser seit jeher einen ihrer geistigen Väter gesehen, aber es ist erstaunlich, daß die moderne Alltags- und Mentalitätsgeschichte den Autor der »Patriotischen Phantasien« noch nicht als eine Hauptquelle für ihr 18. Jahrhundert entdeckt hat. Diese Zusammenführung soll in der vorliegenden Studie am Beispiel des Problemzusammenhangs von Armut, Bettelei und defizitärer Sozialfürsorge im städtischen und im ländlichen Umfeld eines Geistlichen Staates konzis gelei-

2. Quellen und Literatur

stet werden: Eine klassische Quelle zur Kulturgeschichte der deutschen Aufklärung wird so mit dem Frageraster moderner Forschungsmethoden neu zum Sprechen gebracht. Entscheidend dafür ist die Korrelierung der literarisch-publizistischen Stellungnahmen des Volksaufklärers Möser mit dem amtlichen Schrifttum seiner Regierungsakten, das sich im Staatsarchiv zu Osnabrück in großer, bislang erst rudimentär und punktuell erschlossener Fülle erhalten hat.
Die bisherige Möserforschung – eine letzte verdienstvolle Zusammenschau bietet das von Winfried WOESLER herausgebene Möser-Forum I aus dem Jahre 1989 – war geprägt von Fragestellungen und Forschungstraditionen der Literaturgeschichte, der politischen Ideengeschichte, der Rechtsgeschichte und der Volkskunde, meistens erkennbar disziplinär getrennt, mit den Stärken und den Schwächen des jeweiligen methodischen Zugriffs. Eine interdisziplinäre Korrelierung war also zweifelsohne längst fällig: Daß sie hier an einem Thema geschieht, das gerade nicht ein klassisches, vieltraktiertes »Möserthema« ist, das gleichwohl in vieler Hinsicht Neuland erschließt, erwies sich gleichermaßen als ein Wagnis und als eine Chance. Der konservative Aufklärer Justus Möser, der kein Armenpolitiker war und es auch nicht sein wollte, der vielmehr ein sozialpolitisches Status-quo-Denken demonstrierte und eine modernisierende Reform des Armenwesens im Stile seiner Zeit ablehnte, der freilich trotzdem amtlich und auch literarisch-publizistisch sich mit der Armutsfrage auseinandersetzte – diese im folgenden zu entwickelnden Einsichten in sein Wirken spiegeln pointiert die facettierende Entfaltung eines Themas, das sich für die Kultur- und Sozialgeschichte der deutschen Aufklärung als besonders ergiebig erweist, ein Thema freilich auch, das eher die Schattenseiten als das Licht der Aufklärung aufzeigt. Die Behandlung von Mösers literarisch-publizistischer Auseinandersetzung mit dem Phänomen der Armut und der Bettelei, kombiniert mit seinem administrativen Handeln als Regierungspolitiker und als Rechtskonsulent, hat es schließlich möglich gemacht, die Strukturen der paritätischen Stiftsverfassung und den Anteil der gesellschaft-

lichen Kräfte am öffentlichen Diskurs in der letzten Phase des Alten Reiches eingehend darzustellen und zu analysieren.
Die Untersuchung kann sich auf eine Reihe gründlicher und aspektreicher Arbeiten zur Osnabrücker Stiftsgeschichte in der Frühen Neuzeit stützen, so für den Bereich der Territorial- und Beamtengeschichte vor allem auf Chr. van den HEUVEL, für den Bereich der Konfessions-, Kirchen- und Reichsgeschichte auf HOBERG, PENNERS, SCHINDLING, SEEGRÜN und von BOESELAGER, für den Bereich der Verfassungs-, Rechts- und Ständegeschichte auf RENGER, GÖTTSCHING, RÜCKERT, SCHRÖDER und WELKER, für den Bereich der Sozial-, Geistes- und Rezeptionsgeschichte auf KANZ, MOES, P. SCHMIDT, STAUF und WILBERTZ und schließlich für das breite Feld der bürgerlichen und der bäuerlichen Lebens-, Erwerbs- und Produktionskultur auf die Studien von BEHR, HERZOG, HIRSCHFELDER, WINKLER, MACHENS, KRUSCH, RUNGE, SPECHTER sowie neuerdings von BÖLSKER-SCHLICHT, MOOSER und SCHLUMBOHM. Möser selbst hat zuletzt in der Arbeit des Amerikaners KNUDSEN eine beachtliche, von Kritik und Widerspruch am gängigen (populären) Möserbild nicht freie Deutung erhalten. Auch die anregende geistesgeschichtliche Studie von SHELDON vermag das Defizit nicht auszuräumen, daß es nach wie vor an einer wissenschaftlich fundierten modernen Gesamtbiographie mangelt, die das Bild der vielen kleinen, von Wohlwollen und Sympathie gezeichneten Portraits in der Nachfolge von NICOLAI, BRANDI und BÄTE kritisch prüfen und zusammenfügen müßte.
In vielerlei Hinsicht und in vielen historischen Kontexten ist die Person Mösers inzwischen behandelt und gewürdigt worden – als Politiker und Jurist, als Historiker und Publizist, als Pädagoge und als Alltagsphilosoph, als Anwalt der adeligen Stände und als standesbewußter *Bürgerregent*, sowie schließlich in einem allgemeineren Sinne als ein Protagonist der konservativen politischen Aufklärung in Deutschland. Die Figur des »sozialen Möser« ist angesichts dieser Schwerpunktsetzungen nicht nur in den Hintergrund getreten, sondern beinahe gänzlich unter dem Berg der anschwellenden Möser-Literatur begraben worden. Eine Analyse der Armutsproblematik, des

2. Quellen und Literatur

prekären Bettlerdaseins und der rudimentären Fürsorgepraxis in der langen Ära Mösers im Zeichen des langsamen Niedergangs der alten Welt gibt es bislang nicht – hier liegt ein echtes Forschungsdesiderat vor, freilich aber auch die Aufgabe, das exklusive Beispiel des paritätischen Osnabrück in den allgemeinen Forschungsdiskurs zur Sozialgeschichte der Armut, des Bettelwesens und des ständischen Randseitertums in der vorindustriellen Zeit einzubringen und zu diskutieren.
Während die älteren Arbeiten über Möser und dessen Einwirken auf die ländliche Sozialordnung (RUPPRECHT, HATZIG, ZIMMERMANN und WRASMANN) das Thema der Armut immer nur kurz und mehr in einem allgemeinen proklamatorischen Sinne behandeln, stellen die Autoren zur Geschichte der bürgerlich-städtischen Fürsorgepolitik der Stadt Osnabrück (HOFFMEYER, MOLLY, SIEGMUND-SCHULTZE und BERGER) die Entwicklungsperspektive von der kirchlichen und der privaten Initiative hin zu einer »öffentlich«-administrierten Aufgabe in das Zentrum ihres Blickfelds. Die Ergebnisse fließen in die vorliegende Untersuchung ein, teils mit Zustimmung, teils mit Widerspruch, aber insgesamt wird jetzt der Rahmen deutlich ausgeweitet und das Armutsproblem nicht mehr nur als singularisiertes Phänomen der unmittelbar betroffenen Unterschichten, sondern als Teil der obrigkeitlichen Disziplinar- und Reglementierungsgewalt im ständischen Gefüge der territorialen Gesamtgesellschaft gesehen.
Die Position Mösers zur Armen- und zur Bettlerfrage seiner Zeit ist durchaus ambivalent und vielschichtig, und sie läßt eine Diskrepanz zwischen seinem Denken und seinem Handeln erkennen. Eine der wichtigsten Quellen zur Annäherung an das Problem sind die literarischen Zeugnisse Mösers aus den »Patriotischen Phantasien«, der »Osnabrückischen Geschichte« und der publizierten umfangreichen Brief-Korrespondenz, die dieser Arbeit zugrunde gelegt werden. Aus diesem Material, zweifellos kultur- und geistesgeschichtliche Dokumente der deutschen Aufklärung von hohem Rang, läßt sich die Mösersche Armen-Denkschule recht anschaulich rekonstruieren und sein Talent für die geschickte volkspädagogische Darstellung komplizierter Sachverhalte und deren Pro-

pagierung in der Öffentlichkeit nachzeichnen. Sowohl für die Auswertung der »Patriotischen Phantasien« – der ständigen Beilagen zu den »Wöchentlichen Osnabrückischen Anzeigen« – als auch für die Benutzung der »Osnabrückischen Geschichte« wird hier die Historisch-kritische Ausgabe der Sämtlichen Werke Mösers, herausgegeben von der Akademie der Wissenschaften zu Göttingen, herangezogen. Als eine wichtige Hilfe erweisen sich dabei die beiden Kommentarbände von Gisela WAGNER (Bd. XI) und von Paul GÖTTSCHING (Bd. XIV, 2), die aufgrund ihrer langjährigen intensiven Forschungstätigkeit über eine intime Kenntnis des Möserschen Werkes verfügen.

Von gleich wichtiger Wertigkeit ist auch der von SHELDON kürzlich neuedierte Briefwechsel Mösers, in dem die ältere Ausgabe der Briefe von BEINS und PLEISTER aus dem Jahre 1939 aufgegangen ist. Mösers mit Einfühlungsvermögen und Sachlichkeit geschriebene Briefe vermitteln nicht nur ein beeindruckendes Bild seiner von Menschenkenntnis, Realitätssinn und Toleranz geprägten Persönlichkeit, sie gewähren auch – ebenso wie die »Patriotischen Phantasien« – einen bemerkenswerten Einblick in seine vielfältigen Funktionen als Staatsbeamter, Schriftsteller, Jurist und Historiograph. Durch eine geschickte Kombination verschiedener literarischer Stellungnahmen, unter Zurücknahme freilich mancher subtiler publizistischer Übertreibungen, erwächst so das Bild eines erzieherischen Armen- und Moralpolitikers mit einem erstaunlich großen Wahrnehmungs- und Erfahrungswissen, aber auch mit einer letztlich begrenzten politischen Handlungskompetenz, bei der sich maßvoller Reformwille, offenkundige »exekutive« Schwäche und armenpolizeiliche Stagnation an dem starren juristischen Regelwerk der Verfassungs-Parität beinahe aufrieben.

Zwang schon die theoretisch-ideengeschichtliche Diskussion der Möserschen Gedankengänge (Kapitel II) zu einer mehrdimensionalen, vergleichenden Betrachtungsweise, so führte auch die Konfrontation mit der Armenrealität in Stadt und Land (Kapitel III) den Osnabrücker Justizrat auf ein schwieriges Terrain, das er mit politischem Pragmatismus, normieren-

2. Quellen und Literatur

der Strenge und moralisierender Disziplin zu bestellen und zu beherrschen versuchte. Diesem Geflecht obrigkeitlicher Interventions- und Druckmöglichkeiten, das Möser durchaus zu Gebote stand und das er oft genug virtuos zu handhaben wußte, entsprach in gewisser Weise der disparate schriftliche Niederschlag seiner regierungsamtlichen Tätigkeit in den verschiedensten Funktionen, die er mehr als ein halbes Jahrhundert lang in seiner patria Osnabrück mit wacher Präsenz wahrgenommen hat. Die exorbitante Aktenfülle, darunter eine Vielzahl von Gutachten, Mandaten, Relationen, juristischen Voten und fachkundigen Kommentaren, verteilt sich auf mehrere Registraturen unterschiedlicher Provenienz, ein geschlossenes archivalisches »Möser-Korpus« existiert im Staatsarchiv Osnabrück nicht, im Gegenteil: weite Bereiche des verstreuten amtlichen Schrifttums harren noch, wie zuletzt RENGER im Möser-Forum I von 1989 (S. 273–279) zutreffend festgestellt hat, der akribischen Durchsicht und der genauen Repertorisierung, andere Bereiche wie das ritterschaftliche Archiv (Dep 1 b) sind über weite Strecken lückenhaft und bislang kaum in größerem Umfang erschlossen. Es stellt sich also insgesamt keine so ganz ermutigende Situation dar, und das Suchen und Finden von Spuren vermag sich bisweilen zu einem geduldigen Wechselspiel von Glück und Langmut zu entwickeln.
Neben den literarischen Quellen stützt sich die Arbeit – den Bezugspunkt »Möser« und damit die Perspektive »von oben« in einem weiten Problemfeld unterschichtiger Daseinsformen konsequent durchhaltend – auf die gezielte Auswertung der zentralen Aktenbestände, die sich im Niedersächsischen Staatsarchiv Osnabrück in den Beständen Rep 100 und Rep 110 I und 110 II befinden. Während der Bestand Rep 100 – das sogenannte Abschnittsarchiv – die Akten der fürstbischöflichen Osnabrücker Regierung (Hoheitliche Angelegenheiten, Landstände, Landtag, Landrat, Geheimer Rat, Land- und Justizkanzlei, Amtsverwaltung) enthält, finden sich insbesondere in Rep 110 – dem sogenannten Landesarchiv – die Bestände der »Deutschen Kanzlei« in London und die essentiellen, bei den Zentralbehörden in Hannover geführten Osnabrücker Gegenakten. Die Korrelation der daraus erarbeiteten Ergeb-

nisse mit der gezielten Nachfrage in der dichten städtischen Armen-Überlieferung der Haupt- und Residenzstadt Osnabrück, die sich im Bestand Dep 3 b in mehreren Teilbeständen befindet, ergibt eine überaus tragfähige Basis, die es ohne Zweifel möglich macht, die Koinzidenz von Mösers theoretischer Programmatik mit der sozialen Realität der verschiedenen Armenwelten in Stadt und Land zu überprüfen und entsprechend qualitativ zu bewerten. Auf diese Weise gelingen aussagekräftige und nuancierte Interpretationen, die die reale Atmosphäre der Lebenswelten in der Armut ebenso erfassen und ebenso analysieren wie die vielfältigen Diskussionen und Lösungsstrategien sowie die Handlungsspielräume der landesherrlichen (Möser) und der städtischen Obrigkeiten zur Linderung von Armut und zur Kanalisierung von Versorgungskrisen – insbesondere natürlich der großen Hungerkrise der frühen 1770er Jahre, die ja eine gemeineuropäische Subsistenzkrise von beträchtlichen Ausmaßen war. Gerade hier vermag die Arbeit, mit interessanten Ergebnissen einen Beitrag zu der erst neuerdings wieder in Gang gekommenen Forschungsdebatte über diese Hungerjahre und ihre staatlich-administrative Bewältigung einzubringen.

Angestrebt – dies sei noch einmal betont – ist weder eine Institutionengeschichte des Armenwesens und der Fürsorgeeinrichtungen in Stadt und Stift Osnabrück, noch eine quantifizierende oder demographisch dimensionierte Analyse der relativ stabil gebliebenen Größenordnung zwischen steuerzahlender Bürgergemeinde und lastenfreien Almosenempfängern, sondern zielgerichtet die Darstellung des spezifisch wahrnehmungs- und erfahrungsgeschichtlichen Wandlungs- und Beharrungsprozesses von Armut, Armutsbekämpfung und Bettelei in der Perspektive eines aufgeklärten Gebildeten, eines politischen Mittlers zwischen den Konfessionen, zwischen den Ständen und zwischen den lebensweltlichen Milieus der wirklich Wohlhabenden, der kleinen Normalexistenzen und der randseitigen Schwachen, Stigmatisierten und Zukurzgekommenen. Dafür bietet das hier erschlossene, mit dem bewußten »Mut zur Lücke« zusammengetragene Material in der Kombination aus gedruckten und aus ungedruckten Quellen, gemes-

sen und gewichtet an der kaum noch voll zu überschauenden Anhäufung der Möser-Literatur und der Möser-Rezeption im interdisziplinären Diskurs, eine für den dargestellten Problem- und Interpretationsansatz in jeder Hinsicht ausreichende, empirisch-fundierte Grundlage.
Schließlich gilt es, den spezifischen Osnabrücker Befund vergleichend in die allgemeine Diskussion zur Kultur- und Sozialgeschichte der Armut und der Armenfürsorge einzubringen, die national und international seit einigen Jahren mit großer Intensität und mit innovativen Forschungsergebnissen geführt wird – inzwischen auch mit einem bemerkenswerten theoretischen Modellanspruch, der die Grundstrukturen des sozialen Zusammenlebens im Mikrokosmos des frühneuzeitlichen Alltags, jenseits konfessioneller und ständischer Schranken, zu einem Thema macht. Es fällt inzwischen bereits schwer, sich auf Anhieb einen kompakten Überblick über die Fülle der einschlägigen historischen Spezialliteratur zur Armen- und zur Bettlerproblematik zu verschaffen. Dies betrifft die Institutionen- und die Anstaltsgeschichte sowie das Hospital- und Stiftungswesen besonders in den größeren Städten, den sozialen Brennpunkten des Geschehens, aber auch auf dem platten Land, in den räumlichen Distanzen zwischen den einzelnen Bauerschaften, den Kirchspielsdörfern und den akkerbürgerlich-geprägten kleinen Amtsstädten. Spezialbibliographien (RIIS) ebenso wie Forschungsüberblicke (DINGES, HUNECKE, JÜTTE, SACHSSE/TENNSTEDT) und komparatistische Längsschnittanalysen im deutschen und im europäischen Rahmen (van DÜLMEN, ENDRES, W. FISCHER, FOUCAULT, GEREMEK, GUTTON, HUFTON, KASCHUBA, KOCKA, METZ, MOLLAT, MÜNCH, G. A. RITTER, ROECK, SCHERNER, SIEVERS, SLACK – um nur einige wichtige Namen zu nennen) zeugen von der regen Forschungstätigkeit, von der Aktualität und der Relevanz der Thematik.
Der Umgang mit »Armut« in der vorindustriellen Zeit wird in dem klassischen Spannungsfeld von traditioneller Repression, disziplinierender Correction und philanthropischer Humanität zunehmend als ein Parameter für die Konsistenz, den Modernitätsgrad und die Konsensfähigkeit der altständischen Ge-

sellschaft angesehen. Einige wichtige Fallanalysen zu einzelnen Städten und zu einzelnen Regionen sind dabei über den individuellen Einzelbefund hinaus von besonderem Interesse, einmal wegen des generellen Vergleichs der sozialen Verhaltensmuster und der unterschiedlichen Interaktionsformen zwischen Rat, Bürgergemeinde und verarmten Unterschichten, zum anderen wegen der Pluralität des methodischen Zugangs und der damit verbundenen erkenntnisfördernden Chancen und Einblicke: ALBRECHT (für Braunschweig), DINGES (für Bordeaux), ENDRES (für Nürnberg), FINZSCH (für Köln), FRANÇOIS (für Koblenz), JÜTTE (für Frankfurt am Main und für Köln), KOPITZSCH (für Hamburg), SACHSE (für Göttingen), STEKL (für Wien), STIER (für Pforzheim) sowie KÜTHER und SCHUBERT (für Bayern, Schwaben und Franken).
Das Fallbeispiel »Osnabrück« mit seinem spezifisch andersgearteten historischen Hintergrund vermag im Zeichen der realgelebten Bikonfessionalität und der rechtlichen Verfassungs-Parität einen deutlich eigenständigen Akzent in der Bewältigung des Armutsprozesses zu setzen. Trotz des schwerfälligen, aber funktionierenden politischen Bedingungsgefüges zwischen obrigkeitlicher disziplinierender Reglementierung, ständischer Autonomie und den Formen der lokalen Selbstkontrolle lassen sich sehr anschaulich die Affinitäten und die Handlungsspielräume, aber auch die Grenzen und die Barrieren des altertümlichen osnabrückischen »Systems« herausarbeiten und komparatistisch diskutieren – sowohl im Hinblick auf den theoretischen Diskurs der Aufklärer (Möser, Dalberg, Sonnenfels, Kant) wie auch auf den Vorbildcharakter institutioneller Reformen auswärts (in England, in Hamburg und im pietistischen Halle). Die konsequente Einbindung der Armutsproblematik in die Analyse von Verfassungs-, Verwaltungs- und Verfahrensstrukturen, konzis verknüpft mit Fragenansätzen einer Erfahrungs- und Wahrnehmungsgeschichte als Mentalitätsgeschichte, macht vielleicht das besondere Profil dieser Studie im Kontext der neueren Armutsforschung über das 18. Jahrhundert aus – ein methodischer Weg übrigens, der wohl auch nur durch die singuläre Gestalt Mösers als Quellenautor und als politischer Wegweiser begehbar wurde.

2. Quellen und Literatur

Die Annäherung an den »sozialen« Möser im Spektrum des paritätischen Osnabrücker Stifts-, Verfassungs- und Sozialgefüges steht im Mittelpunkt dieser problemorientierten Studie: Sie spiegelt daneben selbstverständlich die allgemeinen Tendenzen der Aufklärungszeit und beschreibt ebenso den Weg des Geistlichen Staates Osnabrück zwischen altständischer Traditionalität und neuem bürgerlichen Standesdenken, eine *via media* im Zeichen des Niedergangs der Alten Welt, die in der Person des *Bürgerregenten* Möser ihren bodenständigen Repräsentanten und geistigen Vordenker im Nordwesten des Reiches fand. Die langlebige Wirkungsgeschichte Mösers bezeugt den Rang dieser Gestalt bis heute. Aber die Untersuchung eröffnet auch einen Horizont auf »Mentalität und soziale Frage« im Alten Reich in einem beispielhaft reichisch geprägten Territorium – dem Fürstbistum Osnabrück – zwischen dem Westfälischen Frieden und der Säkularisation sowie im Zeichen der Aufklärung. Die gelegentlich eingeforderte, noch ungeschriebene Wirkungsgeschichte des Westfälischen Friedens als Mentalitätsgeschichte des Alten Reiches ist gewiß nicht einfach zu leisten, sondern im Grunde nur auf dem Wege über lokale und regionale Einheiten, über Territorien und (Reichs-)Städte und deren soziale Führungsgruppen möglich. Indem diese Problemstudie, ähnlich wie das Buch von Etienne FRANÇOIS über die Reichsstadt Augsburg, nach der Mentalität einer Gesellschaft und ihrer Repräsentanten im Zeichen der vom Reich verordneten Parität fragt, kann sie mit einem eigenen neuen Akzent dazu beitragen, der Erfüllung des wichtigen und berechtigten Postulats ein Stück weit näherzukommen. Die Forschungsaufgabe einer Sozialgeschichte der Parität und der konfessionellen Kräfte im Reich des 18. Jahrhunderts umreißt hierbei einen wichtigen Interpretationshorizont, ebenso wie die Frage nach dem Niedergang der geistlichen Reichskirchen-Fürstentümer und dem Aufstieg der weltlichen Territorialstaaten. Der interdisziplinäre Ansatz der Arbeit, mit der Korrelierung verschiedener Forschungstraditionen verknüpft, vermag so einen Problemzusammenhang an dem Beispiel der gesellschaftlich ebenso relevanten wie konflikträchtigen Thematik der Armut und des öffentlichen Umgangs mit Armut zur Diskussion zu stellen. – Es ist dies ein Problemzusammenhang, der »die verlorenen Lebenswelten« der alten kleinteiligen Ständegesellschaft an der Epochenschwelle zwischen dem 18. und dem 19. Jahrhundert noch einmal neu beleuchtet und sie so vor der Patina des Vergessen-Werdens, der genrehaften Romantisierung und Bagatellisierung und der schlichten Banalisierung schützt.

Kapitel II

„Das Glück der Bettler" – Mösers imaginäre und reale Lebenswelten in der Armut

»*Möser wußte übrigens damals schon, daß man auf Universitäten, wenn man da nur hört, eigentlich nicht studirt, sondern daß man alsdann eigentlich zu studiren anfangen sollte, wenn man die Hörsäle verläßt, und daß das menschliche Leben mit seiner großen Mannigfaltigkeit ein höchst studirenswürdiges, aber nur für den hellen und beobachtenden Kopf offenes Buch ist.*«

(Aus: Friedrich Nicolai, Leben Justus Möser's, 1797, Seite 13.)

Justus Möser, Silhouette Mösers in ganzer Figur, aus dem Nachlaß des Abts Johann Friedrich Wilhelm Jerusalem in Braunschweig, nach 1775.
Archiv der Universität Osnabrück

»Überhaupt aber hat der Bettelstand sehr viel Reizendes. Unser Vergnügen wird durch nichts besser befördert als durch die Menge von Bedürfnissen. Wer viel durstet, hungert und frieret, hat unendlich mehr Vergnügen an Speise, Trank und Wärme als einer, der alles im Überfluß hat. Was ist ein König, der nie zum Hungern oder Dürsten kömmt und oft zwanzig große und kleine Minister gebraucht, um eine einzige neue Kitzelung für ihn auszufinden, gegen einem solchen Bettler, der sechs Stunden des Tages Frost, Regen, Durst und Hunger ausgehalten und damit alle seine Bedürfnisse zum höchsten gereizet hat, jetzt aber sich bei einem guten Feuer niedersetzt, sein erbetteltes Geld überzählt, vom Stärksten und Besten genießt und das Vergnügen hat, seine Wollust verstohlner Weise zu sättigen? Er schläft ruhig und unbesorgt; bezahlt keine Auflagen; tut keine Dienste; lebt ungesucht, ungefragt, unbeneidet und unverfolgt; erhält und beantwortet keine Komplimente; braucht täglich nur eine einzige Lüge; errötet bei keinem Loche im Strumpfe; kratzt sich ungescheut, wo es ihm juckt; nimmt sich ein Weib und scheidet sich davon unentgeltlich und ohne Prozeß; zeugt Kinder ohne ängstliche Rechnung, wie er sie versorgen will; wohnt und reiset sicher vor Diebe, findet jede Herberge bequem und überall Brod; leidet nichts im Kriege oder von betriegerischen Freunden; trotzt dem größten Herrn und ist der ganzen Welt Bürger. Alles, was ihm dem Anschein nach fehlt, ist die Delikatesse oder derjenige zärtliche Ekel, womit wir alles, was nicht gut aussieht, verschmähen. Allein, wer ist im Grunde der glücklichste: der Mann, der ein Stück Brod, wenn es gleich sandig ist, vergnügt herunterschlucken kann, oder der Zärtling, der in allen Herbergen hungern muß, weil er seinen Mundkoch nicht bei sich hat? Und wie sehr erweitert derjenige nicht die Sphäre seines Vergnügens, der sich jedes Brod wohl schmecken läßt?
Wie beschwerlich ist dagegen der Zustand des fleißigen Arbeiters, der sich von dem Morgen bis zum Abend quälet, sich und seine Familie von eignem Schweiße zu ernähren? Alle öffentliche Lasten fallen auf ihn. Bei jedem Überfall

feindlicher Parteien muß er zittern. Um sich in dem nötigen Ansehen und Kredit zu erhalten, muß er oft Wasser und Brod essen, seine Nächte mit ängstlicher Sorge zubringen und eine heimliche Träne nach der anderen vergießen . . . Wenn ich solchergestalt den ehrlichen fleißigen Arbeiter mit dem Bettler vergleiche: so muß ich gestehen, daß es eine überaus starke Versuchung sei, lieber zu betteln als zu arbeiten. Das einzige, was den Bettlern bishero gefehlt ist dieses, daß ihre Nahrung unrühmlich gewesen, und diesen Fehler will ich nächstens abhelfen.«

(Aus: Justus MÖSER, Das Glück der Bettler, 1767)

Wie ernst, wie überzeugend, ja wie konsequent war dieses so überaus prosaische Urteil über den »professionellen« Bettelstand gemeint, ein Urteil übrigens, das bekanntlich aus der Feder eines praktischen Verwaltungsjuristen und hohen Regierungsbeamten stammt, der quasi nebenbei, wie sein Berliner Verleger und generöser Freund Friedrich Nicolai hervorhebt, zu einem »der vorzüglichsten Schriftsteller« seiner Zeit in ganz Deutschland reüssierte?[1]
»Das Glück der Bettler« – was ist es, was will es aussagen? Ein literarisches Dokument aufgeklärter moderner Erzählkunst etwa, kombiniert mit einem ausgeprägten Sinn für subtile sozialkritische Provokation? Eine Manifestation zweier sozialer Lebenswirklichkeiten in der Armut von geradezu paradoxer Gegensätzlichkeit, eine Persiflage auf die parasitäre Existenz der entwurzelten Kostgänger am Rande der Gesellschaft oder

[1] Friedrich *Nicolai*, Leben Justus Möser's, in: B. R. *Abeken*, Justus Mösers's sämmtliche Werke, 10. Teil. Berlin 1843, S. 1–85, hier: S. 43. – Zu Nicolai vgl. die umfassende, grundsätzliche Studie von Horst *Möller*, Aufklärung in Preußen. Der Verleger, Publizist und Geschichtsschreiber Friedrich Nicolai. Berlin 1974, S. 168f.

doch wohl mehr eine kunstvolle Parabel über Armut und Fleiß, Müßiggang und Moral, geschrieben im Geiste pädagogischer Volksaufklärung, aber bereits doch auch im Zeichen des allmählichen Zerfalls der alten Staats- und Ständeordnung und des Wandels ihres traditionellen Wertesystems? Die Antwort darauf – dies wird diese Studie zeigen – ist nicht ganz einfach, sie bedarf der Differenzierung und der Begründung.

1. Ausgangslage und Problemhorizont: Der Geistliche Staat Osnabrück als Beispiel

Justus Möser, der vielgelesene, von einem nationalen Publikum gefeierte Autor der »Patriotischen Phantasien«[2], jener Sammlung kleiner, zumeist aus der osnabrückischen Alltagswelt der Bürger und Bauern geschöpfter Beiträge, die zwischen 1774 und 1786 – in vier Bänden vereinigt – als Buchausgabe erschienen, war im Verständnis seiner Zeit gewiß kein ausgesprochener Wohltäter der Armen und der Bedürftigen,

---

[2] Für die Interpretation wird in dieser Untersuchung die *Göttinger Akademie-Ausgabe* (Historisch-kritische Ausgabe in 14 Bänden, 1943–1990) zugrunde gelegt, neben den »Verwandten Aufsätzen« und den »Verwandten Handschriften«, hier vor allem die Bände IV–VII = »Patriotische Phantasien« (1–4, 1774–1786). – Der wissenschaftliche Zugang zu den »Patriotischen Phantasien« wird durch den kürzlich erschienenen Kommentarband von Gisela *Wagner* deutlich erleichtert. Vor allem der gründliche Apparat – die vielen Begriffserklärungen, Ergänzungen und Literaturhinweise – ermöglicht ein wesentlich fundierteres Verständnis für Mösers Sprache und seine publizistischen Absichten. Vgl. *Justus Mösers Sämtliche Werke*. Historisch-kritische Ausgabe. Zweite Abteilung: Patriotische Phantasien und Zugehöriges. Bd. 11: Kommentar, erarbeitet von Gisela *Wagner*. Osnabrück 1988. – Dazu vgl. auch Horst *Meyer*, »Nil magnum sine tempore«. Zum Abschluß der Zweiten Abteilung der Akademie-Ausgabe von Justus Mösers Sämtlichen Werken, in: OM 94, 1989, S. 219–228.

kein profilierter Anwalt der Bettler und der Müßiggänger, kein sozialer Pionier und erst recht kein visionärer Reformer, dessen Ehrgeiz es gewesen wäre, mit Hilfe spektakulärer Programme die gewachsenen Barrieren der sozialen Ungleichheit im Osnabrücker Land allmählich abzubauen oder gar zu überwinden.

Vor dem Hintergrund einer allgemeinen, mehr abstrakten sozialpolitischen Diskussion im Kreis der führenden Staatstheoretiker, der Nationalökonomen und Kameralisten der Aufklärungszeit war dem regierungserfahrenen Möser in den Grenzen seines Geistlichen Staates die Kausalität von Armut und Arbeit, von Arbeitsbeschaffung, Arbeitsscheu und Arbeitsmangel, von strukturpolitischen Defiziten und konjunkturellen Krisenzyklen wohl bewußt, ein Problemzusammenhang also, der jenseits aller moralischen Appelle an die christliche Humanität und an die obrigkeitliche Fürsorge noch immer einer praxisorientierten und ursachengerechten Lösung harrte, weil davon nicht zuletzt die soziale Integrationsfähigkeit und die politische Stabilität der städtischen und der territorialen Gesellschaft abhingen.[3]

Die Wege und die Instrumente zur Bewältigung der immer drängender werdenden Armutsfrage in dem Spannungsgefüge zwischen Bevölkerungsvermehrung, Nahrungsmangel und Beschäftigungsnot, das die partikulare ständisch-feudale Ge-

---

[3] Vgl. zum Problemzusammenhang grundsätzlich vor allem: Gerhard A. *Ritter*, Der Sozialstaat. Entstehung und Entwicklung im internationalen Vergleich. München ²1991. – Volker *Hunecke*, Überlegungen zur Geschichte der Armut im vorindustriellen Europa, in: GG 9, 1983, S. 480–512. – Rüdiger *vom Bruch*, Wissenschaftliche, institutionelle oder politische Innovation? Kameralwissenschaft – Polizeiwissenschaft – Wirtschaftswissenschaft im 18. Jahrhundert im Spiegel der Forschungsgeschichte, in: *Waszek*, Norbert (Hrsg.), Die Institutionalisierung der Nationalökonomie an deutschen Universitäten. München 1988, S. 77–108, hier: S. 98–101. – Karl Heinz *Metz*, Staatsraison und Menschenfreundlichkeit. Formen und Wandlungen der Armenpflege im Ancien Régime Frankreichs, Deutschlands und Großbritanniens, in: VSWG 72, 1985, S. 1–26.

sellschaftsstruktur des Alten Reiches in den letzten Jahrzehnten seines Bestehens charakterisierte, waren keineswegs einheitlich und keineswegs stets gleichmäßig effizient; vielmehr galt es, ungeachtet der uniformierenden bürokratischen Tendenzen des aufgeklärten Absolutismus, die politischen und die ökonomischen sowie die konfessionellen Besonderheiten, etwa einer Kommune, eines Staates oder einer größeren übergreifenden Region, in den Blick zu nehmen. Am Fallbeispiel des Fürstbistums Osnabrück mit seiner besonderen verfassungsrechtlichen Struktur, einerseits zwischen dem reichskirchlichen Deutschland der Germania Sacra, andererseits dem Kurstaat von Hannover stehend, läßt sich zweifellos der methodische Erkenntnisgewinn einer korrelierenden Zusammenschau allgemeiner Entwicklungsabläufe mit dem konkreten erfahrungsgeschichtlichen Befund der lokalen und der regionalen »Sozialrealität« im Zeichen des Wandels und der Beharrung exemplarisch aufzeigen.[4]
Das erstaunliche bei der Analyse dieses Prozesses wird sein, daß der Hauptakteur der osnabrückischen Regierung wenige Jahre vor dem Ende der hochstiftischen Zeit ein in sich geschlossenes funktionierendes sozialpolitisches Konzept vermissen ließ, das unter den spezifischen Bedingungen des ständisch verfaßten, bikonfessionellen Geistlichen Staates geeignet gewesen wäre, das Armen- und das Bettlerproblem wirksam in den Griff zu bekommen und im Sinne einer dauerhaften beständigen Lösung zu reformieren. Möser sah das Phänomen »Armut« in seiner unterschiedlichen Ausprägung weniger durch die Brille des städtischen Bürgers und des lokalen Konsumenten, seiner unmittelbaren lebensweltlichen Umgebung also, sondern mehr durch die des Juristen und Politikers, des

---

[4] Vgl. dazu auch die instruktive neuere Studie von Jonathan B. *Knudsen*, Justus Möser and the German Enlightenment. Cambridge 1986. – Ebenso: Ludwig *Rupprecht*, Justus Mösers soziale und volkswirtschaftliche Anschauungen. Stuttgart 1892. – Heinz *Zimmermann*, Staat, Recht und Wirtschaft bei Justus Möser. Jena 1933. – Carl Wilhelm *Ouvrier*, Der ökonomische Gehalt der Schriften Justus von (sic!) Mösers. Diss. phil. Gießen 1925 (1928).

ständischen und staatlichen Beamten, der Verantwortung für das Funktionieren der Gesamtverfassung trug und der daher nach Mitteln und nach Wegen suchte, seinen Kurs des Ausgleichs und der Konsensfindung über die bürokratischen und die ständischen Schranken hinweg gesamtgesellschaftlich zu verankern.

Es wird interessant sein, aufzuzeigen, mit welchen Instrumenten und welchen Methoden der sozialpolitisch engagierte, allgemein als »konservativer« Staatsmann apostrophierte Möser, der in den Kategorien des Eigentums und der historisch gewachsenen Eigentumsverfassung, in den Kategorien von gesellschaftlichem Status, gesellschaftlichen Rechten und gesellschaftlichen Pflichten dachte, den Umgang mit den Besitz- und Eigentumslosen in der Gesellschaft, den unterprivilegierten kleinbürgerlichen und bäuerlichen Schichten, steuerte und bewältigte.[5]

Dabei war es auch für Möser ein durchaus komplizierter dialektischer Lernprozeß, die konstitutiven Elemente seiner aus dem Urzustand der altgermanischen Vergangenheit naturrechtlich abgeleiteten Geschichts- und Staatsanschauung, die Vorstellung nämlich von »Freiheit und Eigentum« als Basis der

---

[5] Zu Mösers Staats- und Gesellschaftsbild sehr wichtig: Allgemeine Einleitung zur »Osnabrückischen Geschichte«, in: Justus *Möser*, *Göttinger Akademie-Ausgabe*, XII, 1 (1768). – Vgl. auch: Paul *Göttsching*, Zwischen Historismus und politischer Geschichtsschreibung. Zur Diskussion um Mösers Osnabrückische Geschichte, in: OM 82, 1976, S. 60–80. – Ders., Justus Mösers Staats- und Geschichtsdenken, in: Der Staat 22, 1983, S. 33–61. – Peter *Schmidt*, Studien über Justus Möser als Historiker. Zur Genesis und Struktur der historischen Methode Justus Mösers. Göppingen 1975. – Joachim *Rückert*, Historie und Jurisprudenz bei Justus Möser, in: Die Bedeutung der Wörter. Studien zur europäischen Rechtsgeschichte. FS für Sten Gagnér zum 70. Geburtstag. Hrsg. von Michael *Stolleis*. München 1991, S. 357–381. – Allgemeine Einordnung: Christoph *Link*, Zwischen Absolutismus und Revolution. Aufgeklärtes Denken über Recht und Staat in der Mitte des 18. Jahrhunderts, in: *Neuhaus*, Helmut (Hrsg.), Aufbruch aus dem Ancien régime. Beiträge zur Geschichte des 18. Jahrhunderts. Köln 1993, S. 185–209, bes. S. 196f.

ständischen Ordnung und ständischer Autonomie, in Verbindung zu setzen, ja wenn möglich in Übereinstimmung zu bringen mit dem aktuellen Zustand der sozialen Wirklichkeit in seiner Gegenwart, die neben dem privilegierten Status der Grund- und Kapitalbesitzer – in Mösers Terminologie die »Aktionäre« – Strukturen der Ungleichheit und der Unfreiheit, der Abhängigkeit und der Unterdrückung kannte.[6]
Indem Möser in seinem Staatsbild pointiert die Bindung des Menschen an den Besitz betonte und darin zugleich eine wesentliche staatserhaltende Funktion sah, propagierte er eine auf Eigentum und eigenständiger Verantwortung basierende Gesellschaftsform, eine Art »Hausväter-Gesellschaft«, in der der Adel und das Bürgertum dominierten, die Schwachen und Besitzlosen aber nur eine marginale Randposition einnahmen – ohne politische Mitwirkungsrechte, ohne Rechtsanspruch auf materielle staatliche Unterstützung, ohne Hoffnung auf soziale Besserstellung oder sozialen Aufstieg, angewiesen nach wie vor auf die karitative Mildtätigkeit begüterter Privatpersonen und freiwilliger Spender oder auf die Hilfe im traditionellen Familien- und Nachbarschaftsverband.
Mit dem milden Pathos des pragmatischen Aufklärers appellierte Möser in seinen kleinen pointierten Aufsätzen aus verschiedenen Blickwinkeln heraus an den bürgerlichen Gemeinsinn, an die praktische Nachbarschaftshilfe und an die Solidarität der Menschen untereinander im lokalen Milieu des vertrauten Lebensalltags, in den kleinen sozialen Einheiten der primären Erlebniswelt also, um dort bereits das Phänomen der Armut und der Not wirksam an der Wurzel zu bekämpfen. So gegenwärtig die Notwendigkeit einer funktionierenden allgemeinen Armenfürsorge im öffentlichen Bewußtsein der Bevölkerung verankert war, so zurückhaltend sollte nach dem Wil-

---

[6] Dazu die Gedanken Mösers in seinem vielbeachteten Essay: Der Bauerhof als eine Aktie betrachtet (1774), in: *Göttinger Akademie-Ausgabe* VI, Nr. 63, S. 255–270, bes. S. 262f. – Vgl. außerdem die konzise Analyse bei: Jan *Schröder*, Justus Möser, in: *Stolleis*, Michael (Hrsg.), Staatsdenker im 17. und 18. Jahrhundert. Frankfurt am Main ²1987, S. 294–309, hier: S. 303. – *Göttsching*, Zwischen Historismus und politischer Geschichtsschreibung, S. 60–80.

len Mösers der Einfluß der »öffentlichen Hand« auf die konkrete Gestaltung dieses Prozesses bleiben.[7] Der osnabrückische Regierungspolitiker, der in seinen Schriften wiederholt für gesellschaftliche Vielfalt und verfassungsmäßige »Pluralität« im Sinne standesgemäßer Freiheiten eintrat, billigte dem Staat und seinen Organen im Bereich der armenpolizeilichen Maßnahmen nur eine eingeschränkte Ordnungs- und Interventionskapazität zu.[8] Die Schaffung neuer kodifikatorischer Instrumente zur juristischen Eindämmung des im Vorfeld der Säkularisation besonders virulenten Armen- und Bettlerproblems hielt sich daher im Hochstift Osnabrück – im Vergleich zu anderen Territorien und Regionen des Reichs – in bemerkenswert engen Grenzen.[9] Indem Möser die Position des landsässigen Adels und des städtischen Bürgertums und damit zugleich die ständische Eigenständigkeit in dem Bischofsstaat beharrlich förderte, um politische Eingriffe von seiten des Landesherrn zu erschweren,

---

[7] Ein prononcierter prominenter Vertreter einer umfassenden Armenreform zur Zeit Mösers war der Osnabrücker Bürgermeister Dr. Justus Eberhard *Berghoff* (1772–1793): StA Osnabrück, Dep. 3 b V, Nr. 1409 (dort die Vorstellungen Berghoffs über eine Konzentration der Mittel, vor dem Hintergrund der schweren Hungerjahre 1770–1772).

[8] Dazu: *Möser*, Sollte man nicht jedem Städtgen seine besondere politische Verfassung geben? (1777), in: *Göttinger Akademie-Ausgabe* VI, Nr. 20, S. 64–68. – *Schröder*, Möser, S. 298–305. – *Link*, Zwischen Absolutismus und Revolution, S. 197.

[9] Vgl. hierzu die informative, mit vielen Beispielen versehene, aktenfundierte Studie von Ernst *Schubert*, Arme Leute, Bettler und Gauner im Franken des 18. Jahrhunderts. Neustadt a. d. Aisch 1983. – Ders., Mobilität ohne Chance: Die Ausgrenzung des fahrenden Volks, in: *Schulze*, Winfried (Hrsg.), Ständische Gesellschaft und soziale Mobilität. München 1988, S. 113–164. – Claus *Kappl*, Die Not der kleinen Leute. Der Alltag der Armen im 18. Jahrhundert im Spiegel der Bamberger Malefizamtsakten. Bamberg 1984. – Peter *Hersche*, Intendierte Rückständigkeit: Zur Charakteristik des geistlichen Staates im Alten Reich, in: *Schmidt*, Georg (Hrsg.), Stände und Gesellschaft im Alten Reich. Stuttgart 1989, S. 133–149.

wandte er sich gegen die Omnipotenz eines paternalistischen, sämtliche gesellschaftlichen Bereiche reglementierenden Wohlfahrtsstaates und lehnte in der Konsequenz dieses Denkens eine generelle, alleinige Verantwortung des Staates für das Wohlergehen und die soziale Sicherheit der Stiftsuntertanen ab.[10]

Möser, der aufklärerisch ambitionierte Literat und Praktiker der Regierungsmacht, sah in dem Umgang mit der Armen- und Fürsorgefrage – und damit eng verbunden in der Handhabung des sozialen Interessenausgleichs – nicht primär eine alleinige Führungsaufgabe des Staates und der Regierung, sondern vielmehr eine gesamtgesellschaftliche Herausforderung, die nur durch die Kräfte der Gesellschaft selbst, sei es durch individuelle Hilfe, sei es durch das Wirken korporativer Verbände, im Sinne einer vernunftgeleiteten Konsenspolitik erfolgreich bestanden werden konnte.[11]

Die subsidiäre Verlagerung von Verantwortungs- und Handlungskompetenz von der zentralen auf die lokale Ebene, in die Hand der Vögte, der Pastoren, der Bauerrichter und der Armenprovisoren, jener aufeinander angewiesenen Gemeinschaft von Funktionsträgern, die vor Ort am unmittelbarsten mit den Auswirkungen von sozialer Not, sozialer Angst und sozialer Deklassierung konfrontiert war, bedeutete freilich auch die bewußt herbeigeführte und von der Regierung gewollte Verlagerung der sozialen Kontroll- und Disziplinierungsmechanismen in die Hand der örtlichen »Obrigkeiten« und damit in den unmittelbaren Kernbereich des als öffentlichen Mißstandes empfundenen Problems. Mösers konsequente Einbindung der lokalen und der regionalen Instanzen, der Ämter und der Kirchspiele, ja der kleinsten, noch so entlegenen Bauerschaft auf dem platten Land, in den Kampf gegen Armut und Bettelei, gegen Müßiggang und Vagantentum hieß jedoch nicht,

[10] Vgl. *Rupprecht*, Justus Mösers soziale und volkswirtschaftliche Anschauungen, S. 64–73. – *Knudsen*, Möser, S. 127–132. – *Schröder*, Möser, S. 298–303.

[11] Prononciert von *Möser* ausgeführt und exemplarisch dargelegt in seinem Beitrag: Jeder zahle seine Zeche (1772), in: *Göttinger Akademie-Ausgabe* V, Nr. 38, S. 155–158.

daß er den Staat als Ganzes aus seiner Verantwortung für das Gesamtwohl entließ und im übrigen nur noch auf den Erfolg der polizeilichen Maßnahmen durch das Wirken der nachgeordneten Kräfte fern von der Zentrale setzte.[12]
Im Gegenteil, der leitende fürstbischöfliche Beamte wies dem ständisch verfaßten Staat und damit der Regierung und dem Landtag eine entscheidende normensetzende, regulierende Bedeutung und Gestaltungskraft zu, die nicht nur den »legislativen« Rahmen für die anstehenden Maßnahmen zur Bewältigung der Armenfrage schuf, sondern auch die Voraussetzungen für eine – zumindest dem Anspruch nach – möglichst effiziente »exekutive« Ausführung der beschlossenen Gesetze und Verordnungen, und zwar in einem hierarchischen Sinn von oben nach unten.[13]
Inwieweit die tägliche Praxis in diesem System kommunizierender Ebenen zwischen *vertikalem* und *horizontalem* Disziplinierungsdruck eine generelle vorausschauende staatliche Planung ermöglichte, ob die »Veröffentlichung« von Armut und Not amtlicherseits überhaupt gewollt war, oder ob nicht gerade die Verhinderung dieser Publizität – trotz eines prinzipiell offenen und aufgeklärten Klimas – das Ziel einer schwerfällig funktionierenden Bürokratie war, die weniger auf die disziplinierende Intervention des Staates setzte, dafür aber um so mehr auf die weitere Wirksamkeit der traditionellen Säulen der vormodernen Sozialfürsorge, auf private Mildtätigkeit und Spendenfreude, auf Verwandten- und Nachbarschaftshilfe und nicht zuletzt auf die karitative Hilfsbereitschaft der kirchli-

---

[12] Wie Anm. 11. – Vgl. *Knudsen*, Möser, S. 127–144. – *Schröder*, Möser, S. 298–308.

[13] Zum verfassungs- und verwaltungsgeschichtlichen Hintergrund im Hochstift Osnabrück wichtig: Reinhard *Renger*, Landesherr und Landstände im Hochstift Osnabrück in der Mitte des 18. Jahrhunderts. Untersuchungen zur Institutionengeschichte des Ständestaates im 17. und 18. Jahrhundert. Göttingen 1968. – *Ders.*, Justus Mösers amtlicher Wirkungskreis. Zu seiner Bedeutung für Mösers Schaffen, in: OM 77, 1970, S. 1–30. – Vgl. auch den älteren Überblick bei Max *Bär*, Abriß einer Verwaltungsgeschichte des Regierungsbezirks Osnabrück. Hannover/Leipzig 1901.

1. Ausgangslage und Problemhorizont

chen Institutionen und Amtsträger – all diese Fragen lassen sich mit Nachdruck für das Fallbeispiel Osnabrück stellen, das mit seinen singulären paritätischen Verfassungsstrukturen einen Sonderfall unter den Geistlichen Staaten im Reich bildete, der das Rollenverhalten Mösers, seine Einstellung zu sozialen Problemen und seine politische Strategie zur Eingrenzung von Konflikten und Krisen in einem konkreteren Verständnis erst richtig erklärbar macht.[14]
Obwohl der ortskundige Möser, der in dem Gefüge der altständischen Gesellschaft seiner niedersächsisch-westfälischen Heimat fest verwurzelt war, um die Dauerhaftigkeit und sozialpolitische Virulenz von struktureller Armut und individuellem Mangel, von unverschuldeter Not und selbstverschuldeter Subsistenzkrise wußte, fehlte es zwar nicht, wie noch zu zeigen ist, an innovativen, aus der jeweiligen Situation entstandenen neuen Ideen und Vorschlägen, sondern es mangelte – wie vielerorts in den Territorien des Reichs – an einem klaren, in sich schlüssigen und kohärenten Gesamtkonzept einer wie auch immer ausgestalteten »öffentlichen Wohlfahrtspflege«, deren Aufgabe in erster Linie in der organisierten Sicherung des Existenzminimums und in der zuverlässigen Gewährung von Krankenhilfe und materieller Unterstützung bestand.

---

[14] Zur älteren Tradition der Sozialfürsorge in Osnabrück vgl. die wichtigen Arbeiten: Ferdinand *Molly*, Die Reform des Armenwesens in Stadt und Stift Osnabrück in der Zeit der französischen Herrschaft 1806 – 1813. Diss. Münster 1919. – Ludwig *Hoffmeyer*, Die Fürsorge für die Armen, Kranken und Waisen in Osnabrück, in: OM 51, 1929, S. 1–82. – Gerhard *Siegmund-Schultze*, »Fromm«, »mild«, »gemeinnützig« vom Mittelalter bis zur Gegenwart. Der rechtliche Status der Evangelischen Stiftungen Osnabrück, in: OM 92, 1987, S. 105–215. – Eva *Berger*, Zur Sozialgeschichte des Krankenhauses – wer bürgt für die Kosten? 125 Jahre Stadt-Krankenhaus Osnabrück. 180 Jahre städtische Gesundheitspolitik. Bramsche 1991. – Ebenso sehr aufschlußreich die aktengesättigte Interpretation bei: Ernst *Böhme*/Karljosef *Kreter*, Die Rodenbrocksche Armenstiftung in Buer 1823–1872. Armenpflege und Geldgeschäft im Osnabrücker Land in der Periode von Pauperismus und Frühindustrialisierung, in: OM 95, 1990, S. 179–244.

So rangen für eine lange, ungewisse Zeit altertümliche Praktiken der Daseinsvorsorge mit moderneren zeitgemäßen Vorstellungen der Aufklärungsepoche um die Vorherrschaft bei der Eindämmung des an sich konstant zu beobachtenden und nur schwierig zu lösenden Armen- und Bettlerproblems, und sie verlängerten dadurch nur, indem die lokal- und regionalspezifisch wirksame osnabrückische Verfassungs- und Religionsparität zusätzliche politische Schranken und Barrieren aufbot, mit einer gewissen Zwangsläufigkeit das Stadium der Unentschiedenheit und des administrativen, von Vorsicht und Rücksicht bestimmten Stillstandes auf dem Gebiet der Armenpolitik.[15]

---

[15] Zur Osnabrücker Religions- und Verfassungsparität wichtig: Hermann *Hoberg*, Die Gemeinschaft der Bekenntnisse in kirchlichen Dingen. Rechtszustände im Fürstentum Osnabrück vom Westfälischen Frieden bis zum Anfang des 19. Jahrhunderts. Osnabrück 1939. – Theodor *Penners*, Zur Konfessionsbildung im Fürstbistum Osnabrück. Die ländliche Bevölkerung im Wechsel der Reformationen des 17. Jahrhunderts, in: Jahrbuch der Gesellschaft für niedersächsische Kirchengeschichte 72, 1974, S. 25–50. – Anton *Schindling*, Westfälischer Frieden und Altes Reich. Zur reichspolitischen Stellung Osnabrücks in der Frühen Neuzeit, in: OM 90, 1985, S. 97–120. – *Ders.*, Reformation, Gegenreformation und Katholische Reform im Osnabrücker Land und im Emsland. Zum Problem der Konfessionalisierung in Nordwestdeutschland, in: OM 94, 1989, S. 35–60. – *Ders.*, Osnabrück, Nordwestdeutschland und das Heilige Römische Reich zur Zeit Mösers, in: Möser-Forum I. Hrsg. von Winfried *Woesler*. Münster 1989, S. 210–222. – Zur allgemeinen Reichsverfassungsgeschichte nach 1648 vgl. generell: Anton *Schindling*, Die Anfänge des Immerwährenden Reichstags zu Regensburg. Ständevertretung und Staatskunst nach dem Westfälischen Frieden. Mainz 1991. – Gabriele *Haug-Moritz*, Kaisertum und Parität. Reichspolitik und Konfessionen nach dem Westfälischen Frieden, in: ZHF 19, 1992, S. 445–482. – Georg *Schmidt*, Der Westfälische Frieden – eine neue Ordnung für das Alte Reich?, in: Wendemarken in der deutschen Verfassungsgeschichte = Beiheft 10 zu »Der Staat«, 1993, S. 45–72 (mit Aussprache, S. 73–83). – Zuletzt mit globaler Perspektive zusammenfas-

1. Ausgangslage und Problemhorizont

Die Bewahrung des Status quo in dem verrechtlichten politischen und konfessionellen System in Stift und Stadt Osnabrück forderte den wechselnden Regierungen nach 1648 gleichermaßen ein hohes Maß an Gespür für günstige Konstellationen und für Chancen des behutsamen Wandels und gezielt eingeleiteter Veränderungen ab. Erst Justus Möser gelang es überzeugend, bereits deutlich unter dem Eindruck der bevorstehenden Säkularisierung der reichskirchlichen Territorien agierend, die wenigen Jahre zwischen dem Ende des Siebenjährigen Kriegs und dem endgültigen Niedergang der stiftischen Existenz für eine Mobilisierung der Kräfte zu nutzen, die dem kleinen Land noch einmal eine bescheidene wirtschaftliche Prosperität, einigen Handels- und Kaufmannshäusern in der Stadt neuen Wohlstand, neue Absatzmärkte und konsolidierte finanzielle Ressourcen bescherte, von denen indirekt – dank der freizügigen Mildtätigkeit und der mäzenatischen Stiftermentalität in den Kreisen der begüterten Oberschicht – auch die sozial schwächer gestellten Schichten, die durch Krankheit und Unglück bedrängten Hilfsbedürftigen und die mittellosen Armen, profitierten.[16]

---

send: Karl Otmar *von Aretin*, Das Alte Reich 1648–1806. Bd. 1: Föderalistische oder hierarchische Ordnung (1648–1684). Stuttgart 1993.

[16] Arme und bedürftige Bürger, die subsidiäre soziale Sicherheiten durch kirchliche, städtische, ständische oder zünftische Einrichtungen genossen, waren ebenso wie das Gesinde mit der gesicherten Nahrung im »ganzen Haus« (Brunner) nicht mit den Heimatlosen und Verwahrlosten, den gewerbsmäßigen Bettlern und vagierenden Landstreichern, den sogenannten »unehrlichen« Leuten, den »Outcasts« der Gesellschaft, gleichzusetzen. Es gab also nicht »die« Unterschicht, sondern ein beträchtliches Differenzierungspotential innerhalb »der« Armut – sowohl in materieller wie auch in sozialer und in kultureller Hinsicht. Eine vorzügliche Definition des Armuts-Begriffs bietet Michel *Mollat* (Die Armen im Mittelalter. München 1984, S. 13): »Arm ist derjenige, der sich ständig oder vorübergehend in einer Situation der Schwäche, der Abhängigkeit oder der Erniedrigung befindet, in einer nach Zeit und Gesellschaftsformen unterschiedlich geprägten Mangelsituation, einer Situation der Ohnmacht und gesellschaftlichen Ver-

Was aber in bemerkenswertem Ausmaß in dem Bereich von Handel und Wirtschaft, Handwerk und Landeskultur, in bescheidenerer Weise auf dem ländlichen Sektor in Ackerbau und Viehzucht, auf dem Feld der bäuerlichen Existenzsicherung und des Strebens nach adäquater Ertragsoptimierung gelang[17], und was das allgemeine Lebensführungs- und Wohlstandsniveau in einer von Bevölkerungsvermehrung, Statusbedrohung und Konkurrenzverhalten gekennzeichneten kleinräumigen Agrargesellschaft dennoch relativ stabil hielt, nämlich der emotionale, bewußtseinsmäßige, weniger der faktische, immer erst später sichtbare Aufschwung einer neuen Reformeuphorie im Zeichen aufgeklärter praktischer Maßnahmen – dies alles schien unter der Direktion des meinungsführenden Möser zunächst einmal an dem dringenden Koordinationsbedarf, an der fällig gewordenen Neuorganisation des Ar-

achtung: Dem Armen fehlen Geld, Beziehungen, Einfluß, Macht, Wissen, technische Qualifikation, ehrenhafte Geburt, physische Kraft, intellektuelle Fähigkeit, persönliche Freiheit, ja Menschenwürde. Er lebt von einem Tag auf den andern und hat keinerlei Chance, sich ohne die Hilfe anderer aus seiner Lage zu befreien«. – Vgl. auch Olaf *Spechter*, Die Osnabrücker Oberschicht im 17. und 18. Jahrhundert. Eine sozial- und verfassungsgeschichtliche Untersuchung. Osnabrück 1975. – Gisela *Wagner*, Justus Möser und das Osnabrücker Handwerk in der vorindustriellen Epoche, in: OM 90, 1985, S. 143–161. – Ludwig *Hoffmeyer* / Ludwig *Bäte* / Heinrich *Koch*, Chronik der Stadt Osnabrück. Osnabrück ⁴1982, S. 248–260.

[17] Mit sehr aufschlußreichen Details zur Landeskultur, in einer farbenfrohen Prosa vorgetragen: Justus *Gruner*, Meine Wallfahrt zur Ruhe und Hoffnung oder Schilderung des sittlichen und bürgerlichen Zustands Westphalens. Teil 2. Frankfurt am Main 1803, bes. S. 516–542. – Ebenso: Heinrich *Hirschfelder*, Herrschaftsordnung und Bauerntum im Hochstift Osnabrück im 16. und 17. Jahrhundert. Osnabrück 1971. – Klaus *Winkler*, Landwirtschaft und Agrarverfassung im Fürstentum Osnabrück nach dem 30jährigen Krieg. Stuttgart 1959. – Hans-Joachim *Behr*, Obrigkeitliche Maßnahmen zur Förderung der Agrikultur und Viehzucht im Fürstentum Osnabrück im 18. Jahrhundert, in: OM 72, 1964, S. 84–102. – *Wagner*, Osnabrücker Handwerk, S. 143–161.

1. Ausgangslage und Problemhorizont 43

menwesens, so rudimentär und mangelhaft sie im einzelnen auch sein mochte, vorbeizugehen. Möser, der residenzstädtische Bürger und ständische Diener des Adels, der Landesadvokat und Konsulent der Geheimen Räte, der leitende »Angestellte« der königlich-großbritannischen Regierung in Osnabrück, war ganz sicher kein geborener Fürsprecher der Armen und der Mittellosen, der Unbegüterten und Schwachen, erst recht kein gleichgültiger Dulder der Landstreicher und vagierenden Kostgänger der Gesellschaft, jener Randgruppen also, die weder durch ihre Arbeitskraft noch durch Steueraufkommen, durch Bereitschaft zur Landesverteidigung oder sonstige nützliche Beiträge zum »Gemeinen Besten« des Staates irgend etwas beitrugen und demnach auch keinen Anspruch auf die Ausübung politischer Rechte und Funktionen, geschweige denn einen Rechtsanspruch auf Beistand von seiten des Staates besaßen. Möser, der sich in diesem Punkt, betont in den alten Bahnen bewegend, als beharrender Traditionalist erwies, lehnte entschieden jede selbständige und juristisch fixierte Position der Armen ab, die den Staat und seine Organe, insbesondere die Stiftskasse, mit einer gewissen Automatik zu einer unmittelbaren Reaktion, sei es zu kontinuierlichen Almosenabgaben oder zu sonstigen kontingentierten Leistungen, gezwungen hätte. Weder sollte es zu einer Regelmäßigkeit von staatlichen Zahlungen und anderen Beihilfen, etwa in Form von Kleidung und Naturalien, noch zu präzisen gesetzlichen, möglicherweise einklagbaren Regelungen kommen, die die freiwillige Wohltätigkeit der Begüterten auf privater Basis eingeschränkt oder gar das breite, vielfach im Verborgenen sich abspielende kirchliche Sozialengagement, die christliche Verantwortung und Zuwendung den Schwachen und Kranken gegenüber, geschmälert hätte.[18]

---

[18] Entsprechende Überlegungen: *Möser*, Etwas zur Verbesserung der Armenanstalten (1767), in: *Göttinger Akademie-Ausgabe* IV, Nr. 11, S. 68–73 (vgl. Anlage 2 dieser Arbeit). – Vgl. ebenso Otto *Hatzig*, Justus Möser als Staatsmann und Publizist. Hannover/Leipzig 1909, S. 163–168.

Keine Lobby also, so ist zu fragen, für die Armen und Bedürftigen in dem aufgeklärten Geistlichen Staat, dessen politischer Kopf ansonsten stets beharrlich die Verbesserung des Volkswohlstandes und der allgemeinen Landeswohlfahrt propagierte? Kein Zweifel, Möser setzte, um die Eingriffe des Staates und damit auch die Kosten für die ständische Landeskasse so begrenzt wie möglich zu halten, auf die hergebrachten und bewährten Formen der Armen- und Krankenversorgung, auf die kirchliche Hilfe und auf die Privatinitiative, auf Kollekten und Spenden, auf Stiftungen, Bruderschaften und Armenhäuser und nicht zuletzt auf den Prozeß normaler mitmenschlicher Solidarität jenseits der staatlichen, der kommunalen oder der kirchlichen Sphäre – im Haus, in der Familie, in der Nachbarschaft, im Dorfverband und in den kleinräumigen Straßen- und Wohnvierteln der Stadt, wo man sich kannte und auf engem Raum, in Zeiten der Krise und der Prosperität, eine mitunter spannungsgeladene Lebens- und Schicksalsgemeinschaft bildete.[19]

Die traditionelle Unterstützung und pastorale Betreuung der Armen durch die Institutionen und Amtsträger der beiden christlichen Konfessionskirchen überdeckte auf staatlicher Seite freilich lange Zeit die Notwendigkeit, ja die Ernsthaftigkeit einer Reformierung des sozialen Fürsorgewesens, so daß es im Bedarfsfalle immer nur zu partiellen Reparaturen an einem System vielgestaltiger, kaum noch zu überschauender Subsysteme im Bereich der wohltätigen Armenhilfe und der präventiven Absicherung reichte.[20]

---

[19] Zur Stabilität und zur langen Dauer der traditionellen Armenpflege im Hochstift Osnabrück finden sich exemplarische Hinweise in dem Briefwechsel Mösers mit den Ämtern und den Amtsstädten, insbesondere mit den Vögten: StA Osnabrück, Rep. 100/198/5. – Städte wie Iburg und Melle im Süden, wie Fürstenau und Quakenbrück im nördlichen Stiftsgebiet waren neben der Landeshauptstadt Osnabrück um eine praktische, an der lokalen Tradition orientierten Lösung der Armen- und Bettlerfrage bemüht.

[20] Vgl. die »Verordnung wegen des Allmosen-Sammlens« vom 3. März 1766, in: CCO II, 1, Nr. 1067, S. 396–399.

1. Ausgangslage und Problemhorizont

Natürlich konnte sich Möser, bereits das nahende Ende der geistlichen Stiftsexistenz am Horizont erkennend, auf die langwährende Kontinuität der kirchlichen Armenhilfe beider Konfessionskirchen stützen, zumal ihm die breite Basis und die lokale Distribution insbesondere der katholischen Fürsorgeeinrichtungen in Stadt und Land bekannt waren, deren Bestand durch die einschlägigen Schutzbestimmungen der osnabrückischen Religions- und Verfassungsparität als eigenständiges Korpus in der Hand der Alten Kirche garantiert wurde.[21] So paradox es auf den ersten Blick erscheinen mag: Das Wissen um die effektive, auf einem sicheren ökonomischen Fundus beruhende Organisation der katholischen Armenpflege, bei der die lenkende Rolle des Domkapitels und der Einfluß der Archidiakone hervorgehoben werden müssen, machte es letzten Endes dem regierenden evangelischen Staatsbürger Möser in der planenden Vorausschau seiner Politik einfacher, seine Konzeption einer Dezentralisierung der Armenfürsorge mit entschiedener Konsequenz durchzuhalten – trotz der Inkaufnahme mancher individueller Härten und Ungerechtigkeiten und trotz der teilweisen Preisgabe eines Verlusts an organisatorischer und damit auch an staatlicher Rationalität und Integrationsfähigkeit.[22]
Daß in diesem System der Beharrung sich gleichwohl Elemente des Wandels und des zeitgemäßen Fortschritts, angeregt durch den Erfolg auswärtiger Reformversuche, so vor allem im Vorfeld der wichtigen Hamburger Armenreform von 1788, entfalten konnten, ist um so bemerkenswerter und bedarf hier der Betonung, als die Verfassung des halb-katholi-

---

[21] Zu den katholischen Armenstiftungen vgl. insbesondere *Molly*, Reform des Armenwesens, S. 6–9 und passim. – Ebenso: Art. 22 der Capitulatio Perpetua Osnabrugensis von 1650, in: CCO I, S. 1635ff.

[22] Zur Rolle und zum Einfluß der katholischen Kirche in der Wohlfahrtspflege des Fürstbistums Osnabrück vor seiner Auflösung 1802/1803: StA Osnabrück, Dep. 3 b V, Nr. 1409 (Bericht der Kommission in katholischen Kirchen- und Armensachen vom 30. Juni 1809). – Vgl. auch Georg *Ratzinger*, Geschichte der kirchlichen Armenpflege. Freiburg im Breisgau ²1884.

schen, halb-evangelischen Osnabrücker Landes zwar einerseits eine juristische Schutzfunktion gegen ungerechtfertigte Ein- und Übergriffe und gegen willkürliche Veränderungsversuche bot, andererseits aber auch durch mangelnde Elastizität, übergroße Vorsicht oder subtiles soziales Verteidigungsdenken die Tendenz zur Versteinerung, ja zu einer konservierenden Selbstblockade der politischen und der kirchlichen Verhältnisse förderte.

Dieser Zustand einer schleichenden Lähmung und Tendenz zur Inaktivität, der von den Zeitgenossen, den handelnden Politikern und kommentierenden Publizisten, sehr wohl wahrgenommen wurde, betraf neben dem komplizierten Geflecht der konfessionell-bedingten Verfassungsstreitigkeiten, neben dem Streit um Kirchennutzungsrechte, um die Höhe der Abgabengebühren und die Einrichtung neuer Schulen vor allem und gerade das sensible Gebiet des Armenwesens und seiner Institutionen, wo das Abgrenzungs- und Behauptungspotential zwischen den Katholiken und den Protestanten wegen der existentiellen Ängste und Nöte bei der Sorge um das tägliche Brot besonders ausgeprägt war.[23] Hier galt es fraglos, soziale Besitzstände, finanzielle und materielle Ressourcen sowie konkrete Einfluß- und Motivationszonen auf den Glauben und die Mentalität und damit auf traditionelle Verhaltensmuster und Lebensgewohnheiten der Menschen zu beachten und zu verteidigen.

Eine Zentralisierung oder einseitige Institutionalisierung der Armenfürsorge hätte vor dem Hintergrund der mühsam erreichten juristischen Festschreibung der konfessionellen Besitzstände nur zu schweren, nicht zu kalkulierenden Konflikten und Verwerfungen zwischen der katholischen und der evangelischen Seite geführt, die neben den Regierungen in

---

[23] Pointierte zeitgenössische Einschätzungen der politischen Lage unter den Bedingungen der Parität: StA Osnabrück, Dep. 3 b V, Nr. 1409 (Bürgermeister Berghoff). – *Gruner* II, 1803, S. 521ff. – Osnabrück vor zweihundert Jahren. Die Erinnerungen des Senators Gerhard Friedrich *Wagner* (1769–1846). Nachwort von Frank *Henrichvark*. Osnabrück 1990 (informativ, aber teilweise verklärende Sichtweise).

1. Ausgangslage und Problemhorizont

Hannover und in London auch den Metropolitanherrn von Osnabrück, den Kur-Erzbischof von Köln, auf den Plan gerufen hätten. Eine erneute Politisierung der Religionsfrage wie zur Zeit des Dreißigjährigen Krieges und im Gefolge der sich ausformenden paritätischen Verfassungsstruktur wäre möglicherweise die Konsequenz eines allzu strengen und offen forcierten Säkularisierungskurses vor der eigentlichen Säkularisierung am Beginn des 19. Jahrhunderts gewesen, der die Katholiken im Zeichen der protestantischen Welfenherrschaft ohne Not düpiert und zu einer entschiedenen Gegenwehr mit dem Kölner Erzbischof an der Spitze mobilisiert hätte.[24]
Möser, dessen professionelles Geschäft der tägliche Umgang mit Paragraphen, Gesetzesnormen und Verordnungen war, wußte wie kein anderer um die Gefahr eines Rückfalls in die alten Kampfpositionen aus der Zeit der konkurrierenden Konfessionalisierung, die das Gebäude des geregelten Zusammenlebens und der gegenseitigen Respektierung unweigerlich ins Wanken und zum Einsturz gebracht hätte. Mösers dosierte, über weite Strecken geschmeidige Toleranzpolitik hatte daher stets die spezifischen osnabrückischen Rahmenbedingungen und Handlungsspielräume in den Blick zu nehmen und zu beachten: Wollte er die staatliche Ordnung in dem kleinen geistlichen Land funktionsfähig und stabil erhalten, so mußte er, ungeachtet der Differenzen, die es im Alltag des Politikers immer gab, mit großer Sensibilität die zartgewachsenen Formen der friedlichen Koexistenz zwischen den Katholiken und den Lutheranern pflegen, freilich unter strenger Wahrung der unterschiedlich ausgeprägten religiösen Lebensformen und kulturellen Identifikationsstrukturen.[25]

[24] Vgl. vor allem *Hoberg*, Die Gemeinschaft der Bekenntnisse in kirchlichen Dingen, S. 5–11. – Wolf-Dieter *Mohrmann*, Die politische Geschichte des Osnabrücker Landes im Überblick, in: *Meyer*, Bernd u. a., Das Osnabrücker Land. Hannover 1988, S. 63–101, hier: S. 87–90. – *Schindling*, Westfälischer Frieden und Altes Reich, S. 97–120.
[25] Vgl. dazu das Gesamtbild bei Karl *Brandi*, Justus Möser. Osnabrück 1944/1965. – *Knudsen*, S. 65–93. – Zu den Formen und realen Ausprägungen der Koexistenz im Zeichen der konfessionellen

Daß es vor diesem Hintergrund nicht einfach war, die Probleme des Zusammenlebens einer konfessionell gemischten Gesellschaft mit unterschiedlicher Anspruchs- und Erwartungshaltung an die jeweils regierende Obrigkeit konfliktfrei zu bewältigen, diese Erfahrung blieb Möser keineswegs erspart, und sie bescherte ihm auch manche Niederlage und Enttäuschung, die ihn zu behutsamer politischer Lenkung und zur taktischen Abwägung seiner Initiativen veranlaßte. Die Armenpolitik gehörte im Kontext seiner vielfältigen Regierungsmaßnahmen zu keiner Zeit zu den primären administrativen Aufgaben und Herausforderungen, nicht weil er die Brisanz des Problems unterschätzte, sondern weil er die Gefährdungen klar erkannte, die mit einer institutionellen Reform und einer damit korrespondierenden Zentralisierung der Aufsichts- und Verteilungsrechte in der Hand des Staates verbunden waren. Neben die Rechte traten alsbald die Pflichten, neben die Pflichten die Ansprüche, mit den Ansprüchen freilich wuchs die Anspruchs- und die Versorgungsmentalität, in der der zutiefst bürgerlich-denkende Möser ein sozialpolitisches Ärgernis ersten Ranges sah, dem er mit verbaler Schärfe den Kampf ansagte.[26]

Jeder Reformversuch mußte daher unvollkommen, mußte Stückwerk bleiben, wenn nicht beide »Gewalten«, die evangelische Regierung und das altgläubige Domkapitel, im einvernehmlichen Konsens an einer vernunftgeleiteten Lösung des Problems interessiert waren. Da die katholische Seite in einem

---

Parität vgl. auch die wichtigen, überaus nuancierten und weiterführenden Untersuchungen: Paul *Warmbrunn*, Zwei Konfessionen in einer Stadt. Das Zusammenleben von Katholiken und Protestanten in den paritätischen Reichsstädten Augsburg, Biberach, Ravensburg und Dinkelsbühl von 1548 bis 1648. Wiesbaden 1983. – Bernd *Roeck*, Eine Stadt in Krieg und Frieden. Studien zur Geschichte der Reichsstadt Augsburg zwischen Kalenderstreit und Parität (1584–1648). 2 Bde. Göttingen 1989. – Etienne *François*, »Die unsichtbare Grenze«. Protestanten und Katholiken in Augsburg 1648–1806. Sigmaringen 1991.

[26] Pointiert: *Möser*, Jeder zahle seine Zeche (1772), V, Nr. 38, S. 155–158.

konzertierten Vorgehen mit dem »welfischen« Staat gegebenermaßen mehr Nachteile als Vorteile sah, Herrin über die Verwaltung und die Verteilung ihrer Armenkapitalien bleiben wollte und schon aus konfessionellen Erwägungen der evangelischen Regierung keine räsonierende Monopolstellung in der Armenpolitik zubilligte, wurden die althergebrachten Traditionen der lokal verschiedenen, uneinheitlichen Armenversorgung perpetuiert und damit für eine längere Zeit weiter zementiert, auch wenn die Zahl der Hilfsbedürftigen, der Bettler und der gestrauchelten Existenzen stetig anstieg und sich der Anpassungsdruck an die Normen und die Spielregeln der Gesellschaft nicht ohne Konflikte verschärfte. Disziplinierungsappelle und Rationalisierungsvorschläge stießen demnach in dem paritätischen Regelwerk der verrechtlichten Verfassungs- und Religionsverhältnisse schnell an ihre Grenzen und verloren in dem Spannungsgefüge zwischen Kirche und Staat, zwischen katholischen und evangelischen, zwischen öffentlichen und privaten Interessen an Durchschlagskraft und an Stringenz.[27]

Die Erkenntnis des begrenzten Erfolgs einer zentral gesteuerten Armen- und Armenverhinderungspolitik trug wesentlich dazu bei, daß Möser konsequent an die Kräfte der Selbstregulierung an der lokalen Basis appellierte und voll auf den Mechanismus der Eigenverantwortlichkeit und der Selbstbehauptung im kleinräumigen dezentralen Rahmen des Kirchspiels und der einzelnen Bauerschaft setzte. In diesem System abgestufter Verantwortlichkeiten zwischen der Regierung, den Ämtern, den kleineren Städten und den Vogteien verblieb dem Staat durchaus eine besondere, nämlich die oberste Aufsichts- und Kontrollfunktion, die Ausgestaltung der konkreten Maßnahmen freilich nach dem sogenannten »Heimatprinzip« sollte durch die nachgeordneten lokalen und regionalen »Obrigkei-

---

[27] Zu den Grenzen der (normativen) Disziplinierung, zur ständischen Autonomie und zu den Formen der lokalen Selbstkontrolle vgl. insbesondere Kapitel III, Unterkapitel 5. – StA Osnabrück, Rep. 100/198/5: Auswirkungen der Armenordnung von 1774 auf die Situation der unterbäuerlichen Schichten, der verarmten Kötter und Heuerlinge, und die Reaktion darauf.

ten« erfolgen. Indem der ständische Staat seine öffentliche Regelungs- und Ordnungskompetenz im Bereich der Armenpolizei auf ein Mindestmaß beschränkte, gab er eindeutig der korporativen Selbsthilfe in den kleinen sozialen Lebenseinheiten den Vorzug, verlagerte er den Druck disziplinierender und reglementierender politischer Zwangsmaßnahmen in den Verantwortungsbereich der Amtsträger vor Ort, die sich am unmittelbarsten mit der sozialen Dramatik von Armut und Not und deren möglicher Überwindung und Bekämpfung konfrontiert sahen.[28]

Möser, der in Osnabrück zwischen fürstbischöflichem Schloß, heimischem Schreibtisch, der Regierungskanzlei und dem Kriminalgericht im Zuchthaus den Arbeitsplatz und damit natürlich auch die Themenfelder wechselte[29], ließen die Probleme der Armut und der Armutsbewältigung nicht unberührt, aber sie trieben ihn auch nicht zu kühnen Entwürfen und zu gewagten Reformprojekten an.[30] Der nüchterne Pragmatismus,

---

[28] Wie Anm. 27. – *Hoberg*, Die Gemeinschaft der Bekenntnisse in kirchlichen Dingen, S. 12–31. – *Knudsen*, S. 112–132. – Zu Mösers Position: Karl H. L. *Welker* / Martin *Siemsen*, Möser als Grundherr, in: OM 94, 1989, S. 185–194. – *Ders.*, Justus Möser, in: *Hehemann*, Rainer (Hrsg.), Biographisches Handbuch zur Geschichte der Region Osnabrück. Bramsche 1990, S. 207–210.

[29] Zum alltäglichen Ambiente Mösers und zur »höfischen« Topographie in Osnabrück: *Nicolai*, Leben Justus Mösers, S. 1–85. – Das Osnabrücker Schloß. Stadtresidenz, Villa, Verwaltungssitz. Hrsg. von Franz-Joachim *Verspohl*. Bramsche 1991. – Christine *van den Heuvel*, Das Osnabrücker Schloß. Quellen zur Baugeschichte, Hofhaltung und Gartenanlage im Hauptstaatsarchiv Hannover, in: OM 98, 1993, S. 87–113. – Eberhard *Crusius*, Die Land- und Justizkanzlei in Osnabrück und das öffentliche Bauwesen im Hochstift während des 18. Jahrhunderts (= OM 65, 1952, S. 1–76, Tafeln I–VIII). – Die Kunstdenkmäler der Provinz Hannover: IV. Regierungsbezirk Osnabrück, 1. und 2. Stadt Osnabrück. Hrsg. von Heinrich *Siebern* und Erich *Fink*. Hannover 1907.

[30] Anders dagegen der sozial-engagierte Karl Theodor von Dalberg in Kurmainz, Erfurt und Würzburg: vgl. dazu Kapitel II, Unterkapitel 5. – Zu Dalberg: Antje *Freyh*, Karl Theodor von Dalberg. Ein Beitrag zum Verhältnis von politischer Theorie und Regierungs-

der den Alltag des Juristen und Regierungsberaters im Umgang mit der sozialen Dauermaterie kennzeichnete, war durchaus berechtigt und ohne Attitüde: Denn die Probleme mit der Bekämpfung und Zurückdrängung der Armut und deren strukturelle Ursachen, so tragisch die menschlichen Schicksale im einzelnen auch sein mochten, blieben in dem überschaubaren Osnabrücker Land weitgehend unter Kontrolle und waren beherrschbar, ohne daß es über die normalen Klagen des beschwerten Alltags hinaus zu größeren Krisen und Eruptionen gekommen wäre, die das kunstvolle politische System erschüttert hätten, wohl aber zu verbalem Protest und zu Subsistenzengpässen, die die Anfälligkeit und Begrenztheit einer paternalistisch-fürsorglichen Politik in dem geistlichen Kleinstaat aufzeigten.[31]
Die eigentliche soziale Herausforderung indessen am Ende der stiftischen Existenz drohte weniger von den einheimischen Hausarmen, den Witwen und Waisen, den Kranken und Alten, den Ledigen und alleinerziehenden Müttern, deren Versorgung mit Kleidung und mit Nahrung in der Regel halbwegs sicher gewährleistet werden konnte, sondern von den fremden Bettlern, die, wie noch zu zeigen sein wird, in großen Scharen von auswärts eindrangen und oft ungeniert an dem schmalen Almosen der eingesessenen Armen partizipierten. Die immer gefährlicher werdende Konkurrenz dieser beiden Gruppen, der eigenen Hausarmen und der vagierenden Bettler, die die Belastbarkeit einer ohnehin fragwürdigen Mangelverwaltung knapper Ressourcen auf eine zusätzliche Probe stellte, provozierte schließlich das harte Eingreifen der Regierung, die sich vehement gegen eine weitere Expansion des verhaßten, von außen gefährlich aufgeladenen Bettelunwesens

---

praxis in der Endphase des Aufgeklärten Absolutismus. Frankfurt am Main 1978. – Günter *Christ*, Karl Theodor von Dalberg (1744–1817), in: Fränkische Lebensbilder. Hrsg. von Alfred *Wendehorst*. Bd. 13. Neustadt a. d. Aisch 1990, S. 92–113.

[31] Vgl. dazu insbesondere die Darstellung in Kapitel III, Unterkapitel 4 und 5 (hier auch konkrete Beispiele zum aufgeworfenen Problem). – *Hatzig*, Möser als Staatsmann, S. 145–192. – *Knudsen*, S. 132–163.

stemmte. Der sporadisch artikulierte Unmut der städtischen und der ländlichen Öffentlichkeit, die sich in ihrer jeweiligen lebensweltlichen Ordnung sozial bedroht fühlte, zwang schließlich die landesherrliche Obrigkeit zum Handeln und zu Maßnahmen der Gegenwehr gegen die mobilen Fremden, die prinzipiell unerwünschten Eindringlinge.[32]
Möser selbst, der die Entwicklung aufmerksam beobachtete, befürwortete mit Nachdruck einen Kurs der strikten Ausgrenzung und Härte, ohne Skrupel, ohne Emotion, nüchtern auf die Überlebensräson des ihm anvertrauten Landes und auf die Interessen seiner adeligen ständischen Klientel, aber auch auf die Verteidigung der bürgerlichen Ehrbarkeit seiner eigenen sozialen Herkunft bedacht.[33] Der Mann, der 1767 das »Glück der Bettler« in wohlgefügten Sätzen anschaulich beschrieben hatte, verlor danach in dem eigentümlichen Spannungsgefüge zwischen praktischer Realpolitik und schöngeistiger Poesie zu keinem Zeitpunkt seine Linie. Möser verlieh in seinen »Patriotischen Phantasien« dem literarischen Spiel zwischen Imagination und Lebenswirklichkeit, das die Welt der kleinen Leute in augenfälliger Weise charakterisierte, eine betont aufklärerische

[32] Der Druck der fremden Bettler und Vaganten belastete Stadt und Land gleichermaßen. Gegen Ende des 18. Jahrhunderts belagerten regelrechte fremde Bettlertrupps die Stadttore, machten tagsüber ihr Geschäft in der Stadt, um am Abend ihr Geld in den Wirtshäusern um Osnabrück herum wiederauszugeben. 1795 erregte der »Fall Recker« großes Aufsehen: Er stellte den Bettlern – zeitweise an die 30 Personen – seinen Kotten in der »Stadtlandwehr« als Schlupfloch, genannt »Der lustige Krug«, zur Verfügung, organisierte erfolgreich die täglichen Bettlerzüge durch die Stadt und partizipierte kräftig am Gewinn. Die obrigkeitliche Visitation der Wirtshäuser klappte nie richtig, weil die Koordination zwischen der Stadt Osnabrück und dem angrenzenden Amt Iburg nicht so recht funktionierte. StA Osnabrück, Dep. 3 b V, Nr. 1621.

[33] Möser, der im Winter 1763/64 einige Monate in London weilte, stand die harte Restriktionspolitik der Engländer in ihrem Land gegenüber den fremden Kirchspielsarmen vor Augen: *Möser*, Ökonomische Aufgabe der Armen betreffend (1773), in: *Göttinger Akademie-Ausgabe* IX A, Nr. 9, S. 49–50. – *Metz*, Staatsraison und Menschenfreundlichkeit, S. 18–26.

Note von tiefer Eindringlichkeit und Symbolik: Was ist des Menschen wahres Glück und wahres Unglück bei all seinem Streben und Tun? Es sollte sich schon bald zeigen, daß das Glück des Tüchtigen nicht unbedingt von vornherein das Unglück des Müßiggängers bedeutete.[34]

2. »Wohlfahrtsstaat« und Politikhorizont: Mösers eigenständiger Weg zum »Glück«

Nur vor dem Hintergrund der dargelegten Grundzüge der Möserschen Armenpolitik läßt sich die in der Literatur oft zitierte und oft auch kritiklos übernommene und tradierte Metapher vom »Glück der Bettler« angemessen bewerten und in ihrem funktionalen Charakter als populäres volkspädagogisches Lehrstück des Osnabrücker Aufklärers darstellen und gewichten.[35] Als Möser 1767 seinen vielbeachteten kleinen Aufsatz als Beilage zu den »Wöchentlichen Osnabrückischen Anzeigen« schrieb, spielten für ihn nicht nur unmittelbare praktisch-politische Absichten eine Rolle, sondern ebenso die publizistische Kunst des Schriftstellers, ein interessiertes Publikum anzusprechen und zu unterhalten, das in einer geschickten Mischung von politischer und literarischer Belehrung auf Veränderung und Bewußtseinswandel, auf die Möglichkeiten und die Chancen, freilich aber auch auf die Grenzen und die Gefahren der

---

[34] *Möser*, Das Glück der Bettler (1767), in: *Göttinger Akademie-Ausgabe* IV, Nr. 10, S. 65–68. – Vgl. dazu auch die behandelten exempla bei Heinrich *Kanz*, Justus Möser als Alltagsphilosoph der deutschen Aufklärung. Textauswahl und Einleitung. Frankfurt 1988. – Gisela *Wagner*, Lebenssituationen und Lebensführung der Frauen in der Sicht Justus Mösers, in: OM 98, 1993, S. 115–125.
[35] Dazu die einschlägigen Studien von *Rupprecht*. – H. *Zimmermann*. – *Renger*. – *Knudsen*. – J. *Schröder*. – Michael *Maurer*, Aufklärung und Anglophilie in Deutschland. Göttingen/Zürich 1987, insbes. S. 111–141.

menschlichen Existenz in Zeiten der Knappheit und des Mangels eingestimmt und sensibilisiert werden sollte. Möser, der in seinen Publikationen stets auf die Wahl einer adäquaten Begrifflichkeit achtete und in subtiler Weise zwischen herber und feinsinniger, zwischen regierungsamtlicher und bloß erzählender, kurzweiliger Rhetorik zu unterscheiden wußte, ging im Vergleich zu anderen Autoren seiner Zeit mit der Kategorie »Glück« betont behutsam und überlegt um und stellte sie keineswegs in den Mittelpunkt seiner am Realen und Konkreten orientierten aufklärerischen Pädagogik.[36] Während einflußreiche Vertreter der kameralistischen Wohlfahrtslehre wie Johann Heinrich Gottlob von Justi oder Joseph von Sonnenfels in der zweiten Hälfte des 18. Jahrhunderts in ihren ausgereiften Schriften den Topos der zu befördernden allgemeinen »Glückseligkeit« propagierten[37], war Möser weit entfernt davon, eine eudämonistische Begründung für sein staatliches Tun und Handeln zu geben und allein in der Wohlfahrtsmaximierung den Endzweck aller Staatstätigkeit zu sehen.[38]

[36] Vgl. dazu besonders Brigitte *Lorenzen*, Justus Mösers Patriotische Phantasien. Studien zur Erzählhaltung. Diss. Göttingen 1956. – Gisela *Wagner*, Zum Publikumsbezug in Mösers Beiträgen für die Wöchentlichen Osnabrückischen Anzeigen, in: Möser-Forum 1/1989, S. 76–87. – Heinrich *Kanz*, Der humane Realismus Justus Mösers. Bildungsanalyse in der Ersten Europäischen Aufklärung. Wuppertal 1971. – Renate *Stauf*, Justus Mösers Konzept einer deutschen Nationalidentität. Mit einem Ausblick auf Goethe. Tübingen 1991.

[37] Vgl. dazu vor allem Hans *Maier*, Die ältere deutsche Staats- und Verwaltungslehre. Ein Beitrag zur Geschichte der politischen Wissenschaft in Deutschland. München ²1980, S. 164–190. – *Ritter*, Sozialstaat, S. 39–45. – Karl-Heinz *Osterloh*, Joseph von Sonnenfels und die österreichische Reformbewegung im Zeitalter des aufgeklärten Absolutismus. Lübeck/Hamburg 1970. – Rudolf *Hoke*, Joseph von Sonnenfels (1732–1817), in: Persönlichkeiten der Verwaltung. Biographien zur deutschen Verwaltungsgeschichte 1648–1945. Hrsg. von Kurt G. A. *Jeserich* und Helmut *Neuhaus*. Stuttgart 1991, S. 44–48.

[38] Zum Topos der »Glückseligkeit« vgl. insbes. Ulrich *Engelhardt*, Zum Begriff der Glückseligkeit in der kameralistischen Staats-

2. »Wohlfahrtsstaat« und Politikhorizont 55

Anders etwa als sein katholischer geistlicher Amtsbruder in Kurmainz, der spätere Koadjutor und letzte Kurfürst Karl Theodor von Dalberg, vermied es Möser konsequent, Ziel und Zweck echter Politik durch ein klar umrissenes Bekenntnis zur Förderung der Glückseligkeit des Staates im Sinne der wohlfahrtsstaatlichen Tradition seiner Zeit zu definieren.[39] Während Dalberg mit einer gewissen insistierenden Vehemenz den Anspruch jeden Bürgers, insbesondere auch des Armen, auf Durchsetzung der wahren Glückseligkeit im Gemeinwesen postulierte, während der prominente katholische Prälat also die Aufgabe der Administration vor allem darin sah, das Volk »glücklich zu machen« und die Wohlfahrt aller auf Dauer zu verbürgen, sucht man in den Schriften Mösers vergeblich nach Formulierungen, die das herbeizuführende und zu optimierende Allgemeinwohl in einer derart intensiven (auch sozialreformerischen) Eindringlichkeit artikulierten.[40] Ungeachtet der moralisierenden, auf die Menschenwürde und die Menschenliebe ausgerichteten Appelle vieler aufgeklärter Geister seiner Zeit, sprach Möser, ohne je seine Aussagen über den Staatszweck im Zusammenhang deutlich zu fixieren, in eher allgemeinen Wendungen von der »gemeinen Noth«, vom

---

lehre des 18. Jahrhunderts (J. H. G. v. Justi), in: ZHF 8, 1981, S. 37–79. – Ulrich *Scheuner*, Die Staatszwecke und die Entstehung der Verwaltung im deutschen Staat des 18. Jahrhunderts, in: Beiträge zur Rechtsgeschichte. Hrsg. von Gerd *Kleinheyer* und Paul *Mikat*. Paderborn 1979, S. 467–489. – *Ritter*, Sozialstaat, S. 39. – Horst *Möller*, Fürstenstaat oder Bürgernation. Deutschland 1763–1815. Berlin 1989, S. 65–172. – Hans-Ulrich *Wehler*, Deutsche Gesellschaftsgeschichte. Bd. 1: 1700–1815. München ²1989, S. 233–240. – Diethelm *Klippel*, Politische Theorien im Deutschland des 18. Jahrhunderts, in: Aufklärung 2/2, 1987, S. 57–87. – *Link*, Zwischen Absolutismus und Revolution, S. 196–199.

[39] Zu Dalberg vgl. *Freyh*, S. 126–135. – Vgl. ebenso *Knudsen*, S. 1–30. – *Schröder*, Möser, S. 303–305.

[40] Vgl. William F. *Sheldon*, The Intellectual Development of Justus Möser: The Growth of a German Patriot. Osnabrück 1970. – Wolfgang *Martens*, Möser als Wochenschriftenschreiber, in: Möser-Forum 1/1989, S. 46–63. – *Schröder*, Möser, S. 303–305

»allgemeinen Besten« und einmal sogar – an einer Stelle, wo man dies nicht vermutet – von der »allgemeinen Glückseligkeit«, die zum Wohle des ständisch verfaßten Staates unter seinen Mitgliedern anzustreben sei.[41] Der osnabrückische Staatsmann, der sich in seinen Schriften wiederholt als Gegner eines »despotischen« obrigkeitsstaatlichen Absolutismus zu erkennen gab[42], sah also in der »Beglückung« der Untertanen, anders als Dalberg, nicht die oberste Maxime staatlichen Handelns, auch nicht die oberste Norm, unter der die Gesetze und die Verordnungen der Regierung materiell abzufassen und in der Praxis anzuwenden waren.

Im Blick auf die unterschiedliche Ausprägung der sozialen Lebenswirklichkeit, wie der heimatverbundene Möser sie in seiner unmittelbaren Umgebung mit wachem Auge wahrnehmen konnte, dominierte in der Osnabrücker Regierung keinesfalls durchgängig das Prinzip einer einheitlichen, standardisierten und durchrationalisierten Umsetzung aller Gesetze und Bestimmungen gleichermaßen erfolgreich und effizient für alle Ämter und Kirchspiele, sondern es bestanden durchaus Handlungsspielräume und disparate Verwaltungstraditionen, gerade im lokalen Raum der kleinen Amtsstädte, der Dörfer und der kleinen Bauerschaften, um eine elastische Anwendung der sozialen Kontroll- und Disziplinierungsmechanismen durchzusetzen oder aber zumindest zu gewährleisten.[43]

---

[41] *Möser*, Wann und wie mag eine Nation ihre Konstitution verändern? (1791), in: *Göttinger Akademie-Ausgabe* IX A, Nr. 66, S. 179–182, hier: S. 181. – Vgl. *Schröder*, Möser, S. 304. – *Göttsching*, Mösers Staats- und Geschichtsdenken, S. 33–61.

[42] *Möser*, Über die Art und Weise, wie unsere Vorfahren die Prozesse abgekürzt haben (1770), in: *Göttinger Akademie-Ausgabe* IV, Nr. 51, S. 246–255, hier: S. 250. – Vgl. *Schröder*, Möser, S. 303. – *Maier*, Die ältere deutsche Staats- und Verwaltungslehre, S. 181–190.

[43] Dazu aufschlußreich die Reaktionen der Amtsvögte in den 1770er Jahren auf die Nachfragen der Regierung: StA Osnabrück, Rep. 100/198/5. – Vgl. auch *Hoberg*, Die Gemeinschaft der Bekenntnisse in kirchlichen Dingen, S. 34–68. – *Knudsen*, S. 145–163. – Heide *Wunder*, Die bäuerliche Gemeinde in Deutschland. Göttingen 1986, S. 80–113.

2. »Wohlfahrtsstaat« und Politikhorizont 57

Der osnabrückische Geistliche Staat blieb auch unter Möser, trotz der begrenzten und letztlich auf halbem Wege stehengebliebenen Reform- und Modernisierungsversuche, ein eher altertümliches halb-staatliches, halb-kirchliches Gebilde im Widerstreit säkularer und konfessioneller Ordnungsvorstellungen, mit der Konservierung traditioneller bürgerlicher und bäuerlicher Lebens- und Erwerbsgewohnheiten, zementiert im Zeichen der Verfassungsparität und der unterschiedlichen kirchlichen und staatlichen Rechtskulturen, am Ende dann doch noch konfrontiert mit der dynamischen Herausforderung einer mehr ständisch akzentuierten, im ganzen aber milden Aufklärung, mit den Problemen der überschaubaren »patria« Osnabrück im Visier und dem schwierigen Versuch, unter Anspannung aller Kräfte noch einmal einen bescheidenen Innovationsschub für Wirtschaft und Gewerbe, für Handel und Landeskultur herbeizuführen.[44]

Vor diesem Hintergrund der über Jahrzehnte gewachsenen Binnenstrukturen hatte Möser mit wachsamer Umsicht das komplizierte Geflecht unterschiedlicher Interessen und abgestufter Loyalitäten zwischen der externen landesfürstlichen Obrigkeit in London, der Regierung in Osnabrück und der Partizipation der einheimischen Landstände an dem Prozeß der politischen Willensbildung und Gesetzgebung zu beachten.[45] Dank der Kleinheit und der Überschaubarkeit des fürstbischöflichen Territoriums einerseits, und dank der intimen

---

[44] Vgl. *Knudsen*, S. 11f. – *Renger*, Landesherr und Landstände, S. 11–18 (mit grundsätzlichen Bemerkungen). – *Behr*, Obrigkeitliche Maßnahmen zur Förderung der Agrikultur, S. 84–102. – Paul *Göttsching*, Justus Möser in der sozialen Bewegung seiner Zeit, in: OM 85, 1979, S. 99–114.

[45] Detaillierte, dichte Darstellung zum politisch-administrativen Hintergrund: Christine *van den Heuvel*, Beamtenschaft und Territorialstaat. Behördenentwicklung und Sozialstruktur der Beamtenschaft im Hochstift Osnabrück 1550–1800. Osnabrück 1984, insbes. S. 145–159. – *Renger*, Landesherr und Landstände im Hochstift Osnabrück. – *Penners*, Konfessionsbildung im Fürstbistum Osnabrück, S. 25–50.

Landeskenntnis und der dauerhaften Präsenz am Regierungssitz Osnabrück andererseits, gelang es dem juristisch geschulten Politiker nach dem Ende des Siebenjährigen Krieges in der Zeit der Minderjährigkeit des gewählten evangelischen Fürstbischofs erstaunlich rasch, seine angehäufte Kompetenz- und Ämterfülle konstruktiv zu nutzen und einen politischen Weg zwischen Beharrung und Erneuerung, wenn auch mit gebremstem Tempo und mit wechselndem Erfolg, zu beschreiten und beim interessierten, vor allem bei dem stadtbürgerlichen und regierungsnahen Publikum attraktiv zu machen.[46]
Freilich, aufs Ganze gesehen, war dieser Kurs keineswegs geradlinig und unbeschwert, zumal die Diskrepanz zwischen reformfreudiger Projektion und tatsächlicher Realisierung, zwischen dem ambitionierten *Publizisten* Möser und dem rechtsgelehrten *Realpolitiker* Möser, in vielfacher Weise, so auch auf dem Sektor der Armen- und Fürsorgepolitik, offen zutage trat. Der Stil der Möserschen Politik war angesichts der Kräfteverteilung in dem Land nicht geprägt von einem Hang zu extremen Positionen, sondern er war vielmehr Ausdruck der pragmatisch-ausgleichenden Grundeinstellung des bürgerlichen Staatsbeamten, der ein hohes Maß an taktischem Gespür und an politischer Schläue mit subtiler Menschenkenntnis und geschickter Selbstdarstellung verband, um auf diese Weise die ihm anvertraute Bürde des Regierungs- und des Rechtsberaters gegen die Fährnisse der alltäglichen Auseinandersetzung in dem konfliktbeladenen paritätischen Verfassungsgefüge erfolgreich zu tragen und zu verteidigen.[47]

---

[46] Die »Grenzen des Einflußes« betont G. *Wagner*, Publikumsbezug, S. 84–86. – Vgl. ebenso die zeitgenössische Vita von *Nicolai*, Leben Justus Mösers, sowie *Renger*, Mösers amtlicher Wirkungskreis, S. 1–30.
[47] Möser an Friedrich Nicolai, 1782, in: Justus *Möser*, Briefwechsel. Neu bearbeitet von William F. *Sheldon*. Hannover 1992, Nr. 550, S. 622–628 (Die Briefe der älteren Ausgabe von *Beins/Pleister* aus dem Jahre 1939 sind in die neuere Ausgabe von *Sheldon* integriert worden!).

2. »Wohlfahrtsstaat« und Politikhorizont

Obwohl die Eigenstaatlichkeit des kleinen Bischofslandes im Nordwesten des Reichs durch die Einbindung in die welfisch-hannoversche-großbritannische Macht- und Einflußzone[48] und durch den schleichenden Säkularisierungsdruck der protestantischen Landesobrigkeit tendenziell gefährdet war, bildeten die Praxisnähe, die Loyalität und nicht zuletzt die starke familiäre und politische Verwurzelung Mösers in den ständestaatlichen Traditionen seiner Heimat ein hinreichendes Gegengewicht[49], um die Sonderstellung des Hochstifts in seiner Abhängigkeit von den beiden externen Herrschaftszentren London und Bonn, von dem evangelischen weltlichen Landesherrn, dem englischen König, und dem geistlichen Metropolitanherrn, dem Kurfürsten von Köln, solange es politisch möglich und opportun war, in der Balance zu halten.[50]
Der spezifische »Nebenlandcharakter« des Osnabrücker Territoriums, der eine eigenständige äußere Politik nicht zuließ, begründete zugleich die Voraussetzungen für die außergewöhnliche Sonderstellung des tonangebenden, durch eine geschickte öffentliche Präsentation beeindruckenden, karriere- und standesbewußten Mösers, der mit seinen Konsolidierungs- und Integrationsbemühungen über drei Jahrzehnte hinweg im

---

[48] Dazu neuerdings: Volker *Press*, Kurhannover im System des alten Reichs 1692–1803, in: *Birke*, Adolf M. / *Kluxen*, Kurt (Hrsg.), England und Hannover. München/London 1986, S. 53–78. – Wolf-Dieter *Mohrmann*, Die politische Geschichte des Osnabrücker Landes im Überblick, S. 63–101. – *Ders.*, Osnabrücks Geschichte in der europäischen Dimension, in: OM 96, 1991, S. 11–25.

[49] Zum stadtbürgerlichen Osnabrücker Hintergrund vgl. Bruno *Krusch*, Justus Möser und die Osnabrücker Gesellschaft, in: OM 34, 1909, S. 244–373. – *Spechter*, Osnabrücker Oberschicht. – *Renger*, Landesherr und Landstände im Hochstift Osnabrück, S. 84–93.

[50] Vgl. *van den Heuvel*, Beamtenschaft und Territorialstaat, S. 145–147. – *Press*, Kurhannover, S. 69–72. – Eduard *Hegel*, Das Erzbistum Köln zwischen Barock und Aufklärung, in: Geschichte des Erzbistums Köln. Hrsg. von Eduard *Hegel*, Bd. 4, Köln 1979, S. 51–76.

Schatten des verwaisten fürstbischöflichen Schlosses, dessen Hausherrn in der Zeit nach 1728 fernab am Rhein, an der Leine und an der Themse residierten, zu einer gewissen bodenständigen, beruhigenden Stabilität der inneren Verhältnisse beitrug, ohne jedoch den generationenübergreifenden politisch-konfessionellen Kleinkrieg zwischen den Katholiken und den Protestanten gänzlich zu überwinden.[51]
Traditionelle parteiliche Identifikationsbarrieren zwischen den Konfessionen standen auch im Zeichen von Aufklärung und aufkeimender Toleranz einer wirklichen Verständigungsbereitschaft innerhalb der osnabrückischen Stadt- und Territorialgesellschaft im Wege – zu sehr hatte der Rechtscharakter des Paritätsprinzips vor dem Hintergrund der wechselnden Alternation in der Regierung das politische System des Landes und das Identitätsbewußtsein der konfessionell gemischten Bevölkerung im sozial-konservativen Sinne zu einem Leben in Stillstand und Lethargie verleitet und das Denken in den altständischen Ordnungskategorien verfestigt.
Die Umsetzung innovativer Ideen, etwa sozialpolitischer und ökonomischer Neuerungen, hatte es daher schwer, die objektiv vorhandenen, mentalen Abwehrreaktionen und antimodernen Aversionen in weiten Teilen des Bürgertums und des grundbesitzenden Adels gegenüber jeglichem Wandel und jeglichem Erneuerungswillen zu überwinden.[52] Der Versäulung des konfessionellen Normen- und Verfassungssystems entsprach eine auf Beharrung und auf konservativem Sicherheits- und Besitzstandsdenken ausgerichtete Versäulung in den Köpfen vieler Menschen, die auch von den wenigen überzeugten Fortschrittsoptimisten im aufgeklärten städtischen Bürgertum kaum wesentlich beeinflußt und bewegt wurde.
Mösers in den »Patriotischen Phantasien« eindrucksvoll artikulierte aufgeklärte Programmatik, die zweifellos konservative

---

[51] Hierzu die zitierten Aufsätze von *Penners*, *Schindling* und *Mohrmann*. – Vgl. ebenso *Hoberg*, Die Gemeinschaft der Bekenntnisse in kirchlichen Dingen.

[52] Vgl. Paul *Göttsching*, Justus Möser in der sozialen Bewegung seiner Zeit, S. 99–114. – *Behr*, Obrigkeitliche Maßnahmen zur Förderung der Agrikultur, S. 84–102. – *Knudsen*, S. 132–144.

2. »Wohlfahrtsstaat« und Politikhorizont

und emanzipatorische Elemente in sich vereinigte, darf nicht darüber hinwegtäuschen, daß die konkrete Politik dieses Mannes nach 1764, trotz vieler reformerischer Impulse im einzelnen zur Verbesserung des Volkswohlstandes im Gefolge der Überwindung der ruinösen Kriegslasten, eine stark retardierende und modernisierungshemmende Dimension besaß.[53] Besonders das Beharren darauf, die historisch gewachsenen »natürlichen« Einheiten in ihrer jeweiligen Konfiguration in Staat und Ständegesellschaft zu erhalten, entsprach nicht nur dem altständischen Denken des bürgerlichen Historiographen Möser, sondern es offenbart auch die Haltung des Politikers Möser in seiner Gegnerschaft zum fürstlichen Absolutismus mit all seinen zentralisierenden und uniformierenden Tendenzen und der Zurückdrängung des ständischen Elements.[54] Der Verzicht, zumindest jedoch der Teilverzicht, auf einen Zuwachs an bürokratischer Rationalität und an effizienter Standardisierung der hierarchischen Regierungs- und Verwaltungsstrukturen zugunsten der regionalen ständischen Autonomie war nur möglich in einem Territorium, das nach 1764 im Windschatten der großen Politik eine undramatische und befristete, fast vergessene Nebenlandexistenz führte.

Indem sich Möser gegen den reglementierenden Zug des bürokratischen Reformabsolutismus wandte, wie er für die größeren Territorien des Reichs kennzeichnend war, setzte er ganz auf die Überlebenskraft und auf die Vorzüge der historisch gewordenen »natürlichen« Ordnung der Institutionen und Sitten sowie vor allem auf die tradierten korporativen Kommunikations- und Umgangsformen in der kleinräumigen ständischen Lebenswelt des Adels und der Bürger, der Bauern und der existenzgefährdeten Landarbeiter.[55] Nur dieses von Überzeu-

---

[53] Vgl. *Knudsen*, S. 78–85. – *Göttsching*, Justus Möser in der sozialen Bewegung seiner Zeit, S. 99–114. – *Welker*, Möser, S. 207–210.

[54] Vgl. Mösers Vorrede zur Allgemeinen Einleitung der »Osnabrükkischen Geschichte«, 1768, in: *Göttinger Akademie-Ausgabe* XII, 1, S. 31–45. – *Schröder*, Möser, S. 300–305.

[55] Zum historischen Hintergrund die allgemeinen Darstellungen: *Möller*, Fürstenstaat oder Bürgernation, S. 239–316. – *Wehler*, Deutsche Gesellschaftsgeschichte I, S. 218–267. – Eberhard *Weis*,

gungstreue und innerer Unabhängigkeit getragene Bekenntnis zum historisch gewachsenen Charakter des gesellschaftlichen Lebens, das dem rationalistischen Ideal einer einheitlichen Staatspolitik mit zentraler Planung und zentraler behördlicher Lenkung diametral entgegenstand, vermochte nach den Vorstellungen Mösers die ständisch abgestuften Freiheiten der »ehrbaren« Privilegienträger, der adeligen Grundbesitzer und der bürgerlichen Kapitaleigentümer, zu gewährleisten und zu erhalten.[56]

Wo aber war in diesem Konzept die Position – sofern man von einer solchen überhaupt sprechen kann – der verarmten und der mittellosen Mitbürger und Almosenempfänger verortet, und wodurch überhaupt war der Anspruch der Bedürftigen, der Bettler und der fremden Vaganten in einem System, in dem regelmäßige humanitäre staatliche Hilfen bislang eher die

---

Aufklärung und Absolutismus im Heiligen Römischen Reich. Zum Problem des Aufgeklärten Absolutismus in Deutschland, in: *Ders.*, Deutschland und Frankreich um 1800. Aufklärung, Revolution, Reform. München 1990, S. 9–27. – Rudolf *Vierhaus*, Deutschland im Zeitalter des Absolutismus (1648–1763). Göttingen ²1984. – Karl Otmar Freiherr *von Aretin*, Vom Deutschen Reich zum Deutschen Bund. Göttingen 1980. – Johannes *Kunisch*, Absolutismus. Europäische Geschichte vom Westfälischen Frieden bis zur Krise des Ancien Régime. Göttingen 1986. – Heinz *Duchhardt*, Das Zeitalter des Absolutismus. München 1989. – Heinz *Schilling*, Höfe und Allianzen. Deutschland 1648 – 1763. Berlin 1989. – Aus der Perspektive des Kaisertums: Peter *Baumgart*, Joseph II. und Maria Theresia (1765–1790), in: *Schindling, Anton/Ziegler*, Walter (Hrsg.), Die Kaiser der Neuzeit 1519–1918. Heiliges Römisches Reich, Österreich, Deutschland. München 1990, S. 249–276, 490–491.

[56] Dazu: *Möser*, Der Staat mit einer Pyramide verglichen (1773), in: *Göttinger Akademie-Ausgabe* V, Nr. 56, S. 214–217, und *Möser*, Der Bauerhof als eine Aktie betrachtet (1774), *ebd.*, VI, Nr. 63, S. 255–270. – Vgl. auch *Wehler*, Deutsche Gesellschaftsgeschichte I, S. 234f. – William F. *Sheldon*, Patriotismus bei Justus Möser, in: *Vierhaus*, Rudolf (Hrsg.), Deutsche patriotische und gemeinnützige Gesellschaften. München 1980, S. 31–49.

2. »Wohlfahrtsstaat« und Politikhorizont

Ausnahme bildeten, hinreichend legitimiert und der öffentlichen Diskussion für würdig erachtet?
Mösers historisierende Methode, die Genese der feudal-ständischen Ordnung ebenso wie den Prozeß der sozialen Statusdifferenzierung durch eine rückwärtsgewandte Betrachtungsweise auf die Anfänge des frühmittelalterlichen altgermanischen Idealstaates zu erklären, war im Spektrum der verschiedenen Deutungsmuster seiner Zeit gewiß nicht repräsentativ, aber auch nicht untypisch, in jedem Fall aber legitim. So vertraten Johann Gottfried Herder und später der Freiherr vom Stein geschichtsphilosophische Ansichten, die denen Mösers durchaus wesensverwandt waren.[57] Auch bei ihnen erhielt die intellektuelle Rückbesinnung auf die Geschichte und die weltanschauliche Ausrichtung auf den Historismus mit seinen bedeutenden Kategorien der *Entwicklung* und der *Individualität* einen hohen Stellenwert, auch ihnen erschien die reglementierte Einheitlichkeit im Innern der Staaten als zwanghafter Eingriff in die »natürliche« Ordnung der Dinge, die im öffentlichen Meinungsstreit mit den politischen Leitideen der Aufklärung dem Druck der absolutistischen Obrigkeiten nicht mehr länger gewachsen war und daher nicht mehr länger standhalten konnte.[58]
So befand sich die pointierte Osnabrücker Position Mösers mehr im Gegenwind der allgemeinen von naturrechtlicher Theorie und aufgeklärter Rationalität charakterisierten Zeitströmungen, die im letzten Drittel des 18. Jahrhunderts, beeinflußt von den Auswirkungen der Französischen Revolution, den öffentlichen Diskurs der gelehrten Publizisten und der erfahrenen Regierungspraktiker bestimmten. Die Geistlichen Staaten der alten Reichskirche insgesamt waren in der Schluß-

---

[57] Vgl. Friedrich *Meinecke*, Die Entstehung des Historismus. Hrsg. von Carl *Hinrichs*. München ⁴1965, S. 355-444. – Dieter *Schwab*, Die »Selbstverwaltungsidee« des Freiherrn vom Stein und ihre geistigen Grundlagen. Frankfurt am Main 1971. – *Göttsching*, Mösers Staats- und Geschichtsdenken, S. 33-61. – P. *Schmidt*, Möser als Historiker.
[58] Vgl. *Meinecke*, wie Anm. 57. – *Schröder*, Möser, S. 300-305. – *Wehler*, Deutsche Gesellschaftsgeschichte I, S. 218-240.

phase ihrer Existenz im Banne eines scharfen, aufgeklärten Verdikts über die zerrütteten Zustände in ihrem Innern einer herben, zum Teil ungerechten, antiklerikalen Kritik ausgesetzt, die gerade den kleineren Fürstbistümern trotz beachtlicher Reformanstrengungen auf dem Gebiet des Bildungs- und des Sozialwesens kaum eine realistische Chance ließ, mit Aussicht auf Erfolg gegen die konzentrierte Kampagne der Zurücksetzung und Verunglimpfung und damit gegen die breite Welle öffentlicher Denunziations- und Destabilisierungsversuche anzugehen.[59]
Insbesondere das überhandnehmende Armen- und Bettlerproblem galt den Kritikern als signifikanter Beleg für die Rückständigkeit der katholischen Kirche und für die administrative Mangelverwaltung der knappen wirtschaftlichen Ressourcen in den Geistlichen Staaten, ohne daß man jedoch bereit gewesen wäre, die Armutsfrage als ein generelles konfessionenübergreifendes Phänomen anzuerkennen, jedenfalls nicht nur als eine konfessionelle oder als eine regionalspezifische Besonderheit einer einzigen Glaubensgemeinschaft, der katholischen nämlich, verzerrend einzuengen. Der »Fortschritt« als entwicklungsfördernde Kategorie war auch auf dem sektoralen Gebiet der öffentlichen Armenfürsorge nicht allein das »Glück« nur der einen Seite, sondern er bestimmte das Wechselspiel von Stillstand und Beschleunigung, von Antiquiertheit und Modernität nach Kriterien, die keiner determinierten Gesetzmäßigkeit unterlagen, sondern oft von Zufällen und personellen Konstellationen, von professionellem persönlichem Engagement, von strukturellen Weichenstellungen

---

[59] Zu diesem Problemzusammenhang wichtig: Peter *Wende*, Die geistlichen Staaten und ihre Auflösung im Urteil der zeitgenössischen Publizistik. Lübeck/Hamburg 1966. – *Hersche*, Intendierte Rückständigkeit, S. 133–149. – Eberhard *Weis*, Der aufgeklärte Absolutismus in den mittleren und kleinen deutschen Staaten, in: *Ders.*, Deutschland und Frankreich um 1800, S. 28–45, bes. S. 38–42. – *Möller*, Fürstenstaat oder Bürgernation, S. 109–111. – Zur Situation in Osnabrück: Gerd und Christine *van den Heuvel*, Reaktionen auf die Französische Revolution im Hochstift Osnabrück, in: OM 94, 1989, S. 195–218.

und institutionellen Vorgaben, unabhängig von der Größe und dem wirtschaftlichen Leistungspotential der jeweiligen sozialen Einheit, abhingen.
In dem paritätisch verfaßten Osnabrücker Staat zeigte sich, trotz der theologischen und der religiösen Grenzen und trotz der dadurch bedingten sozialen und mentalitätsmäßigen Identifikationsstrukturen zwischen den Katholiken und den Protestanten, die Gemeinsamkeit der Anstrengungen, wenn auch auf getrennten Wegen, keine existentielle Kluft in der materiellen und der organisatorischen Ausgestaltung des obrigkeitlichen Fürsorge- und Wohlfahrtswesens entstehen zu lassen. Im Interesse eines nie sehr deutlich artikulierten, für alle Teilbereiche der Gesellschaft gewiß nur schwer durchzusetzenden Grundkonsenses galt es, zumindest eine Art vormoderner notdürftiger »Grundversorgung« der Bevölkerung sicherzustellen und dafür Sorge zu tragen, daß der Nahrungsmittelbedarf der einheimischen Armen und der wirklich Kranken, der »ehrlichen« Versorgungsfälle also, die ein Leben am Rande oder bereits unterhalb des Existenzminimums fristeten, in der Regel gewährleistet blieb. Die Dynamik und die Zwänge, die von der Herausforderung der für viele Menschen kargen alltäglichen Lebenswirklichkeit ausgingen, ließen gerade im osnabrückischen Umfeld die normative Kraft der verfassungsmäßigen Entzweiung in die zwei getrennten konfessionellen und geistig-kulturellen Lager zugunsten einer partiellen, vom Pragmatismus des Alltags geleiteten Koexistenz zurücktreten, die sich an den unmittelbaren Bedürfnissen der Menschen, an Not und an Hunger, an Bekleidungs- und an Wohnungsmangel orientierte, und zwar nicht nur in den Zeiten krisenhafter Anspannung wie in den allgemeinen Teuerungsjahren nach 1770, sondern auch in Zeiten unaufgeregter sensationsloser, fast langweiliger Normalität, die für die kleinen Leute in der Stadt und im Stiftsgebiet bereits beschwerlich genug waren.[60]

---

[60] Vgl. allgemein: Wilhelm *Abel*, Massenarmut und Hungerkrisen im vorindustriellen Europa. Versuch einer Synopsis. Hamburg/Berlin 1974, bes. S. 341f. – Zu Osnabrück speziell: *Hoberg*, Die Gemeinschaft der Bekenntnisse in kirchlichen Dingen, S. 45–74. –

Der harte Überlebenskampf vieler bescheidener Existenzen – kleiner Handwerkerfamilien in der Stadt ebenso wie der klein- und unterbäuerlichen Schichten auf dem platten Land, der Kötter und der Heuerlinge, von den professionellen Bettlertrupps und dem lauten Auftreten der gestrauchelten Wegelagerer, die kein Einheimischer kannte, ganz zu schweigen – dieser Kampf um das tägliche Brot fand zumeist verschämt hinter der Bühne öffentlicher Publizität statt, abgeschirmt von den strafenden Blicken einer alarmierten Nachbarschaft oder einer inkriminierenden politischen Aufsichtsinstanz, nur darauf aus, mit Anstand und Würde die soziale »Ehre« des Minderbemittelten gegen gesellschaftliche Ausgrenzung und Ächtung zu verteidigen und sie vor dem Zugriff des behördlichen Überwachungsapparates zu schützen.[61] Solidarität und Ausgrenzung lagen in der frühneuzeitlichen Ständegesellschaft nahe beieinander, so daß es für jede Frau und für jeden Mann von zentraler Bedeutung war, ihre persönliche »Ehre« als soziales Statusmerkmal zu erhalten und zu sichern. Gleichwohl waren es nicht diese »versteckten«, schamerfüllten hilflosen oder kranken Hausarmen, sondern die auftrumpfenden – oft einer Soldateska ähnelnden – Auftritte fordernder und zügel-

---

Knudsen, S. 65–109. – Vergleichend: *François*, Die unsichtbare Grenze. Protestanten und Katholiken in Augsburg 1648–1806, S. 143–219.

[61] Vgl. hierzu die mit vielen Beispielen angereicherten Ausführungen bei Richard *van Dülmen*, Kultur und Alltag in der Frühen Neuzeit. Bd. 2: Dorf und Stadt. München 1992, S. 175–219. – Paul *Münch*, Lebensformen in der frühen Neuzeit. Frankfurt am Main 1992, S. 65–124, 355–413. – Vgl. die interessante Diskussion des Begriffs »Sozialkapital« im Kontext unterschiedlicher Strategien obrigkeitlicher und unterschichtiger Formen der Armutsbewältigung bei Martin *Dinges*, Frühneuzeitliche Armenfürsorge als Sozialdisziplinierung? Probleme mit einem Konzept, in: GG 17, 1991, S. 5–29. – Michel *Foucault*, Überwachen und Strafen. Die Geburt des Gefängnisses. Frankfurt am Main [8]1989. – Norbert *Finzsch*, Obrigkeit und Unterschichten. Zur Geschichte der rheinischen Unterschichten gegen Ende des 18. und zu Beginn des 19. Jahrhunderts. Stuttgart 1990.

loser Bettler, die, aus nah und fern kommend, sich unbeschwert mit den einheimischen Anhängern einer folkloristisch-abenteuerhungrigen Lebensweise »auf der Straße« verbanden und nicht selten wochenlang ganze Dörfer, Städte und Regionen durch ihre bunte Anwesenheit zum Ärger gerade der darbenden und arbeitenden Bevölkerung malträtierten.[62] Daß dieser kombinierte Druck durch das Zusammentreffen fremder Bettler und eigener Müßiggänger Wirkungen nach innen auf die Stabilität und die Funktionsfähigkeit und damit natürlich auf die soziale Balance kommunaler und territorialer Ordnungssysteme nach sich zog, war eine Erfahrung, die auch dem regierenden Möser in seinem vergleichsweise beschaulichen Kosmos in Osnabrück nicht erspart blieb und ihn – seinem Ruf als juristischem Konsulenten treu bleibend – zu disziplinierenden, vor allem normativen und kodifikatorischen polizeilichen Reaktionen zwang.[63] Dabei blieb das Ausmaß der Armut mit den beschränkten Mitteln und Möglichkeiten, die den Organen der Obrigkeit neben dem relativ dichten Netz der in der Regel gut fundierten kirchlichen und privaten Wohltätigkeit zur Verfügung standen, jederzeit kalkulierbar und unter Kontrolle, wiewohl die quantitative Dimension des Problems, die Größenordnung der wirklich Notleidenden, wegen der Dunkelziffer der verschämten und ungenannten Armen nie exakt definierbar war.[64]

[62] Hierzu mit vielen Beispielen die Arbeit von Ernst *Schubert*, Arme Leute, Bettler, Gauner im Franken des 18. Jahrhunderts. – Carsten *Küther*, Menschen auf der Straße. Vagierende Unterschichten in Bayern, Franken und Schwaben in der zweiten Hälfte des 18. Jahrhunderts. Göttingen 1983. – Etienne *François*, Unterschichten und Armut in rheinischen Residenzstädten des 18. Jahrhunderts, in: VSWG 62, 1975, S. 433–464.

[63] Wichtig sind in diesem Zusammenhang vor allem die Ordnungen von 1766, 1774 und 1783. Vgl. Kapitel III, Unterkapitel 5. – *Hatzig*, Möser als Staatsmann, S. 163–168. – *Knudsen*, S. 127–132.

[64] Ein ähnlicher Befund für Münster: Horst *Gründer*, Arme, Armut und Armenwesen in der Stadt Münster im 19. Jahrhundert, in: Westfälische Zeitschrift 139, 1989, S. 161–178. – Erst die Einrichtung der Armen-Anstalt in Osnabrück im Jahre 1810 macht

Unbestritten stand jedoch dem Potential der *mutwilligen* Bettler in Osnabrück, wie in anderen Regionen Deutschlands auch, das Potential der *ehrlichen* Hilfsbedürftigen gegenüber, die in der Regel auf die karitative Zuwendung und die freiwillige Spendierfreude ihrer Mitbürger hoffen durften. Aber es war bei einem Mann wie Möser mit seiner komplizierten Persönlichkeitsstruktur und seinem in vielem doppelpoligen, ambivalenten Meinungsprofil doch sehr die Frage, wie er dem herkömmlichen systemimmanenten Phänomen der »außerstaatlichen«, kirchlichen und kommunalen, Wohlfahrtspflege im Wahrnehmungshorizont seiner unmittelbaren Umgebung, seiner selbsterlebten und selbstreflektierten Beobachtungen und Erkenntnisse im Dienst und außerhalb der Dienststuben begegnen würde – mit dem Mitgefühl des empfindsamen Moralisten und milden Aufklärers oder mit dem strengen Maßstab der Vernunft, der Pflicht, der Billigkeit und der Disziplin, Verhaltensnormen also, die den Zwang zur Arbeit nicht nur demonstrativ einschlossen, sondern ihn sogar prioritär an die Stelle des Empfangs der Almosen setzten.[65]

Wer sich indes im Zeichen aufgeklärten Reformbewußtseins für eine Revision der traditionellen Armen- und Krankenpflegepraxis aufgeschlossen zeigte und für eine ebenso planvolle wie effektive Erneuerung der herkömmlichen Methoden der Armenversorgung eintrat, der freilich mußte in der Konsequenz für eine stärkere Zentralisierung und Konzentration aller vorhandenen, bislang aber distributiv zerstreuten Armenmittel, für eine straffere Koordination und Kontrolle der Ressourcen sowie für einen gerechteren und geregelteren Verteilungsmodus der Mittel plädieren – eine Zielvorstellung, der das Konzept des intervenierenden und reglementierenden

---

exakte Angaben möglich. Frühere Listen der Armenprovisoren sind fragmentarisch – das zeitgenössische Klagen darüber war laut.

[65] Vgl. Wolfgang *Martens*, Die Botschaft der Tugend. Die Aufklärung im Spiegel der deutschen Moralischen Wochenschriften. Stuttgart 1971, S. 400f. – Gisela *Wagner*, Ein Hinweis auf Justus Mösers Amtsauffassung und Arbeitsweise, in: OM 93, 1988, S. 179–181.

2. »Wohlfahrtsstaat« und Politikhorizont

Wohlfahrtsstaates, wie er in vielen absolutistisch regierten Territorien des Reichs funktionierte, zugrunde lag.[66] Damit aber stand das traditionelle, bislang noch immer bewährte, wenn auch reparatur- und ergänzungsbedürftige System der von kirchlicher und privater Aktivität dominierten Armenfürsorge auf dem Prüfstand einer durch den sozialen Problemzuwachs in der zweiten Hälfte des 18. Jahrhunderts sensibilisierten und herausgeforderten Obrigkeit. Die demographische Zunahme der Bevölkerung mit den typischen Epiphänomenen des drohenden Arbeitsplatzmangels und der drohenden Versorgungsengpässe, der damit einhergehenden Reduzierung des Sozialprestiges und der konkurrierenden Statusinteressen, erzeugte mit einer gewissen inneren Zwangsläufigkeit einen Reformdruck, einen Zwang zum Handeln, ja einen starken Veränderungswillen, der nicht nur die saturierten bürokratischen und ökonomischen Führungseliten in ihrem privilegierten Lebensstandard, sondern mehr noch die schillernde Welt der kleinen Leute – in der Stadt ebenso wie auf dem Land – in ihrer teilweise kärglichen Existenz elementar erfaßte, da diese ungleich mehr gefährdet waren und in Zeiten der Bedrängnis, in denen andere Spielregeln galten, ein ungleich höheres Konfliktpotential darstellten. Während die bessergestellten Schichten ihren materiellen und sozialen Besitzstand im Angesicht der Krise nach Möglichkeit zu konservieren trachteten, lag es in der Natur der Sache, daß auf der unteren Skala der gesellschaftlichen Gruppen ein zum Teil unerbittlicher Kampf gegen die soziale Deklassierung, gegen den Verlust der »Ehre« und gegen die rüden Formen der menschlichen Entwürdigung tobte.[67]

---

[66] Vgl. die vorzügliche Aufsatzsammlung von Rudolf *Vierhaus*, Deutschland im 18. Jahrhundert. Politische Verfassung, soziales Gefüge, geistige Bewegungen. Ausgewählte Aufsätze. Göttingen 1987. – *Weis*, Der aufgeklärte Absolutismus in den mittleren und kleinen deutschen Staaten, S. 28–45. – *Ritter*, Sozialstaat, S. 30–45.

[67] Hierzu *Wehler*, Deutsche Gesellschaftsgeschichte I, S. 124–217. – Jürgen *Kocka*, Weder Stand noch Klasse. Unterschichten um 1800. Bonn 1990, S. 109–157. – Diedrich *Saalfeld*, Die ständische Glie-

Die tendenziell so aufeinanderprallenden Überlebensstrategien der beiden unterschiedlich strukturierten Sozialisationsebenen, der exklusiven, privilegierten Lebenswelt der Eigentumsbesitzer und der »Aktionäre«[68] (so Möser), neben der prekären, problemerfüllten Lebenswelt der Armen und der Kranken, der Müßiggänger und der Pechvögel, galt es durch die Prävention einer klug abwägenden, der jeweiligen Situation in der jeweiligen Region mit Vernunft und realistischer Perspektive angepaßten Politik aufzufangen und abzuschwächen, wofür im Sinne des zeitgemäßen gesellschaftspolitischen Denkens wohl prinzipiell zwei Wege gangbar erschienen: einmal der Weg in eine stetig wachsende Zunahme der Verantwortung des Staates für die stetig wachsenden Aufgaben der Sozialarbeit im Staat, mit der Konsequenz der Institutionalisierung und der Bürokratisierung der Verwaltung dieser Arbeit, kombiniert mit einer Öffnung zu »modernen« reglementierenden, nach vorne weisenden sozialpolitischen Lösungskonzepten; zum anderen der umgekehrte Weg in ein Verharren auf den traditionellen Mustern des armenpolizeilichen Status quo, also auf einer weitgehend »außerstaatlichen«, auf intermediäre Kräfte, auf Kirche und Privatinitiative setzenden Politik der sozialen Befriedung und Versorgung, gepaart mit einer eigentümlichen Mischung aus zentralen Disziplinierungs- und Überwachungsmethoden und aus dezentralen quasi-autonomen Selbstregulierungstechniken, abgestützt schließlich durch ein bedrohliches Arsenal an strafrechtlicher Abschreckung

---

derung der Gesellschaft Deutschlands im Zeitalter des Absolutismus. Ein Quantifizierungsversuch, in: VSWG 67, 1980, S. 457–483. – Lothar *Gall*, Von der ständischen zur bürgerlichen Gesellschaft. München 1993. – Wolfgang *Kaschuba*, Lebenswelt und Kultur der unterbürgerlichen Schichten im 19. und 20. Jahrhundert. München 1990. – Zu den demographischen Aspekten vgl. besonders Arthur E. *Imhof*, Lebenserwartungen in Deutschland vom 17. bis 19. Jahrhundert. Weinheim 1990. – Christian *Pfister*, Bevölkerungsgeschichte und historische Demographie 1500–1800. München 1994.

[68] *Möser*, Der Bauerhof als eine Aktie betrachtet (1774), VI, Nr. 63, S. 255–270. – *Schröder*, Möser, S. 305.

2. »Wohlfahrtsstaat« und Politikhorizont

durch die zuständige Justiz, wie es für die alteuropäische, vorindustrielle Gesellschaft des absolutistischen Reichs am Vorabend der Säkularisation weithin charakteristisch war. Standen im ersten Fall die frühen weichenstellenden Anfänge einer evolutionären Entwicklung zum modernen Sozialstaat der Neuzeit mit seinen Prinzipien der Solidarität und der Subsidiarität auf dem Programm, so bedeutete die Entscheidung für die andere Variante über die bloße Bestandssicherung hinaus einen Weg in Stagnation und Stillstand, in das Konservieren altertümlicher Praktiken und überkommener Mentalitäten, die sich bei zunehmender Problemstringenz im Spiegel der fortgeschrittenen größeren Territorien zu einem sozialpolitischen Anachronismus par excellence zu entwickeln vermochten.[69]

Gab es nun, so ist zu fragen, zwischen diesen beiden Rahmenalternativen einen weiteren, dritten, Weg, der etwa Elemente und Teilrichtungen der beiden anderen in sich vereinigte, der einen Kurs der »defensiven Modernisierung« (Wehler) zwischen »mehr Staat« und »weniger Staat«, zwischen gewachsener Kontinuität und Zäsur, zwischen Traditionalismus und notwendiger Erneuerung verhieß und der damit schließlich einen elementaren Beitrag zur Stabilität evolutionärer Fortschrittlichkeit anstelle der radikalen revolutionären Umwälzung leistete?

Justus Möser, der »reformerisch gesinnte Konservative«[70], wie Friedrich Meinecke ihn durchaus treffend charakterisiert hat, ist in dieser Grauzone unentschiedener Entschiedenheit, in der das »Alte« obsolet wurde, ohne daß sich das »Neue« bereits

---

[69] Vgl. für diesen Problemzusammenhang vor allem *Ritter*, Sozialstaat, S. 40f. – *Wehler*, Deutsche Gesellschaftsgeschichte I, S. 235f. – Wolfram *Fischer*, Armut in der Geschichte. Erscheinungsformen und Lösungsversuche der »Sozialen Frage« in Europa seit dem Mittelalter. Göttingen 1982. – *Metz*, Staatsraison und Menschenfreundlichkeit, S. 1–26. – *Finzsch*, Obrigkeit und Unterschichten. – Vgl. ebenso grundsätzlich: Hans *Scherpner*, Theorie der Fürsorge. Göttingen ²1974.

[70] So pointiert Friedrich *Meinecke*, Entstehung des Historismus, S. 353. – *Schröder*, Möser, S. 305.

bewährt hatte, mit Bedacht anzusiedeln: Keine Frage, in seiner Person findet sich die geistige Welt des absterbenden Ancien Régime vorbildlich repräsentiert, aber es werden auch schon die Brücken deutlich, die hinüberführten in die nachreichische Welt des Konstitutionalismus und in den Umbruch der frühindustriellen Zeit.[71]

3. Wahrnehmungs- und Erfahrungshorizont: Kulturen der Armut in Osnabrück

Die Aufgabe, die sich dem in seiner Autorität unangefochtenen Möser in der für ihn ungewohnten Rolle als »Sozial-Politiker« in Osnabrück stellte, war nach allem, was wir wissen, durchaus ambivalent und nicht ohne weiteres durch »glückverheißende« Patentrezepte, die es so nicht gab, zu lösen. So disparat das Problem der Armenversorgung an sich bereits war, so komplex stellten sich die Ansätze und die Instrumente zu seiner von der Obrigkeit gewünschten möglichst lautlosen, normalen alltäglichen Bewältigung dar. In Osnabrück war diese Aufgabe eingebettet in ein funktionierendes, verschiedene Instanzen und verschiedene Wege einschließendes politisches Koordinatensystem – mit dem adeligen Geheimen Rat als oberster Regierungsbehörde, der Land- und Justizkanzlei als Gerichts- und Verwaltungsbehörde, dem Landtag als zentralem Ständegremium, dem Landrat, einer Art korporativ zusammengesetztem ständischem Ausschuß zwischen den Landtagen, dem Mitglieder des Domkapitels, der Ritterschaft und

---

[71] Vgl. *Göttsching*, Soziale Bewegung, S. 99–114. – *Aretin*, Vom Deutschen Reich zum Deutschen Bund, S. 45–59. – Zum allgemeinen Hintergrund: Eberhard *Weis*, Der Durchbruch des Bürgertums 1776–1847. Berlin 1978. – Elisabeth *Fehrenbach*, Vom Ancien Régime zum Wiener Kongreß. München ²1986. – Helmut *Berding* / Hans-Peter *Ullmann* (Hrsg.), Deutschland zwischen Revolution und Restauration. Königstein 1981.

3. Wahrnehmungs- und Erfahrungshorizont

der Stadt Osnabrück sowie die landesherrlichen Räte der Land- und Justizkanzlei angehörten, und schließlich mit dem dazwischen agierenden, als Ideentransporteur vermittelnden Rechts- und Politikberater Möser, der sich in seinem Verhalten leiten ließ von einer für ihn typischen Mischung aus offensiven und aus defensiven Strategien der politischen Gestaltung, von traditionellen Einflüssen und von zeitgemäß modernen Vorstellungen der gesellschaftlichen Konsensfindung, von konservativ-beharrenden und von bürgerlich-liberalen Zügen einer im ganzen behutsamen und milde praktizierten *Aufklärung der kleinen Schritte*.[72]

Die ständische Autonomie, die korporativen Freiheiten, beharrlich eingefordert als ein Mittel, die ständische Ungleichheit zwischen Adel, Bürgertum und Bauern zu mildern, zählten in der Programmatik Mösers mehr als die individuellen Menschenrechte, als die neuen egalisierenden »Freiheiten«, die der in den Bahnen des alten Reichsrechts verhaftete Staatsmann im Gefolge der Französischen Revolution entschieden ablehnte.[73] Nicht der Schutz der individuellen Freiheit durch »revolutionäre« Menschenrechte, sondern die politische Partizipation des einzelnen in seinem jeweiligen Stand, die »genossenschaftliche Demokratie«[74], entsprach dem Ideal, das Mösers

---

[72] Zur Behördenstruktur und Verwaltungspraxis im Hochstift Osnabrück sind die Arbeiten von *Bär*, *Renger* und Chr. *van den Heuvel* grundlegend. – Vgl. ebenso, den Praxisbezug betonend: *Hatzig*, Möser als Staatsmann. – Karl H. L. *Welker*, Johann Wilhelm Riedesel Freiherr zu Eisenbach als Geheimer Rat in Osnabrück (1772 bis 1780), in: OM 95, 1990, S. 107–128.

[73] Vgl. die zugespitzten Bemerkungen bei Klaus *Epstein*, Die Ursprünge des Konservativismus in Deutschland. Der Ausgangspunkt: Die Herausforderung durch die Französische Revolution 1770–1806. Frankfurt am Main 1973, S. 345ff. – Kurt *Lenk*, Deutscher Konservatismus. Frankfurt 1989, S. 61–65. – Wilhelm *Ribhegge*, Konservative Politik in Deutschland. Darmstadt 1989, S. 23–45. – *Schröder*, Möser, S. 304.

[74] *Schröder*, Möser, S. 305. – *Göttsching*, Zwischen Historismus und politischer Geschichtsschreibung, S. 60–80. – Allgemeine Aspekte: Günter *Birtsch* (Hrsg.), Grund- und Freiheitsrechte im Wandel

Bild von einer reformierten und intakten ständestaatlichen Ordnung prägte. Damit unterschied sich der Osnabrücker in seinem konservativen Denkansatz deutlich von den zeitgenössischen aufgeklärten Repräsentanten der naturrechtlichen Theorie, etwa eines Justi oder eines Sonnenfels, in deren Programmatik die bürgerliche Einheitsgesellschaft und die Einheitlichkeit im Innern des Staates im Sinne einer auch das »Glück« des Individuums verbürgenden wohlfahrtsstaatlichen Rationalität vorherrschten.

Mösers Standort im Gefüge der altständischen Ordnung bedeutet freilich nicht, daß er nur unter negativen Vorzeichen als Protagonist, als intellektuell-begabter Praktiker eines überkommenen erstarrten Systems in Anspruch genommen werden darf – ein Etikett, das in seiner plakativen Einseitigkeit gerne dem historisierenden, die Tradition betonenden Möser angehängt wird[75], anders etwa als bei seinen geistesverwandten, rechtsgelehrten Zeitgenossen, dem älteren Johann Jakob Moser, dem württembergischen Landschaftskonsulenten in Stuttgart, oder dem jüngeren Johann Stephan Pütter, dem angesehenen Göttinger Staatsrechtslehrer und Reichspublizisten, der durch seine Gutachtertätigkeit hinreichend Einblick in die spezifischen Osnabrücker Religions- und Verfassungsverhältnisse wenige Jahre vor der Säkularisation genommen hatte.[76] Mösers Problem der Selbstdarstellung – und damit eng verknüpft die Mehrdimensionalität seiner Außenwirkung – hing

---

von Gesellschaft und Geschichte. Göttingen 1981. – Diethelm *Klippel*, Politische Freiheit und Freiheitsrechte im deutschen Naturrecht des 18. Jahrhunderts. Paderborn 1976. – Ernst *Schulin*, Die Französische Revolution. München ²1989, S. 73ff.

[75] So *Epstein*, Konservativismus, S. 299, 321. – Karl *Mannheim*, Konservatismus. Ein Beitrag zur Soziologie des Wissens. Frankfurt am Main 1984, S. 158. – *Lenk*, Deutscher Konservatismus, S. 61–65.

[76] In der Auseinandersetzung zwischen der Amtsstadt Fürstenau und der Landesregierung in Osnabrück um die Einführung eines Simultaneums in Fürstenau war Pütter 1788 als Gutachter tätig. *Hoberg*, Die Gemeinschaft der Bekenntnisse in kirchlichen Dingen, S. 70f. – Christoph *Link*, Johann Stephan Pütter, in: *Stolleis*, Staatsdenker im 17. und 18. Jahrhundert, S. 310–331.

ein gutes Stück weit zusammen mit dem komplizierten Rollenspiel dieses Mannes in Osnabrück: einerseits der nüchterne, von der Diktion des Juristen geprägte gesetzestreue Regierungsstil, andererseits die dominierende Form eines bürgerlichen *Beamtenpatriarchalismus* mit seinen durchaus sentimentalen, bürgerlich-behäbigen standesbewußten Umgangsformen, aber auch mit dem zielstrebigen Willen, mit den Mitteln der kameralistischen Wirtschafts- und Verwaltungsführung die Landeswohlfahrt und damit den allgemeinen Lebensstandard der Bevölkerung zu heben, ohne dabei jedoch den Reformdruck und das Tempo des Wandels allzu stark über die natürliche Belastbarkeit des Landes hinaus zu forcieren.[77]

In Mösers sozialer Gedankenwelt spielte weder der Grundsatz einer wohlfahrtsstaatlichen »Zwangsbeglückung« aller Untertanen eine prägende Rolle noch die friderizianische Devise des Preußenkönigs in Potsdam, daß jeder nach seiner Façon selig werden kann. Wenn Möser in seinen »Patriotischen Phantasien« vom Glück der Menschen im allgemeinen und von den Glücksfällen des Lebens im besonderen, in der Familie, bei der Arbeit, beim Spiel, sprach, bedeutete das bei ihm noch lange nicht, auf den fahrenden Zug der größeren Territorialstaaten zur wohlfahrtsstaatlichen Glückseligkeit aufzuspringen. Möser gebrauchte die kontrastierenden Metaphern »Glück« und »Unglück« in einem ganz normalen alltagssprachlichen Verständnis, so wie Leben und Tod, Krieg und Frieden, Arbeit und Müßiggang, ohne daß darin eine tiefergehende staats- und gesellschaftsphilosophische Dimension zu erkennen gewesen wäre. Allerdings schwang bei ihm zumeist das Belehrende, das Vorbildhafte, das Exemplarische, nicht selten sogar das Provozierende als pädagogisches Grundmuster einer stets realitätsbezogenen praktischen Volksaufklärung durch.[78]

---

[77] Vgl. *van den Heuvel*, Beamtenschaft und Territorialstaat, S. 145–156. – *Knudsen*, S. 31–64. – *Runge*, Mösers Gewerbetheorie und Gewerbepolitik, mit regionalen Schwerpunkten.
[78] Vgl hierzu: *Lorenzen*, S. 103. – *Sheldon*, Development, S. 1–12. – *Stauf*, S. 31. – *Welker*, Möser, S. 207–210.

Im Falle des als reformbedürftig empfundenen Armen- und Fürsorgewesens in Osnabrück fielen nun verschiedene Komponenten des literarisch-publizistischen Darstellungs- und Erklärungspotentials zusammen, dessen Möser sich in den »Wöchentlichen Osnabrückischen Anzeigen«, zumal in deren wöchentlichen Beilagen, konsequent bediente, um das interessierte Publikum über die ständischen Schranken hinweg breit anzusprechen und für den gesellschaftlichen Problemzusammenhang zu sensibilisieren. Im Vergleich zu den anderen sozialpolitischen Themenfeldern, die seit der Gründung des Osnabrücker Intelligenzblattes im Oktober 1766 mit einer bemerkenswerten Intensität und aus stets veränderten Blickwinkeln wiederholt diskutiert wurden – darunter vor allem die zentralen Fragen der durch den Siebenjährigen Krieg zerrütteten Landesökonomie –, nahm die angemessene Behandlung der Armen- und der Bettlerproblematik nur einen relativ bescheidenen Raum ein. Das Phänomen von Armut und Not, von Bevölkerungszunahme und Arbeitsmangel klang zwar in einer Reihe der publizistischen Beilagen mehr oder weniger problembewußt an, blieb aber in der Erörterung letztlich rudimentär, denn es ging darin in der Hauptsache um geeignete merkantile Maßnahmen, den Verfall des Leinenhandels und die Stagnation des Tuchmacherhandwerks möglichst schnell zu überwinden, oder aber um die Probleme der ländlichen Agrargesellschaft, um neue Verfahren in Ackerbau und Viehzucht, sowie um Fragen des bäuerlichen Rechts, um die Ablösung verschuldeter Höfe und um erbrechtliche Konsequenzen.[79]

Daß eine rezessive wirtschaftliche Situation im Gefolge des Krieges und bedrückender, noch lange nachwirkender Kriegslasten eine besondere Gefährdung für das existentielle Überleben mitteloser und minderbegüterter Bevölkerungsschichten darstellte, darf im Kontext der Möserschen Informationspoli-

---

[79] Vgl. *Behr*, Obrigkeitliche Maßnahmen zur Förderung der Agrikultur, S. 84–102. – *Wagner*, Möser und das Osnabrücker Handwerk, S. 143–161. – *Runge*, Mösers Gewerbetheorie und Gewerbepolitik. – *Welker/Siemsen*, Möser als Grundherr, S. 185–194.

tik nicht nur als bloßer rhetorischer Gemeinplatz abqualifiziert werden, sondern im Gegenteil: die öffentliche Diskussion des Zusammenhangs zwischen Bevölkerungszahl, Bodenertrag und Landesindustrie im Hinblick auf die Prosperität der Landesökonomie, wie sie ansatzweise in dem neuen Zeitungsmedium geführt wurde, bedarf hier ausdrücklich der Hervorhebung.[80] Sie markierte einen kommunikationsgeschichtlichen Neubeginn für Osnabrück.

Der flankierende Rahmen einer sich allmählich stabilisierenden wirtschaftlichen Gesamtsituation war für den politischen Erfolg Mösers zweifellos wichtig: Florierten Handel und Gewerbe, nahm das Geschäft der Kaufleute und der Krämer an Umfang und an Ertrag zu, gewannen Zunfthandwerk und bäuerliche Nahrungsmittelproduktion noch einmal an neuer innovatorischer Kraft[81], so mußte, wie Möser dachte, auch das Problem der Armutsbekämpfung und der Armutsbewältigung, die soziale Frage also, die sich zu jeder Zeit stets in neuer Dringlichkeit stellte, beherrschbar und politisch integrierbar bleiben, ohne dabei die traditionellen kirchlichen und bürgerlich-privaten Träger des sozialen Fürsorgewesens allzu abrupt aus ihrer hergebrachten Verantwortung zu entlassen. Das konfessionell-paritätische Verfassungssystem des Osnabrücker Landes zementierte ohnehin den Zustand einer vielgestaltigen Armenpflege, die schon seit den Tagen der Reformation und davor auf mehreren Schultern ruhte, bis hin zur Unbeweglichkeit und Erstarrung.[82]

---

[80] *Möser*, Vorschlag, wie die gar zu starke Bevölkerung im Stifte einzuschränken (1771), in: *Göttinger Akademie-Ausgabe* VIII, Nr. 125, S. 299–300. – Vergleichende Perspektive zu Dalberg bei: *Freyh*, S. 130.

[81] Vgl. *Runge*, Mösers Gewerbetheorie und Gewerbepolitik im Fürstbistum Osnabrück, S. 129. – *Wagner*, Möser und das Osnabrücker Handwerk, S. 143–161. – *Knudsen*, S. 112–127.

[82] So schon der Zeitgenosse und kritische Beobachter Justus *Gruner* in seiner vielbeachteten informativen Reisebeschreibung »Meine Wallfahrt zur Ruhe und Hoffnung oder Schilderung des sittlichen und bürgerlichen Zustandes Westphalens« (II, 1803), S. 534f.

Es fällt auf, daß Möser die eigentlich immanenten Armenfragen im engeren Sinn ganz gezielt am Beginn seiner publizistischen Zeitungstätigkeit behandelte, ohne sie später in dieser Eindringlichkeit und Schärfe noch einmal aufzugreifen und zu vertiefen. Es waren dies vor allem die drei 1767 und 1769 erschienenen Aufsätze im Osnabrücker Intelligenzblatt, die das tradierte Bild[83] über Mösers Haltung zur Armen- und zur Bettlerproblematik nachdrücklich geformt und mitbestimmt haben: *Das Glück der Bettler (1767), Etwas zur Verbesserung der Armenanstalten (1767)*, sowie *Von der Armenpolizei unser Vorfahren (1769)*.[84] Die verstreuten späteren Einlassungen Mösers in den »Patriotischen Phantasien« zu den sozialpolitischen Kosten einer als mangelhaft erkannten Armenverwaltung gehen im Kern auf das Grundkonzept seiner Überlegungen zurück, die der beamtete Jurist in den ersten Jahren der Minderjährigkeitsregierung teils in lockerer ungezwungener Form, teils in strenger normativer Sachlichkeit zur Diskussion gestellt hatte.
Deutlich unter dem Eindruck der unmittelbaren Kriegsfolgen und des Mißstandes einer grassierenden Bettlerplage stehend, bediente sich Möser mit professionellem Geschick zielstrebig des Forums, das *seine* Zeitung zur Beeinflussung und zur Steuerung der Meinungsbildung seiner Mitbürger bot, um über den bloßen Gesetzestext der polizeilichen Rechtsverordnungen hinaus, die nach 1764 erlassen wurden, das Gespür für die Gefährdungen der menschlichen Existenz zu wecken, gleichzeitig aber auch das Urteil zu schärfen für die notwendige Respektierung der Bedürfnisse der *wahren* Armen sowie für das Ausmaß der bemerkenswerten Skrupellosigkeit der nur *scheinbar* Armen, der Bettler und vielen Müßiggänger, die die

---

[83] Exemplarisch: *Rupprecht*, S. 64–72. – H. *Zimmermann*, S. 47–51. – *Knudsen*, S. 127–132.
[84] Die drei zentralen Beiträge mit den Gedanken Mösers über das Armen- und Bettlerwesen sind im Anhang zu dieser Arbeit als *Anlagen 1–3* abgedruckt. Auf diese Deduktionen hat sich Möser auch später wiederholt bezogen, wenn er seine harte Linie der Abwehr und der Distanz verteidigt hat.

Arbeit scheuten und schamlos auf Kosten der großen Mehrheit der ehrlich Arbeitenden überleben wollten.[85] Es wäre sicher übertrieben, wollte man Möser unterstellen, daß er in dem expansiv um sich greifenden Müßiggang seiner Zeit, der ja kein osnabrück-spezifisches Phänomen war, nur eine besonders ärgerliche, weil unsoziale Lebensform der frühneuzeitlich-vormodernen »Leichtigkeit des Seins« gesehen hätte.[86] Das Ausmaß der Orientierungslosigkeit, der materiellen Armut ebenso wie der geistigen Enge, bedrückten durchaus auch den kritischen, großbürgerlichen Parteigänger der ständischen Staatsmacht in Osnabrück, auch wenn er schließlich nicht als Befürworter einer besonderen Mildtätigkeit gegenüber den unterprivilegierten Schichten hervortrat, sondern mehr auf die disziplinarische und erzieherische, ja auch auf die sozialpsychologische Wirkung gesetzlicher Verfügungen und polizeilichen Drucks setzte.

Um ein gewisses Problembewußtsein in denjenigen Kreisen der Bevölkerung zu schaffen, die als Abonnenten und als Leser des Intelligenzblattes für die aktuellen brisanten Streitfragen der Zeit besonders empfänglich waren, also vornehmlich im lokalen Stadtbürgertum, unter den Amtsträgern der Regierung, bei den Vögten, bei den Pastoren, zum Teil auch bei den dörflichen Bauerrichtern, bediente sich Möser eines bewährten rhetorischen Stilmittels, das er in aufklärerischer Absicht in seinen »Patriotischen Phantasien« häufig anwandte, nämlich die diskursive Präsentation seines Gegenstandes in verschiedenen Bildern, unter verschiedenen Perspektiven und mit eingänglichen, selten fiktiven, meistens realitätsnahen Fallbeispie-

---

[85] So exponiert: *Möser*, Etwas zur Verbesserung der Armenanstalten (1767); vgl. Anlage 2 zu dieser Arbeit.
[86] Zum Bettelphänomen in der vorindustriellen Zeit des 18. Jahrhunderts allgemein: Christoph *Sachße* / Florian *Tennstedt*, Geschichte der Armenfürsorge in Deutschland. Vom Spätmittelalter bis zum 1. Weltkrieg. Stuttgart 1980, S. 107ff. – *Möller*, Fürstenstaat oder Bürgernation, S. 110f. – *Wehler*, Deutsche Gesellschaftsgeschichte I, S. 170ff., 193ff. - *Schubert*, Arme Leute, Bettler und Gauner. – *Küther*, Menschen auf der Straße.

William Hogarth, A Rake's Progress (Der Weg eines Liederlichen), Bl. 4: Vitale Straßenszene vor dem St. James Palace in London, 1735, Kupferstich.
Archiv der Universität Osnabrück

3. Wahrnehmungs- und Erfahrungshorizont

William Hogarth, Die Vier Tageszeiten. Der Morgen: Szenische Darstellung zwischen Nachtleben, Bettellust und frühem Markttreiben, London 1738, Kupferstich.
Archiv der Universität Osnabrück

len.[87] Dabei konnte er in der Regel auf einen breiten Fundus seines in vielen Jahren angehäuften Beobachtungs- und Erfahrungswissens zurückgreifen, das er ohne Frage, kombiniert mit einer flüssigen literarischen Feder, für seine staatspolitische Aufklärungsarbeit pädagogisch einsetzen konnte. Lange Zeit verstand er es überaus geschickt, durch eine dosierte Mischung aus einfühlsamer Beschreibung und attackierender Schärfe, nicht selten durchwirkt von einem skeptischen und moralisierenden Grundton, den interessierten Leserkreis für seine Anliegen in den Bann zu ziehen.
Ein Meisterstück dieser Kunst dissimulierender Argumentation bildeten zweifellos die Beiträge, die sich mit dem Sozialphänomen der Armut und der Bettelei, dem Bettlerglück und dem Unglück der glücklosen Kreaturen in der Stadt und auf dem Land auseinandersetzten. In dem subtilen Spiel der Argumente und der Gegenargumente, der Verlockungen einer Scheinwelt und der Lebenshärte der Realität, artikulierte sich nicht nur der schleichende Zerfallsprozeß der ständischen Gesellschaft mit ihren Defiziten einer vernunftgeleiteten Konsensfindung, sondern ebenso auch ein Stück der Ratlosigkeit und der Offenheit, auf welchem Weg und mit welchen Mitteln die optimalen Voraussetzungen für eine menschenwürdige Existenzgrundlage geschaffen werden konnten. Daß dabei Lebensführung und Daseinsvorsorge unterschiedliche individuelle oder kollektive Formen und soziale Ausprägungen aufzuzeigen vermochten, lag in der Natur der Sache – und Möser wußte dies in seiner typologischen Bilderfolge der sozialen Realität zielsicher auf den Punkt zu bringen.
Unvergleichlich wirkt darunter die eindrucksvolle Beschreibung der Szenerie, die Möser bei seinem Besuch eines Speise-

---

[87] Zur Rolle Mösers als Publizist: Wolfgang *Hollmann*, Justus Mösers Zeitungsidee und ihre Verwirklichung. München 1937. – *Wagner*, Zum Publikumsbezug, S. 76–87. – An einem konkreten Beispiel zuletzt sehr überzeugend nachgewiesen: Monika *Fiegert*, Die Schulen von Melle und Buer im Hochstift Osnabrück vom Westfälischen Frieden bis zur Säkularisierung. Eine Regionalgeschichte des niederen Schulwesens im Prozeß der Konfessionalisierung. Osnabrück 1992, bes. S. 103–114.

3. Wahrnehmungs- und Erfahrungshorizont 83

kellers im Londoner Kirchspiel St. Giles vorfand, in dem sich die »Gesellschaft der Gassenbettler«[88] zur Speisung und zum Amüsement fröhlich zusammengefunden hatte. Während eines mehrmonatigen Englandaufenthaltes im Winter 1763/64 hatte Möser die Gelegenheit genutzt, über die höfische Sphäre des Palastes von St. James hinaus Eindrücke zu gewinnen von der kulturellen Vielfältigkeit, dem hektischen Geschäftsbetrieb und dem unruhigen Lebensalltag der Menschen in diesem für ihn faszinierenden, neuartigen metropolitanen Zentrum an der Themse.

Die Begegnung mit dem Leben in der Weltstadt, so knapp der fünf Monate dauernde Aufenthalt in England währte, bedeutete für den relativ immobilen, auslandsunerfahrenen Möser einen Erfahrungswert von nachhaltiger Prägung, der ihn in der Konfrontation mit seiner bodenständigen »provinziellen« Umgebung in Osnabrück Zeit seines Lebens beschäftigte.[89] Die Spannung zwischen der beschaulichen, mehr ackerbürgerlich-ländlichen Idylle seiner niedersächsisch-westfälischen Heimat und den bedrohlichen fremdartigen Dimensionen, die »diese ungeheure Stadt«[90] an der Themse auf den kontinentalen Besucher ausübte, zog sich nach seiner Rückkehr wie ein heimlicher Leitfaden durch viele seiner Beiträge in den »Patriotischen Phantasien«, und sie ließ den Autor in seiner Ge-

---

[88] Zitat aus *Möser*, Das Glück der Bettler (1767). Vgl. Anlage 1 zu dieser Arbeit.
[89] Vgl. *Nicolai*, Leben Justus Mösers, S. 28–30. – *Maurer*, Aufklärung und Anglophilie, S. 119–121. – *Ders.*, Justus Möser in London (1763/64). Stadien seiner produktiven Anverwandlung des Fremden, in: *Wiedemann*, Conrad (Hrsg.), Rom – Paris – London. Erfahrung und Selbsterfahrung deutscher Schriftsteller und Künstler in den fremden Metropolen. Stuttgart 1988, S. 571–583. – Vgl. auch die ältere Arbeit von Alfred *Frankenfeld*, Justus Möser als Staatsmann im Siebenjährigen Kriege und am englischen Hofe. Diss. phil. Göttingen 1922 (Ms.).
[90] So Möser in einem Brief an Johann Wilhelm Ludwig Gleim, London, 15. Dezember 1763, in: *Sheldon*, Briefwechsel, Nr. 279, S. 301.

dankenwelt und in seinem geistig-politischen Horizont nicht mehr los.[91]

Der Abend in einem Speisekeller der Londoner Bettler gehörte zweifellos in den Kontext dieser gelebten Erfahrungen, die der anglophile Möser seinem heimischen Publikum näherzubringen gedachte.[92] Um die Mentalität der »niedrigen Klassen der Menschen« in dem brodelnden Gewirr der Großstadt zu studieren, begab sich Möser in Begleitung von Edward Shuter, eines Schauspielers von Covent-Garden, an den Schauplatz des Geschehens. Von einer Magd empfangen, stiegen sie die Leiter herunter, betraten den Keller der Armenküche, in dem sich die Schar der Bettler aufhielt, und sie mischten sich unauffällig und verkleidet darunter. Man hielt sie für hergelaufene Diebe oder Bettler aus einem anderen Kirchspiel, für Kollegen aus dem Milieu also, so daß sie sich ungezwungen und frei, ohne mißtrauische Blicke auf sich zu ziehen, dem Studium der Lebensweise dieser fröhlichen Menschen hingeben konnten.[93] Mit einem bemerkenswerten Sinn für die Details beschreibt Möser sodann das keineswegs armselige Ambiente der Londoner Bettlergesellschaft: Nicht Chaos und Unordnung, sondern eine intakte Infrastruktur – saubere Tische und saubere Bestecke, Reinheit und Hygiene, nahrhafte Mahlzeiten und geregelter Tagesablauf – erwartete die Gäste, die von der »angenehme(n) und unbekümmerte(n) Lebensart dieser Bettler« rasch angesteckt wurden. Freilich, der Höhepunkt des Abends nahte erst, als das wichtige »Finanzwesen« in Ordnung gebracht und der Tagesgewinn unter den Augen aller öffentlich ausgezählt wurde. Die Kasse stimmte auch diesmal, denn es gab keinen unter ihnen, »der nicht doppelt und dreimal so viel erbettelt hatte, als der fleißigste Handwerksmann in einem Tag verdienen kann«.

---

[91] Diesen Aspekt betont auch *Nicolai* expressis verbis: Leben Justus Mösers, S. 28–30. – *Möller*, Aufklärung in Preußen, S. 164. – *Maurer*, Möser in London, S. 571ff.
[92] Diskussion bei *Maurer*, Aufklärung und Anglophilie, S. 140f.
[93] Zitate aus *Möser*, Das Glück der Bettler (1767), S. 65–68.

3. Wahrnehmungs- und Erfahrungshorizont

Nachdem die Ausbeute des Tages geprüft und die Mienen zufriedengestimmt waren, war es an der Zeit, daß die »Blinden zum Tanz« aufspielten. Mit Vergnügen konnten die Gäste beobachten, »wie geschickt Bettler und Bettlerinnen, auch sogar einige, die des Tages über lahm gewesen waren, miteinander tanzten«. Der unvermeidbare Durst, den diese Anstrengung provozierte, wurde »mit starkem Porterbier« gelöscht, ja es fehlte an nichts, nicht einmal das Absingen der »kräftigsten Gassenlieder«, unterbrochen nur durch das politische Bramarbasieren »über das Ministerium«, unterblieb, bevor dann endlich die zeitungslesenden (sic!) Bettler erschöpft und trunken von den Strapazen des Abends gegen drei Uhr Morgens niedersanken, um am folgenden Tage erneut ihrem Handwerk in den Gassen der Londoner City mit »Ehre« nachzugehen.[94]
Möser schildert seinen Lesern mit subtiler Hintergründigkeit das Milieu der glücklichen Großstadtbettler, aber seine pädagogische Botschaft war damit nicht erschöpft. Hinter dem Unterhaltungswert der ausgebreiteten Klischees verbarg sich eine tiefergehende Dialektik in der Wahrnehmung der ungerechten sozialen Zustände, die Möser schonungslos aufzudecken und anzuprangern trachtete, einmal im Gewande koketter Boshaftigkeit, ein andermal in sturer aggressiver Angriffslust. Die Quintessenz, die er aus seinen Londoner Erlebnissen vom »high life below stairs« zog, war denn auch entsprechend doppelpolig: Neben der lebensfrohen Folklore des Alltags – zufriedene Bettler waren allemal willkommener als protestierende unzufriedene Provokateure – hatte der Reiz des Bettelstandes doch etwas Verwerfliches und Ungerechtes, was die soziale Symmetrie im politischen Denken Mösers empfindlich störte.
Die scheinbar schrankenlose Freiheit, in zwangloser Unbekümmertheit die alltäglichen Bedürfnisse »an Speise, Trank und Wärme« im solidarischen Kreis der Gleichgesinnten zu befriedigen, war es, die *den* Londoner Bettler, dramaturgisch geschickt, Schritt für Schritt in der Diktion Mösers zu einem gloriosen *Antihelden* werden ließ. »Was ist ein König«, so for-

[94] Zitate aus *Möser*, wie Anm. 93.

mulierte Möser, »der nie zum Hungern oder Dürsten kömmt und oft zwanzig große und kleine Minister gebraucht, um eine einzige Kitzelung für ihn auszufinden, gegen einem solchen Bettler, der sechs Stunden des Tages Frost, Regen, Durst und Hunger ausgehalten und damit alle seine Bedürfnisse zum höchsten gereizt hat, jetzt aber sich bei einem guten Feuer niedersetzt, sein erbetteltes Geld überzählt, vom Stärksten und Besten genießt und das Vergnügen hat, seine Wollust verstohlner Weise zu sättigen?« So gesehen war es kein Wunder, daß dieser vom Schicksal begünstigte Menschentyp, »der ganzen Welt Bürger«, der keine Dienste tat, der keine Steuern zahlte, der sorglos Kinder zeugte und ebenso sorglos die Mütter ihrem Los überließ, der einfach nur lebte und liebte und sich mitunter ungescheut kratzte, »wo es ihm juckt«, geradezu ohne echte Sorgen, ohne wirkliche Verantwortung, mit einer ungezwungenen Heiterkeit in den Tag hinein lebte – und dies alles bezeichnenderweise mit nur »eine(r) einzige(n) Lüge«, der unrühmlichen täglichen Bettelei nämlich, zum Schaden des ehrlichen, fleißigen Arbeiters, der alle öffentlichen Lasten mittragen, sich selbst und seine Familie ernähren mußte und bei aller Beschwernis noch ehrbewußt an sein »Ansehen« und an seinen »Kredit« im sozialen Umfeld, dem nachbarschaftlichen Lebens- und Erwerbsverband, zu denken hatte.[95]

---

[95] Zitate aus *Möser*, wie Anm. 93. – Ebenso: *Möser*, Jeder zahle seine Zeche (1772), V, Nr. 38, S. 155–158 (hier in auffälliger Weise eine verwandte Argumentation zum »Glück der Bettler« von 1767). – Zum Problem der »Unehrlichkeit« vgl. Dirk *Blasius*, Kriminalität und Alltag. Zur Konfliktgeschichte des Alltagslebens im 19. Jahrhundert. Göttingen 1978. – Karl Ludwig *Ay*, Unehrlichkeit, Vagantentum und Bettelwesen in der vorindustriellen Gesellschaft, in: Jahrbuch des Instituts für deutsche Geschichte (Tel Aviv) 8, 1979, S. 13–38. – *van Dülmen*, Kultur und Alltag in der Frühen Neuzeit. Bd. 2: Dorf und Stadt 16.-18. Jahrhundert, S. 175–219. – Für Osnabrück sehr instruktiv: Gisela *Wilbertz*, Scharfrichter und Abdecker im Hochstift Osnabrück. Untersuchungen zur Sozialgeschichte zweier »unehrlicher« Berufe im nordwestdeutschen Raum vom 16. bis zum 19. Jahrhundert. Osnabrück 1979.

3. Wahrnehmungs- und Erfahrungshorizont

William Hogarth, Beer Street: Szenerie des Wohlstands, der Freude und des Glücks, London 1751, Kupferstich.
Archiv der Universität Osnabrück

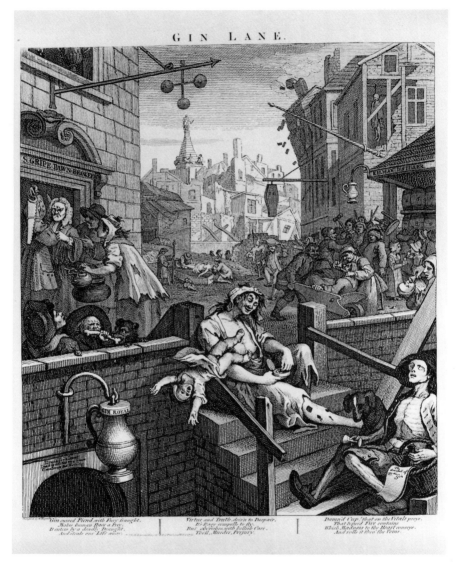

William Hogarth, Gin Lane: Szenerie des Todes, der Apathie, des Hungers und des körperlichen Verfalls, London 1751, Kupferstich.
Archiv der Universität Osnabrück

3. Wahrnehmungs- und Erfahrungshorizont

Der Unbekümmertheit der einen setzte Möser in aufklärerischer Absicht nunmehr die Mühsal der anderen Seite, der arbeitenden Armen, entgegen. So generös er dem Glück der Bettler auf der Spur war, um den parasitären Charakter ihrer Existenz zu entlarven, so eindeutig fiel seine Parteinahme für das Schicksal der großen Mehrheit der kleinen Leute in der Stadt und auf dem Land aus, die es mit ihrer Arbeit ehrlich meinten und es in ihrem täglichen Dasein dennoch überaus schwer hatten. Die Gefahr, in Armut und Not abzugleiten und als Habenichts stigmatisiert und an den Rand der Ständegesellschaft abgedrängt zu werden, berührte gerade das Ehrverständnis und das Ehrgefühl der kleinen Leute, die ihre bescheidene soziale Existenz gegen ein Abrutschen in die »Unehrlichkeit« und in drohende Kriminalisierung mit allen ihren Kräften zu verteidigen suchten. Die Abgrenzung gegen die »Unehrlichkeit« war geradezu ein Bestandteil der eigenen Ehrbarkeit, eine »ehrliche« Verhaltensnorm also, die den sozialen Status in der Stadt und auf dem Dorf begründete, die in der Regel Rechtsschutz und Rechtssicherheit bot und die die Möglichkeiten der Partizipation am öffentlichen Alltagsleben erst richtig eröffnete.

So genoß die Lebenswelt der städtischen Handwerker ebenso wie die der land- und besitzlosen Heuerlinge, die fast fünfzig Prozent der Gesamtbevölkerung ausmachten[96], seit jeher die besondere Aufmerksamkeit Mösers, weil er in diesen beiden Gruppen zu Recht das größte Armutspotential vermutete, das im Falle von Mißernten, Teuerungswellen, Versorgungsengpässen und anderen Krisen jederzeit aufbrechen und politisch

---

[96] Zahl der Einwohner des Hochstifts auf der Grundlage der Volkszählung von 1772: StA Osnabrück, Rep. 100/188/Nr. 41. Es wurden im Hochstift 116.114 Menschen gezählt, in der Stadt Osnabrück wohnten 5923 Einwohner. – Vgl. für den ländlichen Raum auch Franz *Bölsker-Schlicht*, Die Hollandgängerei im Osnabrücker Land und im Emsland. Ein Beitrag zur Geschichte der Arbeiterwanderung vom 17. bis zum 19. Jahrhundert. Schloß Clemenswerth/Sögel 1987, bes. S. 82–102 (mit Interpretation des statistischen Materials).

gefährlich werden konnte.[97] Aber schon die von äußeren Einflüssen weitgehend unberührte Normalexistenz dieser Leute gestaltete sich in der Normalität des mühseligen Alltags äußerst prekär: sie bot den meisten weder einen stabilen bescheidenen Wohlstand noch eine wirkliche Perspektive auf eine Verbesserung ihrer Situation in der Zukunft.[98] Die zähe, darbende Handarbeit, die oft nur auf Kosten einer schnell dahinschwindenden Gesundheit zu leisten war, bestimmte den Rhythmus des Tagwerks, um am Ende gerade das Notwendigste für sich und die zumeist kinderreiche Familie »erwirtschaftet« zu haben. Der Stolz des kleinen Mannes verbot jedoch – zumal er über die normalen, rechtlich regulierten Streitereien hinaus keine ausgeprägte, tradierte Protest- und Konfliktkultur im Osnabrücker Land kannte – ein lautes Lamentieren und geräuschvolles Aufbegehren und verhinderte in der Regel ein haltloses Abgleiten in die Bettelei bis hin zur Kriminalität. Nicht umsonst betonte Möser in seinen Aufsätzen wiederholt die soziale und die mentale Rolle des »Ehrgefühls« als Schranke gegen den Abfall in die Armut und in die Orientierungslosigkeit und damit auch als ein Garant für das stets ge-

[97] Vgl. dazu die interessante Diskussion *Mösers* aus dem Jahre 1767 über den Sinn und ökonomischen Wert der Hollandgängerei, in: *Göttinger Akademie-Ausgabe* IV, Nr. 14–17, S. 77–101. – Generelle Aspekte: Wilhelm *Abel*, Massenarmut und Hungerkrisen im vorindustriellen Deutschland. Göttingen ³1983. – Arno *Herzig*, Unterschichtenprotest in Deutschland 1790–1870. Göttingen 1988.
[98] Zum Mikrokosmos der Lebensbedingungen in einem osnabrückischen Kirchspiel, mit interessanten und weiterführenden Einblikken: Jürgen *Schlumbohm*, Bauern – Kötter – Heuerlinge. Bevölkerungsentwicklung und soziale Schichtung in einem Gebiet ländlichen Gewerbes: das Kirchspiel Belm bei Osnabrück 1650–1860, in: Niedersächsisches Jahrbuch für Landesgeschichte 58, 1986, S. 77–88. – Franz *Bölsker-Schlicht*, Heuerlinge und Bauern: Bevölkerung und soziale Schichtung vom 16. bis zum 20. Jahrhundert, in: *Bade*, Schelenburg – Kirchspiel – Landgemeinde, S. 327–339. – Christoph *Reinders-Düselder*, Obrigkeit und Kirchspiel – Adel, Bauern und Heuerlinge im 18. und frühen 19. Jahrhundert, in: *Bade*, Damme. Eine Stadt in ihrer Geschichte, S. 305–338.

3. Wahrnehmungs- und Erfahrungshorizont

fährdete soziale Gleichgewicht in der ständischen Gesellschaft.[99]
Diese für das aufgeklärte Menschenbild generell nicht unwichtigen Determinanten des Zusammenhangs von Arbeit und Armut, von Fleiß und Müßiggang, von »ehrlicher« Daseinsvorsorge und einer Existenz im Banne der »Unehrlichkeit«, exemplifiziert Möser anschaulich in zwei pointierten Bildern aus der realen Arbeitswelt des Osnabrücker Alltags.
Da war zum einen der kleine Handwerker, der gemeinsam mit seiner Frau schon frühmorgens um vier Uhr in seiner Werkstatt seinem Tagwerk, dem Spinnen, nachging, um seine acht Kinder, der Stolz der Familie, redlich zu ernähren. Die vier ältesten Kinder, aufgewachsen in einem anständigen, aber kärglichen Milieu, »um zu beten und zu arbeiten«, legten mit Hand an, indem sie den Eltern munter bei ihren täglichen Verrichtungen halfen. Möser läßt den »ehrlichen«, redlichen Handwerker, dessen kleine Welt gezeichnet war von »Fleiß und Ordnung« und dem Dank an Gott für den reichen Kindersegen, am Ende seiner Episode selbst noch einmal zu Wort kommen mit einer Reflexion über seine optimistische, lebensbejahende Grundeinstellung: »Sauer ist es mir geworden..., blutsauer; aber ich habe Brod und bin vergnügt.«[100]
So wie das Leben dieses Handwerkers von ehrlicher Arbeit, von Gottesfurcht und der Sorge um die Familie in den engen Wänden seiner Behausung geprägt war – wer denkt da nicht an die eindringliche vielgerühmte Schilderung eines Ulrich Bräker, an die von Höhen und Tiefen ausgefüllte Lebensgeschichte dieses »selbständigen« Heimwebers aus dem sanktgal-

---

[99] *Möser*, Gedanken über die Mittel, den übermäßigen Schulden der Untertanen zu wehren (1768), in: *Göttinger Akademie-Ausgabe* IV, Nr. 23, S. 119–129. – *Möser*, Von dem Verfall des Handwerks in den kleinen Städten (1768), *ebd.*, IV, Nr. 32, S. 155–177. – Vgl. auch Christine *van den Heuvel*, Ländliches Kreditwesen am Ende des 18. Jahrhunderts im Hochstift Osnabrück. Das Anschreibebuch des Johann Gabriel Niemann, in: OM 91, 1986, S. 163–192.
[100] *Möser*, Das Glück der Bettler (1767), S. 66.

lischen Toggenburg[101] –, so erging es vielen ungenannten Existenzen, die von ihrem Nahrungshandwerk mehr schlecht als recht lebten, die andererseits aber auch das Risiko scheuten, sich aus der Enge ihrer Berufswelt zu emanzipieren und neue Wege und neue Chancen der Subsistenzsicherung zu suchen. Die bodenständige Verwurzelung im Rahmen der sogenannten Familienwirtschaft, mit Produktion, Konsum, privatem und beruflichem Lebensrhythmus unter einem Dach, wirkte hier zunächst noch durchaus hemmend gegenüber einer stärkeren Öffnung zu neuen Möglichkeiten und Perspektiven, etwa im Bereich der »proto-industriell« verlegten textilen Heimarbeit, wie sie vor allem im Süden des Osnabrücker Landes anzutreffen war[102] – eine Entwicklung, die von dem vorsichtig reformfreudigen Möser nicht gebremst, sondern mit Nachdruck gefördert wurde.

---

[101] Mit vielen Parallelen zum Befund der ländlichen Lebenswelt im Osnabrückischen: Ulrich *Bräker*, Das Leben und die Abenteuer des armen Mannes im Toggenburg. Von ihm selbst erzählt – verschiedene Ausgaben, hier: Düsseldorf 1947 (zuerst erschienen in Zürich 1789). – Vgl. auch Christof *Dipper*, Deutsche Geschichte 1648–1789. Frankfurt am Main 1991, S. 159–162.

[102] Vgl. hierzu die Studien von Jürgen *Schlumbohm*, Der saisonale Rhythmus der Leinenproduktion im Osnabrücker Lande während des späten 18. und der ersten Hälfte des 19. Jh.s: Erscheinungsbild, Zusammenhänge und interregionaler Vergleich, in: Archiv für Sozialgeschichte 19, 1979, S. 263–298. – *Ders.*, Agrarische Besitzklassen und gewerbliche Produktionsverhältnisse: Großbauern, Kleinbesitzer und Landlose als Leinenproduzenten im Umland von Osnabrück und Bielefeld während des frühen 19. Jh.s, in: Mentalitäten und Lebensverhältnisse. Beispiele aus der Sozialgeschichte der Neuzeit. Rudolf Vierhaus zum 60. Geburtstag. Göttingen 1982, S. 315–334. – *Wehler*, Deutsche Gesellschaftsgeschichte I, S. 94–102. – *Bölsker-Schlicht*, Hollandgängerei, S. 124. – Zur traditionalen Familienwirtschaft mit der gesicherten Nahrung für das »ganze« Haus: Otto *Brunner*, Das »ganze Haus« und die alteuropäische »Ökonomik«, in: *ders.*, Neue Wege der Verfassungs- und Sozialgeschichte. Göttingen ²1968, S. 103–127.

3. Wahrnehmungs- und Erfahrungshorizont

Mit einem anderen, letzten Bild der Lebensführung in der Armut lenkte Möser schließlich den Blick seiner Leser auf die Probleme in der agrarisch-ländlichen Region, auf die prekäre Lage der unterbäuerlichen Schichten, vor allem der Heuerlinge, die ein Leben lang ohne eigene Besitzrechte an Land und Haus waren und sich ihren Lebensunterhalt nicht in der heimischen Landwirtschaft verdienen konnten.[103] In vielen, ja in immer mehr Fällen blieb diesen ungelernten Menschen nichts anderes übrig, als den traditionellen Wegen der Eltern und der Großeltern zu folgen und die saisonale Arbeitswanderung in die wohlhabenden nördlichen Niederlande anzutreten, die sogenannte *Hollandgängerei*, wo sich die geplagten und gesundheitlich ausgemergelten Heuerlinge beim Torfstechen und beim Grasmähen die notwendigen Gulden verdienten, um die zu Hause gebliebene Familie über die Runden zu bringen und den fälligen Pachtzins für den angemieteten Kotten an den unterkunftgebenden Hof zu bezahlen.[104]

In Nordwestdeutschland war das Phänomen der Hollandgängerei für einen größeren Wirtschaftsraum an Ems und Weser seit dem frühen 17. Jahrhundert üblich und erreichte im späteren 18. Jahrhundert wegen der überproportionalen demographischen Zunahme gerade der unterbäuerlichen Schichten seinen Höhepunkt.[105] Auch der Norden des Osnabrücker Hochstifts, mit den Ämtern Fürstenau und Vörden, profitierte

---

[103] Hierzu vor allem: Adolf *Wrasmann*, Das Heuerlingswesen im Fürstentum Osnabrück, in: OM 42, 1919, S. 53–171; 44, 1921, S. 1–154. – Hans-Jürgen *Seraphim*, Das Heuerlingswesen in Nordwestdeutschland. Münster 1948. – *Bölsker-Schlicht*, Hollandgängerei. – Jan *Lucassen*, Migrant Labour in Europe 1600–1900. The Drift to the North Sea. London 1987. – 350 Jahre auf der Suche nach Arbeit in der Fremde. Wanderarbeit jenseits der Grenze. Ausstellungskatalog. Museumsdorf Cloppenburg 1993.

[104] Wie Anm. 97. – *Bölsker-Schlicht*, Hollandgängerei. – Ders., Heuerlinge und Bauern, S. 327–339.

[105] Etwa 5 Prozent der Gesamtbevölkerung des Hochstifts beteiligte sich am Ende des Jahrhunderts an der Wanderungsbewegung. *Bölsker-Schlicht*, Hollandgängerei, S. 102.

durchaus von der Möglichkeit der saisonalen Migration über die nahe Grenze im Westen und von dem Vorteil eines zwar harten, aber unabdingbar lebenswichtigen Nebenerwerbs, während das Phänomen in den südlichen Regionen des Hochstifts weniger stark ausgeprägt war, wo relativ fruchtbare Böden den Flachsanbau begünstigten, auf dem die in Heimarbeit betriebene Garn- und Leinenherstellung basierte, traditionell einer der wichtigsten Sektoren der osnabrückischen Wirtschaft, mit zeitweise überregionalen und internationalen Handelsverbindungen in die Niederlande und nach England, bis hin nach Nordamerika.[106]

Der Hollandgang als unterbäuerlicher Nebenerwerb war der für viele ländliche Arbeitskräfte zur Gewohnheit gewordene alljährliche Versuch, einen Ausweg aus der angespannten wirtschaftlichen und sozialen Misere ihrer von Abhängigkeit und Eigentumslosigkeit gekennzeichneten Situation ganz am Rande der dörflichen Gesellschaft zu finden. Drohende Armut, drohender Hunger und der drohende Tod standen Pate, wenn neben der »Hauptfeuerstätte« jeden Hofes, dem Bauernhaus, in der dazugehörenden »Nebenfeuerstätte«, dem Heuerlingskotten, nicht nur eine, sondern gleich mehrere Familien mit ihren Kindern auf engstem Raum, unter bedrückenden hygienischen Umständen, einzig dominiert von der eisernen Überlebensräson der chronisch Schwachen, zusammengepfercht leben mußten.[107] Und dennoch half das kleine menschliche Glück des Alltags in dem Mikrokosmos der Besitz- und Eigentumslosen, wie Möser meint, über manche Drangsal und manche Enttäuschung der harten Lebenswirklichkeit hinweg.

---

[106] Vgl. *Schlumbohm*, Saisonaler Rhythmus, S. 263–298. – *Bölsker-Schlicht*, Hollandgängerei, S. 123ff. – Konrad *Machens*, Die Tuchmacherei des Osnabrücker Landes im 17. und 18. Jahrhundert, in: OM 69, 1960, S. 48–61. – *Ders.*, Beiträge zur Wirtschaftsgeschichte des Osnabrücker Landes im 17. und 18. Jahrhundert, in: OM 70, 1961, S. 86–104.

[107] Vgl. *Bölsker-Schlicht*, Hollandgängerei, S. 88. – Siehe auch die Illustrationen im Ausstellungskatalog: 350 Jahre auf der Suche nach Arbeit in der Fremde (wie Anm. 103).

3. Wahrnehmungs- und Erfahrungshorizont

»Der Reichtum bestehet nicht in Gelde«, so schreibt Möser, »sondern in Stärke, Geschicklichkeit und Fleiße. Diese haben einen güldnen Boden und verlassen einen nie; das Geld sehr oft.«[108] Die Tugend des Fleißes, das Lob der Arbeit, die Pflicht der Eigenverantwortung – stets wiederkehrende und in wechselnden Zusammenhängen variierte Topoi der aufgeklärten Möserschen »Verantwortungsethik« – waren die sinnstiftenden Werte eines Lebens, wie es sich der Osnabrücker Staatsmann gerade für den eingeschränkten Lebenskontext der vielen kleinen mittellosen Leute vorstellte, die die Mehrheit, freilich eine weitgehend machtlose, in der sozialen Hierarchie der altständischen Gesellschaft bildeten. Der Fleiß als Kapital der Armen und der Minderbemittelten, das traurige Schicksal vieler Besitzlosen und die Mühsal der harten Handarbeit als Spiegel für das begünstigte Los der Land- und Kapitaleigentümer – der »Aktionäre« – waren emotionale gedankliche Elemente einer Lebensphilosophie, die den pädagogisch-erzieherischen Rahmen markierte, in den Möser sein Bild der darbenden und doch glücklichen Heuerlingsfrau mit ihrem kleinen Kind hineinkomponierte.[109]

Allein auf weiter Flur stehend, oblag der Ehefrau eines Heuermanns die kräftezehrende Aufgabe, die Ernte der Saison zügig einzubringen, um die schmale wirtschaftliche Basis, den Hunger zu bannen, vor Naturschäden zu bewahren. Während sich ihr Mann als Hollandgänger in fremden Diensten verdingte, um den kümmerlichen Lebensstandard der Heuerlingsfamilie wieder einmal knapp, wie in jedem Jahr, über die Runden zu retten, vollbrachte seine Frau auf dem gepachteten Felde – im Verständnis der damaligen Zeit für die Praxis des unterbäuerlichen Nahrungserwerbs nichts Ungewöhnliches – im wahrsten Sinne eine schwere Männerarbeit:[110] sie mähte mit der Sense

---

[108] *Möser*, Etwas zur Verbesserung der Armenanstalten (1767), S. 69.

[109] Vgl. dazu auch *Martens*, Botschaft der Tugend, S. 399ff.

[110] Franz *Bölsker-Schlicht*, Torfgräber, Grasmäher, Heringsfänger ... – deutsche Arbeitswanderer im »Nordsee-System«, in: *Bade*, Klaus J. (Hrsg.), Deutsche im Ausland – Fremde in Deutschland. Migration in Geschichte und Gegenwart. München 1992,

das reife Getreide nieder, band sodann die Garben zusammen, ruhte eine Zeitlang, um danach den Vorgang zu wiederholen, bis das Tagwerk nach großer Mühsal endlich verrichtet war. Die Pausen zwischen diesen Verrichtungen waren freilich von einer besonderen Art: Die Frau nahm ihren vierteljährigen Säugling, der die ganze Zeit über »in der Furche« lag, »wo er so geruhig als in der besten Wiege schlief«, setzte sich auf eine Garbe, legte das Kind an ihre Brust und schaute mit einem zufriedenen mütterlichen Blick auf den saugenden Knaben. »Wie groß, wie reich, dachte ich, ist nicht diese Frau? Zum Mähen, Binden, Säugen und Frau zu sein gehören sonst vier Personen. Aber diese ihre Gesundheit und Geschicklichkeit dienet für viere«, so räsonierte Möser mit spürbarer Zuneigung und Bewunderung.[111]

Die schlichte Heuerlingsfrau als Repräsentantin einer rustikalen agrarischen, vor allem aber unterprivilegierten Arbeitswelt, in der *eine* einzelne Person notgedrungen die verschiedensten Funktionen in einer einzigen Rolle vereinigte, nämlich in der der omnipotenten arbeitsfreudigen zupackenden Hausfrau und Mutter, ohne jedoch in Wahrheit richtig »Bäuerin« zu sein, diente Möser als ein eingängliches didaktisches Beispiel für den Behauptungswillen der Mutigen und der Tüchtigen, gegen den lähmenden Geist der Resignation derjenigen, die den Produktions- und Überlebensfaktor »Arbeit« mit oder ohne Absicht beharrlich scheuten.[112]

S. 255–263, 493–494. – Die Rolle der Heuerlingsfrau im System der Heuerlingswirtschaft bedarf noch der eingehenden Erforschung.
[111] Zitate aus *Möser*, Etwas zur Verbesserung der Armenanstalten (1767), S. 68–73.
[112] Zur sozialen Differenzierung vgl. *Schlumbohm*, Bauern – Kötter – Heuerlinge, S. 77–88. – *Wehler*, Deutsche Gesellschaftsgeschichte I, S. 170–210. – Heide *Wunder*, »Er ist die Sonn, sie ist der Mond«. Frauen in der Frühen Neuzeit. München 1992 (»Tendenzen zur Familiarisierung von Arbeiten und Leben«). – Ulrich *Herrmann*, Armut – Armenversorgung – Armenerziehung an der Wende zum 19. Jahrhundert, in: *ders.* (Hrsg.), »Das pädagogische

3. Wahrnehmungs- und Erfahrungshorizont

Wenn Möser meint, daß sein letztes, naturalistisch eingefärbtes Bild, die bemutternde Heuerlingsfrau auf dem Feld, »eine homerische Allegorie für die Arbeitsamkeit«[113] sei, so gibt er damit unumwunden zu, daß er in seiner Schriftstellerei gern mit idealisierten Archetypen arbeitet, mit bewußten rhetorischen Zuspitzungen, um damit sein kommunikatives, pädagogisches Anliegen dem Leser um so eindringender nahezubringen. Diese Methode gehörte bei ihm zum Standardrepertoire seiner aufklärerischen, schon fast modern anmutenden Erzählprosa, wie er sie in den »Patriotischen Phantasien« – die behandelten Beispiele zeigen dies auf – angewandt hat.[114] Dabei behielt Möser immer im Auge, daß das geschriebene Wort ein geeignetes Instrument im Umgang mit Menschen, freilich aber auch eine scharfe Waffe im Umgang mit der Regierung und den Ständen zur Beeinflussung und zur Beschleunigung von Entscheidungsprozessen darstellte. Entsprechend dosiert kalkulierte er die Wirkung seiner publizistischen Informationspolitik auf ein Publikum ein, das nur in Grenzen für die aufgeklärte Botschaft der kleinen Schritte empfänglich war und in dem der Autor, wie schon sein zeitgenössischer Biograph und Freund Nicolai in Berlin bemerkte, keine adäquaten, gleichwertigen Diskussionspartner besaß.[115] Daß Möser dennoch die Position eines »einsamen« Rufers und Mahners in seiner hei-

---

Jahrhundert«. Volksaufklärung und Erziehung zur Armut im 18. Jahrhundert in Deutschland. Weinheim/Basel 1981, S. 194–218.

[113] *Möser*, Etwas zur Verbesserung der Armenanstalten (1767), S. 70.

[114] Vgl. *Lorenzen*, S. 103. – *Stauf*, S. 217ff. – Neuerdings besonders: Karl H. L. *Welker*, Zwischen juristischer Symbolik und früher Bildwerbung. Justus Mösers Vorschläge zur Gestaltung eines Anzeigenblattes, in: Gutenberg-Jahrbuch 1993, S. 210–226.

[115] *Nicolai*, Leben Justus Mösers, S. 43f. – *Möller*, Aufklärung in Preußen, S. 169. – Ebenso aufschlußreich: Ludwig *Bäte*, Justus Möser, Advocatus Patriae. Frankfurt am Main/Bonn 1961, S. 52 (»Möser habe sich vereinsamt gefühlt...«). – *Wagner*, Publikumsbezug, S. 84f. (»... habe 1782 kein lokales Publikum mehr gehabt.«).

matlichen Region weit hinter sich ließ, hing natürlich zentral zusammen mit der professionellen Verknüpfung seiner Schriftstellerei mit seinen verschiedenen politischen Funktionen – einer Kombination, die ihm zu Hause im Bewußtsein seiner Zeitgenossen mehr das Image des praktischen Regierungsjuristen und bischöflichen Amtsträgers verlieh, ihm auswärts jedoch als konservativem Exponenten einen bedeutenden Platz in der Kultur- und Geistesgeschichte der deutschen Aufklärung sicherte.[116]

Die Art und Weise, wie Möser versuchte, seinem Publikum die Armutsproblematik in ausgewählten situativen Bildern anschaulich nahezubringen, signalisierte in dem komplementären Spiel zwischen der Londoner Großstadtszenerie im Schatten des königlichen Palastes und der kleinräumigen Ackerbürgerwelt unter dem fürstbischöflichen Krummstab ein recht deutliches Bekenntnis zur Gestaltungskraft der deutschen Provinzialität, zur Wirksamkeit regionaler wie lokaler Traditionen und Identitäten, jenseits der Scheidelinie ständischer und konfessioneller Barrieren. Bei Möser läßt sich im kleinen Kosmos des Alltags die Grundstruktur der »world we have lost«, lassen sich die verlorenen Lebenswelten, denen der englische Sozialhistoriker Peter Laslett in seiner gleichnamigen, 1965 erstmals erschienenen Pionierstudie so eindrucksvoll nachgegangen ist, in einer Fülle unterschiedlicher Themenfelder und wechselnder Bühnen für den nordwestdeutschen Raum plastisch greifen und recht wirklichkeitsnah rekonstruieren.[117]

---

[116] Positives Bild Gruners über seinen Paten Möser: *Gruner* II, 1803, S. 539–542. – Zum Kaleidoskop der Möserschen Zeit in Osnabrück: *Wagners Erinnerungen*, S. 11–113. – Ferner: *Knudsen*, S. 1–30. – *Stauf*, S. 24–33, sowie die einschlägigen Arbeiten von *Brandi*, *Kanz*, *Moes*, *Renger*, *Sheldon* und *Schröder*.

[117] Peter *Laslett*, The world we have lost. Cambridge 1965 (dt.: Verlorene Lebenswelten. Geschichte der vorindustriellen Gesellschaft. Frankfurt am Main 1991). – Vgl. ebenso die bereits zitierten kultur- und mentalitätsgeschichtlichen Studien von Richard *van Dülmen*, Bronislaw *Geremek* und Paul *Münch*, sowie neuerdings von Massimo *Montanari*, Der Hunger und der Überfluß. Kulturgeschichte der Ernährung in Europa. München 1993.

3. Wahrnehmungs- und Erfahrungshorizont

Die in ihrem sozialen Umfeld verschiedenartig ausgeprägten Kulturen der Armut, wie sie uns in den »Patriotischen Phantasien« in pointierter Kürze nacheinander vorgestellt werden, sind hierfür ein schlagender Beleg.
Die von Möser gewollte kontrastierende Gegenüberstellung der subkulturellen Lebensform der Londoner Gassenbettler mit der kümmerlichen Existenzform des verarmten städtischen Handwerkers und der chronisch schwachen Heuerlingsfamilie auf dem flachen Land sollte fraglos den Blick für die unterschiedliche Qualität differenzierter Lebensführung in der Armut sensibilisieren: Auf der einen Seite die Großstadtbettler mit ihrem eigenen randständischen Wertesystem und ihrer eigenen sozialen Logik des Überlebens, die Widrigkeiten des Alltags mit Frohsinn und mit Glück zu bezwingen; auf der anderen Seite die von Geburt auf schwachen und benachteiligten Repräsentanten einer prekären sozialen Existenz in der nüchternen Normalität einer beengten Welt des »ora et labora«, ausgestattet mit dem Kapital ihres Fleißes und ihres »natürlichen« angeborenen Arbeitswillens, Tag für Tag um die brüchige Stabilität ihrer schmalen Daseinsbalance bemüht, freilich ohne wirkliche Chance, ihren sozialen Status und damit die Zukunft der nachwachsenden Generation spürbar zu verbessern. Letztlich ging es hier um die Behauptung sozialer Standards auf niedrigem Niveau, um das materiell Notwendige zum Überleben und um die so wichtige Ehrbarkeit in ihren bescheidenen kleinen Dimensionen in einer Welt des Mangels ohne Überfluß und Luxus.
Indem Möser in seinen drei Beispielen mit gezielter Hintergründigkeit Strukturen der Armut zeichnet, in denen es keine Unzufriedenheit, keinen Protest, keine revoltierende Auflehnung gegen die Obrigkeit gab, stellte er seine Leser vor die Entscheidungsalternative, welche Form des Nahrungserwerbs die »ehrliche«, welche die »unrühmliche« sei. Dabei stand bei diesem Mann, der die Bettelei mit schmähender Herablassung verfolgte, außer Frage, wem seine Sympathie galt – freilich war diese konditioniert durch ein konsequentes Festhalten an dem Maßstab des entstehenden bürgerlichen Tugendkatalogs mit seinen zentralen Kategorien der »Ordnung« und des »Flei-

ßes«, an Werten also, die auch Mösers aufgeklärte Programmatik über die Welt des »ehrbaren« Bürger- und Bauernlebens in teilweise geradezu romantisierender Weise erfüllten und bestimmten.[118] So war es nur folgerichtig, wenn Möser am Ende seiner Ausführungen, nachdem er den ehrlichen fleißigen Arbeiter mit dem müßiggehenden faulen Bettler verglichen hatte, ein wenig provokativ räsonierte, »daß es eine überaus starke Versuchung sei, lieber zu betteln als zu arbeiten«.[119] Die Antwort darauf blieb nicht lange aus, und sie entsprach ganz der harten Diktion des Juristen, der nunmehr einen Perspektivenwechsel in seiner Betrachtung vornahm und das Problem der Armut und der Armutsbekämpfung aus der Sicht der Obrigkeit diskutierte.

4. Armutsbewältigung ohne Horizont? Reformpläne, Maximen, Postulate

Hintergrund der neuen Reflexionen[120], die 1767 im Osnabrücker Intelligenzblatt erschienen und die die vorgetragenen Gedanken im »Glück der Bettler« – nunmehr in einem Geist des Widerspruchs und der Gegenprüfung – fortführten, war der kodifikatorische Versuch der Regierung, Ordnung in die Regellosigkeit des erlaubten und des unerlaubten Almosensammelns zu bringen, über das in Teilen der Öffentlichkeit kontrovers gestritten wurde. Das grassierende Bettelunwesen, das im Gefolge des Siebenjährigen Krieges stark zugenommen und

---

[118] Dazu sehr aufschlußreich und anregend die Sammlung von: Paul *Münch* (Hrsg.), Ordnung, Fleiß und Sparsamkeit. Texte und Dokumente zur Entstehung der »bürgerlichen Tugenden«. München 1984, hier die Einleitung S. 9–38. – Vgl. *ders.*, Lebensformen in der Frühen Neuzeit, S. 355ff.

[119] *Möser*, Das Glück der Bettler (1767), S. 68.

[120] *Möser*, Etwas zur Verbesserung der Armenanstalten (1767), S. 68–73.

4. Armutsbewältigung ohne Horizont?

nahezu alle Regionen im Reich mehr oder minder schlimm in Mitleidenschaft gezogen hatte, zwang auch in Osnabrück die landesherrliche Obrigkeit zu einer Reaktion, die sich in der Verordnung vom 3. März 1766 niederschlug.[121] Die darin normierten Regelungen für eine sinnvollere Praxis des von vielen Bürgern und Amtsträgern als uneffektiv und unübersichtlich eingeschätzten Almosengebens nahm Möser zum Anlaß, sich erneut mit der Armen- und Bettlerproblematik an sein Lesepublikum zu wenden – diesmal jedoch wegen der Virulenz dieser Frage in einem ungleich kritischeren Tonfall, der an Deutlichkeit und an der eigenen dezidierten Standortbestimmung nichts zu wünschen übrig ließ. Möser, der die Verordnung konzipiert und sie der Regierung ebenso wie den Landständen zur Beschlußfassung vorgelegt hatte, trat nunmehr, im November 1767, als ihr eigener Interpret auf und mußte natürlich – dem publizistischen Genre der Zeitungs-Beilagen angemessen – seine Erläuterungen und seine Begründungen wie so oft in ein verändertes, literarisches und volkspädagogisches Gewand kleiden.

»Wie«, so fragte Möser, »Sie wollen das Betteln rühmlich machen? In der Tat, das fehlt den faulen Müßiggängern noch. Allein, herunter mit dem Schleier, herunter mit dem Regentuche, worin sich viele unsrer Bettlerinnen verstecken, um ihre Ehre nicht zu verlieren.«[122] Der Autor in der Pose des Anklägers begann diesmal betont schroff und dissonant, um sein Publikum wachzurütteln und es auf weitere, noch schlimmere Botschaften einzustimmen. Wenn eine unglückliche oder krank gewordene Person Hilfe brauche, »so sorge man für sie daheim«, so daß sie nicht gezwungen sei, »ihr Brod vor den Türen zu suchen«. Alle anderen Armen und Bettler aber, die ihr Schicksal selbstverschuldet hätten, verfolge »Schimpf und Verachtung« der Bürger, ja sie sollten als »ein Scheusal« durch die Gassen gehen und allen sorglosen und zur Faulheit neigenden Subjek-

---

[121] »Verordnung wegen des Allmosen-Sammlens«, gedruckt in: CCO II, 1, Nr. 1067, S. 396–399.
[122] *Möser*, Etwas zur Verbesserung der Armenanstalten (1767), S. 68–73.

ten ein »so schreckliches Exempel« sein, »daß sie sich lieber das Blut aus den Fingern arbeiten und Wasser und Brod genießen, als auf künftige Almosen ihre Zeit und ihren Fleiß ungenutzt verschlafen oder verprassen«.[123]
Mösers rigoroser Standpunkt zielte nicht so sehr, auch wenn dies vordergründig so scheinen mag, auf das Moment der Abschreckung und der Bedrohung, durch die allein ein Bewußtseinswandel in der Bevölkerung nur schwerlich zu bezwecken war, sondern ganz eindeutig auf die mildtätigen und barmherzigen Formen der Nächstenliebe, eines – nach Mösers Auffassung – falsch verstandenen christlichen Mitleids im Sinne der althergebrachten, eher katholischen Caritas-Tradition, in welcher der nüchterne Jurist und protestantische Parteigänger eines der Hauptübel für die ungehemmte Expansion der Bettelei und des Müßiggangs erkannte. »Nirgends«, so Möser, »giebt es mehr Bettler, als wo eine unüberlegte Gütigkeit sich als christliches Mitleid zeigt und *jeden* Armen ernährt; nirgends giebt es weniger als bei den Fabriken, wo man den Bettler, der noch arbeiten kann, auf dem Misthaufen sterben läßt, um andre zum Fleiße zu zwingen.« Da blindes Mitleid also, so gesehen, schädlich war, stellte Möser als oberste Handlungsmaxime, von der sich eine durchsetzungsfähige Armenpolizei leiten lassen müsse, den unmißverständlichen Satz auf: *Armut muß verächtlich bleiben.*[124]
Diese Maxime, Ausdruck einer kühlen, intellektuell durchdachten Rationalität, die jedes Anfluges einer sentimentalen, generösen Hilfestellung auch im Sinne mitmenschlicher Empfindsamkeit gegenüber schuldhaft heruntergesunkenen Randseitern der Gesellschaft entbehre, entwickelte sich sehr rasch zu einer Leitlinie, an der sich nicht nur das Denken, sondern auch die praktischen politischen Schritte Mösers, die Armen- und Bettlerlast in den Griff zu bekommen, orientierten. Als Möser diesen harten pointierten Satz in seiner normierenden

---

[123] *Möser*, wie Anm. 122.
[124] *Möser*, wie Anm. 122. – Vgl. auch Gisela *Wagner*, Justus Mösers Verhältnis zu Kirche und Christentum, in: OM 89, 1983, S. 122–138.

4. Armutsbewältigung ohne Horizont? 103

Rigorosität niederschrieb und ihn anschließend einem erstaunten Publikum als Postulat einer vernunftgeleiteten, von keinem blinden Mitleid getrübten Armenpolitik vorsetzte, standen ihm die Probleme der schwierigen Konsolidierungsaufgabe drastisch vor Augen, die das geschundene und finanziell verschuldete kleine Hochstift nach dem Siebenjährigen Krieg zu bewältigen hatte.[125] Nur unter größter Anstrengung gelang es, die Kräfte zu mobilisieren, die notwendig waren, um vorderhand den Mangel an Nahrungsbedarf zu decken und damit die materielle Grundlage sicherzustellen, die das Überleben der Schwachen und Minderbemittelten unter den Bedingungen knapper Ressourcen ermöglichte, die andererseits aber auch den innovatorischen, steuerzahlenden Leistungsträgern der kleinräumigen Osnabrücker Verhältnisse, den produzierenden Bauern und Heimarbeitern, den Spinnern und Webern, den Handwerkern, Händlern und Kaufleuten, den nötigen Rückhalt gab.[126]

Für Möser, dessen politischer Anfang als Rechtskonsulent der Regierung in eine ausgesprochen angespannte Druckphase voller Ungewißheiten und Risiken fiel, galt es im Gefolge des Krieges um so mehr, vor allen anderen Maßnahmen der um sich greifenden wirtschaftlichen Rezession den Kampf anzusagen und die Stagnation des vormals wichtigsten Produktionszweiges, der textilen Garn- und Leinwandherstellung, mit allen zur Verfügung stehenden Mitteln der staatlichen Förde-

---

[125] StA Osnabrück, Rep. 100/254/22 (Verzeichnis der Verordnungen, darin Angaben über Schulden, Zinsen und Rückzahlungen im Gefolge des Siebenjährigen Krieges, Stand 1777). – Vgl. auch *van den Heuvel*, Beamtenschaft und Territorialstaat, S. 142–151. – *Mohrmann*, Politische Geschichte des Osnabrücker Landes, S. 88–90. – *Schindling*, Westfälischer Frieden und Altes Reich, S. 114–118.

[126] Vgl. *Runge*, Mösers Gewerbetheorie und Gewerbepolitik, S. 42ff. – *Knudsen*, S. 121–127. – *Schlumbohm*, Saisonaler Rhythmus, S. 263–298. – *Möser*, Gedanken über den Verfall der Handlung in den Landstädten (1769), in: *Göttinger Akademie-Ausgabe* IV, Nr. 2, S. 15–28, hier S. 27f.

rung und der publizistischen Propaganda zu überwinden.[127] Der Osnabrücker Politiker, dessen differenziertes Engagement gerade in den Anfangsjahren seiner Regierungsberatung – in denen noch einmal bis zur Säkularisation des Landes für mehr als drei Jahrzehnte die Weichen neu gestellt wurden – von großem Vorteil war, konnte sich nicht darauf verlassen, daß der mit Macht herbeigewünschte Aufschwung allein auf der Basis bloßen Verwaltungshandelns, auf Verordnungen, Gesetzen und regierungsamtlichen Richtlinien zu bewerkstelligen war. Auch nicht die gezielte finanzielle Förderung der für wichtig und sinnvoll befundenen zuschußwürdigen Projekte, etwa in Handel und Gewerbe, in Ackerbau und Viehzucht, sei es durch Prämien und Kredite, sei es durch andere staatliche Subventionen, vermochte für sich allein gesehen, den kärglichen Lebensstandard weiter Teile der Bevölkerung auf Dauer zu optimieren, noch vermochte sie ganz und gar eine sich selbst tragende Prosperität, mit eher bescheidenen Markt- und Profitstrukturen, weitgehend im Zeichen der noch immer vorherrschenden regionalen Nahrungsökonomie stehend, zu garantieren.[128]

Der Staat, die Regierung und deren Repräsentanten vermochten also allenfalls einen flankierenden Schutz durch günstige

---

[127] In diesen Zusammenhang gehört um 1770 die Wiedereinführung der Legge in Osnabrück, der alten Prüf- und Schauanstalt für das Leinen, um auf diese Weise die Qualität des Produkts zu optimieren. Vgl. *Runge*, Mösers Gewerbetheorie und Gewerbepolitik. – *Knudsen*, S. 112ff. – *Machens*, Tuchmacherei des Osnabrücker Landes, S. 48–61. – *Ders.*, Beiträge zur Wirtschaftsgeschichte, S. 86–104.

[128] StA Osnabrück, Rep. 100/198/31; Fonds zur Unterstützung milder Ausgaben, auch als Fonds für Prämien und für Auszeichnungen gestiftet, von König Georg III. von England. – Vgl. auch *Behr*, Obrigkeitliche Maßnahmen zur Förderung der Agrikultur, S. 84–102. – *Wagner*, Möser und das Osnabrücker Handwerk, S. 143–161 (geht auf das Tuchmacherhandwerk in Bramsche ein!). – *Machens*, Tuchmacherei des Osnabrücker Landes, S. 48–61. – *Schlumbohm*, Agrarische Besitzklassen und gewerbliche Produktionsverhältnisse, S. 315–334.

4. Armutsbewältigung ohne Horizont?

Rahmenbedingungen und durch günstige Förderungsmaßnahmen zu schaffen, der im Geiste eines behutsam praktizierten kleinstaatlichen Kameralismus nur dann effektiv funktionierte, wenn nicht nur die bloßen Strukturen, wie Möser in seiner Zeitungspublizistik durchscheinen ließ, sondern auch die mentale Einstellung der Menschen, der sozialen Träger und aktiven Ausgestalter dieser Strukturen, einem produktiven Wandlungsprozeß der Prioritäten und der Werte unterworfen würden.[129] Die Mechanismen sozialer Absicherung, des sozialen Aufstiegs ebenso wie der sozialen Deklassierung, hingen daher nicht zuletzt zentral von dem Grad der Identifikations- und Akzeptanzbereitschaft der Menschen ab, sich mit den vorgefundenen institutionellen und außerinstitutionellen geistigen Strukturen zu arrangieren, die den frühmodernen Staat weltlicher wie geistlicher Observanz mit seinen noch immer wirksamen archaischen Einsprengseln prägten.
Die anthropologische Dimension staatlichen Handelns und gesellschaftlichen Lebens in den verschiedensten Konfigurationen zwischenmenschlicher sozialer Interaktion stand zweifellos im Mittelpunkt des Interesses, das Möser in vielen seiner schriftlichen Erzeugnisse seinem Publikum mit nahezu unerschöpflicher Energie näherbrachte. Die darin vermittelte positive Arbeitsfreude und Lebensmut bejahende Botschaft zeichnete naturgemäß – in einer Zeit der Knappheit und des Mangels psychologisch wohlkalkuliert – das idealtypische Bild eines Menschen, von Fleiß und Redlichkeit, von Ordnungsliebe und Familiensinn geprägt, ganz auf den materiellen Unterhalt seiner Existenz fixiert und damit dem Staatswohl im Ganzen dienlich. Einbezogen in dieses Bild wird auch die Frau in ihrer

---

[129] Dazu interessant die Gedankenführung bei *Möser*, Beantwortung der Frage: was muß die erste Sorge zur Bereicherung eines Landes sein? Die Verbesserung der Landwirtschaft? Oder die Bevölkerung des Landes? Oder die Ausbreitung der Handlung? Womit muß der Anfang gemachet werden? (1771), in: *Göttinger Akademie-Ausgabe* V, Nr. 26, S. 114–122. – Vgl. auch grundsätzlich: Diethelm *Klippel*, Der Einfluß der Physiokraten auf die Entwicklung der liberalen politischen Theorie in Deutschland, in: Der Staat 23, 1984, S. 205–226.

Rolle als domina des Hauses, als Mutter und Erzieherin, als »natürliche«, hilfreiche Stütze des Mannes in fast allen Lebens- und Arbeitskontexten, wie sie der karge Alltag der kleinen Leute in der alteuropäisch-vorindustriellen Welt kannte.[130] Diese guten Eigenschaften der Menschen, so schreibt Möser, gepaart mit Redlichkeit der Gesinnung, mit Solidität der handwerklichen Erzeugnisse, mit der Güte bäuerlicher Produkte, mit Kenntnisreichtum, Sachverstand und Urteilsfähigkeit, »machen das größte Kapital des menschlichen Geschlechts aus«.[131]

Aus der Sicht des publizistisch ambitionierten, praktischen Politikers war die Propagierung dieser optimistischen Anthropologie in einer Zeit des Mißvergnügens und skeptischer Orientierungslosigkeit – noch unter dem Eindruck des als landschädigend erfahrenen Siebenjährigen Krieges – pädagogisch nur konsequent, freilich in einem hohen Maße auch zweckgebunden. In den unmittelbaren Nachkriegsjahren, in denen ein Großteil der Bevölkerung buchstäblich von der Hand in den Mund lebte – das Schicksal der Heuerlingsfamilien macht dies besonders deutlich –, war es wichtig, den Menschen Hoffnung zu machen, die Schwachen zu motivieren, ihren Arbeitswillen zu stärken, um den wirtschaftlichen Tiefstand zu überwinden und die damit zusammenhängende drohende soziale Unzufriedenheit erst gar nicht aufkeimen zu lassen. Die finanziellen und sozialpolitischen Lasten des Krieges, Folge der wechselnden militärischen Besatzungen und der hohen Kontributionszahlungen, erfaßten nach 1764 alle Bevölke-

---

[130] Vgl. Richard *van Dülmen*, Kultur und Alltag in der Frühen Neuzeit. Bd. 1: Das Haus und seine Menschen 16.–18. Jahrhundert. München 1990. – Heide *Wunder*, »Er ist die Sonn, sie ist der Mond«. Frauen in der Frühen Neuzeit. München 1992. – *Wagner*, Lebenssituation und Lebensführung der Frauen, S. 115–125. – Zur anthropologischen Dimension vgl. Thomas *Nipperdey*, Die anthropologische Dimension der Geschichtswissenschaft, in: *ders.*, Gesellschaft, Kultur, Theorie. Gesammelte Aufsätze zur neueren Geschichte. Göttingen 1976, S. 33–58. – Hans *Süssmuth* (Hrsg.), Historische Anthropologie. Göttingen 1984.
[131] *Möser*, Beantwortung der Frage, wie Anm. 129, S. 119.

4. Armutsbewältigung ohne Horizont?

rungsschichten gleichermaßen, freilich in unterschiedlich hohem Umfang und mit unterschiedlichen Konsequenzen und Belastungen, was die Möglichkeiten und die Voraussetzungen zur Aufbringung der eingeforderten Beträge betraf. Daß ein Angehöriger der grundherrlichen adeligen Ritterschaft oder ein gutsituierter Kaufmann und Handelsherr aus dem residenzstädtischen Bürgertum in dieser Hinsicht natürlich andere Spielräume der Liquidation zur Hand hatte, als die Mehrzahl der kleinen Zunfthandwerker, der kleinbäuerlichen, eigenbehörigen Kötter oder ganz und gar der besitzlosen und dennoch durch Pacht und Abgaben belasteten Heuerlingsfamilien, brachte Möser seinen Lesern in mehr oder weniger direkten und indirekten Anspielungen und Vergleichen noch einmal deutlich zu Gehör.[132]

Die Kraftanstrengung des Aufbruchs, die begleitet war von einer Fülle neuer Gesetze und neuer administrativer Verordnungen für nahezu alle Bereiche der »öffentlichen« Verwaltung, sollte sich nach dem Willen der Obrigkeit in einem relativ entspannten konfliktdämpfenden Klima gegenseitigen Vertrauens und wachsender Toleranz vollziehen, das dazu beitragen konnte, nach den vielen Jahren der offenen und verdeckten Auseinandersetzungen die traditionellen Streitgegenstände der beiden konfessionellen Paritätsparteien in Stift und Stadt zugunsten der geplanten aufgeklärten Reformmaßnahmen zurücktreten zu lassen.[133] Möser, der die einzelnen Schritte dieser

---

[132] Besonders nachdrücklich in »Jeder zahle sein Zeche« (1772), V, Nr. 38, S. 155–158. – Zum ländlichen Kreditwesen und zu den Schulden des Adels: *van den Heuvel*, Ländliches Kreditwesen, S. 163–192. – *Spechter*, Osnabrücker Oberschicht, S. 64–75. – *Welker/Siemsen*, Möser als Grundherr, S. 185–194.

[133] So zum Beispiel die umstrittene Frage der Nebenschulen in den Landkirchspielen oder die Diskussion um den Religionsvergleich von 1786, der zur Einrichtung von Simultaneen in Schledehausen und in Fürstenau führte. Vgl. dazu Manfred *Rudersdorf*, Justus Möser, Kurfürst Max Franz von Köln und das Simultaneum zu Schledehausen: Der Osnabrücker Religionsvergleich von 1786, in: *Bade*, Schelenburg – Kirchspiel – Landgemeinde. 900 Jahre

Politik sorgfältig durchdachte, die Ausführungsbestimmungen, Verbote und Vorschriften in rechtsgültige Gesetzesparagraphen goß und der schließlich für eine möglichst reibungslose Umsetzung in der Praxis die Mitverantwortung trug, ließ sich weder in seinem Reformwillen noch in seinem Ziel, die Landeswohlfahrt des Geistlichen Staates zu befördern, zu keiner Zeit seiner umfangreichen amtlichen Tätigkeit entscheidend aufhalten, die ihren Höhepunkt zweifellos in den Jahren der Minderjährigkeitsregierung zwischen 1764 und 1783 erreichte.[134]

Das neuartige – und fast modern anmutende – Instrument, dessen sich Möser gekonnt bediente, um seine Ideen zu popularisieren, das Medium der Zeitung, war freilich nicht in der Lage, Nachrichten und Themen nachhaltig in die Welt der kleinen, zu einem beträchtlichen Teil wohl doch noch analphabetisierten Leute zu transportieren.[135] Hier spielten gewohnheitsgemäß noch immer Kirche und Kanzel sowie das Gespräch auf der Straße, auf dem Markt und in den Wirtshäusern eine entscheidende Rolle, wenn es galt, sich gegenseitig zu informieren, Neuigkeiten auszutauschen, über Preise, Ge-

Schledehausen, S. 107–136. – *Fiegert*, Schulen von Melle und Buer, S. 107–114. – *Hoberg*, Die Gemeinschaft der Bekenntnisse in kirchlichen Dingen, S. 68–74.

[134] StA Osnabrück, Rep. 100/254/22, Verzeichnis der Verordnungen bis 1777 (bietet eine umfassende Übersicht!). Vgl. ebenso das große Ordnungswerk im CCO (2 Teile, 1783/1819). – *Renger*, Landesherr und Landstände. – *van den Heuvel*, Beamtenschaft und Territorialstaat. – Ernst *Pitz*, Das Registraturwesen des Fürstbistums Osnabrück im 16., 17. und 18. Jahrhundert, in: Archivalische Zeitschrift 59, 1963, S. 59–133 und 60, 1964, S. 37–99.

[135] Hierzu grundsätzlich: Rolf *Engelsing*, Analphabetentum und Lektüre. Zur Sozialgeschichte des Lesens in Deutschland zwischen feudaler und industrieller Gesellschaft. Stuttgart 1973. – Ernst *Hinrichs*, Einführung in die Geschichte der Frühen Neuzeit. München 1980, S. 100–106. – Eine ausgezeichnete Fallstudie liefert: Karl-Heinz *Ziessow*, Ländliche Lesekultur im 18. und 19. Jahrhundert: Das Kirchspiel Menslage und seine Lesegesellschaften 1790–1840. 2 Bde. Cloppenburg 1988.

bühren, das Wetter und sonstige amtliche und halbamtliche Unannehmlichkeiten, die den Alltag belasteten, streitend und schimpfend zu lamentieren.
Mösers offizielle Zeitungspublizistik konnte den breitgefächerten, schillernden Adressatenkreis der Armen und Bettler, der Müßiggänger und arbeitsscheuen Drückeberger, wenn überhaupt, nur sehr begrenzt erreichen.[136] Den Typ des zeitungslesenden, informierten Bettlers, dem offensichtlich ein gewisses Bildungsniveau eigen war, hatte Möser nur für London, nicht aber für Osnabrück ausgemacht.[137] Hier waren der Arme und der Bettler vorrangig Objekt seiner kritischen sozialpolitischen Fallstudien und seiner wenig schmeichelhaften, ja deklassierenden publizistischen Verortung dieser Bevölkerungsgruppe am äußersten Rande der Gesellschaft. Die Versorgung dieser minderen Geschöpfe, die dem Staat zur Last fielen, gehörte folglich nicht zu den primären Hauptaufgaben im Pflichtenkanon der Regierung. Möser fiel es schwer, ein Publikum, das auf Wandel und Reformen, auf die behutsame Verbesserung der persönlichen und der allgemeinen materiellen Verhältnisse eingestimmt war, mit den heiklen und ungelösten Problemen der Armen- und der Bettlerwelt zu konfrontieren, solange diese nicht über das übliche Maß der normalen Belästigung hinaus als wirklich ernste Bedrohung der ständischen Ordnung empfunden wurden. Dabei stand außer Frage, daß das Armutsphänomen nur die komplementäre, systemimmanente Seite eines Prozesses war, der den wirtschaftlichen Aufschwung und die Wohlstandsmehrung zum Ziel hatte. Hier setzte Möser in seiner politischen und publizistischen Arbeit von Anfang an klare Prioritäten, an denen er bis zum Ende seiner beruflichen Tätigkeit konsequent festhielt: Er ließ Armut und Not nicht zu *dem* zentralen Thema in der Öffent-

---

[136] Zu den Akzeptanzproblemen vgl. exemplarisch *Fiegert*, Schulen von Melle und Buer, S. 105f. – Eine positivere Einschätzung in der gründlichen Studie von Christoph *Reinders-Düselder*, Obrigkeit und Kirchspiel – Adel, Bauern und Heuerlinge im 18. und frühen 19. Jahrhundert, in: *Bade*, Damme. Eine Stadt in ihrer Geschichte, S. 305–338.
[137] *Möser*, Das Glück der Bettler (1767), S. 67.

lichkeit werden, weil nicht die Behebung oder Linderung des Mangels, sondern die Förderung und die Stabilisierung der Landeswohlfahrt im Vordergrund der Reformprogrammatik standen.[138]
Obwohl beides, Armut und Reichtum, in einer ursächlichen Kausalität und in einem inneren Spannungsgefüge mit den Auswirkungen wohlfahrtsstaatlicher Politik zu tun hatten, gab es für den in bürgerlich-materialistischen Kategorien denkenden Möser keinen Zweifel, welchen grundsätzlichen Kurs er gegenüber den Armen und Arbeitsscheuen einzuschlagen gedachte. Offen freilich blieb die Wahl der Mittel, so etwa die traditionelle Anwendung von repressiven Zwangsmaßnahmen, die aber kaum geeignet waren, das konflikträchtige Problem ohne Proteststimmung seitens der Betroffenen oder seitens mitleidiger, andersdenkender Bürger wirksam in den Griff zu bekommen.

Was Möser letztlich wollte, war die pädagogische Vermittlung und die breite Durchsetzung eines positiven Denkens im Sinne einer optimistisch-durchwirkten Aufklärung – für einen Mann, dessen Grundhaltung eher von Vorsicht und von Skepsis bestimmt war, sicher eine ungewöhnliche Erfahrung. Da es aber galt, die Dinge anzuregen, anzutreiben und neu zu gestalten anstatt resigniert und phantasielos den Mangel zu verwalten und damit die Zukunftsperspektive der Menschen aufs Spiel zu setzen, mußte Möser in seinen Aufsätzen zu populären Bildern greifen, die dieser Grundstimmung nicht nur einfach Ausdruck verliehen, sondern sie noch weiter durch die exemplarische Konkretion aus der Mitte des realgelebten Osnabrücker Alltags befestigten.

Bei der Präsentation seiner Beispiele hielt Möser dabei nicht nur stets Distanz zu einem allzu simplifizierenden einseitigen

---

[138] Zu den Prioritäten der Landespolitik prononciert: Möser an Nicolai, 1782, in: *Sheldon*, Briefwechsel, Nr. 550, S. 622–628. – Generelle Aspekte der Gewichtung kausaler Zusammenhänge zwischen Armut und Wohlstand: *Ritter*, Sozialstaat, S. 39–45. – *vom Bruch*, Kameralwissenschaft, S. 99. – *Hunecke*, Überlegungen zur Geschichte der Armut, S. 480–512. – *Metz*, Staatsraison und Menschenfreundlichkeit, S. 1–26.

4. Armutsbewältigung ohne Horizont?

Fortschrittsglauben, sondern er sah durchaus auch die Defizite, die negative »Kehrseite« von Entwicklungen, um sie dann danach um so vorteilhafter in ihrem positiven Gehalt darzustellen. In dieser Dialektik von »gut« und »böse«, von »konstruktiver« und »destruktiver« Denkart spielte die Behandlung der Armutsproblematik, obwohl sie in den Schriften Mösers einen vergleichsweise schmalen Raum einnahm, wegen ihrer pointierten Zuspitzung eine hervorgehobene Rolle: In der öffentlichen Disqualifizierung des brotlosen Müßiggängers lag eben nicht nur allein eine Rehabilitation des fleißigen Arbeiters und des ehrlichen, öffentlichen Lastenträgers, sondern – positiv gewendet – auch die Botschaft, daß das Glück des Menschen ganz maßgeblich von seinem persönlichen Engagement und von seiner persönlichen Identifikationsbereitschaft mit den Ansprüchen und den Erfordernissen, die ein Gemeinwesen stellte, abhing.

Weil Möser die Armut so unmißverständlich »verächtlich« machte, rückten die Abwehrkräfte der Armut, der Reichtum ohne Geld, der »in Stärke, Geschicklichkeit und Fleiß« bestand, also das Lob der Arbeit, in das Zentrum des Blickfeldes.[139] Anders ausgedrückt: Um den Überlebensfaktor »Arbeit« für die einen attraktiv zu machen, für die anderen attraktiv zu erhalten, mußte die Armut als sozialer Absturz, zumal dann wenn sie selbstverschuldet und mutwillig in Kauf genommen war, mit Schimpf und Schande verfolgt und entsprechend öffentlich als »ehrlos« gegeißelt werden. Dabei wußte Möser, daß seine Polemik gegen Armut und Bettelei das Phänomen, das alle Staaten und alle Gesellschaften, unabhängig von ihrer inneren Modernität, unabhängig von der Konfession[140], mit zunehmendem Problemdruck erfaßte, nicht beseitigen, sondern allenthalben nur eingrenzen konnte. Die Betonung ökonomischer Prioritäten, die Sanierung und Belebung

---

[139] *Möser*, Etwas zur Verbesserung der Armenanstalten (1767), S. 69. – Vgl. auch *Martens*, Die Botschaft der Tugend, S. 400ff.

[140] Den interkonfessionellen Aspekt hebt auch *Möller* pointiert hervor: Fürstenstaat oder Bürgernation, S. 110. – Vgl. ebenso die Studie von *François*, Die unsichtbare Grenze. Protestanten und Katholiken in Augsburg 1648–1806.

der wirtschaftlichen Infrastruktur, war insofern immer auch ein sozialpolitischer Kontrapunkt im Kampf gegen die Armut und gegen die Bettelei, letztlich gegen die Illusion der vielen, die ein freies Leben ohne ständische, konfessionelle oder soziale Bindungen nur auf Kosten ihrer arbeitenden Mitbürger führen zu können glaubten.

Mösers Aversion gegen die falschen Kostgänger der Gesellschaft im Gewande der Armut erhielt durch die drastische Rhetorik, mit der er diesem Mißstand entgegentrat, eine zusätzliche Schärfe, die für die Außenwirkung freilich durchaus gewollt war. Ihm lag daran, übertriebene Formen des Mitleids und der mildtätigen christlichen Barmherzigkeit zurückzustutzen und sie als Gefahrenpotential darzustellen, weil dadurch die Begierde der Müßiggänger erfahrungsgemäß um so schamloser ansteigen werde. Daher sei es unabdingbar, »mit Fleiß dieses große Gesetz hart« zu machen, nämlich »daß Armut schimpfen [d. h. schimpflich sein] müsse, sobald sie nicht durch ein besonders Unglück ehrlich gemacht wird«.[141] Mösers rationale Beurteilung der Armut, seine »Verachtung« gegenüber dem faulen Armen, dem Bettler, seine »Hochachtung« für den arbeitenden Armen, den Handwerker etwa oder die Heuerlingsfrau, setzte voraus, daß nicht »unser Herz«, wie er sagte, sondern nur der klare »Verstand« der Maßstab aller Überlegungen und Pläne sein durfte. In der Konsequenz dieser strengen Linie ließ Möser keinen Ansatz für einen Kompromiß erkennen: Die öffentliche Demütigung der Armen und Bettler nahm er durchaus voll in Kauf, um damit Schlimmeres zu verhüten, ohne dabei aber letztlich den wirklich Bedürftigen den Weg zu einem kleinen Stück mehr »Glück« wider die eigene Einsicht zu verheißen.

Um seiner strengen Grundmaxime den gebührenden Nachdruck zu verleihen, schlug Möser schließlich eine Einteilung der Armen »in drei Klassen« vor:[142]

---

[141] *Möser*, Etwas zur Verbesserung der Armenanstalten (1767), S. 70 (dort auch die weiteren Zitate).
[142] *Möser*, wie Anm. 141, S. 70f.

4. Armutsbewältigung ohne Horizont?

»In die *erste* Klasse sollen diejenigen kommen, welche durch Unglücksfälle oder Gebrechlichkeit arm sind und einige Schonung verdienen.

In die *andre* alle, welche eben keine Schonung verdienen und sich nur damit entschuldigen, daß sie keine Gelegenheit zu arbeiten haben, um ihr Brod zu gewinnen.

In die *dritte* alle mutwillige Bettler, die durch ihr eigen Verschulden arm sind und gar nicht arbeiten wollen, ohnerachtet sie Gelegenheit, Geschicklichkeit und Kräfte dazu haben.«

Die Zuteilung zu diesen Klassen, versicherte Möser, solle nach genauer Prüfung, unter Beachtung der Lokalkenntnisse der Pfarrer, geschehen. Während der Personenkreis der ersten Klasse »durch öffentliche Vorsorge« zu Hause verpflegt werden könne, soll die zweite Klasse »mit Arbeit versehen und die dritte in dem angelegten Werkhause dazu gezwungen« werden. Alles komme bei diesem Plan auf die Vorkehrungen für die zweite Klasse an, und so versucht Möser darzulegen, wie im konkreten Osnabrücker Fall und darüber hinaus generell bei der gesamten Armenpflege die Versorgung der Armen mit Arbeit, vorrangig also mit Garn spinnen, die erste Maßregel bilden müsse. »Es bleiben«, so meint Möser, »die Armen durch die Arbeit gesund; sie genießen ihr Brod nicht umsonst; locken also andre nicht zum Unfleiße und laufen nicht herum.« Die Logik dieser Satzfolge entsprach gewiß der klaren und gewohnten Diktion des Osnabrücker Politikers, aber auch er wußte, daß die Realität des Alltages nur in seltenen Fällen mit der projektierten, theoretisch durchdachten Idealtypik aus der gelehrten Schreibstube übereinstimmte.[143]

Vor allem sah er die Gefahr des sich schnell ausbreitenden Mißstandes, daß auch Nichtarme – in der Terminologie Mösers »fleißige Leute« – sich zu den Bedürftigen gesellten, um ihr Garn auf leichte Weise zum doppelten Preis zu verkaufen. Um diese schlauen Geschäftspraktiken wirksam zu unterbinden, schlug er vor, für die arbeitenden Armen ein »öffentliches Zimmer auf einem Armenhofe« einzurichten, in das hineinzu-

---

[143] *Möser*, wie Anm. 141, S. 71.

gehen und mitzuarbeiten, nur um einen kleinen vorteilhaften Profit zu erzielen, für den aufrechten, fleißigen Mann »einigen Schimpf« bedeuten müsse. »Der Schimpf«, führt Möser aus, »in einem öffentlichen Zimmer zu spinnen und in der Zahl der Armen bekannt zu sein, wird den fleißigen und empfindlichen Mann hinlänglich abhalten, seine Hand sinken zu lassen. Hingegen ist eben dieser Schimpf nicht unschwer für diejenige zu tragen, die sonst auf den Gassen betteln und von Obrigkeits wegen in die zweite Klasse gesetzt sind. Die Anstalt wird den Betrug verhüten, und bei einem Lichte und einer Wärme können mehrere Personen zusammen sitzen, mithin vieles ersparen. Dabei hat jeder Arme seine Freiheit, zu gehen und zu kommen und, wenn er des Tages eine bessere Arbeit findet, solcher nachzugehen.«[144]

Neben dem primären Aspekt der Arbeitsbeschaffung durch die Einrichtung einer öffentlichen Armenanstalt erhoffte sich Möser vor allem eine deutliche Einschränkung der Bettelei, die in den angespannten Jahren nach dem Siebenjährigen Krieg von der Bevölkerung als schwere Last, ja als eine drückende Landplage empfunden wurde. Sobald die geplante Anstalt eröffnet und jedem armen Arbeitswilligen zugänglich gemacht war, sollte das Betteln auf den Straßen rigoros unterbunden werden, da die oft gehörte – und ja oft auch zutreffende – Entschuldigung, keine Gelegenheit zu finden, sein Brot zu verdienen, nunmehr gegenstandslos sei und daher wenig glaubwürdig klinge. Im schlimmsten aller Fälle, wenn auch das Angebot einer öffentlichen Armenanstalt keine spürbare soziale Verbesserung der Verhältnisse bringe, sei es unumgänglich, so Möser, die Bettler in das »neuangelegte Werkhaus« – gemeint war das gerade neueingerichtete Zuchthaus und Gefängnis in Osnabrück[145] – einzusperren und zur Arbeit zu zwingen. Der Zwang als letztes Mittel der Obrigkeit sei legitim, wenn zuvor

---

[144] *Möser*, wie Anm. 141, S. 71f.
[145] Zur »ambivalenten« Funktion des Zuchthauses (als Werkhaus und als Gefängnis) in Osnabrück vgl. Kapitel III, Unterkapitel 4 und 5 dieser Arbeit. – *Hoffmeyer*, Chronik der Stadt Osnabrück, S. 252f.

4. Armutsbewältigung ohne Horizont?

alle anderen durchaus als human und freizügig angesehenen Maßnahmen – Möser spricht immerhin von der »Freiheit« des Armen, zu gehen und zu kommen, wann er will – wirkungslos verpufft und dilatorisch ausgeschlagen worden seien. Ganz entscheidend für die Realisierung der öffentlichen Armenanstalt und damit für die geplante umfangreiche, mit einem überwachenden und einem erzieherischen Anspruch intendierte »Arbeitsbeschaffungsmaßnahme« war indessen die Tragfähigkeit der finanziellen Basis, die allein mit vagen Almosengeldern und Spenden, deren Höhe im voraus nie kalkulierbar war, keinen festen Rückhalt hatte. Auch Möser sah nur eine realistische Chance, die Anstalt dauerhaft zu etablieren, »wenn man jährlich mit Gewißheit auf eine sichere Summe rechnen könnte«.[146] Um die notwendige Regelmäßigkeit der Einkünfte zu gewährleisten, empfahl er eine im Verständnis der damaligen Zeit moderne und rationelle aufklärerische Maßnahme, nämlich eine Form der Armensteuer, die auf der Grundlage freiwilliger, aber fest bestimmter jährlicher Umlagen von jedem Bürger erhoben werden sollte: »Und würde sich nicht jeder Hauswirt jährlich gern zu einem gewissen Almosenbeitrag selbst subskribieren, wenn er dagegen von allem andern Überlauf enthoben sein könnte? Würden diese Gelder nicht besser angewandt werden als diejenigen, die wir ohne genugsame Prüfung vor den Türen oft an Unwürdige verschwenden?«[147]
Die hier vorgetragenen Postulate Mösers, 1767 zu Papier gebracht und, in Frageform gekleidet, in den Beilagen zum Osnabrücker Intelligenzblatt publiziert, wiesen mit ihrem Inhalt bereits weit nach vorne in eine neue Zeit mit neuen veränderten Gesetzmäßigkeiten und Anforderungen, während die konkrete Entwicklung in der Praxis des Alltags in den drei Jahrzehnten zwischen 1764 und 1794, dem Ende der Ära Mösers,

---

[146] *Möser*, wie Anm. 141, S. 72.
[147] *Möser*, wie Anm. 141, S. 72f. – In einigen Amtsstädten, so in Iburg und in Melle, gab es bereits frühe und erfolgreiche Versuche, Subskriptionen auf freiwilliger Basis durchzusetzen. StA Osnabrück, Rep. 100/188/73 (Statistische Nachrichten, 1802/1803).

diesem neuen Denken noch deutlich hinterherhinkte. Subskriptionen auf freiwilliger Basis anstelle freiwilliger Almosen, die nur von Fall zu Fall und in wechselnder Höhe entrichtet wurden, gab es in Osnabrück auf gesicherter Basis erst im unmittelbaren Vorfeld der Errichtung der zentralen Armenanstalt im Jahre 1810, seit es also feste bürokratische Organisations- und Amtsformen der obrigkeitlichen Armenverwaltung in der Stadt gab.[148] Vorher waren alle Versuche einer Rationalisierung im Sinne einer planmäßigen Kalkulation und einer effizienteren Geldmittelverfügung zum Scheitern verurteilt, vor allem auch deswegen, weil die Katholiken in der Stadt sich bis zuletzt standhaft weigerten, ihre Namen auf die Subskriptionslisten zu setzen und damit unter Umständen das Risiko einzugehen, den evangelischen Armenprovisoren und delegierten Ratsmitgliedern Einblick in ihre Vermögenslage zu gewähren. Die normative Beharrungskraft des paritätischen Verfassungssystems, gepaart mit den wirkungsmächtigen Traditionen der altständischen Gesellschaft, schob sich auch in dieser Hinsicht wie ein Riegel zwischen die beiden juristisch getrennten Kompetenz- und Zuständigkeitsbereiche der evangelisch-bürgerlichen und der katholisch-kirchlichen Institutionen der Armen-, Waisen- und Krankenpflege.[149]
Mösers kühner Vorschlag der freiwilligen Subskription, formuliert in der Hoffnung, damit dem Bürger sonstige unange-

---

[148] Dazu die ältere und ergiebige Spezialuntersuchung von *Molly*, Reform des Armenwesens (1919). – Ebenso die informativen, offiziellen Rechenschaftsberichte (»Nachricht an das hiesige Publicum«) über die Organisation und Verwaltung der Allgemeinen Armenanstalt zu Osnabrück: StA Osnabrück, Bibliothek, Nr. 2200.

[149] Hierzu sehr aufschlußreich der Bericht des königlich-britannischen Kommissars für die Besitznahme des Hochstifts Osnabrück im Zuge der Säkularisation, Christian Ludwig August von Arnswaldt an König Georg III. in London, 16. April 1803. StA Osnabrück, Rep. 110 II, Nr. 342. – Vgl. auch *Molly*, Reform des Armenwesens. – *Hoffmeyer*, Fürsorge für die Armen. – *Hoberg*, Die Gemeinschaft der Bekenntnisse in kirchlichen Dingen, S. 68–84.

4. Armutsbewältigung ohne Horizont?

nehme Belästigungen vor der Haustür zu ersparen, der Stiftskasse aber gleichzeitig eine verkappte Armensteuer zufließen zu lassen, griff also der faktischen Entwicklung um fast ein halbes Jahrhundert voraus, und dennoch kam ihm diese Idee nicht zufällig. Erneut rekurrierte Möser auf seine Eindrücke aus London, wo er sich im Winter 1763/64 aufgehalten hatte, ohne die Gelegenheit zu versäumen, in dieser Zeit Informationen über die zentralen Einrichtungen der englischen Wohlfahrtspflege, neben dem altehrwürdigen Londoner *bridewell* auch über das System der anderen *houses of correction*, zu sammeln und sie für die andersgelagerten kleinräumigen Verhältnisse zu Hause nutzbar zu machen.[150] Vor allem stand Möser, blickte er auf die Londoner Erfahrungen zurück, das Funktionieren eines institutionell und organisatorisch weitgehend geschlossenen Systems vor Augen, das ähnlich wie die französischen *hôpitaux généraux* einerseits der Unterstützung bedürftiger Armer, andererseits der Kasernierung und Bestrafung Arbeitsunwilliger und sozial Auffälliger diente, das schließlich noch in eigenen Abteilungen die Sondergruppen der Kranken, der Irren und der Waisenkinder betreute, so daß mit der Zeit ein fein gesponnenes Netz der Überwachung und Bestrafung, aber auch eine Basis der wirklichen Fürsorge und der positiven

---

[150] Vgl. vor allem die komparatistische Analyse bei *Metz*, Staatsraison und Menschenfreundlichkeit, S. 18–26. – Wolfram *Fischer*, Armut in der Geschichte. Erscheinungsformen und Lösungsversuche der »Sozialen Frage« in Europa seit dem Mittelalter. Göttingen 1982, S. 33–55. – Generelle Diskussion zur englischen Armenpolitik: Dorothy *Marshall*, The English Poor in the Eighteenth Century. London 1926, Reprint New York 1969. – Geoffrey *Oxley*, Poor Relief in England and Wales 1601–1834. London 1974. – Sidney and Beatrice *Webb*, English local government, vol. 7: English poor law history, Part 1: The old Poor Law. London 1927, Reprint London 1963. – Paul *Slack*, Poverty and Policy in Tudor and Stuart England. London/New York 1988. – George R. *Boyer*, An economic history of the English poor law 1750–1850. Cambridge 1990.

Arbeitserziehung entstanden war.[151] Der Syndikus der Osnabrücker Ritterschaft konnte sich bei seinem Aufenthalt in London anschaulich berichten lassen, mit welchen Mitteln und mit welchem Erfolg man dort der komplexen Lebensrealität der Armen und Bettler, der Kranken, Witwen und Waisenkinder Herr zu werden gedachte und dabei zugleich das Interesse der Obrigkeit an einer geregelten Versorgung und an einer wirksamen Kontrolle mit strenger Disziplin wahrte.[152] Da die Osnabrücker Armenwelt in ihrer überschaubaren kleinen Mannigfaltigkeit weit entfernt war von den Dimensionen einer globalen weltstädtischen Sozial- und Bevölkerungspolitik – die Stadt London hatte ungleich mehr Einwohner als das gesamte Hochstift Osnabrück mit seinen damals knapp über 100 000 geistlichen Untertanen –, blieb dem England-kundigen Möser nur wenig Spielraum, in dem verrechtlichten und ständisch-konservativen Rahmen seiner amtlichen Tätigkeit mit neuen Ideen und neuen Modellbausteinen zu experimentieren. Immerhin war es ein Indiz für seinen analytischen Verstand und für seinen Mut zur Präsentation neuer Themen, wenn er in dem Mangel regelmäßiger steuerähnlicher Einnahmen eine der Hauptursachen für die defizitäre Struktur der obrigkeitlichen Armenverwaltung erkannte.[153] Neben der Frage einer verbesserten Koordination und Überwachung der unterstützenden Hilfsmaßnahmen beim Führen einer »geordneten Existenz« spielte für Möser ebenso die stärkere Partizi-

---

[151] Vgl. *Metz*, Staatsraison und Menschenfreundlichkeit, S. 2–11. – *Ritter*, Sozialstaat, S. 33–45. – Dieter *Jetter*, Das europäische Hospital. Von der Spätantike bis 1800. Köln ²1987. – Grundsätzliche Aspekte zur französischen Armenpolitik: Olwen H. *Hufton*, The Poor of Eighteenth-Century France 1750–1789. Oxford 1974. – Jean-Pierre *Gutton*, La société et les pauvres en Europe. Paris 1974. – Martin *Dinges*, Stadtarmut in Bordeaux (1525–1675). Alltag, Politik, Mentalitäten. Bonn 1988.

[152] Drastische Schilderung und drastische Sprache im Vergleich der englischen Verhältnisse mit den deutschen: *Möser*, Ökonomische Aufgabe der Armen betreffend (1773), IX A, Nr. 9, S. 49–50.

[153] *Möser*, Etwas zur Verbesserung der Armenanstalten (1767), S. 72f.

pationsmöglichkeit der Bürger eine Rolle, allein schon durch das solidarische Gefühl ihrer zweckgebundenen finanziellen Zuwendungen an der politischen Ausgestaltung des Gemeinwesens Anteil zu haben – und dies trotz der Tendenzen des Anonym-Werdens der Hilfsbeziehung zwischen Spender und Empfänger, die ja eine regelmäßige feste Abgabe in die Armenkassen der Obrigkeit und damit die Abwendung von den traditionellen, persönlich-geprägten Formen der barmherzigen Mildtätigkeit und der beliebten Gassenbettelei mit sich gebracht und verstärkt hätten.[154]

Möser war sich im klaren darüber, daß mit der Veränderung von Strukturen immer auch ein Wandel in den Einstellungen, Wahrnehmungen, Mentalitäten, Sitten und gewohnheitsmäßigen Praktiken der Menschen verbunden war, die sich nicht einfach durch eine Verordnung »von oben« reglementieren und in die gewünschte Richtung steuern ließen. Daher mußte er sein Publikum mit einem ebenso großen pädagogischen wie psychologischen Geschick behutsam an die neuen Themenfelder heranführen, ihre Vor- und Nachteile argumentativ abwägen und, wenn nicht anders möglich, ohne ein präjudizierendes eigenes Urteil in den Raum zu stellen, den nachdenklichen Leser mit einer offenen Gedankenführung sich selbst und seiner politischen Phantasie überlassen.[155]

So war es schließlich auch im Fall der angeregten »subskribierten« finanziellen Selbsteinschätzung der Bürger, für die Möser die in seiner Sicht überaus erfolgreiche Praxis in England als Muster reklamierte. Wie im britischen Königreich, so waren auch im Osnabrücker Bischofsland die einzelnen Kirchspiele und Gemeinden für die Armenpflege zuständig, und zwar für diejenigen Armen und Schwachen, die – unter Ausschluß aller Fremden und Zugezogenen – auch tatsächlich ihre geburtsständische Heimat in dem jeweiligen Kirchspiel hatten. Im Unterschied zur Praxis im Hochstift Osnabrück und in den

---

[154] Dazu pointiert *Metz*, Staatsraison und Menschenfreundlichkeit, S. 18–22. – *Fischer*, Armut in der Geschichte, S. 33–55. – *Sachße/ Tennstedt*, Geschichte der Armenfürsorge, S. 125–131.
[155] Vgl. dazu *Welker*, Möser, S. 207–210.

meisten anderen deutschen Territorien war in England die gemeindliche Fürsorgepflicht aufs engste verknüpft mit dem Vorzug einer eigenen Armensteuer, die von den »schatzbaren« Untertanen zum Zwecke einer umfänglichen kommunalen und regionalen Wohlfahrtspflege kontinuierlich eingezogen wurde.[156] Möser war sich der Problematik durchaus bewußt, daß das englische Modell nicht ohne weiteres, vor allem nicht ohne den Konsens der in ihrer »Lokalhoheit« betroffenen Landstände, auf die andersgearteten osnabrückischen Verhältnisse mit ihrer spezifischen Tradition der Parität und der konkurrierenden Religionsgemeinschaften übertragen werden konnte. Selbst dann, wenn der welfische Regent des Hochstifts, der englische König Georg III., politisch auf eine weitgehende Kompatibilität der osnabrückischen mit der englischen Verwaltungspraxis in der Armenversorgung hingearbeitet hätte, wäre die ständische Barriere, das Pochen auf regionaler Eigenständigkeit und althergebrachter Rechtstradition, kaum ernsthaft zu überwinden gewesen.[157]

Daß Möser dennoch Politikmuster der englischen Wohlfahrtsstaatlichkeit in die Diskussion der unterschiedlichen Strategien zur Armutsverhinderung einbrachte, wie sie auch in Deutschland im Zeichen der Aufklärung geführt wurde[158], war ein Indikator für sein ausgeprägtes Urteilsvermögen über die

---

[156] *Möser*, Ökonomische Aufgabe der Armen betreffend (1773), S. 49–50. – Vgl. auch *Metz*, Staatsraison und Menschenfreundlichkeit, S. 18–24. – Peter *Wende*, Geschichte Englands. Stuttgart 1985, S. 176–197. – Heiner *Haan* / Gottfried *Niedhart*, Geschichte Englands vom 16. bis zum 18. Jahrhundert. München 1993, S. 140–144.

[157] StA Osnabrück, Rep. 100/198/31: Der Fonds für milde Ausgaben war ein Steuerungsinstrument zur Förderung von Handwerk und Wirtschaft, zur Vergabe von Prämien und Stipendien, aber auch zur gezielten Unterstützung verarmter Existenzen. Der englische König förderte »seinen« Fonds mit 600, nach 1784 mit 800 Reichstalern jährlichen Stiftungsgeldes. – Vgl. auch *Press*, Kurhannover, S. 69–71.

[158] Vgl. dazu die Studien von *Endres, Fischer, Hunecke, Kopitzsch, Metz, Ritter* und *Sachße/Tennstedt*.

4. Armutsbewältigung ohne Horizont? 121

Bedeutung zukunftsträchtiger Elemente in einer sich nur langsam verändernden altertümlichen Welt der traditionellen Armenpflege, die in Osnabrück noch einige Zeit auf eine modernisierende Sozialreform, etwa nach Art der großen Hamburger Anstaltsreform von 1788, warten mußte.[159] Ein solcher modernisierender Impuls für die osnabrückische Armenpolitik wäre zweifellos die Einführung einer regelmäßigen Armensteuer und damit indirekt der Zwang zu effizienteren Verwaltungs- und Koordinationsstrukturen gewesen: »In der Stadt London sind die Almosen von jedem Hause fixiert und zum Etat gebracht. In Deutschland oder doch wenigstens in einem großen Teil desselben«, wendet Möser ein, »hat man die unbeständigsten Gefälle zu fixieren gewußt. Warum sollte dieses nicht auch mit den Almosen geschehen können? Wir legen Schatzungen an, um Pulver zu kaufen und die besten Städte damit in den Grund zu schießen. Sollte man denn nicht auch so etwas tun können, um andre wiederum glücklich zu machen? Sind die Armen nicht ein ebenso wichtiger Gegenstand der öffentlichen Vorsorge als andre Dinge?«[160]
Möser stand mit seinem Ruf nach öffentlicher Daseinsvorsorge durch die staatlichen und kommunalen Hoheitsträger in seiner Zeit beileibe nicht allein, aber es war bemerkenswert ge-

---

[159] Vgl. Franklin *Kopitzsch*, Die Hamburger Aufklärung und das Armenproblem, in: *Herzig*, Arno / *Langewiesche*, Dieter / *Sywottek*, Arnold (Hrsg.), Arbeiter in Hamburg. Unterschichten, Arbeiter und Arbeiterbewegung seit dem ausgehenden 18. Jahrhundert. Hamburg 1983, S. 51–59. – *Ders.*, Grundzüge einer Sozialgeschichte der Aufklärung in Hamburg und Altona. 2 Teile. Hamburg ²1990. – Detlev *Duda*, Die Hamburger Armenfürsorge im 18. und 19. Jahrhundert. Weinheim 1982. – Joachim *Whaley*, Religious Toleration and social change in Hamburg 1529–1816. Cambridge 1985. – Mary *Lindemann*, Patriots and Paupers. Hamburg 1712–1830. Oxford 1990. – Vgl. auch die ältere Arbeit von Hildegard *Urlaub*, Die Förderung der Armenpflege durch die Hamburgische Patriotische Gesellschaft bis zum Beginn des 19. Jahrhunderts. Berlin 1932.
[160] *Möser*, Etwas zur Verbesserung der Armenanstalten (1767), S. 72.

nug, daß der armenpolitisch eher defensive Regierungspolitiker des ständisch verfaßten Kleinstaates zumindest theoretisch über die Rolle und die Funktion obrigkeitlicher Unterstützungs- und Interventionsmöglichkeiten nachdachte. In die Forderung nach mehr staatlichem Engagement und Einfluß flossen hier gewiß noch einmal Ideen der »wohlfahrtsstaatlichen« Naturrechtslehre, etwa aus der Tradition der halleschen Schule Christian Wolffs[161], ein, andererseits spielte als Reaktion auf die unmittelbare Bettlerflut nach dem Siebenjährigen Krieg die ganz pragmatische, von der Not der Situation diktierte Einsicht eine Rolle, ohne das Disziplinierungs- und Steuerungspotential des Staates die Armutsproblematik nicht mehr in den Griff zu bekommen.

Was freilich Möser 1767 nur vage andeutete und was später nie ein wirkliches Ziel in seinem Denken und Handeln war, wurde 1794 im *Allgemeinen Landrecht für die preußischen Staaten* kodifiziert, nämlich die ausdrückliche Verpflichtung des Staates, »für die Ernährung und Verpflegung derjenigen Bürger zu sorgen, die sich ihren Unterhalt nicht selbst« verschaffen konnten, und »denjenigen, welchen es nur an Mitteln und Gelegenheit« zum Verdienst ihres Unterhalts mangelte, Arbeiten nach »ihren Fähigkeiten und Kräften« anzuweisen.[162] Ein individuelles einklagbares Recht der Armen auf Arbeit oder Unterhalt war damit freilich nicht verbunden, sondern es ging im Kern um die Verpflichtung bestimmter Personen und Korporationen dem Staat gegenüber, etwa von seiten der Fabrikbesitzer oder der Gemeinden, verarmten Existenzen gegen

---

[161] Vgl. Jan *Schröder*, Justus Möser als Jurist. Zur Staats- und Rechtslehre in den Patriotischen Phantasien und in der Osnabrückischen Geschichte. Köln 1986, S. 29–39. – *Ritter*, Sozialstaat, S. 36–45. – *Welker*, Möser, S. 207f.

[162] §§ 1 und 2 des 19. Titels im 2. Teil des Allgemeinen Landrechts, abgedruckt in: Hans *Hattenhauer* (Hrsg.), Allgemeines Landrecht für die Preußischen Staaten von 1794. Frankfurt am Main/Berlin 1970, S. 663. – Reinhart *Koselleck*, Preußen zwischen Reform und Revolution. Allgemeines Landrecht, Verwaltung und soziale Bewegung von 1791 bis 1848. Stuttgart 1987 (Sonderausgabe), S. 129–132.

Verrichtung von Arbeit Unterhalt zu gewähren und damit ihr totales Herausfallen aus der gesamtgesellschaftlichen Verantwortungsgemeinschaft zu verhindern.[163]
Selbst Immanuel Kant, von dem man es wegen seiner freiheitlichen Rechtsstaatskonzeption nicht erwartet hätte, forderte am Ende des Jahrhunderts in seiner »Metaphysik der Sitten«, daß die Versorgung der Armen nicht freiwilligen Stiftungen überlassen bleiben dürfe, vielmehr sei die Regierung »von Staats wegen« berechtigt, die Vermögenden durch Steuergesetze zu nötigen, »die Mittel zur Erhaltung derjenigen, die es selbst den notwendigsten Naturbedürfnissen nach nicht sind [wohl besser: vermögen], herbeizuschaffen«.[164] Deutlicher als bei Möser drei Jahrzehnte zuvor – die Entwicklung war vorangeschritten – wird von Kant 1797 die Notwendigkeit der staatlichen Daseinsvorsorge postuliert und mit Nachdruck in den Kontext der traditionellen »materialen« Grundrechte auf Leben gestellt.[165] Standen Möser die konkreten Osnabrücker Verhältnisse vor Augen, so waren es im Falle Kants sowohl der unmittelbare Königsberger Wahrnehmungs- und Erfahrungshorizont, der seine Einstellung zum Armenwesen bestimmte, wie auch die Rückwirkungen auf die Diskussion des Allgemeinen Landrechts, das mit seiner juristischen Fixierung der obrigkeitlichen Zwangsfürsorge die Armut »staatsunmittelbar« werden ließ.[166]
Als Kant, der im übrigen in seiner Vaterstadt planmäßig einen Armenfonds unterstützte, seine armenpolizeilichen Reflexio-

---

[163] Vgl. *Koselleck*, Preußen zwischen Reform und Revolution, S. 129–132. – *Ritter*, Sozialstaat, S. 42.

[164] Immanuel *Kant*, Die Metaphysik der Sitten (1797), in: Kants gesammelte Schriften. Hrsg. von der Königlich Preußischen Akademie der Wissenschaften zu Berlin. I. Abt., Bd. VI. Berlin 1907, S. 326. – Christian *Ritter*, Immanuel Kant, in: *Stolleis*, Staatsdenker im 17. und 18. Jahrhundert, S. 332–353, bes. S. 347.

[165] Christian *Ritter*, Immanuel Kant, S. 347. – *Link*, Zwischen Absolutismus und Revolution, S. 196–205. – *Schröder*, Möser als Jurist, S. 22–28.

[166] Vgl. *Koselleck*, Preußen zwischen Reform und Revolution, S. 129–132.

nen in den 1790er Jahren zu Papier brachte, verfügte er natürlich angesichts der fortgeschrittenen Reformentwicklung über ein ungleich größeres Erfahrungs- und Wissenspotential als Möser, der 1767 in seiner Funktion als Regierungskonsulent und Zeitungspublizist in einem völlig anderen Umfeld gerade erst Tritt gefaßt hatte. Weil dies so war, müssen die programmatischen Elemente der von ihm projektierten und zur Diskussion gestellten armenpolizeilichen Maßnahmen um so mehr als gut durchdacht gelten, und sie ließen im Verständnis der Zeit neue Wege und neue Optionen für einen Wandel der veralteten Strukturen erkennen. Die Klassifizierung der Armen in die genannten drei Gruppen bedeutete bei aller theoretischen Glätte, die einer solchen Schematisierung zwangsläufig anhaftet, eine logische, in sich nachvollziehbare und stringente Schrittfolge, die aufzeigen sollte, wie die Obrigkeit in der Lage war, das Armutsproblem mit System in den Griff zu bekommen. Wer aus Krankheits- oder Altersgründen nicht mehr arbeiten konnte, sollte versorgt werden, wer arbeiten konnte, sollte Beschäftigung erhalten, bei Verweigerung derselben notfalls durch Zwang, und zwar in einem eigens dafür eingerichteten Zuchthaus, das in Osnabrück nicht nur als Werkhaus, sondern zugleich auch als Strafanstalt, als »Kerker«, für abgeurteilte kriminelle Schwerverbrecher diente.[167]
Flankiert wurde dieses Programm von Plänen zur präventiven Abwehr der Gefahr, in den Status sozialer Bedürftigkeit und sozialer Isolation herabzusinken – einmal durch sinnvolle Unterweisung der Jugend im Unterricht[168], zum anderen durch geeignete Maßnahmen, der verborgenen Altersarmut wirksam entgegenzutreten.[169] Spielten im ersten Fall vorsichtige An-

---

[167] Vgl. die Ausführungen in: CCO I, 2, S. 1443–1450: »Verordnung wegen Verwandelung der Landesverweisung und des Staupenausschlages in eine Zuchthausstrafe, 20. Mai 1768.« – Vgl. auch *Hoffmeyer*, Chronik der Stadt Osnabrück, S. 252.
[168] *Möser*, Über die Erziehung der Kinder auf dem Lande (1771), in: *Göttinger Akademie-Ausgabe* V, Nr. 70, S. 262–264.
[169] *Möser*, Vorschlag zur Versorgung alter Bediente (1767), *ebd.*, IV, Nr. 13, S. 76–77. – Vgl. dazu generell: Rolf *Engelsing*, Probleme der Lebenshaltung in Deutschland im 18. und 19. Jahrhundert, in:

fänge einer Erziehung zur »Industriosität«, zu Fleiß, Ordnung, Gehorsam und zu praxisorientierten Fertigkeiten eine Rolle – zu Zielen also, wie sie im deutschen Nordwesten seit der Mitte der 1780er Jahre von den Promotoren der Göttinger Industrieschulbewegung, Heinrich Philipp Sextro und Ludwig Gerhard Wagemann, programmatisch vertreten und in die sozialpädagogische Debatte eingeführt wurden und wie sie gleichzeitig im habsburgisch-katholischen Böhmen der Schulreformer Ferdinand Kindermann in seinen Industrieschulen (Spinnschulen) erfolgreich praktizierte –, so förderte andererseits das Nachdenken über die verschiedenen Aspekte der Altersarmut Überlegungen, wie mit Hilfe von Versicherungssystemen, etwa einer Invalidenkasse, die unmittelbare Not der arbeitsunfähigen Alten auf geregelter Basis gelindert werden könnte.[170] Wenn auch die Vorschläge in beide Richtungen nur einen zaghaften Ansatz darstellten, so war dennoch bemerkenswert genug, daß Möser das Armutsphänomen im biologischen Kreislauf eines Menschenleben ganzheitlich zu erfassen suchte, auf die Gefahren für die junge und die ältere, also die noch nicht oder nicht mehr arbeitenden Generationen hinwies, ohne daß über die einzelnen Bausteine hinaus ein in sich kohärentes, geschlosse-

ders., Zur Sozialgeschichte deutscher Mittel- und Unterschichten. Göttingen ²1978, S. 11–25. – *Imhof*, Lebenserwartungen in Deutschland vom 17. bis 19. Jahrhundert. Weinheim 1990.

[170] Vgl. zu diesem Zusammenhang: Ulrich *Herrmann*, Armut – Armenversorgung – Armenerziehung an der Wende zum 19. Jahrhundert, in: *ders.*, »Das pädagogische Jahrhundert«, S. 194–218. – *Ders.* (Hrsg.), Materialien zum Göttingischen Magazin für Industrie und Armenpflege. Vaduz 1983. – Wieland *Sachse*, Industrieschule und Armenreform in Göttingen in der zweiten Hälfte des 18. Jahrhunderts, in: *Braun*, Erich/*Kopitzsch*, Franklin (Hrsg.), Zwangsläufig oder abwendbar? 200 Jahre Hamburgische Allgemeine Armenanstalt. Symposium der Patriotischen Gesellschaft von 1765. Hamburg 1990, S. 139–165. – James Van Horn *Melton*, Absolutism and the eighteenth-century origins of compulsory schooling in Prussia and Austria. Cambridge/New York 1988. – Eduard *Winter*, Ferdinand Kindermann, Ritter von Schulstein (1740–1801), der Organisator der Volksschule und Volkswohlfahrt Böhmens. Augsburg 1926.

nes sozialpolitisches Konzept erkennbar gewesen wäre, das neben den Reaktionen der Abwehr auch Strategien der Prävention, nachdrücklicher als geschehen, gefördert hätte. Aber auch bei Möser, wie bei vielen seiner Zeitgenossen, etwa bei Dalberg[171], standen mehr die pragmatische Steuerung und Bewältigung der Armutsprobleme im Vordergrund als das Bemühen um deren ursächliche Verhinderung oder gar Beseitigung. Die arbeitslosen, aber arbeitsfähigen Armen gezielt an Arbeit heranzuführen und sie durch Beschäftigung sozial einzubinden, sie möglicherweise sogar in den gesellschaftlichen Lebens- und Arbeitsprozeß zu redintegrieren und ihnen damit die Chance zur Rückkehr in eine Normalexistenz offenzuhalten, entsprach durchaus den aufgeklärten Reformvorstellungen Mösers, der in dem Ideal des arbeitenden Armen – die diskutierten Beispiele belegen dies – eine Zukunftsperspektive sah, die Gefahren einer schleichenden Pauperisierung in den unteren Etagen der Gesellschaft, in den kinderreichen Handwerker- und kleinbäuerlichen Kötterfamilien, zu bannen.

Die Frage freilich, die auch bei Möser ungelöst im Raum stand, ging über den von ihm schon deutlich erkannten Kausalzusammenhang zwischen Armut und Arbeitslosigkeit hinaus und betraf vielmehr das Problem, welche Art der Arbeit in welchem Umfang und mit welchem Ertrag ökonomisch überhaupt zur Verfügung stand und als sozialpolitisches Regulativ gegen konkrete Armut und drohende Pauperisierung angebotsfähig und damit einsetzbar war. Flachsanbau, Garnspinnerei, Leinenproduktion, regionale marktorientierte Güterdistribution und exportabhängiger Tuchhandel in Europa und nach Übersee waren im Zeichen des kleinstaatlichen Kameralismus ohne Frage geeignete Instrumente der wirtschaftlichen und der sozialen Steuerung – ebenso wie die gewohnheitsmäßige Hollandgängerei für die Subsistenz der unterbäuerlichen Schicht der Heuerlinge und damit für die Balance in der ländlichen Sozialordnung von zentraler Bedeutung war. In einer Zeit relativer Friedfertigkeit und wirtschaftlicher Konsolidie-

---

[171] Vgl. *Freyh*, S. 131. – *Möller*, Fürstenstaat oder Bürgernation, S. 109–111.

4. Armutsbewältigung ohne Horizont?

rung, wie sie das Hochstift Osnabrück nach dem Ende des Siebenjährigen Krieges erlebte, waren dies alles günstige Rahmenbedingungen, die das virulente Armutsproblem aus der Sicht der Obrigkeit überschaubar und beherrschbar erscheinen ließen.[172]
Nur mußte derjenige, der wie Möser im Gefolge Justis oder später Sonnenfels' so betont an den guten Willen und an den Fleiß als Kapital der Menschen appellierte, mit der Maßgabe, sie allein schon würden die tägliche Arbeit und den notwendigen Unterhalt garantieren, sehr rasch an die Grenzen seiner politischen Gestaltungsmöglichkeiten und damit auch an die Grenzen obrigkeitlicher »Sozialkompetenz« stoßen.[173] Mösers keineswegs naive Sozialanthropologie, die den arbeitswilligen guten Menschen nicht nur mit Bürgerehre und Bauernfleiß verband, sondern ihn auch in der Gestalt des arbeitenden, für die Gesellschaft produktiven Armen manifest machte, entsprach einer aufklärerischen Denkweise, die sich aus den Quellen wohlfahrtsstaatlicher, sozialreformerischer und reformpädagogischer Programmatik speiste und die das Motiv der helfenden Fürsorge eng an das Kriterium der Arbeitslust, der Arbeitsfähigkeit und des Arbeitsernstes band. Möser trat weder in der magistralen Pose eines reformfreudigen Kindermann oder Pestalozzi noch in der des »glückverheißenden« Dalberg auf, aber auch er billigte dem durch seine soziale Herkunft, durch Krankheit oder Unglück geschädigten und benachteiligten armen Menschen die Chance zu, sich durch Ar-

---

[172] Der jüngere Gruner als Zeitgenosse Mösers beklagt zwar die Mängel und die Defizite der Armenpolitik, berichtet aber nichts über Proteste und Mißstimmung im Land: *Gruner* II, 1803, S. 534–536. – Christine und Gerd *van den Heuvel*, Reaktionen auf die Französische Revolution im Hochstift Osnabrück, S. 195–218.
[173] *Möser*, Etwas zur Verbesserung der Armenanstalten (1767), S. 70f. – *Ritter*, Sozialstaat, S. 39f. – *Wehler*, Deutsche Gesellschaftsgeschichte I, S. 233 – 236. – *Kocka*, Weder Stand noch Klasse, S. 62–73, 104–108.

beit und Leistungswillen zu bewähren, um seine Nahrung zu verdienen und der Allgemeinheit nicht zur Last zu fallen.[174] Gegen die Maxime, Armut durch Arbeit zu überwinden, folglich also die Armen durch Arbeitsvermittlung und Arbeitsbeschaffung zu unterstützen, hatte Möser nichts einzuwenden. Im Gegenteil, derjenige, der sich dem Angebot, zu arbeiten, durch Müßiggang und Vagantentum entzog, der sollte mit Schimpf und Schande verfolgt und mit sozialer Stigmatisierung durch die Distanz seiner Mitbürger gestraft werden. In diesem Sinn einer präventiven Abwehr mußte Armut, so Möser, zum Vorteil und zum Schutz der fleißigen »ehrlichen« Menschen stets kompromißlos »verächtlich« gemacht werden. Ob ihm und seinen anderen Mitstreitern angesichts des Plädoyers zugunsten des aktivierbaren menschlichen Fleißes die ökonomischen Zusammenhänge der strukturellen und der konjunkturellen Bedingtheit von Armut bis in die Einzelheiten hinein bewußt waren, erscheint jedoch sehr fraglich, auch wenn andererseits unverkennbare Anstrengungen unternommen wurden, das Problem durch die Erweiterung von Produktions- und Arbeitsmöglichkeiten, wenn nicht zu lösen, so doch zumindest zu entschärfen.[175] Seine verhaltene Skepsis bewahrte Möser jedoch vor dem allzu optimistischen Fortschrittsglauben vieler seiner Zeitgenossen, die im Geiste aufgeklärter Humanität meinten, daß Armut letztlich mit den Mitteln kameralistischer Wirtschaftsführung und bürokratischer Planung zu steuern, ja zu beseitigen sei.[176] Der Osnabrücker

---

[174] *Möser*, wie Anm. 173. – *Ritter*, Sozialstaat, S. 41. – *Herrmann*, Armut – Armenversorgung – Armenerziehung, S. 194–218. – Zu Dalberg: *Freyh*, S. 128f.

[175] Für das Fallbeispiel Osnabrück vgl. *Runge*, Mösers Gewerbetheorie und Gewerbepolitik, S. 29ff., 130ff. – *Behr*, Obrigkeitliche Maßnahmen zur Förderung der Agrikultur, S. 84–102. – *Machens*, Beiträge zur Wirtschaftsgeschichte des Osnabrücker Landes, S. 86–104.

[176] *Möser*, Etwas zur Verbesserung der Zuchthäuser (1778), in: *Göttinger Akademie-Ausgabe* VII, Nr. 37, S. 121–126. – Vgl. auch *Möller*, Fürstenstaat oder Bürgernation, S. 109–111. – *Ritter*, Sozialstaat, S. 40f. – *Wehler*, Deutsche Gesellschaftsgeschichte I, S. 124–139. – *Kocka*, Weder Stand noch Klasse, S. 161–190.

Politiker hatte längst erkannt, daß ohne den nötigen politischen Druck und ohne die damit korrespondierende publizistische Propaganda in der Öffentlichkeit weder ein Wandel in der mentalen Einstellung der Menschen noch eine Reduktion des komplexen Armutsphänomens zu erreichen waren.

5. Handeln und Gestalten mit Horizont: Bürgerehre, Bettlerglück und gemeiner Nutzen – Möser im Vergleich mit Dalberg

Die Auseinandersetzung um die besten Lösungswege erhielt eine zusätzliche Dimension durch die exorbitante Bettlerplage, die im letzten Drittel des 18. Jahrhunderts bislang nie gekannte Ausmaße und Erscheinungsformen annahm. Besonders die katholischen Regionen Deutschlands, in denen noch ausgeprägte Formen der traditionellen christlich-karitativen Almosenpraxis vorherrschten – die Bettler vor der Kirchentür(!) –, hatten ebenso wie in beträchtlichem Umfang die evangelischen Territorien und Städte mit Scharen von Bettlern und umherziehenden Landstreichern zu kämpfen, die die Bevölkerung durch ihr Geschrei und ihre mobile Lebensweise verunsicherten, die soziale Ordnung gefährdeten und die Obrigkeiten vor schier unlösbare Schwierigkeiten stellten.[177] Das eigentliche Problem, das gleichermaßen die städtischen Brennpunkte wie die großräumigen ländlichen Gebiete erfaßte, waren nicht die eigenen, sozusagen »hausgemachten« Bettler, die man in der Regel kannte und zur Not mit kleiner Münze zur Ruhe

---

[177] Vgl. *Schubert*, Arme Leute. – *Kappl*, Die Not der kleinen Leute. – *Küther*, Menschen auf der Straße. – *Hersche*, Intendierte Rückständigkeit, S. 142f. – Bernd *Roeck*, Außenseiter, Randgruppen, Minderheiten. Fremde im Deutschland der frühen Neuzeit. Göttingen 1993, S. 66–80.

mahnen konnte, sondern die von außen hereinströmenden fremden Bettler und Vaganten, die heimatlos und ziellos in den Tag hineinlebten und auf nichts als auf sich und ihresgleichen Rücksicht zu nehmen brauchten. Vor allem die größeren Städte im Reich übten auf diese nur schwer integrierbaren Sozialgruppen, besonders wegen der verlockenden Konsummöglichkeiten und wegen der günstigen Gelegenheit, bei Bedarf in die Anonymität der Masse unterzutauchen, eine magnetische Wirkung aus.[178]

Auch in dem konfessionell-paritätischen Hochstift Osnabrück, in dem Katholiken und Protestanten auf engem nachbarschaftlichem Raum zusammenlebten, hatte sich das Bettelunwesen in der Ära Mösers in bedrohlicher Weise ausgebreitet.[179] Je günstiger sich die wirtschaftliche Prosperität auf den unterschiedlichen Lebensstandard und Wohlstand der Menschen auswirkte, um so expansiver und skrupelloser lastete der Druck der Bettler auf dem Geldbeutel der Bürger und Bauern, aber auch der kleinen Leute, die selbst nur mit bescheidensten Mitteln ihre Existenz fristeten und Angst vor dem Absturz in die totale Verarmung und soziale Abhängigkeit hatten. Da auch die territorialen Anrainer des Osnabrücker Landes, das Hochstift Münster sowie die königlich-preußischen Provinzialbehörden in Minden-Ravensberg und in Tecklenburg-Lingen, in gleicher Weise mit dem Problem des Bettelunwesens konfrontiert waren und die Versuche, durch konzertierte poli-

---

[178] Ausführungen zum Beispiel der Reichsstadt Frankfurt am Main, die auch Wahl- und Krönungsstadt der deutschen Könige und Kaiser war: Heinz *Duchhardt*, Frankfurt am Main im 18. Jahrhundert, in: Frankfurt am Main. Die Geschichte der Stadt in neun Beiträgen. Hrsg. von der Frankfurter Historischen Kommission. Sigmaringen ²1994, S. 261–302, bes. S. 274–276. – Thomas *Bauer*, »Es solt yhe niemand unter den Christen betteln gahn«. Zur Geschichte der Bettler in Frankfurt am Main, in: Archiv für Frankfurts Geschichte und Kunst 62, 1993, S. 91–100.

[179] StA Osnabrück, Rep. 100/198/5: Berichte der Vögte und Pastoren an die Regierung in Osnabrück, betr. das Armen- und Bettlerwesen auf dem flachen Land; mit zum Teil recht drastischen »Bildern« der Bettlerrealität in den Kirchspielen.

zeiliche Aktionen auf der Ebene des Kreises, Generalvisitationen etwa oder territorienübergreifende »Vagabundenjagden«, eine einschüchternde, ja abschreckende Wirkung zu erzielen, nur geringen Erfolg zeitigten, war letztlich jede Obrigkeit und jede Administration mit ihrem verfügbaren Abschreckungs- und Bestrafungspotential auf sich selbst und den Behauptungswillen ihrer Autorität gestellt.[180]
Das Bettler- und Vagantentum, das ein gemeineuropäisches Phänomen war[181], hat im partikular organisierten Reich kein Stadtmagistrat und auch keine Landesregierung jemals richtig in den Griff bekommen – es gab allenfalls abgestufte Milderungen, lokal-bedingte Eigenheiten und regionale Vorlieben in der Präferenz der unerwünschten »Gäste«, je nachdem wie stark das absolutistische Überwachungs- und Abwehrinstrumentarium im Kleinkrieg gegen das fahrende Volk eingesetzt wurde.[182] Auch Möser mußte für den kleinräumigen Osnabrücker Herrschaftsbereich die Erfahrung machen, wie begrenzt nur die normativen gesetzlichen Disziplinarmaßnahmen Eindruck auf eine in den Augen der staatlichen oder der kommunalen Ordnungsmacht »disziplinlose« Menschengruppe ausüben konnten, die zwar keine Gegenwelt zur eta-

---

[180] StA Osnabrück, Rep. 100/198/31: Korrespondenz über die interterritorialen Vagabundenjagden im Hochstift Osnabrück und in den angrenzenden preußischen Gebieten. – Die Bemühungen des Westfälischen Reichskreises, das Problem in den Griff zu bekommen, waren aus Osnabrücker Sicht wenig erfolgreich. Vgl. auch: Ferdinand *Magen*, Reichsexekutive und regionale Selbstverwaltung im späten 18. Jahrhundert. Zu Funktion und Bedeutung der süd- und westdeutschen Reichskreise bei der Handelsregulierung im Reich aus Anlaß der Hungerkrise von 1770/72. Berlin 1992.

[181] Vgl. hierzu die aspektreiche Arbeit von Bronislaw *Geremek*, Geschichte der Armut. Elend und Barmherzigkeit in Europa. München/Zürich 1988, insbes. Kapitel V. – Ebenso: Jean-Pierre *Gutton*, La société et les pauvres en Europe (XVIe–XVIIIe siècles). Paris 1974. – Thomas *Riis* (Hrsg.), Aspects of poverty in Early modern Europe. 2 Bde. Florenz 1981/86.

[182] Vgl. *Schubert*, Arme Leute, darin insbes. Kapitel III. – *Fischer*, Armut in der Geschichte, S. 33–55. – *Sachße/Tennstedt*, Geschichte der Armenfürsorge, S. 107–124.

blierten ständischen Gesellschaft bildete, aber dennoch konsequent nach dem selbstverordneten Privileg ungehemmter Freizügigkeit agierte und dabei einer eigenen lebensfrohen, der Natur, dem Wetter und der persönlichen Befindlichkeit verbundenen Gesetzmäßigkeit folgte.[183]
Die in die Defensive gedrängte Obrigkeit reagierte auch in Osnabrück um so heftiger, je mehr sie erkennen mußte, wie aussichtslos der Kampf gegen die motivierte und mobile Wandertruppe der fremden Eindringlinge, gegen die beharrliche Aufsässigkeit der notorischen Grenz- und Kostgänger in der Regel verlief. Hatte ein Bettlerzug, wie es hieß: »militärischen Exekutanten« gleich, mit Erfolg die verschiedenen Stadtviertel durchkämmt, machte er sich erwartungsvoll auf den Weg in die angrenzenden Ämter und Gemeinden auf dem flachen Land, ohne daß er ernsthaft von den überforderten Ordnungshütern, den Armenvögten, Torwächtern und Amtsknechten, daran gehindert worden wäre.[184] Jede Kommune war zufrieden, wenn sie von der unfreiwilligen Tortur, den erzwungenen Bettlerzensus zu entrichten, einmal verschont blieb – dafür aber beim nächsten Mal Gefahr lief, um so großzügiger zur Kasse gebeten zu werden. Es war ein verzwickter Kreislauf des »glücklichen« Elends im Schatten der altständischen bürgerlichen Behäbigkeit, den zu unterbrechen, kaum jemandem dauerhaft gelang. Dabei gab es hinter der Fassade des vordergründigen Treibens ein Ausmaß an Armut und an Verzweiflung, das sich in seiner individuellen Ausprägung nur selten in amtlichen Zeugnissen – am ehesten noch in Verhör- und Gerichtsakten, in Visitations- und Zeugenprotokollen – greifen läßt, das sich aber dennoch in der Häufigkeit, der Intensität und der

---

[183] StA Osnabrück, Rep. 100/198/5. – Hier verschiedene Beispiele vom Leben der Armen und der Bettler zwischen selbstgewährter »Freiheit« und umweltlichem Anpassungsdruck.

[184] StA Osnabrück, Rep. 100/198/5. – Bericht der Beamten zu Fürstenau an den Geheimen Rat zu Osnabrück, 21. Januar 1782 (hier auch das Zitat). – *Wagners* Erinnerungen, S. 44–46. – Zum Vergleich: Peter *Albrecht*, Die Armenvögte der Stadt Braunschweig um 1800, in: Niedersächsisches Jahrbuch für Landesgeschichte 58, 1986, S. 55–75.

verbissenen Leidenschaft der ewigen Bettelei offenbart, die ja ein Ausdruck der verdrängten Unzufriedenheit und der kollektiven, alternativlosen Akzeptanz der sozialen Misere in der randständischen Welt dieser armen, mit Verachtung gestraften »Outcasts« war.[185]
Nicht einmal sosehr der Disziplinierungsdruck der Obrigkeit mit seinen zentralen und dezentralen Kontrollmechanismen, sondern vielfach auch die abgedeckte Konkurrenz der einheimischen ortskundigen Bettler mit den periodisch wiederkehrenden fremden Eindringlingen und »Revierräubern« führte zu einer Verschärfung der Situation und zu unkalkulierbaren Reaktionen des gegenseitigen Hasses und eines primitiven, aber verständlichen Sozialneidgebarens.[186] Der Kampf um die verfügbaren Almosen, die drohende Nahrungsreduktion in den Armenhäusern, die moralische Verdammung der Bettelei und schließlich die Angst der kleinen arbeitswilligen Leute, als nächste in den Strudel des sozialen Abstiegs und des Ehrverlusts zu geraten und die Hand nach einem Almosen auszustrecken, waren entscheidende Antriebsfaktoren für das Verhalten einer herausgeforderten Obrigkeit, gegenüber den bedrängten Untertanen in loyaler Fürsorglichkeit die garantierte Schutzpflicht zu gewährleisten, die gestörte Ordnung wiederherzustellen und den kleinen Frieden in der unmittelbaren Lebenswelt der betroffenen Geschädigten zu bewahren.[187]

[185] StA Osnabrück, Rep. 100/198/5. – Berichte der Armenprovisoren aus den Ämtern, besonders aus dem Amt Fürstenau. Hier bildete das größte Kirchspiel Ankum wegen seiner beträchtlichen Bettlerprobleme einen potentiellen Unruheherd. – Vgl. auch Kapitel III, Unterkapitel 5 dieser Arbeit.
[186] StA Osnabrück, Rep. 100/198/5. – Hier steht das Kirchspiel Ankum als Problemfall im Mittelpunkt, vgl. Anm. 185. – Zur Wirkung disziplinarischer Maßnahmen grundsätzlich: *Sachße/Tennstedt*, Geschichte der Armenfürsorge, S. 107ff. - *Dinges*, Frühneuzeitliche Armenfürsorge als Sozialdisziplinierung?, S. 5–29.
[187] StA Osnabrück, Rep. 100/198/31. – Fürstbischof Friedrich von York an Bürgermeister und Rat von Osnabrück, 10. März 1791. Der Landesherr betont darin die Führungsrolle der Obrigkeit und fordert den Stadtmagistrat auf, seiner Pflicht als Ordnungs-

Für Möser gab es in Osnabrück in dieser Hinsicht keine unüberwindbaren Probleme und administrativen Engpässe, die für die Regierung eine Gefährdung des politischen Systems bedeutet hätten. Natürlich herrschte auch hier das übliche Ausmaß an Bettelei, fühlte sich die Bevölkerung bedrängt, artikulierte sich ihr Unwillen in Gravamina gegen das vermeintliche Versagen der lokalen Amtsobrigkeiten und damit indirekt gegen die Repräsentanten der Regierung selbst, denen man neben dem Vorwurf mangelnden Durchgreifens vor allem den Rückzug auf das sture, als ungerecht empfundene Beharren auf den starren Rechtsnormen der Armen- und Bettlergesetze vorhielt.[188] Aber die wenigen Verordnungen, die Möser gegen den Auswuchs der überhandnehmenden Bettelei und damit zielgerichtet zur Eingrenzung der Armutsphänomene erließ – im Grunde waren es die zentralen kodifikatorischen Verordnungen von 1766, 1774 und 1783 –, macht allein schon durch den quantitativ geringen Anteil im Vergleich zu anderen Regionen die Relativität des Problemdrucks im Osnabrücker Bischofsland deutlich.[189] Wenn Ernst SCHUBERT feststellt, daß im Hochstift Bamberg zwischen 1549 und 1785 mehr als einhundert Verordnungen gegen den Bettel erlassen wurden, so kann dies – auf Osnabrücker Verhältnisse bezogen – auch als ein Indikator für den hohen Standard der Wirksamkeit der vergleichsweise wenigen, aber erfolgreichen Verbotsverfügun-

hüter nachzukommen. – Vgl. auch *Gruner* II, 1803, zur speziellen Stadt-Land-Problematik, S. 505f., 534–536. – Zu Strukturen des traditionellen paternalistischen Fürsorgeanspruchs vgl. Otto *Brunner*, Das »ganze Haus« und die alteuropäische »Ökonomik«, S. 103–127.

[188] StA Osnabrück, Rep. 100/198/5. – Die Amtsberichte der Vögte, Pfarrer und Provisoren Mitte der 1770er Jahre zeigen den Unmut an, indem sie auf die Unzulänglichkeiten der gültigen Gesetze und Verordnungen hinweisen.

[189] StA Osnabrück, Rep. 100/198/5 und Rep. 100/198/31. – Es handelt sich um die Verordnungen vom 3. März 1766, vom 18. November 1774 und vom 15. Dezember 1783. – Die analytische Einordnung in den politischen Kontext erfolgt in Kapitel III, Unterkapitel 5 dieser Arbeit.

5. Handeln und Gestalten mit Horizont

gen in dem nordwestdeutschen Fürstbistum angesehen werden.[190] Obwohl die juristischen Waffen, mit denen der Kampf gegen Armut, Müßiggang und Bettelei forciert wurde, offenkundig scharf genug waren, um die konfliktträchtige Entwicklung von Fall zu Fall zu steuern, ohne sie aus dem Ruder laufen zu lassen, sah sich Möser dennoch gezwungen, mit wachsamer Umsicht die reglementierenden Instrumente notfalls mit Härte und mit der Autorität seines Amtes einzusetzen. Um dem Bettelunwesen als nachahmenswertem Muster leichtlebiger Daseinsvorsorge entschieden entgegenzutreten, galt es, vor allem die eigenen Mitbürger zur Räson zu bringen und ihnen unter Strafandrohung zu untersagen, den fremden Subjekten aus Mitleid oder aus Angst Almosen oder gar Unterkunft zu gewähren.[191] Nicht die angepaßten einheimischen Armen, für die im Kreis der Nachbarn und Verwandten, im Verbund der Zünfte und der milden Stiftungen in der Regel gesorgt und subsidiär Mittel zur Verfügung gestellt wurden[192], sondern die Störenfriede von außen, die ungeniert und rücksichtslos an den kontingentierten Vorräten partizipierten, ungeachtet der Folgen für die zurückgebliebenen und geschädigten Ortsansässigen, nötigten letztlich die Regierenden zu der Anwendung rabiater Abschreckungsmaßnahmen, zum konsequenten Griff nach Zwangsmitteln, die Angst und Furcht verbreiten sollten, um den Disziplinierungsdruck auf die sozial gefährdeten gesellschaftlichen Gruppen zu erhöhen.[193]

---

[190] Vgl. *Schubert*, Arme Leute, S. 332ff. (mit statistischem Material). – Ebenso: *Hersche*, Intendierte Rückständigkeit, S. 142f. – *Roeck*, Außenseiter, Randgruppen, Minderheiten, S. 71–74.
[191] StA Osnabrück, Rep. 100/198/5. – So die gängige Praxis in den Ämtern, auf der Basis der Verordnung vom 3. März 1766.
[192] Vgl. hierzu besonders *Spechter*, Osnabrücker Oberschicht, S. 42–45, 90. – *Hatzig*, Möser als Staatsmann, S. 168–179. – *Knudsen*, S. 31–64.
[193] StA Osnabrück, Dep. 3 b V, Nr. 1409. – Hierzu aufschlußreich das kluge Verhalten der städtischen Notabeln in Osnabrück in

Wäre Möser »nur« mit der Bewältigung der normalen Alltagsarmut, dem chronischen, aber beherrschbaren Mangelzustand der einheimischen Problemgruppen, der an der Verarmungsgrenze lebenden Handwerker, der Heuerlingsfamilien, der Witwen, Waisen, Alten und Kranken, konfrontiert gewesen, so hätte er diese Herausforderung angesichts der überschaubaren Verhältnisse und der vergleichsweise günstigen Versorgungssituation mit den Steuerungsinstrumenten einer paternalistisch-fürsorglichen Schutz-Politik sicher noch erfolgreicher bestanden, als dies dann tatsächlich geschah.[194] Aus der Sicht der Obrigkeit, der Regierung und der nachgeordneten Verwaltungsbeamten hielt sich in der Tat der soziale Problemdruck »von unten« in Grenzen, wurde die Krisenanfälligkeit des politischen Systems trotz der fortgeschrittenen Säkularisierungstendenzen auf keine ernste Probe gestellt, blieben die traditionellen Organisationsstrukturen der kirchlichen und der privaten Fürsorge im Zeichen der Parität vorläufig intakt, so daß dem Staat die ungewohnte Rolle als Wohltäter der Bedürftigen, als oberste soziale Verteilungsagentur, einstweilen noch erspart blieb. Es war allein der massierte und kaum noch kontrollierbare Einfall der fremden Bettler und Vaganten, der Druck von außen also, der im Innern einen Gegendruck erzeugte, ein Bedrohungspotential aufbaute, in dem sich die soziale Existenzangst der Kleinbesitzer, Minderbegüterten und wirklichen Armen mit der Schutz- und Abwehrreaktion der Obrigkeit traf, die ja im Falle unübersichtlicher Mobilität und schleichender Unzufriedenheit stets die Ruhe und die Ordnung, den Arbeits- und den Lebensrhythmus der angepaßten,

    der Krise der Hungerjahre zwischen 1770 und 1772. – Vgl. auch *Abel*, Massenarmut und Hungerkrisen im vorindustriellen Europa, S. 200–215.

[194] StA Osnabrück, Dep. 3 b V, Nr. 1409. – Die bedrohliche Kornmangelkrise in Stift und Stadt wurde durch ein konzentriertes gemeinsames Vorgehen des Stadtrats mit der landesherrlichen Regierung unter Möser trotz zeitweiliger Engpässe erstaunlich gut gelöst. Dazu mehr in Kapitel III, Unterkapitel 4.

5. Handeln und Gestalten mit Horizont

eher »konservativen«, in ihrer lokalen Umwelt verwurzelten Einwohnerschaft gefährdet sah.[195] Die harte Politik, die Möser gegen die einströmenden Unruhestifter einschlug und die sich – nolens volens – mit den Maßnahmen gegen die eigenen »hausgemachten« Müßiggänger zu einer Mischung aus repressiven Unterdrückungsmethoden und öffentlichem moralischem Verdammungsurteil verband, war die Folge des allgemeinen Mißstandes, daß keine Regierung mit dem Ansturm der unzivilisierten Fremden so richtig fertig wurde und sich vielerorts, als ob dies gottgewollt sei, eine Mentalität phlegmatischer Resignation und willenloser Apathie eingestellt hatte.[196] Dagegen kämpfte Möser mit dem Arsenal seiner juristischen Paragraphen und mit dem Wort seiner aufgeklärten pädagogischen Publizistik an, ohne daß auch er das Phänomen des lukrativen Bettelhandwerks, jene exklusive Variante der vorindustriellen binnenländischen Migration, jemals richtig in den Griff bekommen hätte.[197] Indem er aber die Armut und den Bettel mit Schimpf und Schande versah und sie der allgemeinen Verachtung preisgab, indem er also Verordnungen mit »Moralpolitik« ergänzte und sie so abzusichern glaubte, konnte er in einem Klima »amtlicher« Wachsamkeit und »öffentlicher« Sensibilität den gröbsten Tumult von den Grenzen des Hochstifts fernhalten, auch wenn der Grad der Belästigung – wie die Petitionen der Opfer einerseits, die Bekundungen der Ohnmacht durch leidgeprüfte Vögte an-

---

[195] StA Osnabrück, Dep. 3 b V, Nr. 1409 (mit Belegen für das städtische Lebensmilieu), sowie Rep. 100/198/5 (mit Belegen für das Lebensmilieu innerhalb der ländlichen Sozialordnung). – *Hatzig*, Möser als Staatsmann, S. 35ff. - *Knudsen*, S. 112–144.

[196] Aus der Sicht des »entrückten« Zeitgenossen durchaus kritisch geschildert bei *Gruner* II, 1803, S. 504f., 534. – Vgl. auch *Möller*, Fürstenstaat oder Bürgernation, S. 109–111.

[197] Ebenfalls sehr kritische Sicht (»Geißelung«) der Bettelei bei Nicolai. Vgl. dazu *Möller*, Aufklärung in Preußen, S. 286–292. – *Roeck*, Außenseiter, Randgruppen, Minderheiten, S. 66–80.

dererseits zeigen – konstant anhielt und sich zu einem negativen Begleitfaktor der Armenpolitik entwickelte.[198]
Um die Armut, zumal die selbstverschuldete und ungerechtfertigte, zu unterdrücken, setzte Möser auf die Mobilisierung der gesellschaftlichen Kräfte, auf Standards des Ehrgefühls und der Solidarität, auf Formen der korporativen Selbstkontrolle und auf die Wirksamkeit der regulierenden »Lokalvernunft«, während er dem Staat in einem allgemeineren Sinne eine übergeordnete Schutz- und Ordnungsfunktion zuwies. Möser, der sich – den politischen Zwängen folgend – als Anwalt des Paritätssystems und damit letztlich, trotz mancher behutsamer Korrekturen und Kompromißregelungen, als *ein reformerischer Status-quo-Politiker* mit Augenmaß und Perspektive erwies[199], suchte in der Armenfrage keine falsche, von emotionaler Anteilnahme geleitete Harmonisierung und Verharmlosung, sondern durchaus die harte Auseinandersetzung und exemplarische Geißelung des Lasters in einer dafür empfänglichen Öffentlichkeit. Seine Position als Kriminaljustitiar an der Land- und Justizkanzlei[200], das Anlegen und Studieren der Kriminal- und Untersuchungsakten, die Anhörung und

[198] StA Osnabrück, Rep. 100/198/5. – Vgl. auch *Wagners* Erinnerungen, S. 44–46. – In Osnabrück ging es im Vergleich zu anderen Regionen noch immer halbwegs »systemkonform« und ruhig zu. Vgl. *Schubert*, Arme Leute. – *Ders.*, Mobilität ohne Chance, S. 113–164. – *Küther*, Menschen auf der Straße.

[199] So beispielsweise bei den langatmigen und komplizierten Verhandlungen über den Religionsvergleich von 1786, wo Möser exemplarisch Reformdenken mit geschickter, interkonfessioneller Diplomatie verband. Vgl. dazu *Hoberg*, Die Gemeinschaft der Bekenntnisse in kirchlichen Dingen, S. 68–74. – *Rudersdorf*, Möser, Kurfürst Max Franz, S. 107–136. – *Fiegert*, Schulen von Melle und Buer, S. 111f. – Wolfgang *Seegrün*, Aufklärung und Klosterwesen im Fürstbistum Osnabrück. Die Visitation der Jahre 1786–1788, in: OM 78, 1971, S. 95–116.

[200] Vgl. *Renger*, Landesherr und Landstände, S. 11–37. – *Ders.*, Justus Mösers amtlicher Wirkungskreis, S. 1–30. – *Welker*, Möser, S. 208. – *van den Heuvel*, Beamtenschaft und Territorialstaat, S. 160–175. – *Pitz*, Registraturwesen des Fürstbistums Osnabrück, S. 59–133.

5. Handeln und Gestalten mit Horizont

Inquisition der Züchtlinge und Gefangenen im neuerrichteten Zuchthaus, gaben ihm fraglos unmittelbare Einblicke in das schillernde Milieu der gestrauchelten, teils unfreiwilligen, teils verbrecherischen Randseiter der Gesellschaft, mehr als dies in der Funktion des abgehobenen Regierungspolitikers möglich war. Der bürgerliche Möser lernte dabei, die ganz anders geartete Existenz- und Lebensweise der unterprivilegierten Schichten, das Phänomen von Armut, Not und krimineller Ableitung, durch die Brille des Juristen und Landesadvokaten zu sehen – eine Perspektive, die dann zweifellos seine Einstellung als Regierungspolitiker prägte, der die staatsmännische Verantwortung für das Funktionieren der Gesamtverfassung und damit zugleich für die Priorität der Landeswohlfahrt trug.
Mösers amtlicher Umgang mit dem Armen- und Bettlerproblem war denn auch in der Praxis von normativer Strenge und rationaler Humanität, von gesetzestreuer Festigkeit und doch auch von elastischem Gewährenlassen gekennzeichnet. Im Prinzip setzte er die traditionelle repressive Armenpolitik seiner – auch der katholischen – Vorgänger in der Regierungsverantwortung gegen die Hauptzielgruppe, die Bettler und Vaganten, fort und damit natürlich den Kampf gegen die Regellosigkeit und die Erpressung der wehrlosen Mitbürger, bei denen die Aversionen gegen alles »Fremde« mancherorts zu Unmut und zu offenem verbalem Protest anwuchsen.[201] Der Abwendung dieser potentiellen konfliktträchtigen Situationen, in denen mehr auf dem Spiel stand als nur die Abwehr der fremden Bettler, nämlich die schleichende Entwurzelung und Ent-Traditionalisierung einer in althergebrachten, konservativen und bodenständigen Ritualen und Gewohnheiten lebenden Partikulargesellschaft, galt die größte Aufmerksamkeit des Mannes, dessen politische Philosophie von dem Denken über die Bewahrung der historisch gewachsenen Einheiten, der in-

---

[201] StA Osnabrück, Rep. 100/198/5. – Klagen aus dem Kirchspiel Ankum, das wegen seiner nördlichen Randlage, ebenso wie das Kirchspiel Badbergen, gegen Eindringlinge von außen, beispielsweise aus dem Niederstift Münster, wenig geschützt war.

dividuellen Sitten und lokalen Gebräuche und nicht zuletzt der kulturellen Identität des Volkes beherrscht war.[202] Dies alles bedeutete freilich nicht, daß für Möser der Solidaritätshorizont nur bis an die jeweilige Kirchspielsgrenze reichte und damit dem Egoismus der Eigentümer und der Wohlhabenden gegen die offene Hand der Habenichtse Vorschub geleistet wurde. Wenn er aber seinem Grundsatz treu bleiben wollte, die Zucht der Armen durch den Zwang zur Arbeit durchzusetzen, Arbeit statt Almosen, Mühsal statt Müßiggang zu propagieren, so mußte er – dies hatte er bald erkannt – einen Teil der Aufsichts- und der Disziplinierungsbefugnis konsequent subdelegieren, und zwar von der zentralen auf die dezentralen mittleren und lokalen Ebenen, auf die Vögte, die Pastoren und die Armenprovisoren, die dank der Ortskunde naturgemäß »ihre« Armen am besten kannten und sie von den eingebildeten Armen rasch zu unterscheiden vermochten. Eine Zentralisierung der Armenpflege sei unzweckmäßig, so argumentierte Möser 1772, denn sie führe nur zu großer Verschwendung und starker Belastung der Steuerzahler, weil sie von dem Leichtfertigen, wie die Erfahrung lehre, aus Bequemlichkeit über Gebühr ausgenutzt werde.[203] Ablehnend wies er auf die negativen Folgen einer zentralisierten staatlichen Sozialfürsorge hin, wie sie in Frankreich, aber auch in manchen deutschen Ländern, etwa in Kurbayern, praktiziert wurde:[204] »Müßte in Frankreich jedes Kirchspiel seine Fündlinge unterhalten«, lobte Möser die Vorzüge des heimischen Systems, »so würde eine Nachbarin auf die andre genau achten; der Schulze

---

[202] *Möser*, Allgemeine Einleitung zur »Osnabrückischen Geschichte« (1768), XII, 1, hier Abschnitt 1: Kurze Einleitung in die älteste Verfassung, S. 49–133. – Vgl. auch *Göttsching*, Zwischen Historismus und politischer Geschichtsschreibung, S. 60–80. – *Knudsen*, S. 94–111.
[203] *Möser*, Jeder zahle seine Zeche (1772), V, Nr. 38, S. 155–158 (hier ein klares Plädoyer gegen zentralisierende Strukturen und für den »kleinstaatlichen« Regionalismus der Kirchspiele).
[204] Vgl. die komparatistische Bewertung bei Karl Otto *Scherner*, Das Recht der Armen und Bettler im Ancien Régime, in: ZRG GA 96, 1979, S. 55–99, hier: S. 92f.

im Dorfe würde seine Angeber überall halten, und manche arme Hure, die ihr Kind auf die *allgemeine Landesbarmherzigkeit* aussetzt, in Zeiten genährt, unterstützt und mit der Halbscheid desjenigen, was sie der gemeinen Anstalt kostet, bei mütterlichen Gesinnungen erhalten werden. Eben das läßt sich von den Armen und Unglücklichen sagen, die *auf Kosten einer gemeinen Anstalt* ihre Versorgung finden. Der Pfarrer, um ihnen sein Mitleid zu bezeugen und sich des ungestümen Bettlens zu erwehren, giebt ihnen das Zeugnis der Dürftigkeit aus gutem Herzen. Der Vogt denkt: Unser Herr Pastor wird es wissen; und hierauf bezeugt er alles der Wahrheit gemäß; die Kirchspielsvorsteher schreiben ihren Namen unbedenklich darunter, weil es nicht unmittelbar auf ihre Rechnung geht; und so läuft alles der *gemeinen Zeche* zu, wozu hernach manches Kirchspiel ein Stückfaß liefern muß, was seine Durstigen höchstens mit einem Anker erquicken könnte.«[205]
Möser, der seinen Lesern diesen eindrucksvollen Vergleich im Hungerjahr 1772 auf dem Höhepunkt der allgemeinen Teuerungswelle und Nahrungsmittelknappheit in Deutschland im Osnabrücker Intelligenzblatt zu bedenken gab[206], plädierte unmißverständlich für eine vernunftgemäße pragmatische, modern gesprochen: bürgernahe Ausrichtung der landesherrlichen Armenpolizei und gegen deren Hierarchisierung und Konzentration in dem formalen Regelwerk einer vom Tatort

---

[205] *Möser*, Jeder zahle seine Zeche (1772), V, Nr. 38, S. 155–158, hier: S. 157.

[206] Vgl. dazu die bereits zitierten Arbeiten von Wilhelm *Abel* und neuerdings den instruktiven Beitrag von Georg *Schmidt*, Die frühneuzeitlichen Hungerrevolten. Soziale Konflikte und Wirtschaftspolitik im Alten Reich, in: ZHF 18, 1991, S. 257–280 (hierin auch eine weiterführende Diskussion der Thesen von Edward P. Thompson). – Edward P. *Thompson*, Die »moralische Ökonomie« der englischen Unterschichten im 18. Jahrhundert, in: ders., Plebeische Kultur und moralische Ökonomie. Aufsätze zur englischen Sozialgeschichte des 18. und 19. Jahrhunderts. Frankfurt am Main 1980, S. 67–130 (zuerst erschienen in: Past and Present 50, 1971, S. 71–136). – *Herzig*, Unterschichtenprotest in Deutschland, S. 22ff.

zumeist weit entfernten Zentralbürokratie. So wie im Falle der Kornteuerung den einzelnen Kirchspielen die Versorgung ihrer notleidenden Einwohner mit Getreide selbst überlassen bleiben sollte, anstatt dieses durch Zentralstellen im Lande oder durch allgemeine Magazine – wie in Preußen – besorgen zu lassen, so sollte auch die Hilfe für die Armen und Notleidenden und damit die Abwehr der unberechtigten Ansprüche durch Fremde allein Sache des jeweiligen Kirchspiels sein.[207] Nur hier in der sozialen und organisatorischen Einheit der Kirchspielsgemeinschaft, betonte Möser, wo jeder Einwohner mit seinen wirtschaftlichen Verhältnissen bekannt sei und man weder dem Nachbarn noch der Dorfobrigkeit etwas vortäuschen könne, ließe sich das Armutsproblem am wirksamsten an der Wurzel packen.[208] Wenn schon die Gesetze so wenig Beachtung fänden, sei es immer noch besser, meinte selbst der den Paragraphen verpflichtete Jurist, »keinem andern Zeugnis als dem Zeugnisse unser Augen [zu] trauen«.[209]

Was Möser hier postulierte, ging fraglos über den formalen Aspekt einer organisatorischen Verlagerung verantwortlicher Kompetenz von der Regierungsebene auf die Ebene der örtlichen »Hoheitsträger« in den Kirchspielen hinaus: *Lokalkontrolle*, so sah es der Osnabrücker Staatsmann, war zugleich ein gewichtiges Stück *Sozialkontrolle* im kleinen Kosmos des Lebensalltags – ein Instrument der notwendigen Fürsorge für die wirklich hilflosen Armen und Kranken, die von der örtlichen Solidargemeinschaft mit Naturalien, Kleidern und Geld unterstützt werden mußten, zum anderen aber auch eine scharfe Waffe gegen Drückebergerei, Faulenzertum und andere stig-

---

[207] *Möser*, Vorschlag, wie der Teurung des Korns am besten auszuweichen (1771), in: *Göttinger Akademie-Ausgabe* V, Nr. 3, S. 27–35. – Vgl. auch *Rupprecht*, S. 71f. – *Knudsen*, S. 128–132. – Zur Errichtung der preußischen Getreide-Magazine als fortschrittlicher Errungenschaft vgl. *Abel*, Massenarmut und Hungerkrisen im vorindustriellen Europa, S. 216ff., sowie August *Skalweit*, Die Getreidehandelspolitik und Kriegsmagazinverwaltung Preußens 1756–1806. Berlin 1931.
[208] *Möser*, wie Anm. 207, S. 32, 35.
[209] *Möser*, Jeder zahle seine Zeche (1772), V, Nr. 38, S. 157.

5. Handeln und Gestalten mit Horizont

matisierte Formen der unangepaßten, unehrlichen Lebensweise, die um so schärfer wurde, je näher sich die beiden Gruppen, die fleißigen »Arbeiter« und die trägen »Nutznießer«, im überschaubaren Dorf- und Kirchspielsverband kannten.[210] Möser setzte im stillen – gewiß auf eine hausbackene, schlichte Art – auf die Wirksamkeit und den Erfolg sozialpsychologischer Mechanismen im Kleinen, auf die Gehemmtheit und die Gewissensbisse der namentlich bekannten Müßiggänger und Bettler, auf die Konkurrenz und den Sozialneid innerhalb der Milieus der bedrohten ständischen Unterschichten, auf die Gereiztheit und den Stolz der strebsamen »Nachbarn« und »Verwandten«, auf die Ächtung und die Geringschätzung durch die steuerzahlende Gemeinde, auf das sonntägliche öffentliche Moralverdikt von der Kirchenkanzel herab, überhaupt auf den Verlust der Statussymbole wie Ehre, Anerkennung, Leistung und Besitz, die das Selbstverständnis und das Sozialprestige gerade des minderprivilegierten kleinen Mannes, dessen bescheidener Lebenssinn in der Regel am Fortkommen seiner Familie hing, ausmachten.
Was die *normative Disziplinierung* auf dem Wege über Verordnungen und Erlasse von oben, trotz der beachtlichen, von Möser geförderten und gestalteten Rechtskultur[211], nur begrenzt erreichte, das sollte die *soziale* oder auch anders gesagt: die *horizontale Disziplinierung* vor Ort durch ein subtiles System des Überwachens, des Helfens und des Bestrafens sowie der Sanktionen für ein fragiles Ehrgefühl in möglichst lautlosen, eingespielten Bahnen der Binnenkommunikation zwischen den örtlichen »Betreuern« und den »Betreuten« vollenden, ohne dabei jedoch eine übertriebene Kultur des Mißtrauens entstehen zu lassen.[212] Der Appell an ein leicht verletzliches Gefühl der

---

[210] *Möser*, wie Anm. 207 und 209. – Vgl. auch *Hatzig*, Möser als Staatsmann, S. 72–81.
[211] Dazu instruktiv *Schröder*, Justus Möser als Jurist. – *Renger*, Landesherr und Landstände im Hochstift Osnabrück. – *Welker*, Möser, S. 207–210. – *Knudsen*, S. 65–93.
[212] StA Osnabrück, Rep. 100/198/31. Hier äußert sich Möser wiederholt in pointierter Kürze zur Funktion der örtlichen Selbstkontrolle im Zusammenhang mit den sogenannten Vagabunden-

Ehre gerade auch bei den Schwachen in der Gesellschaft sollte Schranken aufbauen und stabilisieren gegen ein Abgleiten in haltlose Armut und Bettelei – dies zweifellos eine Maxime differenzierender »Moralpolitik« und Beeinflussung der »öffentlichen Meinung«. Eine säkularisierte, aufgeklärte Sittenzucht

jagden und Ämtervisitationen. – Zum Disziplinierungskonzept gibt es inzwischen eine reichhaltige Literatur, die aber manchmal – bei aller Vorliebe zur theoretisch-abstrakten Modellbildung – die notwendige Konkretion an exemplarischen Fallbeispielen und Mustern vermissen läßt. Freilich, nicht alles bedeutet Disziplinierung und Formierung eines einheitlichen Untertanenverbands, was gegenwärtig unter der Kategorie »Disziplinierung« rubriziert wird – es gab natürlich auch, wie das Beispiel Osnabrück zeigt, autonome ständische Freiräume der Selbstkontrolle und der Eigenverantwortung. Vgl. dazu: *Sachße/Tennstedt*, Geschichte der Armenfürsorge, S. 23-39. – Stefan *Breuer*, Sozialdisziplinierung. Probleme und Problemverlagerungen eines Konzepts bei Max Weber, Gerhard Oestreich und Michel Foucault, in: *Sachße/Tennstedt*, Soziale Sicherheit und soziale Disziplinierung. Beiträge zu einer historischen Theorie der Sozialpolitik. Frankfurt am Main 1986, S. 45-69. – Winfried *Schulze*, Gerhard Oestreichs Begriff der »Sozialdisziplinierung in der Frühen Neuzeit«, in: ZHF 14, 1987, S. 265-302. – Werner *Buchholz*, Anfänge der Sozialdisziplinierung im Mittelalter. Die Reichsstadt Nürnberg als Beispiel, in: ZHF 18, 1991, S. 129-147. – Thomas *Kempf*, Aufklärung als Disziplinierung. Studien zum Diskurs des Wissens in Intelligenzblättern und gelehrten Beilagen der zweiten Hälfte des 18. Jahrhunderts. München 1991. – Günther *Lottes*, Disziplin und Emanzipation. Das Sozialdisziplinierungskonzept und die Interpretation der frühneuzeitlichen Geschichte, in: WF 42, 1992, S. 63-74. – Vgl. vor allem auch die zitierten wichtigen, an konkreten Fällen exemplifizierten Studien von Robert *Jütte* und Martin *Dinges* zum Kontext von frühneuzeitlicher Armenfürsorge und Sozialdisziplinierung. Kluge, einschränkende Position zum Konzept der Sozialdisziplinierung bei *Dinges*, Frühneuzeitliche Armenfürsorge als Sozialdisziplinierung?, S. 5-29 sowie, mit anderen Akzenten, bei *Jütte*, »Disziplin zu predigen ist eine Sache, sich ihr zu unterwerfen eine andere« (Cervantes) – Prolegomena zu einer Sozialgeschichte der Armenfürsorge diesseits und jenseits des »Fortschritts«, S. 92-101.

5. Handeln und Gestalten mit Horizont

also, die hier praktiziert wurde, so könnte man fragen, in Anlehnung an ältere Muster der Kirchenzucht, an die »Diaconia pauperum« etwa der reformierten Presbyter und Senioren, der strengen basisvertrauten Wächter und Kontrolleure mitten aus der christlichen Gemeinde – für die Gemeinde?[213]
Die Praxis der dezentralisierten Armenpflege in dem System der Kirchspielsgemeinschaften funktionierte denn auch niemals richtig perfekt, zu unterschiedlich waren die Voraussetzungen und die Rahmenbedingungen der einzelnen Kirchspiele gestaltet. Es gab große und kleine, wohlhabende und arme, bevölkerungsreiche und bevölkerungsschwache, armenfreundliche und armenrestriktive Kirchspiele – und dies vor dem Hintergrund einer konfessionell-paritätischen Mischstruktur mit einpfarrigen und doppelpfarrigen Gemeinden, wo bei den einen noch der traditionelle Einfluß der kirchlich-katholischen Sozialfürsorge dominierte, bei den anderen die säkularen Formen der weltlichen Armenhilfe durch die evangelische Obrigkeit die Oberhand gewannen.[214] Der anti-absolutistische Grundzug, der hinter dieser Politik einer gezügelten Reglementierung und landesherrlichen Bevormundung stand, ermöglichte erst den Handlungsspielraum, der notwendig war, um die Formen der Selbstkontrolle, der korporativen Selbsthilfe und der »gerechten« Lastenverteilung zur Entfaltung gelangen zu lassen und einen wichtigen Teil der sozialen

---

[213] Hierzu besonders Paul *Münch*, Zucht und Ordnung. Reformierte Kirchenverfassungen im 16. und 17. Jahrhundert (Nassau-Dillenburg, Kurpfalz, Hessen-Kassel). Stuttgart 1978. – *Ders.*, Kirchenzucht und Nachbarschaft. Zur sozialen Problematik des calvinistischen Seniorats um 1600, in: Kirche und Visitation. Beiträge zur Erforschung des frühneuzeitlichen Visitationswesens in Europa. Hrsg. von Ernst Walter *Zeeden* und Peter Thaddäus *Lang*. Stuttgart 1984, S. 216–248.

[214] Vgl. *Hoberg*, Die Gemeinschaft der Bekenntnisse in kirchlichen Dingen, S. 12–19. – *Penners*, Konfessionsbildung im Fürstbistum Osnabrück, S. 25–50. – *Schindling*, Westfälischer Frieden und Altes Reich, S. 97–120. – Vgl. auch die Karte der Ämter und der Kirchspiele, die dieser Arbeit beiliegt.

Lösungskompetenz in die Ämter, in die Hand der Vögte und der örtlichen Repräsentanten, zu verlagern. Daß damit das Hochstift Osnabrück einen anderen, nahezu gegenteiligen Weg ging als die größeren Territorien des Reichs, die im Zeichen des bürokratischen Reformabsolutismus eine einheitliche Staatspolitik mit zentraler Planung und zentralgesteuerter Behördenaktivität praktizierten, war Möser, dem Gegner jeglicher Uniformität und Wortführer der historisch gewachsenen »natürlichen« Ordnung, wohl bewußt. Der Osnabrücker Staatsmann nahm sogar die durch das verfassungsrechtliche Paritätssystem zwischen Kirche und Staat mitbedingte und mitbeeinflußte anachronistische Vielfalt der unterschiedlichen armen- und sozialpolitischen Verhältnisse in Kauf, wenn er dadurch nur die Freiräume zur Entfaltung der menschlichen Natur, der Sitten und Gebräuche, der Lebens- und Arbeitsrhythmen, erhalten konnte.[215] Auf die Identitätsfindung der Menschen und damit auf ihre Standortbestimmung im Gefüge ihrer Heimat und darüber hinaus in dem der territorialen bürgerlich-bäuerlichen Gesamtgesellschaft legte Möser in seinen Beiträgen großen Wert, so daß der Alltagsbezug seines historischen Denkens, seine Beschreibung der Geschichte über weite Strecken als einer Geschichte des »lebendigen« Alltags, durchaus eine konkrete und aktuelle Verankerung in der Wirklichkeit seiner Gegenwart hatte.[216] Um so mehr aber galt es für Möser, die fleißigen Menschen und ihre »Ehre« vor den faulen und ehrlosen Tagedieben in Schutz zu nehmen, die Müßiggänger und die Störenfriede, die der Ar-

---

[215] *Möser*, Vorrede zur »Osnabrückischen Geschichte«, XII, 1, S. 31–45. – Vgl. auch Paul *Göttsching*, Justus Mösers Staats- und Geschichtsdenken. Der Nationsgedanke des aufgeklärten Ständetums, in: Der Staat 22, 1983, S. 33–61. – *Schröder*, Möser als Jurist, S. 9–21.

[216] *Möser*, wie Anm. 215. – Vgl. auch die Arbeiten von Heinrich *Kanz*, Der humane Realismus Justus Mösers, 1971. – *Ders.*, Justus Möser als Alltagsphilosoph der deutschen Aufklärung. Textauswahl und Einleitung von Heinrich Kanz. Frankfurt am Main 1988. – Zum Vergleich: Peter *Laslett*, Verlorene Lebenswelten (vgl. Anm. 117).

5. Handeln und Gestalten mit Horizont

menkasse nur zur Last fielen, mit den Mitteln der öffentlichen Anprangerung und der sozialen Ausgrenzung zur Räson zu bringen.

Kein Zweifel, Mösers Geduld im Umgang mit den vom Schicksal gestraften Existenzen in einer kleinräumigen Gesellschaft des Mangels hielt sich in engen Grenzen. Seine Rhetorik zielte schnörkellos auf die Bloßstellung dieser *Menschen ohne Gegenwehr* ab, und zwar in einer insistierenden Hartnäckigkeit, wie sie andere aufgeklärte Kirchenmänner seiner Zeit nicht kannten. So hob etwa der katholische Prälat Dalberg in seinen, von Fürstbischof Franz Ludwig von Erthal angeregten, »Beyträge(n) zur Verbesserung der Armen-Politzey im Hochstift Würzburg«[217] im Jahre 1779 eigens hervor, daß der Bedürftige, der ebenso wie der wohlhabende Bürger einen Anspruch auf Glückseligkeit habe, auf keinen Fall gedemütigt werden dürfe, sondern seinen Anlagen, seiner Erziehung und seinen Lebensgewohnheiten gemäß behandelt werden müsse. Wer nicht an die Belastung der Armen durch ihre gesellschaftliche Geringschätzung denke, der sei, so Dalberg, entweder ein großer Mann oder ein gefühlloser schlechter Mensch – eine wenig schmeichelhafte Alternative, wenn dem anders denkenden Möser jemals das Gutachten zur Kenntnisnahme vorgelegt worden wäre.[218] Die differenzierte Denkweise beider Männer über die richtige Behandlung der Armen von seiten der Obrigkeit kam jedoch nicht von ungefähr[219] – sie ließ ohne Frage auf eine unterschiedliche anthropologische Dimension

---

[217] Das Würzburger Gutachten Dalbergs ist abgedruckt bei Friedrich *Abert*: Vorschläge Karl Theodor von Dalbergs zur Verbesserung der Armenpolizei im Hochstift Würzburg (1779), in: Archiv des Historischen Vereins von Unterfranken und Aschaffenburg 54, 1912, S. 183–215.

[218] *Dalberg*: »Beyträge zur Verbesserung der Armen-Politzey« (1779), S. 192–194. – Vgl. dazu *Freyh*, S. 128f., 134. – *Möller*, Fürstenstaat oder Bürgernation, S. 109.

[219] Eine Korrespondenz beider Kirchenmänner in dieser Frage hat es offenbar nicht gegeben. Auch in dem edierten Briefwechsel Mösers durch *Beins/Pleister* (1939) und neuerdings durch *Sheldon* (1992) finden sich keine Briefe zu dem Gegenstand.

in der Bewertung von Armut, Armutsreaktionen und gesellschaftlichem Rollenverhalten der Armen schließen. Der Vergleich Mösers mit Dalberg kann Umfang und Grenzen von Denkalternativen und von Handlungsspielräumen bei der Behandlung der Armenfrage in geistlichen Reichsterritorien zeigen.

Karl Theodor von Dalberg, der seit 1772 kurmainzischer Statthalter in Erfurt war, 1779 die Dignität eines Domherrn zu Würzburg erhielt und seit 1784 das Rektorenamt an der dortigen Universität wahrnahm, vertrat in seinem ausführlichen Gutachten für den Fürstbischof Franz Ludwig von Erthal – einem Memorandum, das über Würzburger Regierungskreise hinaus wohl keiner breiteren Öffentlichkeit bekannt wurde – eine Sichtweise, die zweifellos den Weg zu einer Neukonzeption des Armenwesens weit über den Horizont des Geistlichen Staates in Franken hinaus eröffnete und Ideen zu einer neuen aufgeklärten Sozial-Politik im Geiste mitfühlender Toleranz und tätiger Hilfsbereitschaft erkennen ließ. Anders als die repressive öffentliche Rhetorik Mösers, die auf Disziplinierung, moralische Bloßstellung, Kontrolle und Zwang setzte, stellte Dalberg den Gedanken der mitmenschlichen Solidarität in den Mittelpunkt seiner Überlegungen, indem er ein Menschenbild propagierte, das die Würde des Menschen sowie das Menschenrecht auf Glück und auf Unterstützung in Situationen der Not und des Mangels betonte.[220] Er plädierte weder für eine völlige Abkehr von der gewohnten christlich-karitativen Almosenpraxis, wie sie gerade in den Staaten der alten Reichskirche praktiziert wurde, noch für eine Verengung der Armenhilfe allein in der Hand von geistlichen oder privaten Wohltä-

---

[220] Vgl. Ferdinand *Koeppel*, Karl von Dalbergs Wirken für das Hochstift Würzburg unter Franz Ludwig von Erthal, in: ZBLG 17, 1953/54, S. 253–298. – Annemarie *Lindig*, Franz Oberthür als Menschenfreund. Ein Kapitel aus der katholischen Aufklärung in Würzburg, in: *Volk*, Otto (Hrsg.), Professor Franz Oberthür. Persönlichkeit und Werk. Neustadt a. d. Aisch 1966, S. 11–130, hier: S. 61–72. – *Freyh*, S. 126–129. – Vgl. auch die exemplarische Studie zur Armenreform in einem Geistlichen Staat: Friedrich *Rösch*, Die Mainzer Armenreform vom Jahre 1786. Berlin 1929.

5. Handeln und Gestalten mit Horizont

tigkeitsinstitutionen. Da es Arme und Notleidende immer geben werde, müßten die »Vätter des Staats« für diese die Sorge tragen, und zwar nicht im Sinne einer bloßen Fürsorge, sondern mit dem Ziel, sie zu wirtschaftlicher Unabhängigkeit zu befähigen, ihre produktive »nützliche« Arbeitskraft zu aktivieren und ihre soziale Integrationsfähigkeit in die Gemeinschaft der »glücklichen« Menschen und zufriedenen Lastenträger zu fördern.[221]
Wie Möser, so sah auch Dalberg mit analytischem Blick den Strukturzusammenhang zwischen Armut, Arbeitsmangel und Arbeitslosigkeit sowie die daraus resultierende Notwendigkeit, die Bedürftigen durch Arbeitsvermittlung und Arbeitsbeschaffung aktiv zu unterstützen. Was für den einen das ländliche Heuerlingsproblem darstellte, bedeutete für den anderen die Überpopulation der kleinen mainfränkischen Weinbauern, aus deren Familien sich das Potential der Bettlergenerationen rekrutierte, in dem Dalberg eine ernstzunehmende Gefahr für das Gemeinwesen erkannte, der entgegenzuwirken eine der wichtigsten Aufgaben der Regierung sein müsse.[222] Immerhin relativierte er die von Möser vorgetragene Gleichung, daß Armut und Bettelei vor allem eine Folge von Faulheit und Müßiggang seien, indem er den Mangel an Arbeit als eine mögliche Ursache unverschuldeter Not anerkannte. Daraus folgerte er schließlich, die Daseinsvorsorge und Hilfe des Staates reklamierend, daß auch den armen Menschen ein Anspruch auf Leben und gesicherte Existenz eingeräumt werden müsse, ohne daß alles nur dem sozialen Mitgefühl, der beliebigen Mildtätigkeit oder gar dem Zufall überlassen bleibe.[223]

---

[221] *Dalberg*: »Beyträge zur Verbesserung der Armen-Politzey« (1779), S. 189. – *Freyh*, S. 128.
[222] *Dalberg*, wie Anm. 221, S. 198. – *Freyh*, S. 130. – Zur Heuerlingsproblematik vgl. die einschlägigen Arbeiten von *Bölsker-Schlicht*, *Mooser*, *Schlumbohm*, *Seraphim* und *Wrasmann*.
[223] *Dalberg*, wie Anm. 221, S. 192–194. – Generell: *Endres*, Armenproblem im Zeitalter des Absolutismus, S. 1003–1020. – *Metz*, Staatsraison und Menschenfreundlichkeit, S. 11–18. – *Ritter*, Sozialstaat, S. 40–42.

»*Das Glück der Bettler*«

Dalberg, der Mösers Verbesserungsvorschläge zum Armenwesen aus den »Patriotischen Phantasien« kannte, stimmte im Kernstück seiner Reformkonzeption – ungeachtet der unterschiedlichen sprachlichen Diktion und der dahinterstehenden Programmatik – mit dem Osnabrücker Staatsmann überein, nämlich Armut und Not durch konsequente Arbeitsbeschaffung zu überwinden. Der eine operierte dabei mit dem Mittel druckvollen Zwangs und kühler Rationalität, der andere mit dem Mittel aufklärerischer Moralität, verbunden mit einer spürbaren Hinwendung zur hilfsbedürftigen Armut und einem ausgeprägten Sinn für die individuelle Ehre der kleinen Leute in der Not – beide waren schließlich vereint in der Überzeugung, unter Beachtung der hierarchischen Ordnung auf die dezentralen Kräfte der Lokalkontrolle zu setzen, auf die unmittelbare Präsenz der nachgeordneten Beamten, die die personelle und soziale Infrastruktur vor Ort am besten überblicken. Und dennoch gab es Unterschiede in der perspektivischen Bewertung, die den einen mehr in die Nähe der »alten« repressiven Schule der Armenpolitik rückten, den anderen – eine Sicht, die bislang in der Forschung so noch nicht vertreten wurde – als einen Protagonisten der neuen sozialreformerischen Bewegung auswiesen, die in Wien und in München, am Ort der kaiserlichen und der wittelsbachischen Residenz, vor allem aber in der urbanen Hansemetropole Hamburg ihre städtischen Kristallisationskerne besaß.[224]
Denn anders als der evangelische fürstbischöfliche Bürgerbeamte aus Osnabrück stellte der katholische rheinische Prälat aus aristokratischem Haus nachhaltig die lenkende Rolle des

---

[224] Vgl. dazu *Metz*, Staatsraison und Menschenfreundlichkeit, S. 15–16 (Gründung des Allgemeinen Krankenhauses in Wien 1784; Wirken des Grafen Rumford in München, Einrichtung des dortigen »Militärischen Arbeitshauses«). – Zu Österreich vgl. Hannes *Stekl*, Österreichs Zucht- und Arbeitshäuser (1671–1920). München 1978. – Zu Hamburg vgl. den instruktiven Sammelband von Erich *Braun* / Franklin *Kopitzsch* (Hrsg.), Zwangsläufig oder abwendbar? 200 Jahre Hamburgische Allgemeine Armenanstalt. Symposium der Patriotischen Gesellschaft von 1765. Hamburg 1990 (Einführung von Kopitzsch, S. 30–36).

Staates für eine gutorganisierte öffentliche Wohlfahrtspflege in seiner Programmatik heraus, indem er verlangte, die traditionelle private und kirchliche Armenfürsorge durch eine stringente Form staatlicher Planung und vorbeugender Maßnahmen zu ergänzen und, wenn möglich, zu ersetzen.[225] Auffallend war vor allem die kohärente Geschlossenheit der Vorschläge Dalbergs, wie er einerseits die theoretischen Überlegungen mit den praktischen Möglichkeiten der Umsetzbarkeit korrelierte, andererseits trotz der Bettlerplage, die auch das Hochstift Würzburg ebenso wie den kurmainzischen und den Erfurter Raum ergriffen hatte, konsequent an seinem Plan einer humanen menschenfreundlichen Sozialgesetzgebung festhielt.[226] Von dort bis zu der – im Sinne aufgeklärter sozialer »Menschenfreundlichkeit«[227] – fortschrittlichen Vorstellung, Armenpflege sei Philanthropie, wie sie namentlich mit der Hamburger Armenreform von 1788 verbunden wurde, war die Spannweite ungeachtet der weltanschaulich-konfessionellen Unterschiede zwischen der katholisch-geistlichen Kultur eines süddeutschen Bischofslandes und der evangelisch-bürgerlichen Kultur einer weltoffenen Stadtrepublik im Norden des Reichs gewiß nicht mehr allzu groß, und es ließen sich in der Sache, transportiert durch das Kommunikationsnetz der Aufklärer, Verbindungslinien ziehen.

So darf das Würzburger Gutachten Dalbergs zur »Verbesserung der Armen-Politzey« von 1779 mit Fug als ein wichtiges Dokument der katholischen Armen- und Sozialreform im Zei-

---

[225] Vgl. *Koeppel*, Dalbergs Wirken, S. 270. – *Lindig*, Franz Oberthür, S. 62. – *Freyh*, S. 329f.

[226] *Dalberg*, »Beyträge zur Verbesserung der Armen-Politzey« (1779), S. 202f. – Vgl. auch *Schubert*, Arme Leute, S. 198–216.

[227] *Metz*, Staatsraison und Menschenfreundlichkeit, S. 15. – Vgl. grundsätzlich zu dem diskutierten Problemzusammenhang: Joachim Heinrich *Peter*, Die Probleme der Armut in den Lehren der Kameralisten. Berlin 1934, S. 130–134, 198–228. – Lotte *Koch*, Wandlungen der Wohlfahrtspflege im Zeitalter der Aufklärung. Erlangen 1933. – *Scherner*, Recht der Armen und Bettler im Ancien Régime, S. 55–99. – *Scherpner*, Theorie der Fürsorge (²1974).

chen der Aufklärung, wenige Jahre vor der Säkularisation der Reichskirche, angesehen und gedeutet werden. Dalberg hatte sein Programm zielgerichtet auf die Möglichkeiten und die Zwecke eines Geistlichen Territoriums mit seinen beschränkten wirtschaftlichen Ressourcen zugeschnitten, aber seine Vorschläge standen ganz im Kontext einer überkonfessionellen, interterritorialen Debatte im Reich über die soziale Frage der Armutsbekämpfung, wie sie unter anderem recht extensiv in der 1784 neugegründeten Monatsschrift »Journal von und für Teutschland«, einem aufgeklärten, bald schon katholisch dominierten Nachrichten- und Literaturmagazin geführt wurde.[228] Auch der Würzburger Domherr und spätere Mainzer Koadjutor beteiligte sich an dieser Diskussion um das Für und Wider einer institutionellen Neugestaltung der lange Zeit vernachlässigten Sozialfürsorge, ohne daß er dabei die strukturellen Defizite der Geistlichen Wahlstaaten und die persönliche Unzulänglichkeit mancher Würdenträger und Amtsbrüder verschwieg.[229] Es war bemerkenswert genug, daß der karrierebewußte, geistig und örtlich überaus mobile Dalberg, der wie Möser mehrere Ämter in einer Hand kumulierte, sich nicht kampflos der konservativen Beharrungskraft der niedergehenden Reichskirche, der er angehörte, unterwarf, sondern mit dem Einsatz seiner Autorität, angetrieben von seinen aufgeklärten Idealen, eine sozialreformerische Aktivität – von

---

[228] »Journal von und für Teutschland«, 1784–1792 (9 Bde. zu jeweils 2 Halbbänden). – Vgl. dazu insbesondere Max *Braubach*, Die kirchliche Aufklärung im katholischen Deutschland im Spiegel des »Journal von und für Deutschland« (1784–1792), in: ders., Diplomatie und geistiges Leben im 17. und 18. Jahrhundert. Gesammelte Abhandlungen. Bonn 1969, S. 563–659, hier bes. S. 609–620 (Würzburg). – Ebenso: Peter *Wende*, Die geistlichen Staaten, S. 9–47. – Im »Journal von und für Teutschland« wurden mehr evangelische als katholische Armenanstalten annonciert, wurden Neueinrichtungen und Verbesserungen, aber auch Mängel und Defizite diskutiert.

[229] *Dalberg*: »Beyträge zur Verbesserung der Armen-Politzey« (1779), S. 194f.

5. Handeln und Gestalten mit Horizont   153

exemplarischer Bedeutung über den Horizont des katholischen Raums hinaus – entfaltete.[230]
Dalbergs ausführliches Gutachten von 1779 für Franz Ludwig von Erthal über die »Armen-Politzey« fügt sich ein in die aufgeklärten Reformideen, die dieser Repräsentant der adeligen Reichskirche in der Verwaltung seiner Ämter und als politischer Publizist im Dialog mit dem zeitgenössischen Denken vertrat – hierin Möser zumindest von ferne vergleichbar. Als Statthalter in Erfurt und als Ratgeber Erthals, eines Musterbischofs der katholischen Aufklärung, konnte Dalberg auch manches Projekt realisieren, allerdings nicht eine modellbildende Neugestaltung des Armenwesens.
Die immerhin beachtliche Breitenwirkung, die Dalberg mit seinen Reformvorschlägen in den 1770er und 1780er Jahren nicht nur in seiner engeren Umgebung in Mainz, Erfurt oder Würzburg erzielte, hat Möser wenige Jahre zuvor im kleineren und politisch weniger gewichtigen Osnabrücker Land nicht erreichen können. Auch wenn in seinen Überlegungen, wie dargelegt, ähnlich »moderne«, in die Zukunft weisende Organisations- und Strukturelemente enthalten waren, so erwies sich der Osnabrücker Staatsmann insgesamt doch mehr als ein kühler Generalist, der von Obrigkeits wegen die normativen Rahmenbedingungen für das Wirken der Armenpolizei definierte, während der geistliche Dalberg, von christlicher Humanität und von der Ethik der Nächstenliebe geprägt, sich in der glaubwürdigen Rolle des engagierten Anwalts für die Interessen und den Respekt der kleinen Leute in der Not profilierte.
Der Vergleich der beiden profilierten Repräsentanten geistlicher Staatswesen aus den konfessionell verschiedenen Lagern zeigt freilich auch, wie unterschiedlich in den Krummstabländern der adeligen Reichskirche über das Armutsphänomen nachgedacht wurde und wie sehr dieses Denken – bei allen Gemeinsamkeiten, die es gab – von dem spezifischen örtlichen

---

[230] Vgl. – die überkonfessionellen Gemeinsamkeiten betonend – *Möller*, Fürstenstaat oder Bürgernation, S. 109. – *Wende*, Die geistlichen Staaten, S. 10–34. – *Freyh*, S. 326–330.

Bedingungsgefüge, dem regionalen Umfeld und dem institutionellen Personengeflecht zwischen Landesherr, Regierung und Landständen geprägt war. Nur so ist plausibel erklärbar, daß ein evangelischer bürgerlicher Jurist an der Spitze eines halb-katholischen, halb-lutherischen Bischofsstaates im Schatten der englischen Krone und der welfischen Landesherrschaft andere Motivationen, andere Horizonte und andere Techniken des Regierens zu beherzigen hatte als ein adeliger geistlicher Freiherr, der mit korporativer Patronage und mit professioneller Könnerschaft die Institutionen der katholischen Ausbildung durchlaufen hatte, um danach seinen geradlinigen Aufstieg in den Bahnen der hierarchischen Amtskirche zu vollziehen. Die Profile beider Persönlichkeiten, so konträr sie im einzelnen auch waren, fanden schließlich unter dem Dach der katholischen Reichskirche zusammen, der auch das paritätische, halb-säkularisierte, halb-geistliche Fürstbistum Osnabrück formalrechtlich bis zum Ende des Heiligen Römischen Reichs angehörte.[231]

---

[231] Vgl. *Hoberg*, Die Gemeinsamkeit der Bekenntnisse in kirchlichen Dingen, S. 5–11. – *Penners*, Konfessionsbildung im Fürstbistum Osnabrück, S. 25–50. – *Schindling*, Westfälischer Frieden und Altes Reich, S. 97–120. – *Ders.*, Osnabrück, Nordwestdeutschland und das Heilige Römische Reich zur Zeit Mösers, S. 210–222.

Kapitel III

»Armut muß verächtlich bleiben« – Mösers Regiment zwischen normativer Disziplinierung und lokaler Selbstkontrolle

»Da ich bei unsern jährlichen Zusammenkünften in Pyrmont gemeiniglich bei ihm blieb, bis er [Möser] abreisete, so habe ich ihn oft gesehen, ehe er wegfahren wollte . . ., umringt mit Bettlern, denen er mit zutraulicher Miene und oft mit theilnehmenden Worten einem nach dem andern mit größter Geduld austheilte, so lange noch einer da war.«

(Aus: Friedrich Nicolai, Leben Justus Möser's, 1797, Seite 82.)

Justus Möser, Lebensgroße Mösersilhouette aus dem Nachlaß Goethes, um 1782.
Archiv der Universität Osnabrück

»Man hat in England eben die Verordnung, welche man in verschiedenen Ländern Deutschlandes hat, daß nämlich jedes Kirchspiel seine Armen ernähren muß; nur mit dem Unterscheide, daß dort die Almosen wie die Steuren ausgeschrieben, hier aber als eine freiwillige Gabe gesammlet werden.
Die engländische Verfassung hat nach und nach den Erfolg gehabt, daß die Eingesessene eines Kirchspiels allen armen und geringen Leuten das Heiraten verwehren oder, wo sie solches nicht unterlassen wollen, ihnen sogleich die Wohnung im Kirchspiel verbieten und sie nötigen, in ein anders zu ziehen, welches denn ebenfalls, wenn es nicht sieht, daß diese Ankömmlinge dort ihr Brod verdienen können, ihnen keinen Aufenthalt gestattet; so daß oft dergleichen Leute nirgends ankommen können. Es hat diese Verfassung dort weiter den Erfolg gehabt, daß die vom Kirchspiel bestellete Armenjäger manche dergleichen Arme, die äußerst elend angekommen, ja sogar Frauen, die in Kindesnöten gelegen, auf einen Karrn laden und über die Kirchspielsgrenze bringen lassen, damit das Kind nicht das Recht der Eingeburt erhalten oder ein sterbender Armer das Kirchspiel nicht in die Unkosten eines Sarges stürzen möge.
Die Folgen der deutschen Verfassung, welche auch die hiesige ist, bestehen darin, daß sich die Armen auf Rechnung der christlichen Barmherzigkeit, und ohne daß ihnen solches durch einige Anstalt verwehret ist, nach Gefallen verheiraten, und viele Knechte und Mägde, von denen man wahrscheinlich voraussehen kann, daß sie ihr Brod nicht zusammen verdienen können, dreist zusammenlaufen und unverwehrt einmieten; da sie denn zwar eine Zeitlang von freiwillig gesammleten, oder auch wohl heimlich erpressten Almosen leben, bei einer einfallenden Hungersnot aber ebenfalls entweder durch Steuren oder andre einen Zwang mit sich führende Mittel unterhalten werden müssen; indem in solchen Fällen die Obrigkeit zutritt und jedem seinen Anteil christlicher Liebe bei Strafe vorschreibt.

> *Beide Arten haben, wie man sieht, einen Fehler, welcher nicht anders als durch eine bestimmte Auflösung der Frage:*
> Inwiefern kann einem Kichspiele die Befugnis eingeräumet werden, gewissen Leuten das Heiraten oder die Wohnung zu versagen?
> *vermieden werden kann. Man will also die Antwort eines einsichtsvollen Patrioten hierüber erwarten.«*
>
> (Justus MÖSER, Ökonomische Aufgabe der Armen betreffend, 1773)

Der Prestigeerfolg, in der Armenreform auf der Seite der Neuerer zu stehen, blieb Möser trotz seiner Verdienste, das traditionelle System im Osnabrücker Stift funktionsfähig zu erhalten, bis an das Ende seiner Regierung versagt. Freilich muß offenbleiben, ob der Geheime Justizrat angesichts seiner prononcierten publizistischen Linie in der Armenfrage diesen Erfolg überhaupt suchte und wollte. Obwohl er – wie der eingangs zitierte, pointierte Vergleich mit der Situation in England zeigt – über die aktuellen Reformtendenzen im Armenwesen seiner Zeit Bescheid wußte und selbst kluge und richtige Einsichten zu Papier brachte, gelang es ihm nicht, über Anstöße und Impulse, über partielle Reparaturen am System der Kirchspielsversorgung und Gemeindeverantwortung entscheidend hinauszukommen. Es schien so, als fehlte ihm der Wille zur Projektion und zur Durchsetzung einer überzeugenden Sozialreform im Bereich der Armenpflege und des Fürsorgewesens, als scheute er vor der Chance zurück, das legalisierte Modell der Bikonfessionalität, wie es seit 1648/50 in dem ständestaatlichen Osnabrück existierte[1], nach all den

---

[1] Dazu: *Hoberg*, Die Gemeinschaft der Bekenntnisse in kirchlichen Dingen, S. 5–11. – *Penners*, Konfessionsbildung im Fürstbistum Osnabrück, S. 25–50. – *Ders.*, Die historisch-politischen Grundlagen des Regierungsbezirks Osnabrück, in: Neues Archiv für Niedersachsen 14, 1965, S. 273–286. – *Schindling*, Westfälischer Frie-

Jahrzehnten der kleinlichen Auseinandersetzungen nunmehr im Zeichen der Toleranz und der politischen Mäßigung als ein repräsentatives Modell für eine Grundstruktur des Zusammenlebens der gemischtkonfessionellen Bevölkerung über die Grenzen des Hochstifts hinaus vorzustellen und zu propagieren.² Die Widerstände, mit denen Möser zu kämpfen hatte, waren jedoch durch das rechtlich-zementierte Paritätssystem mit seinen ständischen und konfessionellen Zwängen objektiv vorhanden, und sie ließen stets nur einen schmalen Spielraum für die politische Gestaltung der schwierigen Koexistenz zu.

1. Das System der Osnabrücker »Verfassungs-Parität«: Legitimation, Chancen und Barrieren

Da die Formen der Parität angesichts der rechtlichen Hürden und der sozialen Besitzstandswahrung oft nur schwer in die Praxis umzusetzen waren und der normale Lebensalltag der

---

den und Altes Reich, S. 97–120. – *Ders.*, Der Westfälische Frieden und die deutsche Konfessionsfrage, in: *Spieker*, Manfred (Hrsg.), Friedenssicherung. Bd. 3. Münster 1989, S. 19–36. – Volker *Press*, Kriege und Krisen. Deutschland 1600–1715. München 1991, S. 250–267. – Dieter *Stievermann*, Politik und Konfession im 18. Jahrhundert, in: ZHF 18, 1991, S. 177–199. – G. *Schmidt*, Der Westfälische Frieden – eine neue Ordnung für das Alte Reich?, S. 45–83. – Antje *Oschmann*, Der Nürnberger Exekutionstag 1649–1650. Das Ende des Dreißigjährigen Krieges in Deutschland. Münster 1991.

² Dazu weiterführend die wichtigen Arbeiten von *Warmbrunn* (Zwei Konfessionen in einer Stadt), von *François* (Die unsichtbare Grenze. Protestanten und Katholiken in Augsburg 1648–1806, hier bes. S. 235f.) und von *Roeck* (Eine Stadt in Krieg und Frieden). – Vgl. auch Peter *Zschunke*, Oppenheim am Rhein. Zur Geschichte der Bevölkerung und des Alltagslebens in einer gemischtkonfessionellen Kleinstadt in der Frühen Neuzeit. Wiesbaden 1983.

Menschen dadurch keinesfalls erleichtert wurde, hielt man sich aus einer defensiven Grundeinstellung heraus, um den Schaden zu begrenzen und die Politik kalkulierbar zu erhalten, in der Regel wortgetreu an den Buchstaben des Gesetzes – eine Methode, die dem lavierenden Politiker Möser mit seiner juristischen Schulung und seinem ausgeprägten Gespür für den Konsens in dem komplizierten Kompetenz- und Personalgeflecht der Osnabrücker Institutionen nicht allzu schwerfiel.[3] Und dennoch stieß der agile und stets gut informierte Regierungsberater mit seinem großen Einfluß an die Grenzen seiner Kompromißfähigkeit, da das verrechtlichte Paritätssystem seinen politischen Aktionsradius einschränkte und ihm enge Fesseln anlegte, die seine Reformdynamik abbremsten und die ihn zu einer systembedingten, permanenten »Vermittlungs- und Ausgleichsinstanz« zwischen den landesherrlichen, den landständischen und den konfessionellen Interessen werden ließen. Die Position zwischen den Parteien machte ihn einerseits wegen seiner dauerhaften Präsenz, seines unbestreitbaren Herrschaftswissens und seiner ungebrochenen Loyalität zu der britisch-welfischen Vormacht in der Region zu einer starken und anerkannten Autorität, andererseits aber auch – mehr unbewußt als bewußt – zu einem Gefangenen des Systems, zu einem gefesselten Hegemon, der zwar eine Fülle reformerischer Ideen und Pläne zu Papier brachte, aber nur Weniges wirklich erfolgreich zu Ende führen konnte.[4]
Besonders auf dem Gebiet des Bildungs- und des Wohlfahrtswesens machte sich eine diffuse Gemengelage von Interessen, von Ansprüchen und von Abwehrreaktionen breit, die gleichermaßen Regierung, Stände und kommunale »Obrigkeiten« erfaßte, vor allem aber das mehrheitlich katholische Domkapitel auf den Plan rief, das seit seiner politischen Entmachtung

---

[3] Vgl. *Knudsen*, S. 89f. – *Renger*, Mösers amtlicher Wirkungskreis, S. 1–30. – *Schröder*, Möser, S. 294–309.

[4] Zum Hintergrund: *Renger*, Landesherr und Landstände. – *van den Heuvel*, Beamtenschaft und Territorialstaat. – *Schindling*, Westfälischer Frieden und Altes Reich. – *Press*, Kurhannover. – *Mohrmann*, Politische Geschichte des Osnabrücker Landes. – *Schröder*, Möser als Jurist.

1. Das System der Osnabrücker »Verfassungs-Parität«

bei der Bischofswahl 1763/64, wo es sich in seinen alten Rechten übergangen fühlte, einen entschiedenen Oppositionskurs steuerte und in Möser vor allem den Juniorpartner der Regierung in Hannover und in London sah. Obwohl der säkulardenkende Möser – seine Herkunft aus einem protestantisch-bürgerlichen Notabelnhaus nicht verleugnend – beharrlich versuchte, das Konfessionelle nicht zu einem Hauptfaktor seiner Befriedungs- und Ausgleichspolitik zu machen, fiel es ihm sichtlich schwer, die defensive Grundhaltung der katholischen Prälaten, des vornehmsten Standes im Lande, der auf seiner Präzedenz, seinen Privilegien, seiner eigenen Jurisdiktion und ökonomischen Basis bestand, zu erschüttern oder gar zu verändern. Besonders in seiner Eigenschaft als Grund- und Kapitalbesitzer in der Stadt Osnabrück sowie als Grundherr einer Vielzahl bäuerlicher eigenbehöriger Höfe im Land spielte das Domkapitel – trotz seines verminderten politischen Einflusses – eine hervorgehobene sozialökonomische Rolle in dem schwierigen Prozeß, die Voraussetzungen für eine günstige Entwicklung und Entfaltung der Landeswohlfahrt mitzuschaffen, von der viele Landesbewohner, unabhängig von ihrer konfessionellen Zugehörigkeit, profitieren konnten.[5]
Peinlich genau achteten die bedrängten Domherren darauf, daß die Garantiefunktion der Immerwährenden Kapitulation von 1650, die das verrechtlichte Zusammenleben der Katholiken und der Protestanten regelte, nicht verletzt wurde, ja sie waren sogar bereit, mit den Waffen des Rechts ihren bevorzugten Status und ihren sozialen Besitzstand gegen die elastische Eindämmungspolitik der evangelischen Regierung bis zuletzt zu verteidigen.[6] Das Korpus der 22 katholischen Domka-

---

[5] Möser an Nicolai, 1782, in: *Sheldon*, Briefwechsel, Nr. 550, S. 622–628. – *Gruner* II, 1803, S. 519f. – *Renger*, Landesherr und Landstände, S. 50ff. – Zur Personen- und Sozialgeschichte des Domkapitels zur Zeit Mösers wertvoll: Johannes Freiherr *von Boeselager*, Die Osnabrücker Domherren des 18. Jahrhunderts. Osnabrück 1990 (mit einer Fülle prosopographischer Daten und statistisch-historischer Analysen).

[6] Text der »Capitulatio« in: CCO I, S. 1635ff. – Vgl. dazu: Johannes *Freckmann*, Die capitulatio perpetua und ihre verfassungsge-

pitulare – drei weitere waren evangelisch – bildete zwar keine Gegenmacht in dem säkularer gewordenen stiftischen System, dafür waren sie als Institution zu sehr eingebunden in den ständischen Beratungs- und Entscheidungsprozeß, aber sie stellten ein beachtliches Gegengewicht, eine eigene aristokratisch-feudale und sakrale Welt voller kirchlicher Traditionsgebundenheit mitten in einer bürgerlich-bäuerlich-geprägten Umwelt dar, die im Zeichen aufgeklärten Wandels sich allmählich anschickte, nach anderen Regeln zu leben und nach anderen Gesetzmäßigkeiten regiert zu werden.[7]
Das behutsame Abtragen der realen und mentalen Barrieren, die zwischen der altehrwürdigen Bastion der katholischen Kirche und dem weltlichen Regiment der evangelischen Regierung standen, war eine Aufgabe, an der sich die handwerkliche Professionalität, die politische Begabung, freilich aber auch das sensitive Einfühlungsvermögen und das taktische Geschick des Osnabrücker Bürgersohnes im Dienst des welfischen Kurhauses messen lassen konnten. Nicht nur in der Verwurzelung in den vertrauten Bahnen seiner Heimat, in der kumulierten Ämterfülle und der dadurch bedingten alltäglichen Praxis- und Objektnähe, sondern mindestens ebenso in der notwendigen und unabdingbaren Konfrontation mit der osnabrückischen Verfassungs- und Verwaltungswirklichkeit lag ein Stück des Pragmatismus und der Dissimulation begründet, Eigenschaften, die sich der bürgerliche Politiker in seinem Lavieren zwischen den verschiedenen Instanzen der Machtausübung angeeignet hatte – zwischen einem landfremden, auf Information und Loyalität angewiesenen Geheimen Rat, zwischen der paritätisch besetzten Land- und Justizkanzlei, zwischen den ständischen Vertretern der evangelischen Ritterschaft sowie dem Behauptungswillen und der Beharrungskraft

---

schichtliche Bedeutung für das Hochstift Osnabrück (1648–1650), in: OM 31, 1906, S. 129–203. – Erich *Fink*, Die Drucke der capitulatio perpetua Osnabrugensis, in: OM 46, 1924, S. 1–48.

[7] Vgl. auch *Knudsen*, S. 65–85. – *van den Heuvel*, Beamtenschaft und Territorialstaat, S. 145–159. – *Hatzig*, Möser als Staatsmann, S. 35–192. – *Spechter*, Osnabrücker Oberschicht, S. 62–134.

1. Das System der Osnabrücker »Verfassungs-Parität« 163

des adeligen katholischen Domkapitels, und dies alles vor dem Hintergrund eines fehlenden höfischen Substrats in der Gestalt eines funktionierenden geistlichen Bischofshofes, mit seinen Möglichkeiten der sozialen Privilegierung, der geselligen Kommunikation und einer dynastischen Ausstrahlung auf Stadt und Stift, die zweifellos Anbindung und Identifikation, ökonomischen Vorteil und kulturellen »Flor« versprochen hätte.[8] Möser war nicht in erster Linie das Produkt, sondern der Repräsentant und virtuos mitgestaltende Interpret dieser politisch, konfessionell und kulturell gespaltenen kuriosen Osnabrücker Realität, die einem Mann wie Dalberg in Mainz und in Würzburg – allerdings weniger in dem Parallelen zu Osnabrück aufweisenden Statthaltersitz Erfurt – völlig wesensfremd erscheinen mußte – Dalberg, welcher bekanntlich im Zeichen barocker Frömmigkeit und maßvoller katholischer Aufklärung andersgeartete Bühnen der wirkungsvollen Selbstdarstellung betrat. Diese Unterschiede aber, die ganz wesentlich Struktur und Geist einer Herrschaft mitbestimmten, müssen angemessen in einer wirklichkeitsnahen vergleichenden Gesamtbewertung berücksichtigt werden, da sie die Leistungsbilanz ebenso wie die Defizite und die Mängel in einem anderen – sicher relativierenden – Licht darzustellen vermögen.

---

[8] Vgl. *Renger*, Landesherr und Landstände, S. 16f. – Das Osnabrücker Schloß. Stadtresidenz, Villa, Verwaltungssitz (1991). – *van den Heuvel*, Das Osnabrücker Schloß, S. 87–113. – Zum frühneuzeitlichen Hof und seinem Funktionieren vgl. grundsätzlich: Jürgen Freiherr *von Kruedener*, Die Rolle des Hofes im Absolutismus. Stuttgart 1973. – Volker *Press*, The Habsburg Court as Center of the Imperial Government, in: The Journal of Modern History 58, Supplement (1986), S. 23–45. – Peter *Baumgart*, Der deutsche Hof der Barockzeit als politische Institution, in: *Buck*, August, u. a. (Hrsg.), Europäische Hofkultur im 16. und 17. Jahrhundert. Hamburg 1981, S. 25–43. – Norbert *Elias*, Die höfische Gesellschaft. Untersuchungen zur Soziologie des Königtums und der höfischen Aristokratie. Frankfurt am Main 1983 (Suhrkamp-TB). – Zuletzt sehr instruktiv: Ronald G. *Asch*, Der Hof Karls I. von England. Politik, Provinz und Patronage 1625–1640. Köln 1993, besonders S. 1–38.

Für Mösers politische Arbeit in Osnabrück war es eindeutig ein Gewinn, vielleicht sogar ein Glücksfall, daß sein vornehmster amtlicher Ansprechpartner auf katholischer Seite, der Generalvikar Karl Heinrich (von) Vogelius, der als Kanoniker von St. Johann in Osnabrück residierte, nahezu zeitgleich rund dreißig Jahre lang sein wichtiges geistliches »Wächteramt« in der gespaltenen Bischofsstadt begleitete, so daß von daher durchaus eine gewisse Kontinuität und Berechenbarkeit beim Austausch und Verhandeln der strittigen interkonfessionellen Gegenstände gewährleistet war.[9] Der promovierte Germaniker Vogelius, aus Paderborn stammend, war 1764, kurz nach dem Beginn der protestantischen Minderjährigkeitsregierung, von seinem Metropolitanherrn, dem Erzbischof von Köln Max Friedrich von Königsegg, zum Generalvikar in Osnabrück ernannt worden – eine Berufung, die von dem Nachfolger in Bonn, Erzbischof Max Franz von Österreich, 1784 erneuert wurde und die bis zum Tode von Vogelius 1795 bestehen blieb.[10] Die Parallelität der langen Verweildauer in den exklusiven Spitzenämtern der beiden Paritätsparteien – bislang in der Forschung kaum thematisiert –, ließ die beiden Lager in der Bewältigung der Alltagsprobleme näher aneinanderrücken, als dies in den grundsätzlichen Fragen der Auseinandersetzung um die juristischen und konfessionellen Positionen im Zeichen der Verfassungsparität und der »successio alternativa« zum Ausdruck kam. Tendenzen der Stagnation und der Versteinerung, die durch das gegenseitige defensive Besitzstandsdenken in »Erbhöfen« nur noch zusätzlich verstärkt wurden,

---

[9] Zu Vogelius vgl. *Hoberg*, Die Gemeinschaft der Bekenntnisse in kirchlichen Dingen, S. 68. – *van den Heuvel*, Beamtenschaft und Territorialstaat, S. 145–150. – Freiherr *von Boeselager*, Osnabrücker Domherren, S. 81. – Erwin *Gatz* (Hrsg.), Die Bischöfe des Heiligen Römischen Reiches 1648 bis 1803. Ein biographisches Lexikon. Berlin 1990, hier: S. 537.

[10] Vgl. Eduard *Hegel*, Das Erzbistum Köln zwischen Barock und Aufklärung, Bd. 4 (1979), S. 59–76. – Max *Braubach*, Politik und Kultur an den geistlichen Fürstenhöfen Westfalens gegen Ende des alten Reichs, in: WZ 105, 1955, S. 65–81. – *Ders.*, Maria Theresias jüngster Sohn Max Franz. Wien/München ²1961.

1. Das System der Osnabrücker »Verfassungs-Parität« 165

konnten im Geiste einer sorgsam gepflegten Toleranz und Friedfertigkeit, vor allem aber dank einer geschickten Regie der beiden administrierenden Vormänner, Möser und Vogelius, in mühsamer diplomatischer Kleinarbeit verdrängt, aber nie ganz abgebaut werden.[11] In der Stadt Osnabrück entwickelte sich ebenso wie in vielen ländlichen Kirchspielen Schritt für Schritt, durch Gewohnheitsrituale und ständige Praxis eingeübt, so etwas wie eine Art *Ökumene des Alltags*, die um so mehr in das Bewußtsein der Bevölkerung eindrang, je mehr die Aufklärung – unter dem Zwang der Verhältnisse, die konfliktträchtigen Dissenspunkte endlich aus dem Weg zu räumen – gegen Ende des Jahrhunderts an Boden gewann.[12] Unbestrittener Höhepunkt dieser kooperativen Annäherungsversuche war zweifellos der 1786 unter Vermittlung des Kölner Erzbischofs Max Franz zwischen dem protestantischen Landesherrn und dem Domkapitel geschlossene Osnabrücker *Religionsvergleich*, der noch einmal zu einer Neuordnung der Pfarrverhältnisse in dem Hochstift kurz vor der Säkularisation führte, der aber mehr noch dem generationenlangen Streit um die Legalität der bestehenden Nebenschulen abweichenden Bekenntnisses ein Ende setzte – ein säkularer Dauerkonflikt, der die Kirchspielseingesessenen mancherorts in arge Bedrängnis gegeneinander aufgebracht hatte, wo die Mehrheitskonfession aufgrund des realen Pfarrzwangs rücksichtslos die jeweilige Min-

---

[11] StA Osnabrück, Rep. 100/368/Nr. 35 b, Verhandlungen im Vorfeld des Osnabrücker Religionsvergleichs von 1786 (aufschlußreiche Hinweise zum Mechanismus der Verhandlungen und zur persönlichen Wertschätzung). – Vgl. auch *Rudersdorf*, Möser, Kurfürst Max Franz, S. 107–136.

[12] Zur Problematik des Zusammenlebens der Konfessionsparteien in einer Stadt und zu den Formen der Ökumene des Alltags vgl. auch *François*, Die unsichtbare Grenze, S. 235–241. – Sehr aspektreich: Willem *Frijhoff*, La coexistence confessionnelle: complicités, méfiances et ruptures aux Provinces-Unies, in: Delumeau, Jean (Hrsg.), Histoire vécue du peuple chrétien, Bd. 2. Toulouse 1979, S. 229–257.

derheit majorisierte und zur Gegenwehr brüskierte.[13] Andererseits wurde die Tatsache, daß in einer Reihe von Kirchspielen Protestanten katholische Schulen und Katholiken protestantische Schulen besuchten, in den Augen der Bevölkerung angesichts der fortgeschrittenen Entpolitisierung des konfessionellen Elements immer mehr zu einer gewohnheitsmäßigen Normalität, auch wenn die betroffenen Schulmeister, die Pfarrer und die geistlichen Prädikanten wegen des drohenden Prestige- und des kleinen Einkommensverlusts vehement dagegen protestierten.[14]

Die Zeit der entschiedenen konkurrierenden Konfessionalität mit all ihren mentalen Verhärtungen und rechtlichen Einhegungen erreichte in der Ära Mösers noch einmal einen Höhepunkt, aber ihre Peripetie war bereits längst überschritten, der Glanz ihrer Exklusivität ebenso wie die Formen der Intoleranz relativiert, auch wenn bei allen Ressentiments und stillen Reserven, die es stets gab, das Interesse an einem friedlichen Nebeneinanderherleben erst allmählich aufkeimte und von Obrigkeits wegen behutsam gepflegt werden mußte. Die aufgeklärte Reformbereitschaft war ganz sicher auf beiden Seiten vorhanden, bei dem bürgerlichen Volksaufklärer Möser auf eine rationale Weise stärker ausgeprägt als bei dem geistlichen Generalvikar Vogelius, der freilich tatkräftig von seinem Men-

---

[13] *Möser*, Darstellung der Gründe, welche S.K.H. den Herrn Herzog von York als Bischofen zu Osnabrück bewogen haben, das Simultaneum zu Fürstenau und Schledehausen einzuführen und darüber mit dem Domcapitel den 29. December 1786 eine Vergleich zu schließen, nebst einer kurzen Niederlegung der von der Stadt Fürstenau dagegen beym Corpore Evangelicorum eingebrachten Ausführung. Osnabrück 1793 (mit vielen Beilagen). – *Hoberg*, Die Gemeinschaft der Bekenntnisse in kirchlichen Dingen, S. 68f. – *Rudersdorf*, Möser, Kurfürst Max Franz, S. 107–136. – *Fiegert*, Schulen von Melle und Buer, S. 111.

[14] So zum Beispiel wegen der Halbierung der Stolgebühren in Melle. Vgl. dazu sehr aufschlußreich *Fiegert*, Schulen von Melle und Buer, S. 112f. – Ebenso: *Penners*, Das Kirchspiel im Konflikt der Konfessionen, in: Schelenburg – Kirchspiel – Landgemeinde. 900 Jahre Schledehausen, S. 89–105.

1. Das System der Osnabrücker »Verfassungs-Parität« 167

tor und aufgeschlossenen Kirchenerneuerer, dem Kölner Erzbischof Max Franz, einem jüngeren Bruder Kaiser Josephs II., unterstützt wurde.[15] Der österreichische Reformkatholizismus josephinischer Prägung fand so auf dem Weg über die kurkölnische Residenz Bonn eine entfernte Widerspiegelung auch in der Randlage von Osnabrück und traf hier unmittelbar auf die aus anderen Quellen gespeiste protestantische Aufklärung Mösers. Durch solche Einwirkungen des Zeitgeistes wurden in Stadt und Stift Osnabrück die unsichtbaren konfessionellen Grenzzäune niedriger und auch im Alltag durchlässiger. Letztlich war es auch in Osnabrück eine kleine, aber entschiedene Reformgruppe von Männern im Umfeld der beiden Autoritäten an der Spitze, die nach einvernehmlichen Lösungen suchte und um einen geeigneten Weg rang, der die Bewahrung des verfassungsrechtlichen Gleichgewichts im Sinne der Parität garantierte, der aber auch eine pragmatische Anpassung an gewandelte Verhältnisse und eine vorsichtige Korrektur von Fehlentwicklungen erlaubte. Auf diese Weise ließen sich allmählich die angestauten konfessionellen Gegensätze abschwächen und die überkommenen konfessionspolitischen Fronten überwinden: Dennoch blieb das Ringen um die institutionelle und die rechtliche Gleichberechtigung der Konfessionen und damit das intensive Bemühen um eine geregelte kirchliche Nachbarschaft im kommunalen und dörflichen Lebensverband bis zum Ende der osnabrückischen Stiftsexistenz mit mehr oder weniger großem Nachdruck auf der Tagesordnung – mit all den kleinen Animositäten, hämischen Streitereien, Artikulationen der Mißgunst und der eigenen Überle-

---

[15] So im Falle der Armenreform des Pastors Nadermann in Glane 1785. StA Osnabrück, Rep. 110 II, Nr. 340. – *Braubach*, Max Franz. – Zu Kaiser Joseph II.: *Baumgart*, in: *Schindling/Ziegler*, Kaiser der Neuzeit, S. 249–276, 490–491. – Volker *Press*, Kaiser Joseph II. – Reformer oder Despot?, in: *Vogler*, Günter (Hrsg.), Europäische Herrscher. Ihre Rolle bei der Gestaltung von Politik und Gesellschaft vom 16. bis zum 18. Jahrhundert. Weimar 1988, S. 275–298. – *Aretin*, Vom Deutschen Reich zum Deutschen Bund, S. 14–59.

genheit, wie sie in der Natur des Menschen und nicht nur in der des paritätsgeprüften Osnabrückers lagen. Zu dessen Gunsten schließlich wandte der aus Osnabrück stammende, später im preußischen Staatsdienst reüssierende Karl Justus (von) Gruner immerhin ein, daß »unter den niederen Klassen... bei der Verschiedenheit der Religionspartheien, (etwa die Hälfte der Einwohner ist katholisch, die andere lutherisch, und es gibt auch einige wenige Reformirte), dennoch Eintracht, Gemeinsinn, und weit weniger Bigotterie als in Münster« herrsche. »Zwar sind die Katholiken (wie überall) ihrem Gottesdienste und dessen äussern Zeremonieen sehr ergeben«, so fährt Gruner in seiner 1802 und 1803 erschienenen zweibändigen Reise- und Landesbeschreibung fort, »aber sie werden nie ausschweifend, und ebenso wenig von Protestanten dabei gestört. Die Geistlichkeit beider Theile nähert sich Einander mehr, und unter den vielen aufgeklärten katholischen Weltgeistlichen verdient vorzüglich der würdige Dechant und Domprediger Herft, dessen Predigten gebildete Lutheraner häufig besuchen, eine ehrenvolle Erwähnung seiner Verdienste um öffentliche Bildung und Toleranz.«[16] Daß Gruner, der 1811 als Geheimer Staatsrat in Berlin an die Spitze der politischen Polizei Preußens trat, trotz seiner rationalistischen Kritik gegenüber den untergehenden Geistlichen Staaten, noch 1803 ein so mildes Urteil über das Gebaren der Konfessionen in seiner Heimat fällte, schrieb er dem Verdienst seines ihm zugetanen Paten Möser zu, ohne zu vergessen, auf die immensen Schwierigkeiten und die borniertenEngstirnigkeiten hinzuweisen, gegen die sein großes Vorbild jahrzehntelang im Gefüge der traditionalen altständischen Gesellschaft anzukämpfen hatte. Im milden Licht des Rückblicks auf eine untergehende Welt erscheint hier bei Gruner fraglos die mäßigende Wirkung der Aufklärung auf die Osnabrücker lebensweltliche Grenze zwischen Katholizität und Protestantismus.

---

[16] *Gruner* II, 1803, S. 506f. – *Welker*, Gruner, in: *Hehemann*, Biographisches Handbuch, S. 112f.

1. Das System der Osnabrücker »Verfassungs-Parität« 169

Möser, der juristische Berater und Repräsentant der osnabrückischen »Nebenlandregierung«[17], wußte denn auch sehr wohl, warum er so engagiert, und dennoch mit subtiler Abfederung die Anlehnung an einen größeren Partner, an das hannoverisch-britische Welfenhaus, suchte. Für ihn, der die Eigenstaatlichkeit des bischöflichen Kleinstaates auf Dauer ernsthaft gefährdet sah, war es ohnehin schwierig genug, den schmalen Grat zwischen den Erfordernissen der welfischen Landesherrschaft und dem Verteidigungsdenken des Kölner Metropolitanherrn, zwischen den weltlich-administrativen und den geistlich-kirchlichen Interessen, stets mit Erfolg und Geschick auszubalancieren, um den Schaden fruchtloser Rangeleien um die adäquate Verfassungsinterpretation in Grenzen zu halten. Das Prinzip der konfessionellen Parität, das im Instrumentum Pacis Osnabrugense (in Art. XIII 1–8) und in den Regelungen der Capitulatio Perpetua von 1650 zugrunde gelegt wurde, durchzog wie eine Richtschnur die innere Landesverfassung des Geistlichen Territoriums und markierte den Rahmen, innerhalb dessen sich die politische und die kirchliche Entfaltung in einem bikulturellen System mit säkularer und sakraler Ausstrahlung vollziehen konnte.[18] Nahezu alle Versuche, über den politischen und den konfessionellen Status quo des Normaljahres 1624 hinauszugelangen, endeten noch in der Zeit Mösers – und das heißt bis an die Schwelle des Niedergangs der Reichskirche – in kleinlichen juristischen Deklamationen, in apologetischer Gutachterei und in historisch-politischen Beweisführungen, die je nach Anlaß unter Umständen mehrere Advokatenkanzleien in Brot und Arbeit hielten, aber wenig geeignet waren, nach rationalen Kriterien effizienter

---

[17] *Hoberg*, Die Gemeinschaft der Bekenntnisse in kirchlichen Dingen, S. 34–68. – *Penners*, Konfessionsbildung im Fürstbistum Osnabrück, S. 25–50. – *van den Heuvel*, Beamtenschaft und Territorialstaat, S. 145ff.
[18] Zum Hintergrund die Arbeiten von *Renger, van den Heuvel, von Boeselager, Knudsen* und *Schindling*.

Machtausübung die Zügel der Regierung fest in der Hand zu behalten.[19] Sosehr die möserfreundliche Literatur die exponierte Sonderstellung des »ersten« Landesbeamten in dem nordwestdeutschen Fürstbistum hervorhob, sosehr die Exklusivität und die Singularität dieser Position eines *bürgerlichen Regenten* gerühmt wurden, so deutlich müssen andererseits die Ambivalenz und die Stagnationstendenzen des Paritätssystems betont werden, in dessen juristischen »Fallstricken« auch ein Talent wie Möser in seiner multifunktionalen Stellung als Diener mehrerer Herren ins Stocken geraten konnte.[20] Bei aller Professionalität der Regierungsführung, die Möser in dem altertümlich ständestaatlichen Stift mit seinem konfessionellen kleinräumigen Kirchspielsregionalismus abverlangt wurde, kam es letztlich auf die richtige Mischung zwischen geduldiger Gangart, taktischem Gespür und pragmatischer Entscheidungsfindung an – flankiert von einer linientreuen aufklärerischen Presse, die als neues Meinungsmedium die Kommunikation zwischen Obrigkeit und Untertanen zu lenken versuchte. Keine Frage, als gutbesoldeter Landesbeamter und bestallter Rechtsberater hatte Möser in erster Linie *staatlich zu handeln*, als Osnabrücker Staatsmann jedoch überdies noch *komplementär zu denken*, da sich hier, wie selten sonst im territorialen Rahmen, die Staat-Kirche-Problematik mit den dargelegten verfahrensrechtlichen Imponderabilien und verzögernden politischen Mechanismen als eine große Herausforderung für die weltliche Landesherrschaft des minderjährigen evangelischen

---

[19] Zur Prozeßsucht der Bauern im Osnabrücker Land im späten 18. Jahrhundert hier die Meinung der Zeitgenossen: *Gruner* I, 1802, S. 32f. – *Wagners* Erinnerungen, S. 83f. – Vgl. auch die Studien von *Hirschfelder, Winkler* und *Hatzig*.
[20] Differenzierte Bewertungen: *Renger*, Landesherr und Landstände, S. 11–18. – *van den Heuvel*, Beamtenschaft und Territorialstaat, S. 145ff. - *Sheldon*, Development, S. 5ff. – *Knudsen*, S. 3–30. – *Stauf*, S. 19–36. – *Schröder*, Möser, S. 294–309. – *Welker*, Möserliteratur der achtziger Jahre, in: Das Achtzehnte Jahrhundert 14, 1990, S. 62–72.

Fürstbischofs darstellte, die es mit den Mitteln normaler kleinstaatlicher Politik zu bewältigen galt. Daß vor dem Hintergrund einer derart komplizierten Verfaßtheit der osnabrückischen Stiftsverhältnisse eine konzeptionelle Neugestaltung des Armen- und des Fürsorgewesens trotz der reformerischen Vorschläge Mösers unterblieb, darf fast schon, ohne daß man eine tiefergehende Ursachenanalyse vornähme, als eine systemimmanente Folge des blockierenden Statusquo-Denkens zwischen katholischer Kirche und evangelischer Landesherrschaft angesehen werden. In der Tat war es die unübersichtliche Vielgestaltigkeit der partikularen Eigenarten und Bräuche, die schon die Zeitgenossen Mösers als großen Nachteil für ein intaktes Gemeinwesen empfanden. So hielt der gerade gewählte Bürgermeister der Stadt Osnabrück, Justus Eberhard Berghoff, einer alten kommunalpolitischen Beamtenfamilie entstammend, 1772 in einem Memorandum für den Rat der Stadt fest: »So leicht es einem Souveränen Fürsten ist, in seinem Gebiete allgemeine Armen- und Verpflegungs Anstalten zu machen und nach der in Händen habenden Macht zu erhalten; so schwer fällt es überhaupt an einem solchen Ort [wie in Osnabrück] eine gute Policey Anstalt behuef des Armenwesens zu errichten und beständig würcksam zu unterhalten, wo, wie in der Stadt Osnabrück, so viele Geist- und weltliche, Hof-, Land- und Militair Befreyete und so viele unterschiedliche Gerichtbarkeiten vorhanden und beschwerlichkeiten veranlassen, *welche alle gemeine nützliche Absichten vereiteln und den besten Patrioten abschrecken.*«[21]

War schon dieser Befund eines an der Basis arbeitenden, den Menschen nahestehenden kommunalen Praktikers ein Alarmsignal gegen die starre Schwerfälligkeit und die Antiquiertheit des paritätischen Rechtssystems, das den Immobilismus und die Lethargie förderte, so brachte am Ende der stiftischen Existenz – sozusagen in der Retrospektive des beteiligten Zeitge-

---

[21] StA Osnabrück, Dep. 3 b V, Nr. 1409, Armenanstalten von 1772, »Unvorgreifliche Gedanken, das Gassenbetteln in der Stadt Osnabrück betreffend, von Bürgermeister Berghoff«. – Vgl. auch *Spechter*, Osnabrücker Oberschicht, S. 129–131.

nossen – der schon erwähnte Gruner die Dinge auf den Punkt, indem er die Defizite der öffentlichen Verwaltung, darunter die mangelnde Sicherheit gegen das Treiben der »ungehindert durchziehende(n) Vagabunde(n)«, geißelte und resümierend feststellt: »Alle diese Uebel sind jedoch lediglich *eine notwendige Folge der verkehrten Verfassung* und der daraus bei den Bürgern entstehenden Eifersucht auf ihre Gerechtsame und hartnäckigen Widersetzlichkeit *gegen alle Neuerungen*. Denn übrigens fehlt es weder einem großen Theile der Rathsglieder an Einsicht und Willen, noch den Bürgern an Bildung und Patriotismus. Im Allgemeinen karakterisieren sie sich durch warme Vorliebe für ihre Verfassung und durch eine täglich steigende Aufklärung.«[22]

Ähnlich prekär wie für die Stadt beurteilte der nüchterne Gruner, dem die Binnenstrukturen seiner osnabrückischen Heimat noch bestens vertraut waren, den ständischen Verfassungsdualismus für das Land, wo er das »Regierungssystem« noch schwankender wähnt, »als bei den gewöhnlichen geistlichen Wahlstaaten, indem hier die öftere Abwechslungen zugleich jedesmal ganz *entgegengesetzte Prinzipien* in Umlauf und Anwendung bringen, und die katholische so wie die protestantische Regierung häufig gerade das Gegentheil von dem thut, was die vorherige that«.[23]

Die hier zitierten prononcierten Stellungnahmen, die eine ziemlich aus der Anfangszeit der Möserschen Amtsära, die andere aus dem Jahr des Reichsdeputationshauptschlusses, ließen sich unbedenklich durch eine Reihe weiterer ebenso unmißverständlicher Voten ergänzen, die aus dem berufenen Munde kommunaler und landesherrlicher Beamten stammten und wegen ihrer inhaltlichen Konsistenz und überzeugenden Schlüssigkeit durchweg glaubwürdig klangen. Darunter ist besonders die praxisnahe Einschätzung des Osnabrücker Ar-

---

[22] So pointiert *Gruner* II, 1803, S. 506.
[23] *Gruner* II, 1803, S. 521. – Gruner, der in jungen Jahren gerne eine rechtsgelehrte Amtsfunktion in Osnabrück übernommen hätte, hat stets mit zwiespältigen Gefühlen auf die Geschicke seiner Vaterstadt zurückgeblickt.

1. Das System der Osnabrücker »Verfassungs-Parität« 173

menprovisors und gewählten Armen-Buchhalters, Franz Arnold Moll, von 1792 zu erwähnen[24], ebenso das Gutachten des ehemaligen Geheimen Rats in Osnabrück (von 1780 bis 1783) und jetzigen hannoverschen Staats- und Kabinettsministers, Christian Ludwig August von Arnswaldt, das dieser 1803 für seinen Dienstherrn König Georg III. von England erstellt hatte, zu einem Zeitpunkt, als die Pläne für die Durchführung der Säkularisation gerade konkrete Gestalt annahmen.[25] Allen diesen Bewertungen ist die einhellige Klage über die starre, als versteinert eingestufte Paritätsverfassung mit ihrem komplementären Normensystem gemein, in dem weniger ein Garant für den integrativen Zusammenhalt des konfessionell-geteilten Landes gesehen wurde, sondern – parallel zur fortgeschrittenen Säkularisierung – mehr eine Bremse, die den traditionellen Status der altständischen Kräfte, besonders des katholischen Domkapitels und der anderen geistlichen Institutionen der Alten Kirche, schützte und den Weg für den gewünschten reformerischen Wandel blockierte. An dieser Barriere scheiterten alle ernstzunehmenden Vorschläge einer Reform, die einen evolutionären, behutsamen Wandel der schwierigen Verfassungsverhältnisse bewirken wollten.

Je drückender die Probleme wegen der demographischen Bevölkerungszunahme im Bereich der Armen- und Sozialfürsorge wurden, je mehr die Notwendigkeit durchdrang, nach Lösungen im bestehenden System, etwa nach Alternativen einer Organisationsreform zu suchen, um so deutlicher wurden die »verwickelten Verhältnisse aller Behörden zueinander« als Grund für die Stagnation und den sinkenden Mut, endlich die Handlungsinitiative zu ergreifen, empfunden.[26] Die Schwierig-

---

[24] StA Osnabrück, Dep. 3 b V, Nr. 1420, Bericht (Memorandum) vom 8. März 1792.

[25] StA Osnabrück, Rep. 110 II, Nr. 342, Gutachten vom 16. April 1803. – *van den Heuvel*, Beamtenschaft und Territorialstaat, S. 153, 158.

[26] StA Osnabrück, Rep. 110 II, Nr. 342, Arnswaldt an König Georg III. von England, 16. April 1803 (mit Darlegung der historischen Gründe, die zur Unbeweglichkeit der Verhältnisse führten).

keiten, Veränderungen einzuleiten und auch durchzusetzen, lagen in dem Rechtscharakter des paritätischen Systems begründet, der das Geflecht der ständischen Gesellschaft festzurrte und den innovativen Drang nach Neuerungen erheblich dämpfte. Das daraus resultierende Denken in den Kategorien des Status quo prägte nicht nur die Mentalität der eher defensiv agierenden Beamtenschaft, die ihren Bewegungsspielraum genau kannte, sondern beeinflußte auch die sozial konservative Einstellung großer Teile der Bevölkerung, die zwar nicht unbedingt das juristische Regelwerk der Verfassung im einzelnen durchschaute, dafür aber um so sensibler reagierte, wenn es um die Verteidigung der erworbenen Rechte und der alten Besitzansprüche ging.[27] Es war also keine falsche Politik, auch keine unfähige, dem Fortschritt prinzipiell verschlossene Administration, sondern ein fataler geschlossener Kreislauf in einem schwierigen Terrain systemimmanenter Hürden, der im Zeichen einer beharrenden Traditionalität tendenziell den Immobilismus und natürlich auch die Skepsis, politisch in einer Sackgasse zu enden, förderte.[28]

Die verschiedenen Reformmaßnahmen, die Möser mit großem Einsatz auf dem Gebiet der Wirtschafts-, Sozial- und Rechtspolitik durchführte, waren behutsam durch eine Politik der kleinen Schritte in das System der komplizierten Landesverfassung eingefügt worden. Galt es etwa, die Landeswohlfahrt durch gezielte protektionistische Eingriffe in der Breite zu verbessern, das wichtige Tuchmacherhandwerk und den einkommensträchtigen Leinenhandel auf eine solidere und dauerhafte Grundlage zu stellen, oder aber die soziale Lage der Bauern

---

[27] Vgl. dazu Bruno *Krusch*, Justus Möser und die Osnabrücker Gesellschaft, in: OM 34, 1909, S. 244–373. – *Spechter*, Osnabrücker Oberschicht, S. 62–75, 117–131. – *Hatzig*, Möser als Staatsmann, S. 15–34. – *Knudsen*, S. 31–64.

[28] StA Osnabrück, Dep. 3 b V, Nr. 1409, Einschätzung Bürgermeister Berghoffs über die Gefährlichkeit der Krisenphänomene im Hungerjahr 1772. Die Spannung zwischen der Macht der Tradition und dem Zwang zu Reformen spielte ebenso eine Rolle wie die Scheu, politisch in einer Sackgasse zu landen.

1. *Das System der Osnabrücker »Verfassungs-Parität«*

durch finanzielle und durch rechtliche Hilfen zu stabilisieren, so war der Spielraum zur Gestaltung und zur Eigeninitiative zweifellos groß genug, zumal hinzukam, daß ein übergreifendes, auf einem breiten Konsens beruhendes Interesse an einer ökonomischen Ertragsoptimierung auf allen Seiten überwog.[29] Da, wo die Statik der konfessionell-politischen Verfassungsordnung unberührt blieb, ließen sich naturgemäß wirtschaftliche Reformprojekte und Strukturmaßnahmen einfacher durchsetzen als dort, wo der konditionierte juristische Mechanismus von Position und Gegenposition den politischen Prozeß erschwerte und den Drang nach Fortschrittlichkeit, so maßvoll und so vorsichtig er auch artikuliert wurde, paralysierte.

Daß der allgemeine Entwicklungsstand des kleinen Fürstbistums im Nordwesten des Reichs sich dennoch stetig verbesserte und den Vergleich mit anderen Geistlichen Territorien der Reichskirche nicht zu scheuen brauchte, war in erster Linie auf die Antriebskraft und die politische Phantasie des Juristen Möser zurückzuführen, der seinen schmalen Handlungsspielraum zwischen den konfessionellen Lagern routiniert ausnutzte und zur Not das Gewicht seiner ganzen Autorität auf die Waagschale legte, um seinen Zielen näherzukommen. Die Legitimationsbasis für sein Auftreten, die er nicht nur aus seiner formellen Bestallung als fürstbischöflicher Beamter, sondern mehr noch aus seiner engen praktischen Anlehnung an das Haus Hannover und die Krone in London ableitete, verlieh ihm eine zusätzliche wichtige Garantie persönlicher Sicherheit, die seinen unverwechselbaren Politik- und Um-

---

[29] Vgl. hierzu vor allem die bereits zitierten gründlichen Strukturanalysen von J. *Schlumbohm*. – Ebenso: *Runge*, Mösers Gewerbetheorie und Gewerbepolitik. – Konrad *Machens*, Die Tuchmacherei des Osnabrücker Landes im 17. und 18. Jahrhundert, S. 48–61. – *Ders.*, Beiträge zur Wirtschaftsgeschichte des Osnabrücker Landes im 17. und 18. Jahrhundert, S. 86–104. – William F. *Sheldon*, Zum Problem der Leibeigenschaft bei Justus Möser, in: Dienst für die Geschichte. Gedenkschrift für Walther Hubatsch. Göttingen/Zürich 1985, S. 62–70. – *Bölsker-Schlicht*, Hollandgängerei.

gangsstil in der kleinstaatlich-ständischen Osnabrücker Stiftswelt so nachhaltig formte.[30] Und dennoch hatte es der Repräsentant der welfischen Landesherrschaft in Osnabrück, wenn es um die konkrete Ausgestaltung der Politik ging, ungleich schwerer als seine zeitgenössischen Mitstreiter in den anderen Geistlichen Staaten – als Franz von Fürstenberg etwa im benachbarten Hochstift Münster, Karl Theodor von Dalberg in Kurmainz oder als Fürstbischof Franz Ludwig von Erthal in Bamberg und in Würzburg –, die in einer weitgehend monokonfessionellen Umgebung weder mit den singulären Problemen der Verfassungsparität noch mit dem der Alternativsukzession konfrontiert waren.[31] Daß damit in gewisser Weise ein Modernitätsvorsprung für die innere Verfaßtheit der meisten anderen Bischofsländer innerhalb der deutschen Reichskirche verbunden war, muß nicht unbedingt bedeuten, daß sich die Verhältnisse in Osnabrück auf einem vergleichsweise zurückgeblieben, niedrigeren Niveau als anderswo bewegten, unterhalb des Standards der korporativen Schwesterstaaten, sozusagen als amputiertes Mitglied der Germania Sacra, die sich ja selbst mit Vehemenz dem allgemeinen Säkularisierungsdruck entgegenstellen mußte.[32]

---

[30] Vgl. dazu: *van den Heuvel*, Beamtenschaft und Territorialstaat, S. 147–152. – *Press*, Kurhannover, S. 69–71. – *Renger*, Mösers amtlicher Wirkungskreis, S. 1–30. – Hans *Maier*, Justus Möser, in: Jahres- und Tagungsbericht der Görres-Gesellschaft 1985. Köln 1986, S. 67–82.

[31] Vgl. insbes. die Studie von Alwin *Hanschmidt*, Franz von Fürstenberg als Staatsmann. Die Politik des Münsterschen Ministers 1762–1780. Münster 1969. – Zu Dalberg: *Freyh* und *Christ*; ebenso Friedhelm *Jürgensmeier*, Das Bistum Mainz. Frankfurt am Main 1988, S. 260–264. – Zu Fürstbischof Erthal: *Koeppel*, Karl von Dalbergs Wirken unter Franz Ludwig von Erthal, S. 253–298.

[32] Generelle Sichtweise: Hubert *Jedin* (Hrsg.), Handbuch der Kirchengeschichte, Bd. 5: Die Kirche im Zeitalter des Absolutismus und der Aufklärung. Freiburg 1970 (Sonderausgabe 1985, hier insbes. die Beiträge von Heribert *Raab*). – *Hersche*, Intendierte Rückständigkeit, S. 133–149. – Karl Otmar Freiherr *von Aretin*, Die

1. Das System der Osnabrücker »Verfassungs-Parität«

Es waren die spezifischen Zwänge und Bedingungen, resultierend aus der historisch gewachsenen, teils konfessionalisierten, teils säkularisierten einzigartigen Verfassungssituation, mit den beiden Säulen der Alten Kirche und der evangelischen Landesherrschaft, die Osnabrück in seiner individuellen geistlichen Struktur so entscheidend anders machten, ja kurios erscheinen ließen, als die anderen reichskirchlichen Territorien mit ihrer »normal« verlaufenen allgemeinen Tradition und ihrem korporativen Selbstverständnis als »Voll«-Mitglied der adeligen Reichskirche.[33] Die Dimension dieses Denkens in den Bahnen der altehrwürdigen katholischen Reichsinstitution war dem bürgerlichen Protestanten Möser im Innern seines Wesens letztlich fremd – in seinem eigenen regionalen Wirkungskreis hatte er andere Traditionen der Identitätspflege und andere Formen der Sinnstiftung zu beachten und schließlich andere Wege auf einer »Gratwanderung« zu beschreiten, um den Abstand zwischen Konkurrenz und Konsens, zwischen Konfliktbereitschaft und Friedensfähigkeit innerhalb der konfessionell gespaltenen Überlebensgemeinschaft seiner Landsleute möglichst schmal und kalkulierbar zu erhalten.

Das System der Osnabrücker Parität, ursprünglich Ausdruck eines pragmatischen Kompromisses zwischen den streitenden Konfessionsparteien unter dem einheitsstiftenden Dach des pazifizierenden Reichsrechts, bot der einen Seite noch immer einen willkommenen Schutzschild, hinter dem sich unschwer eine Bunkermentalität breitmachen konnte, für die andere Seite aber wurde es zunehmend zu einer Barriere, die den

Konfessionen als politische Kräfte am Ausgang des Alten Reiches, in: *Iserloh*, Erwin/*Manns*, Peter (Hrsg.), Glaube und Geschichte. Festgabe Joseph Lortz. Bd. 2. Baden-Baden 1968, S. 181–241.

[33] Vgl. Karl Otmar Freiherr *von Aretin*, Heiliges Römisches Reich 1776–1806. Reichsverfassung und Staatssouveränität. 2 Teile. Wiesbaden 1967, S. 34–51, 375–452. – *Hersche*, Intendierte Rückständigkeit, S. 133–149. – Ludwig *Hüttl*, Geistlicher Fürst und geistliche Fürstentümer im Barock und Rokoko, in: ZBLG 37, 1974, S. 3–48. – Günter *Christ*, Selbstverständnis und Rolle der Domkapitel in den geistlichen Territorien des Alten Deutschen Reiches in der Frühneuzeit, in: ZHF 16, 1989, S. 257–328.

maßvollen Wandel nur in kleinen, autoritär verordneten oder mühsam erkämpften modernisierenden Schüben zuließ, ihn im ganzen jedoch mehr behinderte und erschwerte als beförderte und beschleunigte. Auch die dosierte Mischung einer Politik aus elastischem Gewährenlassen der autonomen ständischen Kräfte und dem Einsatz der normierenden gesetzlichen Verfügungsgewalt von seiten der Regierung, die Möser streckenweise – nicht zuletzt auch auf dem Feld der Armenpolitik – mit Erfolg anwandte, vermochte stets nur in den vorgezeichneten Bahnen des traditionellen festgefügten Rechtssystems zu funktionieren – alle Versuche, aus dem komplementären Garantiesystem der *Capitulatio Perpetua Osnabrugensis*, der entscheidenden Verfassungsurkunde im Gefolge der Westfälischen Friedensbestimmungen, einseitig auszubrechen, hätten zwangsläufig das politische Gesamtgefüge des Fürstbistums in seiner prekären konfessionellen Grenzsituation ins Wanken gebracht und den »paritätischen Konsens« zwischen Staat und Kirche, Regierung und Ständen, dem welfen-freundlichen Möser und seinen Kombattanten auf katholischer Seite in Frage gestellt. So blieb dem agilen Regierungsberater oft nur der Weg über mühselige und zeitraubende Verhandlungen im täglichen Kleingeschäft des politischen Betriebs übrig, um ein Stück Bewegung und Fortschritt in die Diskussionen vor Ort zu bringen, freilich aber auch den vorgesetzten Regierungsstellen in Hannover und in London ein Stück aktiven Überlebenswillen des peripheren Nebenlandes weit weg von den eigentlichen Schalthebeln der Macht zu demonstrieren.[34]

---

[34] Zum Hintergrund des Geschehens vgl. die politik- und verfassungsgeschichtlichen Studien von *Renger, van den Heuvel, Knudsen, Schröder, Schindling* und *Press*.

2. Balance der Macht – Balance der Ansprüche: Reformpläne im Konflikt zwischen Stadtmagistrat, evangelischer Regierung und katholischer Kirche

Die Diskrepanz zwischen der aufgeklärten reformerischen Rhetorik auf dem Papier und der mangelhaften, mit Rücksichtnahmen und Hindernissen befrachteten, sich nur zögernd bis gar nicht vollziehenden Umsetzung in die Realität trat nirgends so kraß zutage wie auf dem vernachlässigten und weggedrängten sozialen Sektor des Armen- und Fürsorgewesens, auf dem breiten humanitären Gebiet mitmenschlicher Hilfe und Vorsorge also, für das die Regierung erst allmählich unter dem Zwang der akuten Not und Bedürftigkeit und der damit verbundenen – vergeblichen – Unterdrückung der Bettelei in Anspruch genommen und immer mehr in die Verantwortung gezogen wurde. Einem Mann wie Möser, der in erster Linie auf den Erfolg seiner wirtschaftlichen Maßnahmen, auf Wohlstandsmehrung und soziale Statussicherung – damit also auf eine positive zukunftsorientierte Programmatik – setzte, war zweifellos die Ambivalenz seiner Verhaltensweise, das Auseinanderdriften von Ideen und Taten, gegenüber den verschiedenen Armutsphänomenen in Stadt und Land wohl bewußt.[35] Seine feste Haltung war geprägt von einer, wenn man so will, milieubedingten bürgerlichen Antipathie gegen jede Form des parasitären Müßiggangs, gegen Arbeitsscheu und vagabundierendes Lotterleben[36] – von negativen Faktoren also, die das de-

---

[35] *Möser*, Vorschlag zur Beschäftigung der Züchtlinge (1767), in: *Göttinger Akademie-Ausgabe* VIII, Nr. 41, S. 122–124. Möser tritt hier als »Wirtschaftler« und als »Unternehmer« auf, ganz in merkantilem Geist, um das Armutsphänomen zu bannen.

[36] Vgl. *Spechter*, Osnabrücker Oberschicht, S. 90, der ein Beispiel für diese Einstellung bringt: Der junge Karrierist Lodtmann als Sproß einer alten Osnabrücker Bürgerfamilie in seiner Distanz gegenüber akuter Armut in der Nachbarschaft. Mit Nachdruck versucht er, seine Mutter von der traditionellen Form der Nachbarschaftshilfe zurückzuhalten – vergeblich, aber das neue Denken in bürgerlichen Standeskategorien wird deutlich!

fensive Grundmuster seiner nur mäßig entwickelten, freilich auch nur mäßig geforderten Armenpolitik bestimmten, die über weite Strecken, ohne neue konzeptionelle Züge in der Realität zu offenbaren, nichts anderes darstellte als eine Variante der vielerorts praktizierten *Anti-Bettel-Gesetzgebung* mit ihrem juristischen Instrumentarium der Ausgrenzung, Verfolgung und Bestrafung.[37] Nicht als Wohltäter oder Armenfreund, auch nicht als Sozialpolitiker oder Anwalt der Gerechtigkeit, sondern als verantwortlicher Regierungs-Jurist und kühler Rechner nahm der Skeptiker Möser die Welt der kleinen Leute ins Visier, in der er nicht nur Armut und Not, nicht nur den Kleingeist und knappe Existenzminima, sondern auch das stille Glück, den bescheidenen Erfolg und den heimlichen Stolz über das Gelingen des Tagwerks entdeckte – Bilder übrigens, die er in häufiger Variation, sprachgewandt und in pädagogischer Absicht in vielen seiner »Patriotischen Phantasien« gezeichnet hat.[38]

Wog seine persönliche Einstellung zur Unterdrückung von Armut und Bettelei mit den Mitteln der Repression und der dekuvrierenden Ausgrenzung schon schwer genug, weil sie auf seine offiziellen, amtlichen Handlungen einen beträchtlichen Einfluß gewann, so verstärkten die politischen Zwänge des Paritätssystems mit ihrer präformierenden Wirkung diese Haltung nur noch mehr, die gleichwohl dennoch von einer bemerkenswert gleichbleibenden Abwägung und verhaltenen Bestimmtheit geprägt war. Möser war zu keiner Zeit der Herr des Verfahrens über die zersplitterten Bereiche des Armenwesens, die der Tradition gemäß noch immer unter dem korporativen Patronat der Kirche und der Kirchspielorganisation, der kommunalen und der dörflichen »Selbstverwaltung« sowie

---

[37] Hierzu *Sachße/Tennstedt*, Geschichte der Armenfürsorge, S. 107ff. – Robert *Jütte*, Disziplinierungsmechanismen in der städtischen Armenfürsorge der Frühneuzeit, in: *Sachße/Tennstedt*, Soziale Sicherheit und soziale Disziplinierung, S. 101–118. – *Roeck*, Außenseiter, Randgruppen, Minderheiten, S. 71–79.

[38] *Göttinger Akademie-Ausgabe*, Bde. IV-VII; dazu der sorgfältig recherchierte Kommentarband (Bd. XI) von Gisela *Wagner* (1988).

schließlich unter dem Schirm der privaten Wohltätigkeitseinrichtungen standen. Der Versuch, in diese schon für die Zeitgenossen unübersichtliche, disparate Gemengelage größerer und kleinerer Armeninstitute – Gruner spricht von »Regellosigkeit« und vom »Mangel an Strenge«[39] – eine gewisse handhabbare Stringenz und Ordnung *hineinzuverordnen*, schien auch für eine so starke autokratische Führungsfigur, wie Möser sie war, ein nahezu aussichtsloses Unterfangen zu sein. Der Mangel an Koordination in der Verwaltung und an Konzentration der verfügbaren Mittel, das Beharren der jeweiligen Eigentümer, der Spender und Mäzene auf der Selbstorganisation ihrer materiellen Armenfonds, die Macht, Ansehen und Sozialprofil verhießen, und schließlich das kaum noch voll überschaubare Geflecht der juristischen Abhängigkeiten und komplizierten Rechtstitel in dem System der Parität – dies alles gegen den zu erwartenden Widerstand der betroffenen Instanzen und Personengruppen aufzulösen und zu rationalisieren mit dem Ziel, Transparenz und Effektivität, Gerechtigkeit und individuelles Glück durchzusetzen, wäre weitaus mehr als nur ein partieller, für ein bestimmtes gesellschaftliches Segment vorteilhafter Strukturwandel gewesen, dies hätte angesichts der engen Verzahnung aller Politikbereiche miteinander zweifellos einen Systemwechsel mit unkalkulierbaren Risiken und Folgen nach innen, aber auch nach außen mit Blick auf die welfische Vormacht und deren Interessen bewirkt.
Möser hat zu keinem Zeitpunkt seiner Regierungstätigkeit an einen derart weitgehenden, kühnen Reformentwurf gedacht, nicht nur weil er realistisch im politischen Gelände des Stiftsterritoriums die Hindernisse und die Schutzwälle erkannte, die Linien der Abwehrreaktion und das drohende Konfliktpotential einzuschätzen vermochte, sondern auch weil ein solches Unterfangen seiner politischen Lebensphilosophie, seiner Abneigung gegen Uniformität und gegen Standardisierung der

---

[39] *Gruner* II, 1803, S. 505. – Gruner vergleicht die Stadt-Land-Relationen und kommt für beide soziale Einheiten zu einem pessimistischen Befund.

Verhältnisse, zu sehr zuwidergelaufen wäre.[40] Die Zeit war einfach noch nicht reif genug, eine umfassend dimensionierte Organisationsreform des Armenwesens in Angriff zu nehmen und auch durchzuführen, zumal es an der Härte, an der Dauerhaftigkeit und der spürbaren Gefahr des sozialen Drucks von unten, trotz der immensen Bettlerlast, fehlte, der die Notwendigkeit einer raschen Modernisierung oder Anpassung zwingend erforderlich gemacht hätte.

Erst gegen Ende des Jahrhunderts, als die Kombination aus traditioneller Armenpflege, überbordender Bettelei und neuer kriegsbedingter Emigrantenflut den sozialen Druck im niedergehenden Osnabrücker Stift beträchtlich verschärfte, geriet das überkommene alte System der gemischten distributiven Sozialfürsorge, begleitet von einer engagierten Diskussion innerhalb der ständischen Bürgergesellschaft, ernsthaft ins Wanken und öffnete sich für neue Ideen und für neue konkrete Reformpläne, die – zumindest für den Bereich der Stadt – nach einer langen Inkubationsphase im Jahre 1810, unter Mithilfe der königlich-westphälischen Regierung, in eine institutionalisierte zentrale Verwaltungs- und Aufsichtsinstanz, die Osnabrücker Armenanstalt, einmündeten.[41]

Freilich war der Weg bis dahin gepflastert mit holprigen Steinen, kantigen Ecken und ungeahnten Schlaglöchern, die eine schnelle Gangart auf dem Gebiet des Armenwesens, auch in der reformfreudigen Ära Mösers, kaum zuließen, sofern nur das durch die Tradition eingeübte und offensichtlich in der Bevölkerung auch akzeptierte, althergebrachte Pflege- und Versorgungssystem, trotz seiner repressiven und disziplinierenden Züge, den Erwartungen und den Ansprüchen gemäß funktionierte, ohne daß es zu eruptiven Aktionen des Wider-

---

[40] *Möser*, Jeder zahle seine Zeche (1772), V, Nr. 38, S. 155–158. – *Möser*, Vorschlag, wie der Teurung des Korns am besten auszuweichen (1771), V, Nr. 3, S. 27–35.

[41] StA Osnabrück, Dep. 3 b V, Nr. 1424, betrifft die im Jahr 1807 von der westphälischen Regierung zu Kassel verlangten Nachrichten über die Armenfonds. – Diese Statistik war eine Voraussetzung für die Vorbereitung zur Gründung einer Armen-Anstalt. – Vgl. auch *Molly*, Reform des Armenwesens, S. 31–53.

2. Balance der Macht – Balance der Ansprüche 183

spruchs oder einer untergründigen Welle des Mißmuts und der Ablehnung kam, die zu einer Gefahr für die Stabilität der allgemeinen Ordnung hätte werden können.[42] Der »regierende« Möser behielt mit seinem nachgeordneten Beamtenapparat die Entwicklung jederzeit fest im Griff – nichts lief in dem kleinen Hochstift dramatisch aus dem Rahmen, was nicht vorher durch gezielte Hilfen und durch angepaßte konkrete Korrekturen, wenn auch unvollkommen und halbherzig, repariert worden wäre.
Daß die Welt der Armen im Osnabrücker Bischofsland dennoch keine heile Idylle war, daß verschämte Armut, stille Not und heimlicher Hunger auch hier, unter dem Krummstab des evangelischen Fürstbischofs, ihre Heimstatt fanden, verrät die wache Sensibilität, mit der die Obrigkeit die Vorgänge im Milieu der unter- und minderprivilegierten Schichten überwachte und zu steuern suchte. Dabei gilt es an dieser Stelle quellenkritisch hervorzuheben, daß die undramatische Normalität des »unruhigen« Alltags, die begrenzte Mobilität der seßhaften Armen, der zänkische Disput um die Gunst der kleinen Vorteile, die man sich erbettelte oder erstritt, und nicht zuletzt die Sorge um das tägliche Brot – mit oder ohne Arbeit – Ausdruck einer Dauerhaftigkeit in der Lebenswirklichkeit der Armen waren, die an der Oberfläche in den amtlichen Stellungnahmen und Dokumenten, je nach Anlaß und Bedeutung, nur begrenzt ihren Niederschlag fand. Blieb eine frühneuzeitliche ständische Territorialgesellschaft – wie die im paritätischen Osnabrück – von Untertanenkonflikten und echten Herrschaftskrisen weitgehend verschont, so war dies zweifellos ein wichtiger Hinweis für die relative Stabilitätsdichte und die elastische Zähigkeit der staatlich-ständischen Strukturen, ebenso natürlich für die Begabung und das Geschick des politischen Managements an der Spitze, auch wenn letztlich der Parameter für die Zuordnung und die Definition des Gewichts der

---

[42] *Gruner* II, 1803, S. 534f. – *Wagners* Erinnerungen, S. 26, 85. – *Knudsen*, S. 112–144. – *van den Heuvel*, Ländliches Kreditwesen am Ende des 18. Jahrhunderts, S. 163–192.

einzelnen Kräfte fehlte, den das Szenario einer Krise fraglos geboten hätte.[43]

So gesehen, darf das Bild einer harmonischen Friedfertigkeit und ruhigen Idylle, wie es Möser manchmal gerne gezeichnet hat, nicht überstrapaziert und kritiklos als wirklichkeitsgetreuer Befund der Realität übernommen werden, aber auch das Gegenteil, eine erwachende bürgerliche Gesellschaft im Aufbruch und im Protest, die den Wandel auf ihr Panier geschrieben hätte, wäre ein Zerrbild der behäbigen Saturiertheit und des mäzenatischen Gemeinsinns gewesen, wie er in viele Handels- und Kaufmannshäuser, in die Ratsstuben und Advokatenkanzleien, in die Pastoren- und Schulmeisterzimmer mit ihrer für die Zeit typischen »patriotischen« Aufgeschlossenheit für die sozialen Nöte der Armen und der Minderbemittelten eingekehrt war.[44] Es war eine Zeit, in der es wenigen wirklich gutging, in der die meisten sich mit Anstand durchschlugen, ihren Lebensunterhalt durch tägliche Arbeit verdienten, in der es freilich aber auch viele verarmte und minderbegüterte, alte und kranke, vom Glück, der Familie und vom Lebensmut verlassene »ehrliche« Leute gab, die knapp oberhalb oder schon unterhalb des Existenzminimums um ihren täglichen Broterwerb, um Nahrung, Kleidung und Unterkunft rangen – die einen darbend und schuftend in primitiver Handarbeit, die anderen relativ bequem durch Bettelei und Müßiggang, dies zumeist jedoch in den vertrauten Bahnen zwischen öffentlicher Unmoral, persönlicher Apathie und einer notgedrungen geduldeten, die soziale Balance belastenden Alltagspraxis. Aber es war dies alles kein Ringen um die Utopie einer besseren,

---

[43] StA Osnabrück, Dep. 3 b V, Nr. 1409 (Krisenszenario 1772 in der Stadt Osnabrück). – Grundsätzliche Diskussion: Peter *Blickle*, Unruhen in der ständischen Gesellschaft 1300–1800. München 1988. – *Herzig*, Unterschichtenprotest in Deutschland (1988). – G. *Schmidt*, Die frühneuzeitlichen Hungerrevolten, S. 257–280.

[44] StA Osnabrück, Dep. 3 b V, Nr. 1409, Listen der Spender von 1772. – *Wagners* Erinnerungen, S. 66ff., 78f. – *Krusch*, Möser und die Osnabrücker Gesellschaft, S. 244–373. – Paul *Göttsching*, »Bürgerliche Ehre« und »Recht der Menschheit« bei Justus Möser, in: OM 84, 1978, S. 51–79.

2. Balance der Macht – Balance der Ansprüche 185

einer gerechteren Welt, die ihnen auch niemand vorgaukelte, sondern es ging um den begrenzten mentalen Horizont der mühseligen Bewältigung eines prekären Daseins und um die kleine erzwungene Teilhabe an dem allgemeinen Glück, und zwar in einer Zeit, in der sich die »Geldsäcke«, wie ein junger Zeitgenosse Mösers, der spätere Senator Wagner, schrieb, »zum Wohle der Mitbürger« öffneten.[45]
Im Gegensatz zu den Bedürftigen in anderen Territorien und anderen Städten, in denen die Modernisierung der Armenpflege schon weiter vorangeschritten war, hatte *der Typ des raffinierten Bettlers in Osnabrück* strukturell einen besseren Stand für sein Gewerbe, zumindest jedoch die lukrativeren Möglichkeiten, an mehreren Tischen Platz zu nehmen und nicht selten ein doppeltes oder dreifaches Almosen zu verzehren.[46] Das Osnabrücker Paritätssystem, seit seiner Konstituierung im Westfälischen Frieden konsequent durchgeführt, hatte nicht nur vordergründig die verfassungs- und verfahrensrechtlichen Regelungen im Zeichen der Bikonfessionalität und der Alternativsukzession festgelegt, sondern es hatte auch ein doppeltes, wenngleich fragmentarisches System der Armenversorgung zwischen Alter Kirche und evangelischer »Lokalhoheit« formalrechtlich und faktisch entstehen lassen. Vor allem das Domkapitel als vornehmster Landstand und führender Repräsentant der katholischen Kirche in Osnabrück beharrte unnachgiebig auf seinen traditionellen Privilegien und seinen sozialen Rechten, und es verteidigte sich mit den juristischen Waffen, die ihm zur Verfügung standen, überaus erfolgreich gegen die schleichenden, mehr verdeckten als offenen Zugriffs- und Partizipationstendenzen der bürgerlich-kommunalen und der landesherrlich-staatlichen Gegenseite, die nicht

---

[45] *Wagners* Erinnerungen, S. 26. – *Spechter*, Osnabrücker Oberschicht, S. 126ff. – *Sheldon*, Patriotismus bei Justus Möser, S. 31–49.

[46] StA Osnabrück, Dep. 3 b V, Nr. 1415; Domdekan Hacke an Bürgermeister und Rat von Osnabrück, 24. September 1796. – *Wagners* Erinnerungen, S. 44–48 (hier Hinweise auf den Mißbrauch des Almosennehmens). – Vgl. auch *Schubert*, Arme Leute. – *Küther*, Menschen auf der Straße.

nur unter dem Blickwinkel der konfessionellen Konkurrenz, sondern auch wegen der sozialökonomischen Bedeutung der katholischen Armenfonds, besonders im Gefüge der stadtbürgerlichen Gesellschaft, ein waches und stets auch mißtrauisches Auge für die Entwicklung zeigte.[47]
Die entscheidende Weichenstellung für die Herausbildung der beiden nebeneinanderherlaufenden, quasi-konkurrierenden Versorgungs- und Betreuungssysteme – auf engstem Raum, in engster Nachbarschaft – wurde in den Ausführungsbestimmungen der *Capitulatio Perpetua Osnabrugensis* zugrundegelegt, für die allein der Besitzstand an dem festfixierten Stichdatum des 1. Januar 1624, dem Normaljahrstermin, juristisch relevant war. Nur in den Armenhäusern, Hospitälern und milden Stiftungen, in denen bereits am 1. Januar 1624 beide Konfessionsverwandten miteinander gelebt hatten, sollten – so die einschlägigen Artikel 20 und 22 der Capitulatio Perpetua Osnabrugensis von 1650 – ebenso viele Katholiken und Evangelische wiederaufgenommen und in ihre alten Rechte und Präbenden eingesetzt werden, wie an diesem Stichtag de facto vorhanden waren.[48] Die Osnabrücker Religionsfriedensregelung betraf neben den konfessionell gemischten sozialen Fürsorgeeinrichtungen vor allem auch die bekenntnismäßige Zusammensetzung der originär kirchlichen Institutionen, in erster Linie natürlich des Domkapitels und des Kollegiatsstifts zu St. Johann, der geistlichen Korporationen also an den beiden großen katholischen Kirchen in der Stadt, während die anderen beiden Pfarrkirchen, St. Marien am Markt und St. Ka-

---

[47] *Molly*, Reform des Armenwesens, S. 29–31. – *Hoffmeyer*, Fürsorge für die Armen, S. 39–52. – *Renger*, Landesherr und Landstände, S. 50–67. – *Knudsen*, S. 65–93.

[48] Vgl. die ausführliche historisch-juristische Diskussion bei Gerhard *Siegmund-Schultze*, »Fromm«, »mild«, »gemeinnützig« vom Mittelalter bis zur Gegenwart. Der rechtliche Status der Evangelischen Stiftungen Osnabrück, in: OM 92, 1987, S. 105–215, hier: S. 157–160. – Vgl. ebenso, mit kritischem Akzent: Hans *Otte*, Fromm, mild und gemeinnützig. Zum rechtlichen Status der Evangelischen Stiftungen Osnabrück, in: OM 93, 1988, S. 115–150.

2. Balance der Macht – Balance der Ansprüche 187

tharinen, im Sinne der Parität der evangelisch-bürgerlichen Stadtgemeinde zugeordnet waren.[49] An dem konfessionellen und dem juristischen Status der anderen Armeninstitute, Waisenhäuser und Kapitalienfonds, deren Trägerschaft – sei sie nun kirchlich-katholisch, kirchlich-lutherisch oder bürgerlich-kommunal bestimmt – relativ eindeutig definiert war[50], wurde unter den Bedingungen der Parität, die ja für alle Bereiche des öffentlichen Lebens eine Regelungsverdichtung und einen beträchtlichen Verrechtlichungsschub ausgelöst hatte, im Prinzip kaum noch etwas Größeres geändert, allenfalls durch Verkauf, Tausch oder Vermächtnisse im kleineren Rahmen einer normalen geschäftlichen Rechtshandlung etwas »korrigiert«.[51]
Was 1648 und 1650 durch ein kompliziertes Regelwerk kunstvoll auf einen bestimmten Zustand konfessioneller Gleichbehandlung und Gleichstellung fixiert wurde, war zweifellos ein territorialer Religions- und Verfassungsfrieden von einer bemerkenswerten singulären Rechtsstruktur, freilich aus der Not der Situation, unter dem Druck des kaiserlichen und großmächtlichen Friedensgebotes im Reich entstanden – eine Legitimationsquelle jedoch von erstaunlicher Bindekraft und mit einem austarierten pazifizierenden Sanktionspotential, durch das ein pragmatisches Nebeneinander von katholischer und evangelischer Lebensweise trotz aller kulturellen, mentalen und sozialen Unterschiede, die es unter den Bedingungen der doppelten Konfessionalität gab, im großen und ganzen erfolgreich gewährleistet wurde. Der mühsame Prozeß des Aneinandergewöhnens und des Miteinanderauskommens blieb angesichts der komplizierten Vermischung von religiösen und politischen Problemen, von traditionellen und von zeitgemäß mo-

---

[49] Vgl. *Hoberg*, Die Gemeinschaft der Bekenntnisse in kirchlichen Dingen, S. 85–97. – *Hoffmeyer*, Chronik der Stadt Osnabrück, S. 203–226.

[50] Vgl. *Molly*, Reform des Armenwesens, S. 5–10. – *Siegmund-Schultze*, »Fromm«, »mild«, »gemeinnützig«, S. 157–170.

[51] Zu diesem komplizierten, kontrovers diskutierten juristischen Komplex vgl. *Siegmund-Schultze*, S. 157–170, sowie *Otte*, S. 115–150. – *Friderici-Stüve*, Geschichte der Stadt Osnabrück. Teile 1–3. Osnabrück 1816–1826, hier bes. Teil 3.

dernen Denkstrukturen, die sich nicht so einfach durch ein juristisches Paragraphengerüst kanalisieren, geschweige denn säuberlich scheiden ließen, eine fortwährende Generationenaufgabe, die nach all den Erfahrungen eines ganzen Jahrhunderts auch noch die Zeit der Reformen unter Möser im niedergehenden Ancien régime beschäftigte.[52] Denn noch immer dominierte der Zwang zum Kompromiß – die Suche nach den Formen einer legalisierten friedlichen Koexistenz im Geiste der Toleranz – den Charakter einer Politik, die das tägliche Zusammenleben innerhalb der ständischen Gesellschaft mit ihrer gespaltenen konfessionellen Identität und mit ihrem differenzierten sozialen Problemdruck zu organisieren und zu bewältigen hatte.

Bis zum Ende der stiftischen Existenz gelang es der fürstbischöflichen Regierung in Osnabrück nicht, das paritätische Geflecht der unterschiedlichen Interessen, Besitzansprüche und Rechtsvorstellungen entscheidend zu durchbrechen – schon gar nicht gegen den privilegierten exemten Status der katholischen Kirche und ihrer führenden Repräsentanten, gegen deren Widerspruch das Konzept einer geschlossenen, die Kirche, den Staat und die Kommunen umfassenden Gesamtlösung, beispielsweise in der Armen- und Fürsorgefrage, nicht durchzusetzen war. Der korporative Widerstand des mehrheitlich katholischen Domkapitels, das sich auf die geschichtliche Tradition und die lange Kontinuität der christlich-karitativen Mildtätigkeit und fürsorglichen Armenpraxis der Alten Kirche in dem Hochstift berief, blockierte jeden Versuch einer behördlichen Konzentration der vorhandenen Mittel und damit natürlich auch den Weg, durch mehr Koordination zu einer größeren Verteilungsgerechtigkeit und effektiveren Mißbrauchsbekämpfung des blühenden *Betteltourismus* zwischen den Institutionen der kirchlichen und der weltlichen Almo-

---

[52] Hierzu *Hoberg*, Die Gemeinschaft der Bekenntnisse in kirchlichen Dingen, S. 45–54. – *Penners*, Konfessionsbildung im Fürstbistum Osnabrück, S. 25–50. – *Schindling*, Westfälischer Frieden und Altes Reich, S. 97–120.

2. Balance der Macht – Balance der Ansprüche

senvergabe zu gelangen.[53] Bei allen Anstrengungen, die es besonders in der fürstbischöflichen Residenzstadt Osnabrück mit ihrer zentralörtlichen Funktions- und Ämterfülle gab, gemeinsam die Versorgung der »allgemeinen Stadtarmen« in den Griff zu bekommen und in vernünftigen Bahnen zu regulieren, beharrte die katholische Seite konsequent auf ihrer juristisch verbürgten *besitzorientierten Eigenverantwortlichkeit* für ihre eigene institutionelle und mentale, ja soziokulturell abgeschottete kleine kirchliche Welt der christlichen Wohlfahrtspflege, die – von den Bemühungen des lutherischen Rats für die Bürgergemeinde in der Regel kaum tangiert – dennoch eine wichtige Säule in dem Gefüge der städtischen und der ländlichen Armenversorgung darstellte.[54]

Justus Möser, der von Amts wegen beide Seiten der konfessionellen Paritäts-Parteien fest im Blick behalten mußte, erkannte durchaus – ohne darüber große deklamatorische Erklärungen abzugeben – auch gewisse Vorteile des geteilten uneinheitlichen Versorgungssystems, das, auf mehreren Schultern ruhend, zwar »katholische Arme« und »evangelische Arme«, Stadtarme und Landarme kannte, das aber aufgrund seiner disparaten »paritätischen Trägerschaft« gleichwohl in die Breite wirkte und das Potential der verfügbaren Almosen und individuellen Hilfsleistungen zu mobilisieren verstand. Auf diese Weise blieb das Problem von Armut und Bettelei im Osnabrücker Bischofsstaat lange Zeit beherrschbar und trotz der einzelnen Klagen[55] über das Ausmaß der Bedrängnis, etwa

---

[53] StA Osnabrück, Dep. 3 b V, Nr. 1415; Klagen über Mißbrauch bei der Vergabe der Armenscheine durch die katholische Kirche 1796. – *Molly*, Reform des Armenwesens, S. 18–31.

[54] StA Osnabrück, Dep. 3 b V, Nr. 1409; Bericht der Kommission in katholischen Kirchen- und Armensachen (Herft und Dorfmüller) an den Maire Stüve zu Osnabrück, 30. Juni 1809 (hier wird im Rückblick sehr aufschlußreich geschildert und bewertet).

[55] StA Osnabrück, Rep. 100/198/5. – Beispiele aus den nördlichen Kirchspielen des Hochstifts Osnabrück, aus Ankum und Badbergen, wo die Bevölkerung sich unter Druck gesetzt fühlte, vor al-

durch die auswärtigen Vagabunden und die gewerbsmäßigen Bettler, noch immer erträglich, so daß für beide Seiten keine übermäßige Dringlichkeit bestand, einzelne mißliebige Teilregelungen der paritätischen Landesverfassung einseitig zur Disposition zu stellen, die dadurch zwangsläufig das Gesamtgefüge ins Rutschen gebracht hätten. Das von der welfischen Landesherrschaft in die Defensive gedrängte Domkapitel, das bereits im Vorfeld der Bischofswahl von 1763/64 politisch ausgeschaltet und in seinem Einfluß beschnitten worden war, sah sich in der Ära Mösers im wesentlichen auf seinen kirchlich-spirituellen, seinen jurisdiktionellen und seinen sozial-karitativen Aufgaben- und Funktionsbereich für den katholischen Teil des Fürstbistums beschränkt, während gleichzeitig sein Profil als einstmals führende politische Kraft – nunmehr aber ohne eigentliche Machtbasis – immer mehr verblaßte und der evangelischen Ritterschaft faktisch wie von selbst die ständische Präzedenz in den entscheidenden Fragen zufiel.[56]
War die politische Potenz der Alten Kirche durch das Regiment der evangelischen Regierung schon vor dem Ende der fürstbischöflichen Zeit drastisch zurückgedrängt, so bedeutete dies nicht, daß parallel dazu in gleicher Weise ihre mächtige Präsenz im Bewußtsein der Bevölkerung abgenommen hatte. Zu dicht war das Netz der kirchlichen Infrastruktur geknüpft, zu fest die katholische Traditionsverwurzelung gerade auch im einfachen Volk verankert, als daß die Reduktion des Wirkens auf der politischen Bühne auch eine Schwächung oder Minderung der Einfluß- und Gestaltungsmöglichkeiten in dem großen Bereich der geistlich-pastoralen Betreuung, dem originären Betätigungsfeld der Kirche, nach sich gezogen hätte.

lem wegen der Nähe zum Niederstift Münster und der damit verbundenen Möglichkeiten für Bettler und Vaganten, die »offene« Grenze zu passieren.

[56] Vgl. Leo *Körholz*, Die Wahl des Prinzen Friedrich von York zum Bischof von Osnabrück und die Regierung des Stifts während seiner Minderjährigkeit. Diss. phil. Münster 1907 (1908). – *van den Heuvel*, Beamtenschaft und Territorialstaat, S. 145–151. – *Renger*, Landesherr und Landstände, S. 50–67. – *Freiherr von Boeselager*, Osnabrücker Domherren.

2. Balance der Macht – Balance der Ansprüche

Durch die konsequente Wahrnehmung der seelsorgerlichen Aufgaben, durch persönliche Ansprache, christliche Wohltätigkeit, erzieherisches Engagement und uneigennützige Armen- und Krankenversorgung stand die Kirche traditionell den bedürftigen Menschen nahe und genoß sogar durch die Tätigkeit der beliebten Bettelmönche, der Dominikanerpatres in Osnabrück im »Natruper Kloster«, ein beträchtliches Stück an ehrlicher Popularität, in das auch Kreise aus der lutherischen Bürgerschaft einstimmten.[57] Schon aufgeklärte Zeitgenossen wie die unverfänglichen bürgerlichen, nicht-katholischen »Chronisten« Gruner, Stüve und Wagner hoben mit unterschiedlicher Gewichtung den – positiven – volksnahen, geistlich-sozialen Charakter der kirchlichen Tätigkeit hervor, ohne freilich zu vergessen, auf den Verlust ihrer Funktion im politischen Raum hinzuweisen, der angesichts der englisch-welfischen Dominanz in dem kleinen Land, repräsentiert durch den stets präsenten Möser, als ein Gestaltwandel des traditionellen Systems empfunden wurde.[58]

Das Sozialengagement der katholischen Kirche nahm neben der Seelsorge und dem Bildungsbereich eine beachtliche Vorreiterrolle in der öffentlichen Wahrnehmung einer geordneten Armenpflege ein und wurde daher zielstrebig von den adeligen Domherren gefördert, die die Aufsicht über die einzelnen Fonds und die Verteilung der Fundationsgelder führten.[59] So-

---

[57] StA Osnabrück, Rep. 560 III A, Protokolle, Nr. 69–87 (zur Administration). – *Wagners* Erinnerungen, S. 77 (hier Aspekte zur Osnabrücker »Geselligkeit« im Ancien Régime).

[58] Zu den Chronisten: Johann Eberhard *Stüve*, Beschreibung und Geschichte des Hochstifts und Fürstenthums Osnabrück. Osnabrück 1789 (Nachdruck Osnabrück 1978), S. 470–473. – *Wagners* Erinnerungen, S. 76–78. – *Gruner* II, 1803, S. 508, 519. – Insbesondere Stüves »Geschichte des Hochstifts« muß als eine besondere kulturgeschichtliche Leistung in der Ära Mösers – erschienen im Revolutionsjahr 1789 – angesehen werden.

[59] StA Osnabrück, Rep. 560 III A, Protokolle, Nr. 69–87 (hier Beispiele). – Zum Hintergrund: *Hoberg*, Die Gemeinschaft der Bekenntnisse in kirchlichen Dingen, S. 85–100. – *Freiherr von Boeselager*, Osnabrücker Domherren, S. 68–82.

wohl die katholischen Stadtarmen wie auch die katholischen Landarmen profitierten in beträchtlichem Maße von den Stiftungsgeldern und den wöchentlichen Kirchenkollekten; in den gemischtkonfessionellen Kirchspielen partizipierten manchmal auch die andersgläubigen Armen und Bedürftigen an dem Fundus der vorhandenen Almosen – ein deutliches Zeichen für den überkonfessionellen, von aufkeimender toleranter Gesinnung gespeisten Pragmatismus, wie er von manchen Vögten, Pastoren und Armenprovisoren nicht zuletzt aus der Haltung heraus praktiziert wurde, die friedliche Gemeinschaft der Kirchspielseingesessenen im Angesicht gleich schlechter, karger Lebensbedingungen für alle einigermaßen stabil und funktionsfähig zu erhalten.[60]
Das Domkapitel als Aufsichtsinstanz über die verfügbaren Armenmittel erkannte hingegen sehr bald die Chance, die das Instrument der kirchlich-inspirierten Wohlfahrtspflege in dem konfessionell geteilten Land mit seiner religiösen und kulturellen Mischstruktur zur demonstrativen Selbstdarstellung nach außen und zur Loyalitäts- und Identitätsbindung der gläubigen Sakralgemeinschaft nach innen bot. Das Paritätssystem im Wechsel der Regierungen bescherte so dem Domkapitel zu Zeiten einer evangelischen Landesherrschaft nicht nur den Nachteil der Zurückdrängung seines politischen Gewichts, sondern auch – und dies wird oft verkannt oder als Schwäche ausgelegt – den Vorzug einer ungehinderten Konzentration auf die genuin theologische und pastorale Seite seiner Doppelstellung als ständischer Kraft und als geistlicher Macht in dem fürstbischöflichen Land. Wenn auch der Spielraum der politischen Auseinandersetzung gegen die konfessionell anders gefärbte Regierung durch das paritätische Verfassungsprinzip limitiert war, so blieb doch das Wissen um die starke sozialökonomische Basis der geistlichen Korporation – ihre Einkünfte waren größer als die »Domänen-Reve-

---

[60] StA Osnabrück, Rep. 100/198/5. – *Hoberg*, Die Gemeinschaft der Bekenntnisse in kirchlichen Dingen, S. 65–68. – *Fiegert*, Schulen von Melle und Buer, S. 103–114 (hier Kooperationsebenen zwischen Katholiken und Protestanten).

2. Balance der Macht – Balance der Ansprüche

nüen«[61] des Fürstbischofs – als ein Faktor zurück, den auch Möser unter dem Aspekt der Machtbalance und des Denkens in den Kategorien des Gegengewichts stets in sein strategisches Kalkül einbeziehen mußte.[62]
Möser hat denn auch – über zaghafte Anfänge hinaus – nie ernsthaft den Versuch unternommen, die finanziellen und wirtschaftlichen Ressourcen der katholischen kirchlichen Armenhilfe in eine größere, umfassendere Projektion einer allgemeinen säkularisierten »Sozial-Hilfe« einzubinden und zu integrieren – solchen Plänen einer zentralisierten Versorgungs- und Verteilungspolitik stand der Regierungsjurist aus innerer Überzeugung fern, der sich in seiner aufgeklärten Publizistik ja stets zur gegenteiligen Existenzform und Wirkungsweise der kleinen gewachsenen Einheiten bekannte. Die schmale Gratwanderung zwischen den Normen der paritätischen Landesverfassung und den Hausmachtinteressen der großbritannisch-welfischen Regierung im fernen London tat zweifellos ein übriges, um Möser zu einem vorsichtigen und behutsamen Umgangsstil mit dem ohnehin politisch verletzten und gedemütigten Domkapitel zu veranlassen, dessen Oppositionsgeist und ungebrochene Widerstandskraft ihm nur allzugut bekannt waren.[63]
Die entschiedene, offensive Gegenwehr durch die adeligen katholischen Domprälaten erfolgte dann auch prompt, als am Ende des Jahrhunderts – ausgelöst durch die rapide angestiegenen, kaum noch kontrollierbaren, kriegsbedingten Bettlerscharen – mit großem Ernst Pläne diskutiert wurden, die auf eine Zusammenfassung aller in Stadt und Land existierenden Armenmittel hinausliefen, um so eine Verbesserung der als de-

---

[61] *Gruner* II, 1803, S. 518f. – *Freiherr von Boeselager*, Osnabrücker Domherren, S. 8–16, 68–82.
[62] Stärkere Betonung der politischen und der verfassungsgeschichtlichen Aspekte bei: *Bär*, Abriß einer Verwaltungsgeschichte des Regierungsbezirks Osnabrück, S. 43–60. – *Renger*, Landesherr und Landstände, S. 50–67, 126–142. – *van den Heuvel*, Beamtenschaft und Territorialstaat, S. 147–152. – *Welker*, Möser, S. 207–210.
[63] Vgl. *Rudersdorf*, Möser, Kurfürst Max Franz, S. 107–136. – *van den Heuvel*, Beamtenschaft und Territorialstaat, S. 145–152.

solat empfundenen distributiven Armenpflege herbeizuführen.[64] Die damit verbundene Kritik an der bestehenden Praxis beklagte in erster Linie die mangelhafte Aufsicht über die Verteilung der Almosen, das Defizit an individueller Führung und Betreuung, den unkontrollierten, ja zum Teil wissentlich geduldeten Zugriff der Müßiggänger und »unehrlichen« Armen auf das billig verdiente Zubrot vor dem Kirchenportal oder vor den Türen der städtischen Armeninstitute – eine Situation, in der so unterschiedliche Prinzipien der sozialen und mentalen Vorgehensweise wie christliche Barmherzigkeit, wohltätiges Mäzenatentum, Arbeitsbeschaffung, Arbeitszwang und Erziehungsdisziplin sich gegenseitig zu paralysieren drohten, weil die eine Seite oft nicht wußte, was die andere tat, oder auch nur willfährig und resignativ die Dinge unter dem Schutz der legitimierenden »Parität« dahintreiben ließ.[65] In der Behandlung des Armenproblems zeigte sich augenscheinlich, daß die Mentalität in den Institutionen der katholischen Kirche von einer anderen, mehr traditions- und frömmigkeitsgebundenen spirituellen Qualität war als die säkulare bürgerliche, die Arbeitswelt und den Profit betonende Denkweise, die – von Möser maßgeblich geprägt – auf die Bekämpfung und die soziale Deklassierung der Armut als gesellschaftspolitisch schädliche und unmoralische Haltung abzielte. Standen also am Ende des Jahrhunderts noch immer kirchliche Mildtätigkeit gegen bürgerliche Arbeitsmoral, Almosenverteilung gegen disziplinierenden Arbeitszwang, traditionale Beharrung auf dem »Alten« gegen aufgeklärten reformerischen Wandel und gegen fortschrittliche Innovation?

Der Druck, das brennende Problem einer rationalisierten, institutionellen Neuorganisation der bislang uneinheitlichen Sozialfürsorge zu lösen, nahm an Schärfe zu, je mehr die bedrängten Stiftsuntertanen von den fortdauernden fremden

---

[64] StA Osnabrück, 3 b V, Nr. 1409, wie Anm. 54. – *Molly*, Reform des Armenwesens, S. 18–30.

[65] StA Osnabrück, 3 b V, Nr. 1409, wie Anm. 54. – Vgl. auch *Krusch*, Möser und die Osnabrücker Gesellschaft, S. 244–373. – Allgemein und vergleichend: *Hersche*, Intendierte Rückständigkeit, S. 133–149. – *François*, Die unsichtbare Grenze, S. 230–243.

Bettlerschüben heimgesucht wurden und eine hilflose Obrigkeit dem Treiben mehr tatenlos als tätig zuschauen mußte. Die Zersplitterung der Verwaltung und der unterschiedlichen Kompetenzbefugnis zwischen evangelischer Regierung, katholischer Geistlichkeit und kommunalen Behörden wurde in der Öffentlichkeit als eine Hauptursache für die soziale Misere der unvollkommenen Armenpraxis angesehen – die an Lautstärke zunehmende Diskussion der Gravamina verdichtete sich immer mehr zu einer publizitätsträchtigen Angelegenheit, die sich schon bald zu einem breiten öffentlichen Verpflichtungsdruck fortentwickelte, das ungeregelte Versorgungsproblem der hilflosen Armen und arbeitswilligen Bedürftigen selbst in die Hand zu nehmen und durch wirksamere Methoden der Förderung und der Lenkung anzugehen, als es die alten dezentralisierten Formen der autonomen Selbstkontrolle und der lokalen Eigenverantwortung – Mösers Konzeption also – vermochten.[66] Das traditionelle System einer abgestuften Überwachung und subsidiären Hilfestellung – mit bewußten Freiräumen zur korporativen Selbstinitiative und zum individuellen Eigen-Engagement – schien unter dem Vorwurf der mangelnden Koordination und der fehlenden Einheitlichkeit seinen Reiz als adäquates, lange Zeit bewährtes soziales Auffangnetz einzubüßen, seine Rolle schien im Blick auf andere, neue Modelle einer straff organisierten und zentral gelenkten Armen-Arbeits-Anstalt mit normierten und geregelten Abläufen ausgespielt.[67]
Der Wunsch, auch in Osnabrück das Armenwesen unter eine besondere Direktion zu stellen und damit den Weg einer konsequenten behördlichen Zentralisierung dem zweifelhaften Erfolg einer aufgeklärten pädagogisierenden »Moralpolitik« vorzuziehen, wurde am Ende des Ancien régime, als es um die

---

[66] Zum Hintergrund: *Molly*, Reform des Armenwesens, S. 20–29. – *Knudsen*, S. 127–132. – *Schröder*, Möser, S. 298–305 (Kategorien der »Autonomie« und der »Dezentralisierung«).

[67] *Gruner* II, 1803, S. 505f., 534–536. – Diskussion der Hamburger Armen-Anstalt von 1788: *Braun/Kopitzsch*, Zwangsläufig oder abwendbar?, 200 Jahre Hamburgische Allgemeine Armenanstalt (1990).

nackte Verteidigung des materiellen Besitzstandes ging, von einem bedrängten und vom Niedergang bedrohten Domkapitel entschieden zurückgewiesen. Die Notwendigkeit einer Reorganisation des Armenwesens, die im Trend dieser säkularen Umbruchsphase in der nachmöserschen Zeit lag und die auch andere Städte und Regionen im Reich erfaßt hatte, wurde nicht von allen Domherren gänzlich abgelehnt, aber die Skepsis über das Gelingen der Reformpläne überwog deutlich, weil man um den Verlust der eigenständigen Verfügbarkeit über die kirchlichen Armenfonds mit abwehrendem Ingrimm fürchtete.[68]

Die in Osnabrück 1801 gegründete »Gesellschaft der Armenfreunde«, einem überkonfessionellen und überständischen Zusammenschluß angesehener Geschäftsleute, tüchtiger Advokaten und politischer Amtsträger aus dem Bürgertum, dem Adel und dem Klerus, sollte zu einem wichtigen – außerinstitutionellen – Promotor der neuen Ideen und der konkreten Programmentwürfe werden.[69] Die »Gesellschaft« dieser ehrenamtlich tätigen Gönner und Freunde aus der Stadt, die sich dem Gedanken der mitmenschlichen Solidarität und dem neuen verheißungsvollen Konzept der Hilfe zur Selbsthilfe – mit dem Ziel der wirtschaftlichen Unabhängigkeit – verpflichtet fühlte, wurde angeführt und maßgeblich geprägt von dem engagierten Auftreten des Pastors Gruner von der evangelischen Stadtpfarrkirche St. Katharinen und dem Zusammenwirken mit seinem katholischen Amtsbruder Pieper, der Pastor zu St. Johann war. Die Arbeit der »Gesellschaft« orientierte sich stark an dem erfolgreichen Muster anderer gemeinnütziger und philanthropischer Gesellschaften, wie sie nahezu überall kurz vor oder nach der Jahrhundertwende entstanden, so etwa die *Hamburger Patriotische Gesellschaft*, die *Lübecker Gesellschaft zur Beförderung gemeinnütziger Tätigkeit*, die *Leipziger*

---

[68] StA Osnabrück, Rep. 110 II, Nr. 342; Diskussion der Gründe im Gutachten Arnswaldts an König Georg III. von England vom 16. April 1803. – Allgemeine Aspekte: *Sachße/Tennstedt*, Geschichte der Armenfürsorge, S. 125ff. - *Ritter*, Sozialstaat, S. 40–49. – *Metz*, Staatsraison und Menschenfreundlichkeit, S. 11–18.

[69] Vgl. dazu wesentlich *Molly*, Reform des Armenwesens, S. 20–23.

2. Balance der Macht – Balance der Ansprüche

Gesellschaft deutscher Armenfreunde, der *Dresdner Verein zu Rat und Tat* oder die *Nürnberger Gesellschaft zur Beförderung vaterländischer Industrie*.[70] Auch in anderen kleineren Städten gab es ähnlich organisierte patriotische Vereinigungen, die sich im Geiste humanitärer Verantwortung der kargen Lebenswelt der kleinen Leute zuwandten und kräftige Impulse zur Realisierung einer neuen sozialreformerischen Armenpolitik gaben, in der »nicht die *Regierungshilfe*«, wie Wilhelm ABEL pointiert formuliert, sondern »die schlichte *Bürgerhilfe*« das entscheidende Movens des Fortschritts war.[71]
Die Entwicklung in Osnabrück – nicht zufällig durch die Strukturen der Parität gehemmt und in gewisser Weise daher verspätet – profitierte ebenso von der unprofessionellen, aber entschlossenen Reformgruppe einer adelig-bürgerlich dominierten freiwilligen Zweckgemeinschaft, einer Art spontaner Bürgerinitiative, die außerhalb der staatlichen und der kommunalen Entscheidungsebenen, mitten aus der Bürgergemeinde heraus, einen Anstoß geben wollte, der die starren Fronten durch ein Bekenntnis zum Gemeinsinn und zu patriotischer Pflichterfüllung in Bewegung bringen sollte.[72] Es war dies die späte Gründung einer »Patriotischen Gesellschaft« noch ganz im Sinne der Aufklärung – kurz vor dem Ende des alten Hochstifts. Was unter Mösers rigoroser juristisch-moti-

---

[70] Dazu wichtig: Hans *Hubrig*, Die patriotischen Gesellschaften des 18. Jahrhunderts. Weinheim 1957, bes. S. 117–123. – Otto *Brunner*, Die Patriotische Gesellschaft in Hamburg im Wandel von Staat und Gesellschaft, in: *ders.*, Neue Wege der Verfassungs- und Sozialgeschichte, S. 335–344. – Rudolf *Vierhaus* (Hrsg.), Deutsche patriotische und gemeinnützige Gesellschaften. München 1980. – *Ritter*, Sozialstaat, S. 41. – *Braun/Kopitzsch*, Zwangsläufig oder abwendbar? 200 Jahre Hamburgische Allgemeine Armenanstalt (darin Beiträge über Hamburg, Lübeck, Göttingen, Braunschweig, Nürnberg und Wien).
[71] Wilhelm *Abel*, Massenarmut und Hungerkrisen im vorindustriellen Europa, S. 341f.
[72] Dazu: *Molly*, Reform des Armenwesens, S. 19, 25–27. – *Herrmann*, Armut – Armenversorgung – Armenerziehung, S. 194–218. – *Metz*, Staatsraison und Menschenfreundlichkeit, S. 11–26.

vierter Festigkeit gegen Armut und Bettelei im Zeichen der paritätischen Religions- und Landesverfassung wie ein beharrender Stillstand, phasenweise wie stille Desinteressiertheit[73] wirkte, sollte wenige Jahre nach seinem Tod unter Mobilisierung des erwachten Bürgerinteresses und der verlockenden politischen Partizipationsmöglichkeiten, mit der entsprechenden Publizität und Selbstdarstellungschance, ins Werk gesetzt werden, nämlich der Modernitätssprung zu einer Armenreform mit bürokratisierten Strukturen der öffentlichen Selbstverwaltung und der zentralen Steuerung sowie einer damit einhergehenden Individualisierung der Betreuung und der Förderung.[74]

Der Plan dazu, der sich an dem Modell »der berühmten Hamburgischen Armenanstalt«[75] von 1788 orientierte, lag im Entwurf bereits 1801 vor und war das Ergebnis intensiver Beratungen innerhalb der »Gesellschaft der Armenfreunde«, die damit demonstrativ an die Öffentlichkeit trat und um die Zustimmung der Mitbürger warb. Der Anstalts-Plan, in neun Kapiteln untergliedert und mit einer differenzierten tabellarischen Aufstellung der Armensituation in der Stadt versehen – Osnabrück kannte damals 679 Arme, darunter 159 Gesunde und Arbeitsfähige –, verriet eine ausgesprochene Kenntnis der lokalen Verhältnisse, der Menschen und ihrer besonderen Nöte sowie eine ausgeprägte Sensibilität für den Wandel der

---

[73] StA Osnabrück, Rep. 100/198/31; Mösers Passivität bei der Planung und Durchführung der Vagabundenjagden während der 1770er und 1780er Jahre. Die Mahnungen der preußischen »Nachbarn« in Minden veränderten das Verhalten des Politikers nicht – das Phlegma Mösers in dieser Hinsicht war bemerkenswert.

[74] StA Osnabrück, Rep. 100/198/48a; 1801/1802, Entwurf zur Errichtung einer zentralen städtischen Armenanstalt, mit dem Titel: »Vorstellung und Bericht von seiten der Gesellschaft der Armenfreunde die verbesserte Einrichtung des hiesigen Armenwesens betreffend mit beygefügten Tabellen über den Zustand der Armen, und einem Entwurfe einer neu zu errichtenden Armenanstalt.«

[75] So Arnswaldt in seinem Gutachten an König Georg III. von England, 16. April 1803. StA Osnabrück, Rep. 110 II, Nr. 342.

2. Balance der Macht – Balance der Ansprüche

Werte und der Verhaltensnormen, die allmählich in ein neues säkularisiertes – betont entkirchlichtes – Stadium der öffentlich-gewordenen Wohlfahrtspflege hinführten.[76] Die Autoren des Plans – Schulmeister, Prädikanten und Kommunalpolitiker – diskutierten nicht nur die erhofften Vorzüge der projektierten Anstaltsreform, die ja einem sozialpolitischen Systemwechsel in der Armenversorgung der Stadt nahekam, sondern ebenso auch die strukturellen Defizite, die den eigentlichen Anstoß zum Umdenken und zur Neukonzeption in einer Zeit der Bedrängnis und des allgemeinen Veränderungsdrucks gaben – die mangelnde Kontrolle und Effizienz der obrigkeitlichen Aufsichtsorgane; der Kompetenzdualismus der Konfessionsparteien im paritätischen Verfassungssystem; der dadurch bedingte Mißbrauch und egoistische Eigennutz bei der Almosenvergabe; die doppelte Begierde des lavierenden Bettlers zwischen Kirche und Staat einerseits, Kirche und Kommune andererseits; das unvollkommene Instrumentarium zur wirksamen Gegenwehr und schließlich das Fehlen von geeigneten Ausbildungsstätten, einer zur Industriosität, zu Ordnung, Fleiß und Arbeitsamkeit erziehenden Industrieschule, die das Übel der Faulheit und Bequemlichkeit des ungelernten potentiellen Müßiggängers an der Wurzel hätte bekämpfen können.[77]
Hinter dieser offensiv vorgetragenen Aufzählung des Mangels stand freilich die Vorstellung, die Wende zu einer neuen, nicht mehr nur von den Mitteln der Repression und des Zwangs

---

[76] StA Osnabrück, Rep. 100/198/48a; wie Anm. 74. – *Hunecke*, Überlegungen zur Geschichte der Armut, S. 480–512. – *Metz*, Staatsraison und Menschenfreundlichkeit, S. 16f. – *Ritter*, Sozialstaat, S. 40–44.

[77] StA Osnabrück, Dep. 3 b V, Nr. 1420; Gutachten der Prädikanten Ringelmann und Klefeker für den Buchhalter Moll, Osnabrück, 8. März 1792 (hierin wird der Schulbesuch bis zur Konfirmation als »Müßiggang« bezeichnet). – Vgl. auch: Wieland *Sachse*, Industrieschule und Armenreform in Göttingen in der zweiten Hälfte des 18. Jahrhunderts, in: *Braun/Kopitzsch*, Zwangsläufig oder abwendbar?, S. 139–165. – *Münch*, Lebensformen in der Frühen Neuzeit, S. 355–413.

diktierten Armenpolitik zu erleichtern, wenn nur der Grundsatz konsequent genug befolgt würde, daß jeder gesunde Arme arbeiten müsse, soviel er könne, damit das »gemeine Beste« und der »Flor des Staates« erhöht und befördert würden.[78] Auf diese Weise, so hofften die Inauguratoren des Plans von 1801, ließe sich »das krebsartige Uebel der Bettelei, das wie langsames Gift die Gesundheit des Staates entnervt, und ein Heer von Lastern über die zahlreiche untere Klasse der Einwohner desselben verbreitet, mit der Wurzel aus[zu]rotten«.[79] Auf jeden Fall aber ging man davon aus, wenn sich das Prinzip der Arbeitszuteilung, ja der Arbeitspflicht anstelle der undifferenzierten Almosenvergabe durchsetzen würde, daß sich die Zahl der Armen – ähnlich wie in Hamburg oder in anderen Städten mit einer entsprechend durchgreifenden effizienten Armenreform – mit der Zeit drastisch reduzieren ließe und das Ziel, sich durch Leistungswillen und Arbeit eine bescheidene Existenz zu sichern, keineswegs nur eine planerische Chimäre der Reformpolitiker war. Der Anspruch, durch ein ineinandergreifendes System vorbeugender Maßnahmen ein Recht der armen Menschen auf öffentliche Unterstützung und auf Hilfe zur Selbsthilfe zu konstituieren, war durchaus hochgesteckt, aber dennoch im Rahmen des Möglichen, sofern nur der gesellschaftliche Konsens, der Handlungslegitimation und politischen Rückhalt bot, gegen die vorhandenen Widerstände durchsetzbar und erreichbar war.[80]
Der Versuch, das traditionelle System der zersplitterten Wohlfahrtspflege in Osnabrück nach einem langen Anlauf durch einen kühnen Entwurf auf erneuerte Grundlagen zu stellen, die

---

[78] StA Osnabrück, Rep. 100/198/48a; Schreiben der »Gesellschaft der Armenfreunde« an den Magistrat der Stadt Osnabrück und an die dortige Geistlichkeit, Osnabrück, 2. Oktober 1801.
[79] StA Osnabrück, Rep. 100/198/48a; wie Anm. 78. – *Molly*, Reform des Armenwesens, S. 26f.
[80] Beispiel Hamburg: *Kopitzsch*, Einführung. Aufklärung und soziale Frage in Hamburg, in: *Braun/Kopitzsch*, Zwangsläufig oder abwendbar?, S. 30–36. – *Lindemann*, Patriots and Paupers (1990). – *Scherner*, Recht der Armen und Bettler, S. 55–99. – *Scherpner*, Theorie der Fürsorge (²1974).

2. Balance der Macht – Balance der Ansprüche

Organisationsstrukturen von Grund auf zu modernisieren und die Mittel dazu durch geeignete Maßnahmen auf Dauer zu professionalisieren, war denn auch in der Tat Ausdruck eines aufgestauten und verspäteten Reformdrucks, in dem sich die aktuelle Besorgnis über die zugespitzte Dramatik einer aus den Fugen geratenen, teilweise militanten Bettelei spiegelte, andererseits aber auch die überkommene Tradition eines reformerischen Konservatismus Möserscher Prägung bemerkbar machte, der mehr an einem aufpolierten Status quo als an einem wirklichen dynamischen Wandel mit ungewissem Ausgang interessiert gewesen war. Als es schließlich um das entscheidende Votum für oder gegen die Errichtung einer neuen zentralisierten Armenanstalt in Osnabrück ging, zeigte es sich, daß die beharrenden Kräfte des alten Denkens noch immer die stärkeren Bataillone auf ihrer Seite hatten als die stetig wachsende Zahl der aktiven Reformer und reformbereiten Bürger, denen allerdings die Zukunft gehörte.[81]

Der Plan von 1801 zur Gründung einer Armenanstalt in Osnabrück ließ sich erst nach vielen Jahren kriegsbedingter Wirren und wechselnder politischer Herrschaftsverhältnisse in dem untergegangenen Stift im Jahre 1810 – freilich nur mit der entschiedenen Protektion durch die königlich-westphälische Regierung in Kassel und die nachgeordnete Präfektur in Osnabrück – realisieren.[82] Die entscheidende Vorarbeit für die spä-

---

[81] So auch die Tendenz in dem Gutachten Arnswaldts an König Georg III. von England, 16. April 1803. StA Osnabrück, Rep. 110 II, Nr. 342. – Vgl. ebenso *Spechter*, Osnabrücker Oberschicht, S. 126–134. – *Krusch*, Möser und die Osnabrücker Gesellschaft, S. 244–373. – *Knudsen*, S. 52–64.

[82] Dazu: *Molly*, Reform des Armenwesens, S. 50–58 (Aufteilung der Stadt in 8 Distrikte und 24 Quartiere). – Zum allgemeinen Hintergrund: Helmut *Berding*, Napoleonische Herrschafts- und Gesellschaftspolitik im Königreich Westfalen 1807–1813. Göttingen 1973. – Elisabeth *Fehrenbach*, Traditionale Gesellschaft und revolutionäres Recht. Die Einführung des Code Napoléon in den Rheinbundstaaten. Göttingen ³1983. – *Dies.*, Vom Ancien Régime zum Wiener Kongreß. München ²1986.

tere Ausführung der Anstalt, auf die man stets als legitimierende Basis für die Begründung der Notwendigkeit der Reform zurückgriff, fiel jedoch noch in die Endphase des alten Hochstifts, bezeichnenderweise in die kurze Zeitspanne zwischen Mösers Tod und dem Ende der stiftischen Existenz, als vieles unter dem Druck des Reichskrieges gegen Frankreich in Bewegung geriet, was vorher nur gedacht und allenfalls theoretisch in den kleinen aufgeklärten Clubs und Zirkeln, die sich inzwischen gebildet hatten, andiskutiert wurde.[83] Die Konstruktion des Plans war somit ein bemerkenswertes Dokument der offenen, räsonierenden Denkweise auf der Scheidelinie zwischen der patriarchalischen altständischen Traditionalität und einer aufgeklärten reformerischen Modernitätsbereitschaft – einer Diskrepanz übrigens, wie sie in der Person Mösers selbst begründet lag, der Altes und Neues miteinander verband, aber in der Armenfrage dennoch mehr auf das bewährte »Alte« als auf den Wandel in einer Zeit der stetigen Veränderung und der politischen Herausforderung setzte.

Ohne Mösers publizistische Tätigkeit und ohne seine Rolle als Meinungsführer in der dafür empfänglichen kleinräumigen Osnabrücker Bürger- und Bauerngesellschaft wäre das Problembewußtsein für die Lösungskompetenz der sozialen Not der kleinen Leute ungleich blasser profiliert gewesen, wäre die Debatte um eine Anstaltsreform und damit um den angestrebten Strukturwandel in der Armenversorgung zweifellos ärmer an Argumenten und an konkreten Modellbausteinen gewesen. Vieles von dem, was Möser in der Glanzzeit seines Wirkens zwischen 1764 und 1783 an Vorschlägen und an Ratschlägen, an Postulaten und an Maximen in einer zum Teil recht aggressiven Diktion zu Papier und »unter sein Volk« gebracht

---

[83] *Gruner* II, 1803, S. 510–512 (Gruner nennt 123 Mitglieder des 1793 gegründeten Osnabrücker »Clubs«: Adlige, Gelehrte und Kaufleute). – *Wagners* Erinnerungen, S. 24, 34. – *Spechter*, Osnabrücker Oberschicht, S. 124–131. – Zum geselligen Leben in der Stadt vgl. auch *Krusch*, Möser und die Osnabrücker Gesellschaft, S. 244–373.

2. Balance der Macht – Balance der Ansprüche

hatte[84], ohne es in der Realität seiner Amtsära jemals ernsthaft ausprobiert zu haben, fand um die Jahrhundertwende seinen Niederschlag in dem Reformprojekt der »Gesellschaft der Armenfreunde«, das damit nicht nur zeitgenössische aktuelle Impulse von außen, von der erfolgreichen Musteranstalt in Hamburg[85], empfing, sondern auch ein Stück »progressiver« Möserscher Identität und Programmatik verkörperte, die durch das teilweise Auseinanderfallen von Wort und Tat, von Rhetorik und Realität, von verfaßter Prosa und Verfassungs-Parität lange Zeit verschüttet blieb.

Was Möser zu seiner Amtszeit selbst nicht schaffte – nicht schaffen konnte oder wollte? –, das setzten seine jüngeren Mitstreiter und Nachfolger an der Schwelle zu einer neuen Zeit kraftvoll ins Werk[86], zwar mit einem anderen politischen Horizont vor Augen, mit einem anderen verfeinerten Instrumentarium der öffentlichen Meinungsbildung und kritischen Beeinflussung zur Hand, aber dennoch mit denselben Schwierigkeiten und retardierenden Kräften konfrontiert, die auch schon Möser Jahrzehnte zuvor unter dem legitimierenden Schutzschirm der hierarchisch abgestuften, bis auf die untere Ebene der Lokalverwaltung reichenden Verfassungs- und Verfahrensparität das politische Geschäft erschwert hatten.

Dafür, daß es trotz der Zäsur des Niedergangs des Fürstbistums durch die sich abzeichnende Säkularisation eine Kontinuität des Widerstands gegen die fällige Neuordnung der Armenfürsorge gab, stand das mehrheitlich katholische Dom-

---

[84] Exemplarisch: *Möser*, Etwas zur Verbesserung der Armenanstalten (1767), IV, Nr. 11, S. 68–73. – *Wagner*, Publikumsbezug, S. 76–87. – Vgl. auch Kapitel II, Unterkapitel 4 dieser Arbeit.

[85] Die revidierte Hamburger Armen-Anstalts-Ordnung von 1791 (1788) lag den städtischen Ratsmitgliedern in Osnabrück vor. StA Osnabrück, Dep. 3 b VII, Nr. 220.

[86] Vgl. *Spechter*, Osnabrücker Oberschicht, S. 126–134. – *van den Heuvel*, Beamtenschaft und Territorialstaat, S. 156–159. – *Molly*, Reform des Armenwesens, S. 25–31. – Hans-Joachim *Behr*, Politisches Ständetum und landschaftliche Selbstverwaltung. Geschichte der Osnabrücker Landschaft im 19. Jahrhundert. Osnabrück 1970.

kapitel mit seiner jahrzehntelang bewährten Hinhaltetaktik gegen jeglichen Versuch, seine materiellen Kapazitäten in das geplante kommunale, integrierte Versorgungs- und Betreuungssystem in dem städtischen Mittelpunkt des Landes, in Osnabrück, einzubringen. Während die nachsitzenden Stände, die evangelische Ritterschaft, aber ungleich mehr noch der für die Sozialreform aufgeschlossene evangelische Stadtmagistrat von Osnabrück, die Notwendigkeit einer zentralgelenkten obrigkeitlichen Armenanstalt allmählich einsahen und schon in den 1790er Jahren für deren zügigen Aufbau plädierten, sperrte sich das Domkapitel unnachgiebig – weniger in seiner Eigenschaft als geistliche Korporation denn als grundherrlicher Ökonom und Kapitalbesitzer – gegen eine drohende Kommunalisierung, ja Verstaatlichung seiner reichhaltigen Armenfonds und Stiftungsgelder, ohne deren Einbeziehung freilich nur eine fragwürdige, insgesamt unzureichende finanzielle Basis für das geplante Werk zusammenzubringen war.[87] Allein auf der Grundlage der normalen kommunalen Stiftungsgelder und der freiwilligen Kollekten durch das Publikum ein so kostenintensives Projekt, wie es eine Armenanstalt war, in Angriff zu nehmen, bedeutete für alle Beteiligten – neben dem federführenden Stadtmagistrat auch für die Regierung und die Landstände als politisch-monetären Bürgen – ein beträchtliches Risiko, zumal dann, wenn weiterhin gleichzeitig ein funktionierendes Konkurrenzsystem unter der prominenten Patronanz der katholischen Kirche bestehen blieb, das aus der Sicht des lutherischen Rats wie ein Spaltferment in der aufgeklärten stadtbürgerlichen Gesellschaft am Ende des Ancien régime wirken mußte.[88]

Die Verhandlungen über das Projekt der geplanten Institutionalisierung des Armen- und Fürsorgewesens in Osnabrück en-

[87] StA Osnabrück, Dep. 3 b V, Nr. 1424; 1807 erstellte Listen über die finanziellen Fonds zur Fundierung der geplanten Armenanstalt. – *Molly*, Reform des Armenwesens, S. 28–30.

[88] Zu den Kosten der 1810 errichteten Anstalt liegen die differenzierten jährlichen Rechenschaftsberichte seit 1810/1811 vor, mit genauen Angaben über Einnahmen und Ausgaben. StA Osnabrück, Bibliothek, Nr. 2200.

2. Balance der Macht – Balance der Ansprüche

deten 1801/1802 – buchstäblich am Vorabend der Integration des kleinen Bischofslandes in den ungleich mächtigeren Kurstaat Hannover – in einer politischen Sackgasse. Unter Hinweis auf den konfessionellen Paritätsschutz durch die Capitulatio Perpetua bestanden die katholischen Domprälaten, um ein Übergewicht der lutherischen Mitglieder a priori auszuschließen, auf der gleichberechtigten Zusammensetzung des geplanten Armen-Direktoriums, ja sie gingen sogar so weit, für das Leitungsgremium der Anstalt »völlige Religionsfreiheit«[89] einzufordern, weil sie angesichts der evangelischen Mehrheit in der Stadt um eine politische Majorisierung ihrer geistlichen und ständischen Interessen fürchteten und durch die »Amalgamation«[90] ein Abgleiten in die gesellschaftliche Bedeutungslosigkeit – schneller als durch die bevorstehende Säkularisation erwartet – kommen sahen.

Der Streit um die Modalitäten über die personelle und die interkonfessionelle Ausrichtung der geplanten Armenbürokratie wurde zusätzlich erschwert durch das heftige Verlangen, alle diejenigen katholischen Armenfonds aus dem Korpus der zu integrierenden Stiftungskapitalien auszuklammern, die sowohl für die Stadt als auch für die katholischen Landkirchspiele bestimmt waren.[91] Eine Konzentration aller verfügbaren Mittel allein auf den Bedarf der kommunalen städtischen Armenhilfe, so wurde argumentiert, würde unweigerlich zu einer fahrlässigen Benachteiligung der verstreuten Landarmen führen, die bislang voll in dem System der domkapitularisch-katholischen Armen- und Krankenfürsorge durch direkte und durch indirekte Hilfen, etwa aus den Geldern der Ga(h)len- oder der Kerssenbrock-Fundation, erfaßt waren.[92] Von dieser

---

[89] *Molly*, Reform des Armenwesens, S. 29f.

[90] *Gruner* II, 1803, S. 511. – *Mohrmann*, Politische Geschichte, S. 90f. – *Freiherr von Boeselager*, Osnabrücker Domherren, S. 8–82.

[91] Aufstellung bei *Molly*, Reform des Armenwesens, S. 6–9. – StA Osnabrück, Dep. 3 b VII A, Vereinigte kleine Armenstiftungen, Nr. 174ff. - Vgl. auch Kapitel III, Unterkapitel 4 dieser Arbeit.

[92] So noch 1809, vor der Gründung der Anstalt, betont, und zwar von den Mitgliedern der Kommission in katholischen Kirchen- und Armensachen, Dorfmüller und Herft. – StA Osnabrück, Dep. 3 b V, Nr. 1409.

über viele Jahrzehnte eingespielten und gewachsenen, gewohnheitsmäßigen Praxis kirchlich-pastoraler Fürsorglichkeit und christlichen Samaritertums aus Gründen der pragmatischen Zweckmäßigkeit plötzlich abzuweichen, hätte die Glaubwürdigkeit und die Dignität und mehr noch die theologisch-seelsorgerische Autorität der Kirchenmänner in den Augen der kleinen gläubigen, schollengebundenen Leute auf dem Land erschüttert, für die der Dorfpastor angesichts der konfessionellen Gemengelage nicht nur eine geistliche, sondern auch eine soziale, nachbarschaftliche »Lokalobrigkeit« darstellte – eine Wahrnehmungs- und Erfahrungsebene, die vor allem in dessen Rolle als menschenzugetaner »Armenprovisor« und »Armutstestator«, als Protektor der Schwachen und als Prediger der Gesättigten, begründet lag[93]. Für das herausgeforderte und zeitweise sehr isolierte Domkapitel stand also, über die Frage seiner Beteiligung an der Organisations- und Finanzstruktur der geplanten Anstalt hinaus, viel auf dem Spiel – nicht zuletzt seine angeschlagene Reputation als katholisches Gegengewicht gegen die Dominanz der evangelischen Regierung unter einem säkular eingestimmten Räte-Regiment, dem der erfahrene Möser als ausgleichendes pazifizierendes Element mit seiner enormen Landes- und Verfassungskenntnis jetzt schon lange nicht mehr angehörte.[94]

Die Initiative einer Armenreform, aus der Mitte der Bürgerschaft vorgetragen und mit viel sozialem Enthusiasmus in der Bevölkerung vertreten, scheiterte 1801 an der vorsichtigen, aber letztlich bestimmten Reserviertheit eines zur Erstarrung neigenden Domkapitels, das sich – seiner altständischen politischen Rechte faktisch schon entledigt – mit ganzer Kraft an

---

[93] StA Osnabrück, Rep. 100/198/5 (Reaktionen der Kirchspielseinwohner in Ankum und Badbergen). – *Hoberg*, Die Gemeinschaft der Bekenntnisse in kirchlichen Dingen, S. 59–68.

[94] Vgl. auch *van den Heuvel*, Beamtenschaft und Territorialstaat, S. 157–159. – *Schindling*, Westfälischer Frieden und Altes Reich, S. 114–118. – *Ders.*, Osnabrück, Nordwestdeutschland und das Heilige Römische Reich, S. 214–222.

2. Balance der Macht – Balance der Ansprüche

seinen ökonomischen Privilegien und seinen diversen Besitzrechten festklammerte, um einen Teil seiner Reputation und gefährdeten Legitimation in die neue, nachreichskirchliche Zeit der säkularisierten und mediatisierten Staatenwelt hinüberzuretten.[95] Der über viele Jahre in der Diskussion währende Osnabrücker Anstalts-Plan, der die Enttäuschung über das lange Warten in der »alten« Zeit mit der ungestümen Hoffnung auf einen raschen Wandel in der »neuen« Zeit sinnvoll zu verbinden hatte, ließ sich 1801 unter den Bedingungen der noch immer gültigen paritätischen Verfaßtheit der Beziehungen zwischen Staat und Kirche, Kirche und Kommunen trotz des großen Anlaufs noch nicht in die Tat umsetzen. Der konditionierte Vorbehalt des aus der Defensive heraus agierenden Domkapitels war durch den Schutz des Reichsrechts und den Schutz der Landesverfassung in einer Weise gesichert, die der Gegenseite kaum einen geeigneten Hebel bot, ihre Forderungen mit juristischen Mitteln und der Aussicht auf Erfolg auch tatsächlich in der Wirklichkeit durchzusetzen.[96]
Der bewährte Mechanismus, dem das Domkapitel folgte, nämlich einerseits mit diplomatischem Geschick zunächst die allgemeinen Verfahrensgrundsätze zu erörtern, um dann andererseits mit um so größerer Härte den eigenen Rechtsvorteil als Barriere in den Weg zu stellen, mußte im Falle der Armenreform, wo es ja nicht nur um organisatorische Effizienz, sondern auch um die Bekämpfung des Mißbrauchs und der Mangelverwaltung ging, wie ein trotziges Sperren gegen den erhofften Fortschritt wirken. Auch die Dimension des erwachten bürgerlichen Gemeinsinns mit seiner mobilisierenden Aus-

---

[95] StA Osnabrück, Dep. 3 b V, Nr. 1409; Kommission in katholischen Kirchen- und Armensachen: Argumente der Gegenwehr gegen eine Preisgabe der katholischen Besitzrechte und damit gegen eine Kommunalisierung in das städtische Gefüge, 1809.

[96] Vgl. *Molly*, Reform des Armenwesens, S. 29–35. – Zur rechtlichen Seite: *Hoberg*, Die Gemeinschaft der Bekenntnisse in kirchlichen Dingen, S. 85–92. – *Renger*, Landesherr und Landstände, S. 50–67. – *Freiherr von Boeselager*, Osnabrücker Domherren, S. 8–82.

strahlung auf breiteste Bevölkerungskreise[97], der Hinweis auf das positive Vorbild anderer Städte sowie das partielle Entgegenkommen der eigenen residenzstädtischen Kommune vermochten die Verweigerungshaltung der katholischen Domherrn nicht zu überzeugen, die freilich ihrerseits keine eigene Alternativkonzeption entgegenzusetzen hatten, die die starre Diskussion produktiv vorangebracht hätte. So vergaben beide Seiten die große Chance, die allgemeine Aufbruchsstimmung in der Spätzeit des Reichs couragiert zu nutzen, um vielleicht doch noch den – zunächst – gescheiterten Versuch einer *paritätischen Armenreform* in Osnabrück in das Gegenteil einer gelungenen Neuorganisation zu wenden. Während das katholische Domkapitel über die Epochenscheide von 1803/1806 hinaus beharrlich an dem traditionellen System seiner Armen- und Krankenpflege festzuhalten suchte und damit den Fundus seiner Armen-Institute als eigenständiges Korpus zunächst noch rechtlich sichern konnte[98], mußte die evangelische Seite unter dem doppelten Druck labiler innerer Herrschaftsverhältnisse und kriegerischer äußerer Bedrohung auf neue Gelegenheiten warten, ehe der französische »Geburtshelfer«, die Präfektur am Ort, mit dezidiertem Druck des westphälischen Rheinbundkönigtums 1810 die verspätete Reform ins Werk setzte.[99]

---

[97] *Gruner* II, 1803, S. 508–516. – *Wagners* Erinnerungen, S. 24–27, 34, 66–73, 82–85. – Einordnung bei *Hubrig*, Die patriotischen Gesellschaften des 18. Jahrhunderts (1957). – *Ritter*, Sozialstaat, S. 40–42.

[98] Hierzu: *Molly*, Reform des Armenwesens, S. 46. – *Siegmund-Schultze*, S. 170ff. – Der Reichsdeputationshauptschluß vom 25. Februar 1803 garantierte in §§ 63 und 65 jeder Religionspartei ihre Armenstiftungen. Vgl. Arno *Buschmann* (Hrsg.), Kaiser und Reich. Klassische Texte zur Verfassungsgeschichte des Heiligen Römischen Reiches Deutscher Nation. München 1984, S. 591–649.

[99] StA Osnabrück, Rep. 100/198/48; hier besonders die hervorgehobene Rolle des Bürgermeisters (Maire) Stüve als Promotor der Armenanstalt. – *Molly*, Reform des Armenwesens, S. 44–56. – Antoinette *Joulia*, Ein französischer Verwaltungsbezirk in Deutschland. Das Oberems-Departement (1810–1813), in: OM 80,

Der offen ausgetragene Konflikt zwischen den Repräsentanten der katholischen Kirche und den politischen Instanzen der evangelischen Seite, dem städtischen Rat und der ihn stützenden Landesregierung, war symptomatisch für die ungewisse Zeit des Übergangs um 1800, aber er warf – sozusagen aus der Retrospektive eines ergebnislos verlaufenen Reformversuchs – ein bezeichnendes Licht auf den unentschiedenen Schwebezustand der politischen und gesellschaftlichen Kräfteverhältnisse in der Möserzeit, die im Zeichen der verrechtlichten Religions- und Verfassungsparität zwar Handlungsspielräume für Reformen und aktiven Wandel eröffnete, aber genauso Handlungsblockaden und Sackgassen der Erstarrung und des Stillstandes kannte. Die Entwicklung, die am Ende des Jahrhunderts die Initiative des Armen-Anstalts-Projekts in einer politisch-juristischen Patt-Situation vorläufig scheitern ließ, war lange vorher in der Ära Mösers strukturell angelegt, in der die Einflußzonen, Aktionsfreiräume und Handlungsgrenzen der konfessionellen Paritätsparteien noch einmal neu bekräftigt und markiert worden waren.

3. Die Last der politischen Weichenstellung: Institutionelle Armenhilfe zwischen Stagnation und Wandel

Die kompromißlose Beschneidung der domkapitularischen Rechte nach dem Tod des letzten katholischen Fürstbischofs Clemens August von Köln 1761 – im Vorfeld der Bischofswahl des minderjährigen welfischen Prinzen Friedrich von York, des zweiten Sohnes König Georgs III., im Jahre 1764 – sowie die Zurückdrängung des politischen Einflusses in der

1973, S. 21–102. – *v. Pommer-Esche*, Die französische Gesetzgebung über das Armenwesen bis zur Trennung der Rheinprovinz von Frankreich, in: Archiv für Landeskunde der Preußischen Monarchie 6, 1859, S. 209–247.

Zeit der englischen Vormundschaftsregierung, in der Justus Möser, unterstützt von der »Deutschen Kanzlei in London«, die bestimmende Rolle in dem Fürstbistum einnahm[100], waren zweifellos zentrale weichenstellende Faktoren, die das sperrige Verhalten der brüskierten und in ihrem Rechtsempfinden getroffenen Domprälaten, gerade auch in der Frage der gescheiterten Armenreform, schon frühzeitig begründeten und später erst recht plausibel erscheinen ließen. Die eklatante Rechtsbeugung des englischen Königs gleich am Anfang seiner Vormundschaftsregentschaft in Osnabrück, der mit dem Ende des Siebenjährigen Krieges zusammenfiel, hatte auf katholischer Seite tiefe Narben hinterlassen, verdrängte Animositäten neu geweckt und ein Abwehrpotential hervorgebracht, das sich in verdeckter Opposition, im Verschleppen von Entscheidungen und in einem streckenweise subtilen juristischen Kleinkrieg gegen die evangelische Administration unter Möser entlud.[101] Das Regieren des bürgerlichen Beamten in dem Geistlichen Staat gegen eine andersgläubige, potentielle »zweite Macht«, die mit den Mitteln der Verweigerung, der Blockade und der Isolation durchaus in der Lage war, eine politisch neutralisierende Wirkung mit Formelkompromissen und ergebnislosen Deklamationen zu erzielen, war schwierig genug, und es bedurfte der klugen ausdauernden Fähigkeit, sich in der Kunst der Diplomatie, der geschickten Wortwahl und des geschmeidigen, gewinnbringenden Auftretens zu üben – Eigenschaften,

---

[100] Hierzu: *Mohrmann*, Politische Geschichte, S. 88–90. – *Press*, Kurhannover, S. 69f. – Horst *Carl*, Okkupation und Regionalismus. Die Preußischen Westprovinzen im Siebenjährigen Krieg. Mainz 1993. – Vgl. ebenso: *Frankenfeld*, Möser als Staatsmann im Siebenjährigen Krieg (1922). – *Körholz*, Wahl des Prinzen Friedrich von York zum Bischof von Osnabrück (1908). – Rudolf *Grieser*, Die deutsche Kanzlei in London, ihre Entstehung und Anfänge, in: Blätter für deutsche Landesgeschichte 89, 1952, S. 153–168.

[101] Vgl. hierzu mit konkreten Beispielen *Rudersdorf*, Möser, Kurfürst Max Franz, S. 107–136. – *Fiegert*, Schulen von Melle und Buer, S. 107–114. – *Hoberg*, Die Gemeinschaft der Bekenntnisse in kirchlichen Dingen, S. 68–74.

3. Die Last der politischen Weichenstellung

die bekanntlich Möser, wie Nicolai in seiner 1797 erschienenen Biographie betont, keineswegs fremd waren.[102]
Die defensive, tendenziell abwehrende und mißtrauische Haltung des Domkapitels, dessen politische Mitarbeit in den ständischen Gremien des Landes, im *Landtag* und im *Landrat*[103], gewährleistet war und deutlich über die formelle protokollarische Beteiligung als vornehmster Stand hinausging, muß als ein Grundmuster der politischen Auseinandersetzung in den letzten Jahrzehnten der geistlichen Stiftsexistenz angesehen werden. Es war nicht einfach, die disparate Interessenlage zwischen der evangelischen Landesregierung, den Institutionen der katholischen Kirche und dem kommunalen Magistrat in der Landeshauptstadt Osnabrück auf einen gemeinsamen Nenner zu bringen und damit die Politik, zumindest von Fall zu Fall, konsens- und akzeptanzfähig zu machen.
Wer im Zuge der Alternativsukzession im barocken Osnabrücker Bischofsschloß regierte, saß allemal am längeren Hebel der Macht – jene konfessionelle Seite, die gerade »pausierte«, nahm zwar keine eigentliche Oppositionsrolle im engeren Verfassungssinne (ohnehin keine ganz adäquate Vorstellung im System des paritätischen Ständestaats) wahr, dafür aber mehr ein *Kontroll- und Wächteramt*, eine Art politisch-psychologisches Gegengewicht im Sinne der Machtbalance, das nach den ungeschriebenen Regeln des Gewohnheitsrechts die geschriebenen Regeln der paritätischen Landesverfassung garantieren half. Die *Parität als politisches Instrument*, ein Spezifikum der Osnabrücker Situation, regelte die Formen des Miteinanders und des Gegeneinanders, sie bestimmte die Spielregeln der konfessionellen Koexistenz und der religiösen Toleranz und natürlich auch die ihres Gegenteils, der politi-

---

[102] *Nicolai*, Leben Justus Mösers, S. 23–34. – *Möller*, Aufklärung in Preußen, S. 161–172. – *Brandi*, Möser (1944/1965). – *Bäte*, Möser, Advocatus Patriae (1961). – *Maier*, Möser (1986). – Volker *Sellin*, Justus Möser, in: Deutsche Historiker IX, hrsg. von Hans-Ulrich *Wehler*. Göttingen 1982, S. 23–41.
[103] Vgl. *van den Heuvel*, Beamtenschaft und Territorialstaat, S. 171–175. – *Freiherr von Boeselager*, Osnabrücker Domherren, S. 68–82.

schen Streitkultur, bis hin zu dem betroffenen Status des Schweigens, des Stillstands und der trotzigen Beklommenheit, auf die zumeist die Stunde der Justiz, der Advokaten und der Gerichte folgte.

Möser hatte den Charakter der Parität als eines normierenden Korsetts für die Gestaltung des politischen Alltags und die Ausführung seiner Reformpläne schätzengelernt, weil er dabei einerseits den legitimierenden Schutz durch das geltende Verfassungsrecht genoß, andererseits die Grenzen seines Tuns an den Sanktionen des komplizierten juristischen Regelwerks messen konnte, das er wie kein anderer in seinem Staat taktisch und strategisch einsetzen und handhaben konnte.[104] Und dennoch gebrach es ihm nicht an Vorsicht und an wohlwollender Distanz im Umgang mit seinen vermeintlichen Gegenspielern am Ort, dem aufgeschlossenen Generalvikar von Vogelius und dem sperrigen Domkapitel als geistlicher Korporation, um in den Fragen der legalisierten, aber in der sozialen Lebenswelt des Alltags noch unvollkommen praktizierten Bikonfessionalität – dem Streben nach Gleichstellung, nach Gleichbehandlung und nach Gleichberechtigung – zu einer Entkrampfung der Beziehungen und zu Praktiken des Kompromisses zu gelangen. Die Politik gänzlich von den konfessionellen Zwängen, die es nun einmal dominant in der paritätischen Kleingesellschaft des Landes gab, zu befreien, war ebensowenig das Ziel der moderaten Ausgleichshaltung Mösers wie der Versuch, die Politik allein unter das Diktat einer aktiven aufgeklärten Toleranz und öffentlichen Meinungspluralität zu stellen. Möser wußte aufgrund seiner intimen Landes- und Menschenkenntnis genau, daß weder der eine noch der andere Weg ohne Schwierigkeiten und Protestschwellen gangbar war, ja daß nur ein milder Pragmatismus mit elastischer Diplomatie in die eine und in die andere Richtung sich öffnende Schneisen der Verständigung zu schlagen vermochte. Eine kompromißlose Interessenpolitik der harten Gangart freilich – mit der Rückendeckung durch Hannover und die

---

[104] Dazu als Hintergrund die Arbeiten von *Renger, van den Heuvel, Knudsen* und *Schröder*.

Krone in London – hätte unweigerlich zu einer verhärteten Frontstellung mit den altkirchlichen Kräften im Innern und zu einer Konfrontation mit dem externen Metropolitan- und Schutzherrn der Katholiken, dem Erzbischof von Köln, geführt.[105]

Nur vor diesem schwierigen Hintergrund der konkreten Politikerfahrung wird deutlich, warum Möser trotz aller Reformprojekte und tatsächlichen Reformanstrengungen im Prinzip in den traditionellen Bahnen des verfassungsrechtlichen und damit im weiteren Sinne politischen Status quo verharrte und den eingeschlagenen Kurs der Mitte nicht verließ. Der von Natur aus vorsichtige und skeptische Mann wollte jedes Experiment gegen Geist und Buchstaben der verordneten Parität vermeiden, um die Angriffsflächen für die konfessionelle Gegenseite möglichst gering zu halten und die dualistische Konstruktion der territorialen Gesamtarchitektur mit ihren Außenachsen in London und in Bonn nicht ins Wanken geraten zu lassen. So blieb also vieles »beim Alten«[106], wie Gruner wenige Jahre nach Mösers Tod resigniert feststellte, aber der alte Zustand bedeutete nicht nur Stagnation, Chancenverlust und introvertierte Langeweile, sondern er gewährleistete auch in hohem Maße relative Friedfertigkeit, behäbige Lebensweise und sogar – mit etwas kokettierendem Verdruß – das gefällige Stopfen der nimmersatten Bettlermünder, gleich ob sie von katholischer oder von evangelischer oder, nicht selten, von »beider« Dignität waren.

Das ganze Ausmaß der beharrenden Traditionalität offenbarte sich nahezu nirgends so deutlich wie auf dem sozialpolitischen Sektor der Armen-, Kranken- und Wohlfahrtspflege, die Möser in der kleinräumigen Ständegesellschaft weitgehend in der Hand der Kirche, der Zünfte, der privaten Wohltäter und der lokalen Selbstverwaltungskräfte – der Bürger, der Bauern und

---

[105] Exemplarische pragmatische Vorgehensweise im Vorfeld des Osnabrücker Religionsvergleichs von 1786: *Rudersdorf*, Möser, Kurfürst Max Franz, S. 112–119. – Ebenso auf dem Gebiet der regionalen Schul- und Bildungsgeschichte: *Fiegert*, Schulen von Melle und Buer, S. 107–114.

[106] *Gruner* II, 1803, S. 505.

der Adeligen – beließ. Möser vermied es während seiner Amtszeit sorgsam, an diesen althergebrachten Säulen der antiquiert wirkenden zersplitterten Armenhilfe zu rütteln, so daß der Konflikt mit dem Generalpatron der katholischen Armenpflege, dem selbstbewußten adeligen Domkapitel, bezeichnenderweise erst nach seinem Tod, an der Schwelle zur modernen, vorindustriellen Zeit kulminierte. Möser ging diesem Konflikt, dessen Konturen er durchaus früh erkannte, wegen seiner politischen Dimension und seiner besitzrechtlichen Implikationen wohl bewußt aus dem Wege und setzte andere Prioritäten in der Landespolitik, sicher auch deshalb, weil er selbst in seinem bürgerlichen Gestus keine große Leidenschaft als Anwalt der Besitzlosen und der Schwachen entfaltete und sich weder für eine konzeptionelle Reform noch für eine wirkliche Humanisierung der repressiven Armen- und Bettlerpolitik stark machte.

Es war eine merkwürdige Mischung aus progressiven und konservativen Elementen, die das Verhalten des Regierungsjuristen in der Armenfrage prägte. Während er in seiner Publizistik zwar in rigider rhetorischer Weise, aber in der Sache durchaus moderne, zukunftsträchtige Gedanken gegen die Bettelei und die vorsätzliche Arbeitsverweigerung vortrug[107], beließ er es in der Praxis des Regierens vornehmlich bei normativen disziplinarischen Verordnungen und Entscheidungen, also bei den traditionellen Methoden der Zurückdrängung und Verfolgung, deren Umsetzung dann den dezentralen Kräften der Ämter und der Lokalverwaltung vorbehalten blieb – mit all den Schwierigkeiten und Anfeindungen durch die unmittelbare Konfrontation mit den verfolgten und gebrandmarkten »Objekten« an ihrer lebensweltlichen Basis. So geriet die Armenhilfe, die von Staats wegen – ohne behördliches Substrat – keinen offiziellen Rang besaß, zu einem teils gut, teils mühsam funktionierenden System fallweiser Hilfen und gezielter Reparaturen, in einem halb-öffentlichen, halb-privaten Raum der Verdrängung, der Scham und der Furcht vor sozialer Deku-

---

[107] Vgl. hierzu ausführlich Kapitel II, Unterkapitel 4 dieser Arbeit. – *Lorenzen*, Mösers Patriotische Phantasien (1956).

3. Die Last der politischen Weichenstellung

vrierung, ohne daß den betroffenen Menschen ein rechtlich verbürgter Anspruch auf diese Unterstützung zugestanden wurde.
Das archaische Gefüge der traditionellen Armenhilfe – mit dem zentralen Element der Verwandten-, der Nachbarschafts- und der karitativen Kirchenhilfe – blieb mit all seinen Risiken und Schwächen so lange intakt, bis der ungestüme, durch Vertreibung und demographischen Zuwachs verursachte Druck der fremden Bettler- und Vagantenströme die lebensweltliche Ordnung der einheimischen Leute, die soziale Normalität ihres Alltags, durcheinanderbrachte und der Rhythmus zwischen Arbeit, Broterwerb, Haus- und Familienversorgung durch die müßiggehenden »Arbeitslosen« empfindlich gestört wurde. Erst dann, als die Wahrnehmung des freien, ungebundenen Bettlerlebens als fatales Vorbild zur Nachahmung für andere gefährdete Randseiter der Gesellschaft empfunden wurde, sah die Obrigkeit sich gezwungen, durch stärkere polizeiliche Kontrollen und durch das Ankündigen eines harten Sanktionspotentials den Prozeß der Abwehr gegen die unerwünschten Eindringlinge zu verschärfen und zu steuern.[108]
Das Problem stellte sich auch Möser in ganzer Schärfe, ohne daß er es in einer Zeit aufgeschlossenen Reformeifers für seinen Amtsbereich wirklich zu lösen vermochte. Armut und Bettelei waren Phänomene, die bei allem aufgeklärten Fortschrittsoptimismus weder politisch und räumlich, noch zeitlich und sozial einzugrenzen oder auszurotten waren. Das Problem stellte sich von Generation zu Generation stets von neuem und bedurfte – über das nur eingeschränkt taugliche Mittel der Repression und der Verfolgung hinaus – einer differenzierten öffentlichen Behandlung, die Fragen der Erziehung, der praktischen Ausbildung und der Arbeitsbeschaffung ebenso einschloß wie die Einschätzung des Erfolgs der

---

[108] Andererseits gab es dagegen auch wieder ein dilatorisches Verhalten, wenn es z. B. um die durchgeführten (unangekündigten) Bettlerjagden im Hochstift Osnabrück ging. StA Osnabrück, Rep. 100/198/31. – Vgl. *Sachße/Tennstedt*, Geschichte der Armenfürsorge, S. 125–131.

Zwangsarbeit, der kasernierten Züchtigung sowie der Resozialisierung gestrauchelter Existenzen und »durch Correction gebesserter« Arbeitswilliger. Möser mit seiner praktischen Erfahrung als Kriminaljustitiar und gelernter Advokat sah sich nahezu täglich mit dieser schwierigen juristischen und sozialen Problemwelt konfrontiert, die er pointiert in verschiedenen Segmenten – angereichert mit eigenen Ideen – seinem Leserpublikum zur Diskussion stellte. Dennoch schaffte er es angesichts der dargelegten internen innenpolitischen Hindernisse nicht, ähnlich wie in Hamburg zur gleichen Zeit oder im pietistischen Halle zu Beginn des Jahrhunderts, ein geschlossenes System der Armen-, Arbeits- und Erziehungshilfe in Osnabrück aufzubauen und zu etablieren. Die paritätischen Strukturen des kleinen Bischofsstaates im Schatten der größeren sozialen Brennpunkte im Reich ließen im Zeichen einer geteilten halb-kirchlichen, halb-säkularisierten Herrschaft nur einen geringen Bewegungsspielraum zum Umbau der bestehenden altertümlichen Ordnung zu.

Die Aussicht, im Osnabrücker Fürstbistum nur mit kleinen Schritten und mit beschränkten Möglichkeiten über den Status quo eines reliktbeladenen überkommenen Armenwesens hinaus zu gelangen, versetzte Möser keineswegs in Unruhe, zumal die Überschaubarkeit des Landes mit seinen insgesamt sieben Ämtern im Notfall ein rasches administratives Eingreifen möglich gemacht hätte.[109] Der gezügelte Aktionsdrang, in der Armen- und Bettlerfrage etwas Neues anzufangen und wirklich zu bewegen, bedeutete andererseits aber nicht, daß Möser nicht um die externe aufgeklärte Debatte einer Modernisierung dieses Sektors, um ihre Argumente, ihre Methoden und ihre Ziele gewußt hätte. Das Ringen um Rationalität, Effektivität und Verwaltungsstringenz war zu Lebzeiten Mösers nirgends so überzeugend als geschlossenes Konzept in die Tat umgesetzt worden, wie bei der Errichtung der zentralen Ar-

---

[109] Vgl. *van den Heuvel*, Beamtenschaft und Territorialstaat, S. 51–54. – *Penners*, Die historisch-politischen Grundlagen des Regierungsbezirks Osnabrück, S. 273–286. – Hans-Joachim *Behr* (Hrsg.), Der Landkreis Osnabrück – Geschichte und Gegenwart. Osnabrück 1971.

menanstalt in Hamburg im Jahre 1788, der ein durchdachtes Reformprogramm zugrunde lag, das an der Kausalverbindung von Armut und Arbeit strikt festhielt, auf die Individualisierung der Armenpflege, auf die Hilfe zur Selbsthilfe und nicht zuletzt auf die aktive ehrenamtliche Mitwirkung vieler engagierter und reputierter Bürger an dem Gemeinschaftswerk setzte, die sich um die *Anstaltsarmen*, aber auch um die Betreuung der großen Zahl der *Hausarmen* bemühten.[110]
Den führenden Reformern der Hamburger Aufklärung, angeleitet von dem Inspirator und Initiator der Armenanstalt, dem Professor am Akademischen Gymnasium Johann Georg Büsch, war es innerhalb weniger Jahre gelungen, die ökonomisch potenten und politisch einflußreichen Kräfte in der Stadt im Geiste eines vernunftgeleiteten Patriotismus zu mobilisieren und zu einem produktiven Zusammenwirken bei der Bewältigung der geplanten Reform zu bewegen. Der aufklärerisch-sozialreformerische Impuls, der hinter dem Projekt der zentralisierten Armenanstalt und dem damit verknüpften Anspruch stand, einem neuen, von mitmenschlicher Solidarität und philanthropischer Hilfsbereitschaft geprägten Menschenbild zum Durchbruch zu verhelfen, setzte Energien frei, die den Erfolg des Unternehmens in kurzer Zeit realisierten und ihm eine überregionale, ja reichsweite Publizität und Anerkennung sicherten.
Durch ein koordiniertes und konzentriertes Vorgehen – unter Einsetzung einer Vielzahl von basisnahen ehrenamtlichen Armenpflegern – hatten die Hamburger Armenreformer etwas erreicht, was in vielen anderen Kommunen und territorialen Regionen zur selben Zeit in finanzieller Stagnation und obrig-

---

[110] Vgl. Hildegard *Urlaub*, Die Förderung der Armenpflege durch die Hamburgische Patriotische Gesellschaft bis zum Beginn des 19. Jahrhunderts (1932). – Detlev *Duda*, Die Hamburger Armenfürsorge im 18. und 19. Jahrhundert, S. 51–85. – *Braun/Kopitzsch*, Zwangsläufig oder abwendbar? 200 Jahre Hamburgische Allgemeine Armenanstalt. – Franklin *Kopitzsch*, Grundzüge einer Sozialgeschichte der Aufklärung in Hamburg und Altona. 2 Teile. Hamburg ²1990. – *Metz*, Staatsraison und Menschenfreundlichkeit, S. 16–18.

keitlicher Resignation endete, nämlich die drastische Halbierung des großen Kreises der Armenhilfeempfänger und die fast gänzliche Zurückdrängung der unkontrollierten Bettelei, während gleichzeitig die Kinder der Armen in den Schulen der Armenanstalt zur Industriosität, zu Ordnung, Fleiß und Arbeitsamkeit, angehalten wurden.[111] Durch das ineinandergreifende, auch aus der Sicht der Initiatoren erstaunlich reibungslos funktionierende Konzept von Armenhilfe, Arbeitsanstalt, Krankenpflege, Ausbildungs- und Erziehungssystem – einem Kreislauf geregelter Funktionen also, mit dem Ziel, aus ungesicherten Existenzen nützliche Mitglieder der Gesellschaft zu machen – wurde das Projekt der Hamburger Armenanstalt zum »Vorbild eines neuen Typs sozialer Fürsorge«[112], mit einem starken Drang zu öffentlicher Publizität und zu nachhaltiger Propagierung der entstehenden bürgerlichen Sozialidee und ihrem Ideal der Selbstverantwortung und vernunftgeleiteten »Menschenfreundlichkeit«.

Für den alt gewordenen Möser im »benachbarten« Osnabrück kamen diese neuen Vorstellungen einer öffentlichen bürgerlichen, von philanthropischer Inspiration geleiteten Armen- und Sozialhilfepraxis – wenige Jahre vor seinem Tod – zu spät, als daß der ohnehin gegenüber einer obrigkeitlich-behördlich gelenkten Armenversorgung reservierte Jurist noch einmal einen Kurswechsel in seiner Politik vorgenommen hätte. Wenn Möser überhaupt einen externen, nicht-osnabrückischen Maßstab für seine eigene Position zur Armen- und Bettlerfrage ernsthaft in Erwägung zog[113], so war dies der wiederholt vor-

---

[111] Statistische Angaben bei *Kopitzsch*, Einführung: Aufklärung und soziale Frage, S. 32f.

[112] So pointiert *Metz*, Staatsraison und Menschenfreundlichkeit, S. 17. – Ebenso: *Ritter*, Sozialstaat, S. 41. – *Wehler*, Deutsche Gesellschaftsgeschichte I, S. 202–210. – *Möller*, Fürstenstaat oder Bürgernation, S. 110f. – *Kopitzsch*, Die Hamburger Aufklärung und das Armenproblem, S. 51–59.

[113] Vgl. dazu die Anlagen 1 bis 3 im Anhang zu dieser Arbeit. – Ferner: *Metz*, Staatsraison und Menschenfreundlichkeit, S. 18–26. – *Maurer*, Aufklärung und Anglophilie, S. 119–131. – *Ders.*, Justus Möser in London (1763/64), S. 571–583.

3. Die Last der politischen Weichenstellung

getragene Hinweis auf die Praxis der dezentralen Kirchspielsversorgung in England, an der ihm vor allem der konsequente Rigorismus gegenüber den fremden Eindringlingen behagte, die den Einheimischen die streng taxierten Almosen und Naturalzuwendungen streitig zu machen versuchten. Aber die englische Armenwelt war dem Blick des alten Patriarchen in Osnabrück – trotz der administrativen Anbindung an die »Deutsche Kanzlei in London« – inzwischen doch weit entrückt:[114] Das England-Bild des bürgerlichen Advokaten war eingefärbt von der sentimentalen Erinnerung an seinen früheren Londonbesuch im Winter 1763 auf 1764, der seinen Horizont in der Frage einer sozial gerechten, vom steuerzahlenden Untertan finanzierten Armenpolitik, vor allem aber in dem kompromißlosen Umgang mit der unangepaßten Lebensweise der Müßiggänger, der Schmarotzer und der Arbeitsscheuen schärfte. Die urbanen Eindrücke und Erfahrungen, die Möser bei seinem mehrmonatigen Aufenthalt in der englischen Hauptstadt mitbekommen hat und die er in seinen »Patriotischen Phantasien« an passender Stelle stets wirkungsvoll anklingen läßt, waren indessen nur bedingt auf die partikulare ständische Ackerbürgerwelt seiner am Rande des großen Geschehens liegenden Heimatregion anwendbar – die stille Sehnsucht nach dem befreienden Entwurf, die in manchen seiner dezidierten Stellungnahmen durchschien, mußte freilich der nüchternen Enge und den begrenzten Spielräumen in dem kuriosen paritätischen Interessengeflecht des Osnabrücker Kleinstaates, das die Kräfte zu binden verstand, weichen.[115]

---

[114] *Nicolai*, Leben Justus Mösers, S. 28–32. – *Sheldon*, Development, S. 45–54. – *Grieser*, Die deutsche Kanzlei in London, S. 153–168. – *Maurer* (wie Anm. 113).

[115] *Möser*, Etwas zur Verbesserung der Armenanstalten (1772), IV, Nr. 11, S. 72f. – *van den Heuvel*, Beamtenschaft und Territorialstaat, S. 145–159. – *Knudsen*, S. 65–84. – *Schindling*, Osnabrück, Nordwestdeutschland und das Heilige Römische Reich, S. 210–222.

Die englische Armenpraxis konnte also – sosehr Möser sich auch für den englischen Lebensstil im Umgang mit Freiheit, Eigentum und Grundbesitz, für die Herausbildung einer »Eigentümergesellschaft« und einer »Eigentumsmentalität« interessierte[116] – für die Osnabrücker Armenpraxis angesichts der spezifischen territorialen Verfassungsverhältnisse nur sehr eingeschränkt als Parameter dienen, allenfalls als exemplarische, sozialpsychologische Vergleichsgröße, was die Härte und die Repressionsmethoden der Kirchspielsvorsteher in dem System der Armenpflege in dem Königreich betraf. Möser, der sich im Grundsatz seines Handelns an den Traditionen und den individuellen politischen Besonderheiten des Osnabrücker Bischofslandes orientierte, ließ sich, aufs Ganze gesehen, trotz seines weitgespannten und intensiven aufgeklärten Kommunikations- und Informationsnetzes[117] in seiner Armenpolitik kaum nachhaltig von außen beeinflussen und beeindrucken. Den Modernitätssprung, den die säkulare Hamburger Anstaltsreform zweifelsfrei weit über die Grenzen der Stadtrepublik hinaus darstellte, nahm der damals 68 Jahre alte, krank gewordene Möser zwar zur Kenntnis – initiativlos und ohne Anlaß zu einer reflektierenden Überprüfung des eigenen »Systems« –, aber er überließ es immerhin dem Urteil der Osnabrücker Kommunalpolitiker, der Armenprovisoren und evangelischen Prädikanten, die Kompatibilität des hansestädtischen hamburgischen Modells mit den Möglichkeiten der Osnabrücker Paritätsverfassung zu vergleichen.[118] Dabei zeigte sich,

---

[116] *Möser*, Warum bildet sich der deutsche Adel nicht nach dem englischen? (1780), in: *Göttinger Akademie-Ausgabe* VII, Nr. 55, S. 203–213. – Vgl. auch die aspektreiche, neuere Studie von Paul *Langford*, Public life and the propertied Englishman 1689–1798. Oxford 1991. – *Maurer*, Aufklärung und Anglophilie, S. 119–131.

[117] Vgl. *Sheldon*, Justus Möser – Briefwechsel (mit einem differenzierten Register der Adressaten und Korrespondenten). – Vgl. auch Brigitte *Erker*, Justus Möser in Pyrmont 1746–1793. Bad Pyrmont 1991.

[118] Prädikanten Ringelmann und Klefeker an Buchhalter Moll, Osnabrück, 8. März 1792. StA Osnabrück, Dep. 3 b V, Nr. 1420.

3. Die Last der politischen Weichenstellung

daß manche kundigen Vertreter des bürgerlichen lutherischen Rats und der Stadtgeistlichkeit in der Bewältigung der Armutsprobleme *moderner* und *innovativer* dachten als der bürgerliche Repräsentant der welfischen Landesregierung, der sich indirekt gegen eine Organisationsreform – wie in Hamburg geschehen – wandte, dafür aber auf die armenpolitische Wirksamkeit flankierender wirtschaftlicher und rechtspolitischer Maßnahmen setzte, auf die Förderung von Handel, Gewerbe und häuslicher Leinenproduktion ebenso wie auf die soziale und erbrechtliche Besserstellung der Voll- und der Halbbauern, auf die bessere juristische und finanzielle Absicherung vieler verschuldeter Kötter und Kleinbauern sowie auf die gezielten Hilfen für besonders bedürftige Heuerlingsfamilien in der Not.[119]

Da die Osnabrücker Paritäts-Verfassung schwerlich eine geschlossene und konsensfähige Konzeption einer effizienten Armen- und Arbeitsverwaltung, noch dazu unter *einer* Obrigkeit, zuließ, spielten entsprechende, neueingerichtete *Omnipotenz-Systeme* der bevormundenden und disziplinierenden Menschenbetreuung – vom heranwachsenden Armen- und Waisenkind, dem kasernierten Züchtling, dem »ehrlich« arbeitenden Armen bis hin zum alten und kranken Invaliden, der gebrechlichen Armenwitwe und Greisin unter dem Dach einer einzigen großen Anstalt – in dem fürstbischöflichen Territorium keine dominierende Rolle. Die Chance einer Übernahme des Hamburger Modells – zumindest für den städtischen Raum Osnabrücks – wurde 1792 in einem differenzierten Gutachten für den Armen-Buchhalter der Stadt, Franz Arnold

---

[119] Vgl. zum Gesamtzusammenhang ökonomischer, handelspolitischer und agrarischer Maßnahmen: Friedrich *Herzog*, Das Osnabrücker Land im 18. und 19. Jahrhundert. Eine kulturgeographische Untersuchung. Oldenburg 1938, S. 58–92. – *Winkler*, Landwirtschaft und Agrarverfassung im Fürstentum Osnabrück nach dem 30jährigen Krieg (1959). – *Machens*, Beiträge zur Wirtschaftsgeschichte des Osnabrücker Landes, S. 86–104. – *Runge*, Mösers Gewerbetheorie und Gewerbepolitik. – *Bölsker-Schlicht*, Hollandgängerei. – *Schlumbohm*, Bauern – Kötter – Heuerlinge, S. 77–88.

Moll, sogar ausdrücklich verworfen mit der bezeichnenden Begründung: »... eine solche gänzliche Umschmelzung der Armenanstalten [wie in Hamburg] bedarf es für uns nicht, da wir unsere Armen bald übersehen können, und wir bleiben billig bey der Einrichtung unserer Väter, nach welcher sich der Magistrat die Ober-Aufsicht über das ganze Armenwesen vorbehält, dem also der zeitige Buchhalter mit dem Collegio der Provisoren untergeordnet ist. Aber ganz unleugbar würde diese Einrichtung weit zweckmäßiger und weit vorteilhafter für das Publicum seyn, wenn unsere Herren Provisoren an den öffentlichen Armenanstalten mehreren Antheil haben könnten und wolten, wenn diese Herren eben die Geschäfte übernähmen, deren sich die Hamburger Armenpfleger unterziehen.«[120] Ablehnung und Kritik mischen sich hier durchaus reflektiert, aber der Standpunkt der beiden ortskundigen Gutachter, der evangelischen Kirchenmänner und Schulmeister Ringelmann und Klefeker – letzterer übrigens ein geborener Hamburger – ließ an Deutlichkeit nichts zu wünschen übrig. Gleichwohl blieben einzelne wichtige Bausteine und Prinzipien des Hamburger »Modells« für die spätere Diskussion um die Jahrhundertwende von Belang.

Aber auch die Adaptation attraktiver älterer Armenversorgungssysteme, die erfolgreich funktionierten und einen überregionalen Ruf genossen, fand in dem bikonfessionellen geistlichen Territorium, das sich trotz der Alternativsukzession und der damit verbundenen wechselnden Einflüsse von außen ziemlich verschlossen gab, keine große Resonanz. Stand das Hamburger Reformwerk eindeutig unter einer bürgerlich-säkularen Antriebsmotivation[121], so dominierte wenige Jahrzehnte zuvor, um 1700, im preußischen Halle im Zeichen des Pietismus die religiös-theologische Komponente als Movens einer neuen christlich-fürsorgerischen Armenpolitik. Die For-

---

[120] Prädikanten Ringelmann und Klefeker an Buchhalter Moll, 1792, wie Anm. 118.
[121] *Metz* (Staatsraison und Menschenfreundlichkeit, S. 17) spricht von einem »säkularen Polis-Motiv«. – Vgl. auch *Kopitzsch*, Einführung: Aufklärung und soziale Frage, S. 30–36.

derung nach einem tätigen Christentum im Dienste für den Nächsten und gerade für den Armen, der des Beistandes bedurfte, stand im Mittelpunkt der pietistischen Programmatik, die den Gedanken der praktischen Bewährung im Glauben an Gott besonders hervorhob.
In der konkreten Bekämpfung der Armut setzten die Hallenser Pietisten unter der Führung ihres Hauptes, des Theologen und Pädagogen August Hermann Francke, weniger auf die traditionelle kirchliche Praxis der Gewährung von Almosen, sondern auf die recht profanen Mittel, die für die Zeit beileibe nicht überall modern waren, nämlich auf Arbeitsbeschaffung, praxisorientierte Ausbildung und geregelte Erziehung zur Selbständigkeit, auf Hilfe zur Selbsthilfe – eingerahmt von einer Atmosphäre evangelischer Frömmigkeit und Gottgläubigkeit, die den Stil des Umgangs miteinander prägte. Die sukzessive Errichtung einer Armenschule, eines Waisenhauses und eines Altersheims sowie die Anlage von Manufakturen zur sinnvollen Beschäftigung der arbeitslosen Armen bildeten die Bestandteile eines Systems von gemeinnützigen und schulischen Institutionen, aus denen dann die *Franckeschen Stiftungen* in Halle hervorgingen, die – wie die grundlegende Studie von Carl HINRICHS nachweist – zu einem Zentrum des Pietismus in Preußen und zu einer geistig prägenden Kraft für den preußischen Staat wurden.[122] In Osnabrück freilich fand der Hallesche Pietismus keine erkennbare Resonanz bei den durch das Paritätssystem auf die kirchliche Orthodoxie verwiesenen Lutheranern.
Die Biographie Mösers, aus dem Blickwinkel der Geschichte der Armenfürsorge im Deutschland des 18. Jahrhunderts gesehen, bewegte sich also buchstäblich zwischen zwei spektakulären Entwürfen – dem Halleschen und dem Hamburger – einer in sich geschlossenen intakten kleinen Welt konzeptioneller Armenbetreuung, vom hilflosen Waisenkind bis zum siechenden Alten oder blinden Greis. Aber weder die religiös-

---

[122] Carl *Hinrichs*, Preußentum und Pietismus. Göttingen 1971. – *Ritter*, Sozialstaat, S. 36–38. – *Möller*, Fürstenstaat oder Bürgernation, S. 109–111.

soziale Ethik des Pietismus noch die philanthropisch-bürgerliche Ethik der Hamburger Aufklärer – beides geistig-soziale Prozesse, die im Denken vieler Politiker und Intellektueller in der Aufklärungszeit eine Rolle spielten – haben in der Osnabrücker Alltagspraxis zur Zeit Mösers im Umgang mit den Armen und Schwachen, den Almosenempfängern und den Bettlern erkennbare Spuren hinterlassen.[123] Natürlich wurde der Kausalzusammenhang zwischen Armut, Arbeitslosigkeit und Arbeitsbeschaffung auch von einem Mann wie Möser, der entschieden mehr in den Kategorien der Eigentümergesellschaft als in denen der lohnabhängigen Besitzlosen dachte, gesehen; natürlich gab es einzelne Elemente und Praktiken in der Art und Weise des konkreten Umgangs mit dem komplexen Armutsphänomen, die in Osnabrück genausogut oder schlecht angewandt wurden wie in anderen Kommunen und Territorien, die gleichermaßen alle auf der Suche nach Verbesserung und Optimierung ihrer Abwehrinstrumente gegen die falsche Armut und den übertriebenen Bettel waren. Was freilich der politischen Führung in der Regierung des Geistlichen Staates fehlte, war der erkennbare Wille, die vorhandenen Bestandteile des zersplitterten Armenwesens im Sinne einer Konzentration der Ressourcen effektiver zusammenzubinden – wenn schon nicht durch eine neue Behörde, so doch zumindest durch einen lockeren administrativen Rahmenverbund, der über die unzureichenden und mangelbehafteten Aufsichts- und Betreuungsrechte der Armenprovisoren deutlich hinausreichte.[124]

---

[123] Am ehesten noch in der Kommunalpolitik der Stadt Osnabrück: neben den aufgeklärten Prädikanten Ringelmann und Klefeker hier vor allem wichtig die Rolle des überragenden Bürgermeisters Berghoff als Freund der Armen, 1772. StA Osnabrück, Dep. 3 b V, Nr. 1409. – *Krusch*, Möser und die Osnabrücker Gesellschaft, S. 244–373. – *Spechter*, Osnabrücker Oberschicht, S. 126–131. – *Knudsen*, S. 52–54, 114–144.

[124] StA Osnabrück, Rep. 100/198/5; entsprechende Vorschläge von den zum Teil sehr engagierten Pastoren und Vögten wurden von der Osnabrücker Regierung abgewiesen oder zumindest hinhal-

3. Die Last der politischen Weichenstellung

Die paritätische Landesverfassung, die ein doppeltes, kirchliches und weltliches, Armenwesen juristisch sanktioniert hatte, engte zwar den Handlungsspielraum für eine organisatorische Verbesserung und Konzentration entscheidend ein, aber es mangelte auch an einem entsprechend fortschrittlichen und reflektierten Reformbewußtsein, das den verdrängten Diskussionsprozeß über die Notwendigkeit einer Anpassung an die neuen Formen der im Wandel begriffenen Armenpflege vorangetrieben und stets von neuem aktualisiert hätte.[125] Möser, der Propagandist einer rationalen Humanität, der aus innerer Überzeugung mit rhetorischer Verve und mit echter Verachtung die subkulturelle Lebensweise der müßiggehenden Bettler öffentlich anprangerte und die Antipathien der Bevölkerung mobilisierte, verschloß sich auf der anderen Seite einer weitergehenden Debatte über die neuen Organisationsmodelle und Reformpläne, die in anderen, problembeladeneren sozialen Zentren des Reichs – Halle und Hamburg sind wegen ihrer Vorbildfunktion hier nur als besonders markante Beispiele genannt – auf der Tagesordnung einer konkret praktizierten »menschenfreundlichen« und »gemeinnützigen« Sozialarbeit in den Patriotischen Gesellschaften, den gelehrten Vereinigungen und geselligen Clubs standen.[126]

---

tend beschieden. – Vgl. auch *Hoberg*, Die Gemeinschaft der Bekenntnisse in kirchlichen Dingen, S. 45–68. – *Hatzig*, Möser als Staatsmann, S. 35–89.

[125] Die diskutierten und verfügten Maßnahmen zielten stets auf Bettelverbot, Arbeitszwang und traditionelle Repression. Vgl. Anlagen 1 bis 3 im Anhang zu dieser Arbeit. Ebenso: *Sachße/Tennstedt*, Geschichte der Armenfürsorge, S. 107ff. - *W. Fischer*, Armut in der Geschichte, S. 33–55. – *Endres*, Armenproblem im Zeitalter des Absolutismus, S. 1003–1020.

[126] Dazu bes. *Kopitzsch*, Aufklärung in Hamburg und Altona. – *Hubrig*, Patriotische Gesellschaften, S. 117–123. – *Metz*, Staatsraison und Menschenfreundlichkeit, S. 11–18. – *Sachße/Tennstedt*, Geschichte der Armenfürsorge, S. 125–130. – Zum Vergleich: Peter *Albrecht*, Die Übernahme der Prinzipien der Hamburger Armenreform für die Stadt Braunschweig, in: *Sachße/Tennstedt* (Hrsg.), Jahrbuch der Sozialarbeit 4, 1984, S. 181–203.

Die Furcht, im eigenen Land durch einen allzu forcierten Druck eine unkalkulierbare Debatte zwischen den Gegnern und den Befürwortern eines Wandels vom Zaun zu brechen, unter Umständen sogar mit dem Ergebnis, daß das ausbalancierte Gefüge der paritätischen ständischen Strukturen in dem fragilen Kleinstaat beschädigt werden könnte, mußte Möser wohl in seinem Innern mehr beschäftigt, vielleicht auch mehr beängstigt haben, als er dies nach außen in seinem Schrifttum zu erkennen gegeben hat. Anders als auf dem Gebiet der Wirtschaft, des Handels, der Gewerbe oder der Agrikultur standen in dem hochsensiblen Bereich der sozialen Armenfürsorge – wo es oft um Überleben oder Untergang, um die soziale Rettung oder den sozialen Fall ins Nichts ging – Recht und Besitz, Privileg und Status, Prestige und Anspruch als trennende Barrieren im Weg, die ein einvernehmliches vernünftiges Handeln erschwerten, weil die konfessionellen und ständischen Parteien im Sinne der Verfahrensparität wachsam auf »ihr« Recht achteten und es notfalls kompromißlos exekutierten. So entsprach es also gewiß einer klugen Einsicht des regierenden Möser, wenn er im Prinzip beharrlich an der Kontinuität der bestehenden Armenpflegepraxis mit ihrer traditionellen Diversifikation in der Hand mehrerer Trägergruppen festhielt und sich aus Gründen der Verfassungsräson pragmatisch gegen jeden Versuch einer aus seiner Sicht nur störenden, überflüssigen »Anleihe« von außen zur Wehr setzte.[127] Die Parole, daß alles »beim Alten« geblieben sei, wie Gruner es später spitz auf den Punkt brachte, könnte somit durchaus – ganz ohne Revisionismusverdacht und ohne späte Häme – zur Signatur der undramatischen Möserschen *Armen-Politik* in Osnabrück werden, die als ein Beispiel für die beharrende Kraft

---

[127] Die von den preußischen Regierungsbehörden in Minden und in Lingen angeregten interterritorialen Vagabundenjagden stießen in Osnabrück eher auf Mißtrauen und Reserven – die welfische Landesherrschaft wollte die preußischen Beamten auf Distanz halten und ließ sich nur dilatorisch auf den Vorschlag ein. StA Osnabrück, Rep. 100/198/31. – Vgl. auch *Press*, Kurhannover, S. 53–78. – *Carl*, Okkupation und Regionalismus (1993), passim.

3. Die Last der politischen Weichenstellung

des Faktischen in einer traditionalen kleinräumigen Gesellschaft der vorindustriellen Zeit nur wenig Aufschluß gibt über das wirkliche Ausmaß der aufgeklärten Reformbereitschaft und tatsächlichen Reformierbarkeit des alten Systems. Dieses alte System war zur selben Zeit in anderen Geistlichen Staaten – wie in Kurmainz, in Bamberg und in Würzburg – ungleich stärker einem dynamischen Wandlungsprozeß ausgesetzt, freilich dort befördert und gestützt durch den erklärten Willen der bischöflichen Landesherren.[128]
Möser selbst hat 1782 in einem bemerkenswerten Brief an seinen Freund Nicolai in Berlin das Bild einer in sich ruhenden, harmonischen Osnabrücker Kleinstaatswelt im Schatten der politischen Machtzentralen gezeichnet – zwar nicht frei von verklärender Sympathie, aber dennoch mit einer weisen Philosophie ständischer Regierungskunst versehen, die den Triumph der Beharrung vor den Sieg des Anachronismus stellt: »Schwerlich ist ein Land, worin sich Herr und Stände so einig sind, wenn es auf die Beförderung des allgemeinen Besten ankömmt«, hebt Möser in eigener Sache stolz hervor und fährt fort, »überhaupt hört man hier nichts von Staats-, Religions – und andern Beschwerden; die Regierung, welche aus zween Geheimen Räthen ... besteht, lebt mit den Ständen, sowie der catholische Religions-Theil mit den Lutheranern und der Adel mit den Bürgern, wie es scheinet, in guter Harmonie. Doch rühmt man den Adel überall wegen seiner wahren Politesse, die beyderseitigen geistlichen Obrigkeiten wegen ihrer billigen Denkungsart und vernünftigen Toleranz und die Regierung und Stände wegen ihres beyderseitigen herzlichen Wunsches, die allgemeine Ruhe zu erhalten und mit gemeinschaftlichem Eyfer des Landes Aufnahme und Beste zu befördern. Und dieses alles bey der wachsamsten und eyfersüchtigsten Aufmerksamkeit aller Theile auf ihre Rechte, welche die hiesigen

---

[128] Das Muster einer aufgeklärten »geistlichen« Armenreform in Mainz 1786: Vgl. dazu *Rösch* (1929). – *Koeppel*, Dalbergs Wirken für das Hochstift Würzburg, S. 253–298. – *Lindig*, Franz Oberthür als Menschenfreund, S. 11–130. – *Hersche*, Intendierte Rückständigkeit, S. 133–149.

Stände unter den benachbarten wohl am besten erhalten haben mögen, indem in einem Lande, wo eine catholische und evangelische Regierung immerfort abwechseln und beyde Religionstheile gleiche Rechte haben, immer ein Theil gegen den andern Wacht hält und die geringsten Überschritte bemerkt. Der *Rath Möser*, welcher, wie ich bald vergessen hätte zu schreiben, mit in der Regierung sitzt und den Vortrag in allen Staats- und Regierungs-Sachen hat, genießet des Vertrauens aller Theile, und dieses mag nicht wenig zu jener glücklichen Übereinstimmung beytragen. Er liebt, wie er sagt, ein intolerantes Volk und tolerante Führer, die dem Ochsen die Hörner nicht abschneiden, um sie so viel ruhiger treiben zu können.«[129]

4. Lokalmilieu und Engagement: Das »städtische« Osnabrück als Handlungsbühne

Armut im Gewand der Bettelei, der Verwahrlosung und Verlotterung oder aber als Ausdruck der prekären Normalexistenz vieler Menschen in einer beengten kleinbürgerlichen und kleinbäuerlichen Lebenswelt der vormodernen, noch weitgehend agrarisch geprägten ständischen Partikulargesellschaft war ein Phänomen, das die Stadt und das Land, die urbanen und die territorialen Zonen gleichermaßen erfaßte und beschäftigte. Während die Städte wegen der natürlichen Begrenztheit ihres Raumes und der topographischen Konzentration des sozialen Problemdrucks schon immer ein bevorzugter Ort für Studien zur gesellschaftlichen Schichtungsanalyse, zur Armuts- und Unterprivilegiertenforschung waren[130], blieben die schwerer erfaßbaren, weiträumigen territorialen Flächen-

---

[129] Möser an Nicolai, 1782, in: *Sheldon*, Justus Möser. Briefwechsel, Nr. 550, S. 625f.
[130] Vgl. dazu die einschlägigen Arbeiten zur sozialen Armutsproblematik von *Jütte, Dinges, Kopitzsch, Endres, Ebeling, Albrecht,*

4. Lokalmilieu und Engagement

staaten in der Gunst des Interesses und der wissenschaftlichen Prioritätensetzung deutlich zurück.[131]
Die Valenz von Armut, Elend und sozialer Deklassierung, die Kulturen der kollektiven Not im Gefolge von Hungerkrisen, Kriegen und Naturkatastrophen, ließen sich – dem Erkenntnisinteresse der in der Regel günstigeren Quellenlage folgend – in dem kommunalen Rahmen einer Stadtgesellschaft differenzierter erfassen und präziser definieren, als dies in den ländlichen Regionen, in denen die Verarmung stärker von der Familie, der Verwandtschaft oder der Nachbarschaft aufgefangen wurde, mit ihrer lückenhaften, zum Teil wenig verläßlichen – weil zufallsbedingten – Überlieferung der Fall war.[132]

Finzsch, François, Stekl und *Stier.* – Zur sozialen Schichtungsanalyse und zu methodischen Definitionsproblemen vgl. *Wehler*, Deutsche Gesellschaftsgeschichte I, S. 124–217. – *Kocka*, Weder Stand noch Klasse, S. 23–42, 109–190. – *Hunecke*, Überlegungen zur Geschichte der Armut, S. 480–512. – *Geremek*, Geschichte der Armut, S. 285–306.

[131] Vgl. dazu als Beispiele bes. die Arbeiten von *Schlumbohm, Schubert, Küther, Mooser, François, Sievers* und *Finzsch*. – Generelle Aspekte: *Fischer*, Armut in der Geschichte, S. 33–55. – *Sachße/Tennstedt*, Geschichte der Armenfürsorge, S. 99ff. - *Hunecke*, Überlegungen zur Geschichte der Armut, S. 480–512. – *Kaschuba*, Lebenswelt und Kultur der unterbürgerlichen Schichten, S. 5–19.

[132] Vgl. zu diesem Problemkreis und zur historischen Methode bes. *Wehler*, Deutsche Gesellschaftsgeschichte I, S. 124–217. – *Kocka*, Weder Stand noch Klasse, S. 23–42, 52f. – Josef *Mooser*, Ländliche Klassengesellschaft 1770–1848. Bauern und Unterschichten, Landwirtschaft und Gewerbe im östlichen Westfalen (1984). – *Ders.*, Unterschichten in Deutschland 1770–1820. Existenzformen im sozialen Wandel – Emanzipation und Pauperismus, in: *Berding*, Helmut, u. a. (Hrsg.), Deutschland und Frankreich im Zeitalter der Französischen Revolution. Frankfurt am Main 1989, S. 317–338. – Diedrich *Saalfeld*, Die Sorge um das tägliche Brot, in: *Blum*, Jerome (Hrsg.), Die bäuerliche Welt. Geschichte und Kultur in sieben Jahrhunderten. München 1982, S. 109–132. – *Schubert*, Mobilität ohne Chance: Die Ausgrenzung des fahrenden Volks, in: *Schulze*, Ständische Gesellschaft und soziale Mobilität, S. 113–164.

Offene Armut, durch Arbeitsmangel, Krankheit oder Unglück bedingt, schlug sich zumeist auch in den offiziellen Amts- und Behördenakten, in Steuerbüchern, Petitionslisten und demographischen Statistiken nieder; verschämte Armut oder Armut im verborgenen, abgeschirmt durch den familiären Schutz und die private Fürsorge der Nächsten, fielen hingegen – weil statistisch nicht erfaßt – sehr schnell durch das Raster behördlicher Unwissenheit und damit auch der schriftlichen Fixierung, wenn nicht doch noch auf indirektem Wege, etwa durch die Eingaben und die Berichte der Pastoren und der örtlichen Armenprovisoren, durch Armutszeugnisse und sonstige Testate sozialer Bedürftigkeit, Aufschluß über das Ausmaß und die Intensität dieser unauffälligen, fast schon normalen *Alltagsarmut* im Mikrokosmos vieler Einzelschicksale gegeben worden wäre.

Die Überschaubarkeit der Osnabrücker Verhältnisse ließ auch das Sozialphänomen der Armut, die gefährdete Lage der am meisten von der Pauperisierung bedrohten Gruppen der kinderreichen Kleinhandwerker- und Heuerlingsfamilien, die im letzten Drittel des 18. Jahrhunderts schon mehr als die Hälfte der Bevölkerung ausmachten, überschaubar und beherrschbar bleiben.[133] Der zentralörtliche Mittelpunkt des geistlichen Landes, die Stadt Osnabrück, war eingerahmt von den sechs Ämtern Iburg, Grönenberg, Vörden, Fürstenau, Wittlage und Hunteburg – die südlich gelegene Exklave Reckenberg (Wiedenbrück) kam als siebtes Amt hinzu. Die im Jahre 1772 im Auftrag der Regierung durchgeführte Volkszählung ergab für das gesamte Hochstift einen Bevölkerungsanteil von 116 114 Menschen, davon entfielen auf die Hauptstadt Osnabrück genau 5923 Einwohner. In den südlichen Ämtern Iburg, Wittlage, Hunteburg und Grönenberg lebten etwa 68 000 Menschen, während der restliche Anteil von knapp über 42 000

---

[133] Vgl. für die ländliche Welt *Bölsker-Schlicht*, Hollandgängerei, S. 123f. – *Schlumbohm*, Bauern – Kötter – Heuerlinge, S. 77–88. – *Reinders-Düselder*, Obrigkeit und Kirchspiel – Adel, Bauern, Heuerlinge im 18. und frühen 19. Jahrhundert, S. 305–338.

4. Lokalmilieu und Engagement

Stiftsangehörigen in den beiden nördlichen Ämtern, in Fürstenau und Vörden, zuhause war, die etwa die Hälfte der Gesamtfläche des Stiftsterritoriums einnahmen.[134] Die im Rahmen der Ämter- und Kirchspielsorganisation des Hochstifts durchgeführte Zählung – eine vom Geheimen Rat in Osnabrück angeordnete Maßnahme, die im Hungerjahr 1772 von den Vögten eher sperrig als engagiert exekutiert wurde – ergab innerhalb des Landes ein bemerkenswertes Süd-Nord-Gefälle, nämlich eine stark ungleichmäßige Verteilung der Bevölkerung: In dem fruchtbareren Süden, einem der Kernräume des westfälischen Flachsanbaus, der Garn- und der Leinenproduktion, lebten ungleich mehr Menschen als in dem flacheren Norden mit seinen weniger ergiebigen Sand- und Moorböden, wo die einkommensschwachen und besitzlosen Heuerlingsfamilien in hohem Maße auf den Nebenverdienst des Hollandgangs angewiesen waren, während sich im Süden eine – von Möser tatkräftig geförderte – von der gesamten ländlichen Bevölkerung in Heimarbeit betriebene Textilindustrie entwickelte, die im späten 18. Jahrhundert nach einer Phase der Stagnation noch einmal einen beträchtlichen Aufschwung nahm.[135] Das Armutspotential oder anders gesagt: die strukturelle Gefahr, in den Status der Bedürftigkeit und des Almosenempfangs abzugleiten, war im kargen Nordteil des Landes daher ungleich größer als in dem wirtschaftlich bessergestellten Südteil mit seinen günstigeren Verdienstmög-

---

[134] StA Osnabrück, Rep. 100/188/41; Volkszählung im Hochstift Osnabrück 1772 auf der Basis der Ämter und der Kirchspiele. – Johann Eberhard *Stüve*, Beschreibung und Geschichte des Hochstifts und Fürstenthums Osnabrück, S. 16 und passim. – Vgl. auch die dieser Arbeit beigelegte Karte über die Kirchspielsstruktur im Hochstift Osnabrück.

[135] Vgl. *Stüve*, Beschreibung und Geschichte des Hochstifts und Fürstenthums Osnabrück, S. 67–140 (Ämter). – *Wrasmann*, Heuerlingswesen (OM 42, 1919, S. 107–111; OM 44, 1921, S. 9–16). – *Machens*, Tuchmacherei des Osnabrücker Landes, S. 48–61. – *Bölsker-Schlicht*, Hollandgängerei, S. 82–86, 123–125. – *Schlumbohm*, Der saisonale Rhythmus, S. 263–298. – *Ders.*, Agrarische Besitzverhältnisse, S. 315–334.

lichkeiten in der textilen Heimindustrie – ein Gefälle, das sich auch in der Gewichtung, in der Häufigkeit und der Schwere der regionalspezifischen Armutsproblematik bemerkbar machte, obwohl die halb-pauperisierten und gefährdeten, aber durch die Chance des traditionellen Nebenverdienstes im benachbarten Holland und in der heimischen Garnproduktion gerade noch überlebensfähigen Heuerlingshaushalte sowohl im Norden wie im Süden des Fürstbistums mehr als die Hälfte der Bevölkerung stellten.[136]

In der territorialen Konsolidierungspolitik Justus Mösers nach dem Siebenjährigen Krieg spielte das Wissen um die Gefahr des Kippens, ja des Absturzes auf dem schmalen Grat zwischen schwacher wirtschaftlicher Prosperität und schleichender sozialer Unzufriedenheit eine erhebliche Rolle, die ganz maßgeblich seine Prioritätensetzung und sein politisches Programm bestimmte: die Überwindung der allgemeinen ökonomischen Verfallserscheinungen, der Abbau der kriegsbedingten Schulden und Kontributionszahlungen, die Hebung des Volkswohlstandes durch die Förderung von Handel, Gewerbe und Landwirtschaft, durch die finanzielle und rechtliche Sicherung der bäuerlichen Überlebenskraft, durch das Erzeugen einer positiven, lebensbejahenden Mentalität des Arbeitens und der verantwortungsbewußten Daseinsvorsorge und schließlich und letztlich die Reduktion der Armut und der alltäglichen Mangelerscheinungen im sozialen Milieu der Besitzlosen, der Bedürftigen, der von Unglück und Krankheit gezeichneten Schwachen, die des obrigkeitlichen Schutzes und der wirklichen Unterstützung bedurften.[137] Aber die Armuts-

---

[136] Die Klagen, die aus dem Nordteil des Hochstifts an die Regierung kamen, waren ungleich größer und nachdrücklicher, freilich auch die Vorschläge zur Modifizierung und zur Verbesserung der Situation. StA Osnabrück, Rep. 100/198/5. – *Bölsker-Schlicht*, Hollandgängerei, S. 123–125.

[137] Entsprechende Akzentsetzung im Verzeichnis der Verordnungen von 1777 – die Armenordnungen freilich werden nur kursorisch genannt! StA Osnabrück, Rep. 100/254/22. – Vgl. auch *Renger*, Probleme einer Edition der amtlichen Schriften Justus Mösers, in: Möser-Forum I, 1989, S. 273–279.

bekämpfung im eigentlichen Sinne einer prononcierten, gezielten, von der Regierung forcierten *Armenpolitik* stand nicht an erster Stelle in dem politischen Konzept des andersdenkenden Möser, der vielmehr ohne Umwege auf bürgerliche Wohlstandsmehrung, auf Subsistenzerhalt und bäuerlichen Produktionserfolg setzte, und zwar durchaus auch – seiner Devise folgend: Armut durch Arbeit zu überwinden – als flankierenden Schutz für alle diejenigen, denen die Partizipation an dem allgemeinen Aufschwung, aus welchen sozialen und individuellen Gründen auch immer, schwerfiel.
Für Mösers politisches Ansehen, auch für seine Autorität den vorgesetzten Regierungsbehörden in Hannover und in London gegenüber, blieb entscheidend, ob es ihm gelang, die ständischen Selbsterhaltungskräfte in seinem Land zu mobilisieren, um in einer gemeinsamen Kraftanstrengung zunächst die defizitären Finanzen in Ordnung zu bringen, den wirtschaftlichen Tiefstand zu überwinden, die materiellen Grundlagen für einen besser werdenden Lebensstandard zu schaffen und schließlich den Verarmungsgrad in den unter- und minderprivilegierten Schichten der Bevölkerung »beherrschbar« unter Kontrolle zu halten.[138] Daß dabei nicht alles durch Verordnungen, Rechtsvorschriften und administrative Verwaltungsarbeit allein zu leisten war, sondern im Zeichen eines betont pragmatischen, oft sogar konfessionsneutralen Auftretens vieles erst durch volkspädagogische Aufklärungsarbeit, durch geschickte Rhetorik und eingängliche Illustration im Sinne einer Moralpolitik in Bewegung zu bringen war, daß also Gesetzestext und Gesetzesinterpretation – in einer vernünftigen Kombination miteinander verbunden – erst die richtige Wirkungs-

---

[138] StA Osnabrück, Rep. 100/254/22; Verzeichnis der Verordnungen von 1777: hierin die Bemerkung, daß »die Gunst des Königs [von England] groß« gewesen sei. 390 860 Reichstaler Schuldsumme aus dem Siebenjährigen Krieg seien bereits von den Stiftsständen abgezahlt worden. Die Restsumme betrage »jetzt« noch 95 990 Reichstaler. Die Schuldentilgung war viele Jahre lang das Hauptproblem für die Sanierung des Haushalts, an der Möser und die Stände zu tragen hatten. – Vgl. auch *Hatzig*, Möser als Staatsmann, S. 35–62, 91–144. – *Knudsen*, S. 112–144.

weise auf das Denken und den Bewußtseinswandel der Menschen entfalteten, dafür kann der spezifische Politikstil des Osnabrücker Regierungskonsulenten als geradezu exemplarische Konkretion aufgeklärter bürgerlicher Regierungsmentalität im späteren 18. Jahrhundert in Anspruch genommen werden.

Aber der Einfluß Justus Mösers, der in der lokalen und regionalen Geschichtsschreibung mit viel Sympathie gerne ein wenig überhöht, nicht selten sogar einseitig verklärt wird[139], stieß auch im Rahmen der beengten Osnabrücker Territorialverhältnisse auf Grenzen, die ihm durch die paritätische Landesverfassung vorgegeben waren. Hatte sich der Jurist mit dem leidlichen Problemkreis von Armut, Armutsverhinderung und Bettelei von Amts wegen zu befassen, so wurde er – riskierte er einen Blick über das bloße Studieren der Akten hinaus – zunächst einmal mit dem Horizont der bürgerlichen Lebenswelt seiner Geburtsstadt Osnabrück konfrontiert, in der er selbst lebte und wirkte und als landesherrlicher Beamter im welfischen Dienst seinen Amtsgeschäften nachging.[140]

Der Sproß einer bürgerlich-protestantischen Pastoren- und Beamtenfamilie kannte die konfessionell-gespaltene Bischofsstadt, ihre Menschen und ihre korporativen Vereinigungen, das Netzwerk der lokalen und der überlokalen personellen

---

[139] Mit provozierendem Unterton (»Entzauberung Mösers«) gegen die gängige Sicht geschrieben: *Knudsen*, Justus Möser and the German Enlightenment (1986). – Vgl. auch die kritische Bewertung bei *Welker*, Möserliteratur, S. 62–72. – *Stauf*, Mösers Konzept einer deutschen Nationalidentität, S. 19–36. – Die Möser-Dokumentationsstelle der Universität Osnabrück unter Leitung von Prof. Dr. Winfried *Woesler* bereitet für das Möserjahr 1994 eine umfassende Bibliographie zu Person und Werk Mösers vor. Vgl. einstweilen auch die jährlichen Literaturberichte in den OM, die von Horst *Meyer* und Tilde *Schröder* besorgt werden.

[140] *Nicolai*, Leben Justus Mösers, S. 18–33. – *Gruner* II, 1803, S. 508–512. – *Bäte*, Möser, Advocatus Patriae. – *Sheldon*, Development, der akribisch die geistige Entwicklung Mösers und deren Einflüsse und Hintergründe erforscht. – *Renger*, Mösers amtlicher Wirkungskreis, S. 1–30.

und wirtschaftlichen Verflechtungen genau[141], aber er stand naturgemäß dem bürgerlichen Beamten- und Advokatenmilieu, aus dem er kam und dessen prominenter Patron und Fürsprecher er blieb, am nächsten. Möser – nicht nur der Jurist, sondern auch der Bauherr und der Investor – lebte in seinem neuen Haus, nahe den städtischen Adelspalais, in einem großzügigen, aber betont bürgerlichen Ambiente; als Grundherr und Kapitaleigner dachte er in den Kategorien des leistungsorientierten Besitzbürgertums, auch wenn ihm der amtliche Umgang mit dem adeligen Geheimen Rat und der evangelischen Ritterschaft den Blick für eine andere – eher altertümliche – Lebens- und Denkweise öffnete.[142] Die hervorgehobene Dienststellung als Mittler und als Schiedsrichter zwischen den Parteien gab ihm die nötige Distanz in beide Richtungen, die er für seinen politischen Aktionsspielraum und seine Entscheidungsfindung brauchte, aber sie vermittelte neben dem Respekt für seine Arbeit auch Züge kühler Reserviertheit und intellektueller Isolation, weil ihm in seiner Heimatstadt – der Bischofsresidenz ohne residierenden Bischof und ohne eigentlichen Hof – im Grunde keine gleichwertigen Diskussionspartner und herausfordernden Kombattanten zur Verfügung

---

[141] Zum Hintergrund: *Krusch*, Möser und die Osnabrücker Gesellschaft, S. 244–373. – *Spechter*, Osnabrücker Oberschicht, S. 117–131. – *Brandi*, Möser (1944/1965). – Vgl. auch *Friderici-Stüve*, Geschichte der Stadt Osnabrück, hier Teil 3 (1826).

[142] Vgl. *Spechter*, Osnabrücker Oberschicht, S. 73f. – Möser war Immobilienbesitzer in der Stadt, er besaß seit 1776 ein neues Haus in der Hakenstraße. Viele Angehörige der Ritterschaft, denen Möser mit Geldsummen ausgeholfen hatte, standen bei ihm in der Schuld (Anschreibebuch). Auch dies eine »Beziehung«, die »persönliche« Loyalitäten außerhalb der ständisch-politischen Ebene schuf, und den Ständepolitiker Möser in einem anderen Licht (in einem anderen geschäftsmännischen Metier?) zeigt. Verschuldete Adelige als hörige Mitglieder des Landtags und des Landrats? – ein Feld, das für das stiftische Osnabrück und seine Ständegeschichte noch weitgehend unerforscht ist. – *Renger*, Landesherr und Landstände, S. 67–84, 104–142.

standen.¹⁴³ Der häufige Besuch des mondänen Modebades seiner Zeit in Pyrmont brachte ihm den gewünschten Kulissenwechsel in eine andere Welt und führte ihn, ungezwungen und hochgeachtet, in die vornehme aufgeklärte Literatengesellschaft eines Lessing und eines Nicolai ein, in der er sich sichtlich wohl fühlte und – wie viele seiner Briefe mit Thomas Abbt offenbaren – sein schriftstellerisches Temperament, abseits der Juristerei und der politischen Querelen, voll auskosten konnte.¹⁴⁴
Nüchtern und unbeschwert, nicht selten voller Streitlust und mit all den alten Problemen der konfessionellen Parität konfrontiert, wurde der zurückkehrende Möser vom Alltag seiner Osnabrücker Funktionen stets von neuem eingeholt und gefordert – einen Karrieresprung in höhere und lukrativere Ämter in Hannover und in London hatte der selbstbewußte Osnabrücker ebenso abgelehnt wie eine Nobilitierung in den Adelsstand, die möglich gewesen wäre.¹⁴⁵ Die Verwurzelung dieses Mannes in dem Geflecht der osnabrückischen Institutionen, seine ausdauernde Präsenz und seine fachliche Kompetenz waren ebenso unstrittig wie seine soziale Verankerung in den Kreisen des gehobenen Beamtenbürgertums seiner Heimatstadt. Der Respekt vor seiner Amtsautorität aber war nicht gleichbedeutend mit der mäßigen Popularität, die dem kühlen Technokraten der Macht – trotz seiner teilweise farbigen und

---

[143] Dennoch pflegte Möser geselligen Verkehr mit Mitgliedern der Land- und Justizkanzlei und mit Adligen. Vgl. *Krusch*, Möser und die Osnabrücker Gesellschaft, S. 244–373. – *Bäte*, Möser, S. 52. – *Wagner*, Publikumsbezug, S. 81–85. – *Möller*, Aufklärung in Preußen, S. 169f. (Nicolai). – *Welker*, Riedesel Freiherr zu Eisenbach als Geheimer Rat, S. 107–128.

[144] Vgl. Brigitte *Erker*, Justus Möser in Pyrmont 1746–1793. Bad Pyrmont 1991 (mit genauer Aufstellung der Aufenthalte Mösers in Pyrmont). – Vgl. auch *Nicolai*, Leben Justus Mösers, S. 3–25. – *Sheldon*, Justus Möser. Briefwechsel (1992).

[145] Absichten und Motive Mösers in seinen Briefen aus den Monaten Februar und März 1764 an verschiedene Korrespondenten, u. a. an König Georg III. von England, in: *Sheldon*, Justus Möser. Briefwechsel, Nr. 282–286, S. 307–312.

volksnahen Prosa – auch von manchen, der Regierung fernerstehenden Bevölkerungskreisen entgegenschlug. Gruner hat ihn dafür später in Schutz genommen, indem er feststellte, man habe ihn, Möser, »nach seinem Tod oft getadelt, ohne daß ers verdient hätte«.[146]
Mit Möser war eine Generation von evangelischen Politikern und Juristen in der Stadt herangewachsen, die stärker als ihre Vorgänger in der katholischen Zeit Fürstbischof Clemens Augusts auf ihr »privilegiertes« landesherrliches Mandat und auf ihre vornehme Position pochten, um sich damit gegen den minderen Status der städtischen Kommunalpolitiker, mit denen sie zum Teil verwandt und versippt waren, abzugrenzen. Die konkurrierenden Familien- und Beamtengruppen, mit ihrem stiftischen und ihrem kommunalen Kristallisationskern, demonstrierten in der Amtszeit Mösers, im Zeichen der zerfallenden Geschlossenheit und der bröckelnden sozialen Homogenität der bürgerlichen Oberschicht, schon frühzeitig den schleichenden Erosionsprozeß in dem gefährdeten »Nebenland« der Welfen, den auch die gespaltene politische Führungselite – trotz der beeindruckenden Professionalität eines Möser, die vieles zudeckte – nicht mehr aufhalten konnte.[147] Machtstreben, Karrieredenken, Statussicherung, Besitzoptimierung und nicht zuletzt bei manchen eine fatale Neigung zur Geltungssucht und zum Standesdünkel ließen mit der Zeit eine soziale und mentale Barriere zwischen den Regierungsvertretern und den Repräsentanten des städtischen Rats entstehen, einerseits zwischen *Obrigkeiten höheren und minderen Rangs*, andererseits zwischen den Funktionsträgern des Hauses Hannover und den Amtsträgern des städtischen Magistrats, die aber alle demselben evangelischen bürgerlichen residenzstädtischen Lebenskreis und sozialen Umgangsmilieu ent-

---

[146] *Gruner* II, 1803, S. 540.
[147] Differenziert: *Krusch*, Möser und die Osnabrücker Gesellschaft, S. 244–373. – *Spechter*, Osnabrücker Oberschicht, S. 126–131. – *Knudsen*, S. 31–64. – *van den Heuvel*, Beamtenschaft und Territorialstaat, S. 145–159, 176–265.

stammten und zum Teil Haus an Haus nebeneinander in der Bürgerstadt wohnten.[148]
Der Blick dieser reputierten, dem einfachen Volk entrückten regierungsnahen Beamtengesellschaft für die gefährdete Problemwelt der Armen, für das ganz anders geartete Milieu der Schwachen und Besitzlosen, die um ihr existentielles Dasein rangen, fiel zwiespältig aus und ließ eine unterschiedliche Optik erkennen, je nachdem wie groß der Grad persönlicher Betroffenheit, mitfühlenden Mitleids, generösen Mäzenatentums oder aber im negativen Fall der menschlichen Kälte, der privaten Gewinnsucht und der unduldsamen Härte ausgeprägt war. Die Regierung jedenfalls setzte auf andere interessantere investive Identifikationsziele in ihrer Wirtschafts- und Sozialpolitik als ausgerechnet auf die mildtätige Förderung der Armen- und der Krankenpflege, die sie im Prinzip auch weiterhin, wie gewohnt, der Fürsorge der kommunalen, kirchlichen und privaten Institutionen überließ. Der Abstand zu den »niederen Classen« – eine oft benutzte Metapher distanzierender Klassifikation – artikulierte sich zum Teil in Äußerlichkeiten, die mehr über Geist und Gestus der betreffenden Personen aussagten, als dies schriftliche Mandate und Dekrete je vermochten.
Wenn Möser mit seiner »Equipage« durch die Straßen Osnabrücks zum fürstbischöflichen Schloß, zur Land- und Justizkanzlei oder zu den Sitzungen der Landstände vorfuhr, so wurde damit den kleinen Leuten, die dem zeremoniellen Schauspiel beiwohnten, auf visuelle Weise der gebührende Respekt vor dem herrschaftlichen Herrn in der Kutsche abverlangt, gleichzeitig aber auch ein deutliches Stück Distanz in den Köpfen der vielen am Wegesrand Stehenden gepflanzt, die einen anderen, biederen und natürlich graueren Milieuhori-

---

[148] Vgl. *Spechter*, Osnabrücker Oberschicht, S. 62–105. – *Hoffmeyer*, Chronik der Stadt Osnabrück, S. 248–260. – Zur historischen Entwicklungsperspektive vgl. insbesondere: Osnabrück. 1200 Jahre Fortschritt und Bewahrung. Profile bürgerlicher Identität. Ausstellungskatalog. Nürnberg 1980.

4. Lokalmilieu und Engagement

zont tagtäglich vor Augen stehen hatten.[149] Gefährlicher als die Wahrnehmung und Verarbeitung dieser Etikette quasi-höfischer Repräsentation, die dem kleinen Mann auf dem Markt in Erinnerung an die »gute alte Zeit« noch das Gefühl der Bedeutung für seine Stadt vermitteln konnte, war das Verhalten des jungen Justus Friedrich August Lodtmann, des späteren Nachfolgers von Möser in dessen Ämtern, der seiner Mutter in den Hungerjahren 1771/72 – laut der Eintragung in seinem Tagebuch – untersagte, sich um die Armen und die Kranken in der Nachbarschaft zu kümmern.[150] Dem promovierten Juristen, von eitler Selbstüberschätzung wohl nicht ganz frei, mißfiel, daß seine alte Mutter, aus dem honorigen Bürgertum der Stadt stammend, mit Kreisen in Berührung kam, die nicht standesgemäß und im Sinne der Zeit nicht mehr satisfaktionsfähig waren.[151]

Der elitäre Dünkel dieses Mannes, der ihm auch später noch nach Mösers Tod als Kanzleidirektor und Geheimem Referendar hinderlich im Wege stand, war freilich gewiß kein Einzelfall, aber auch kein Mißgeschick des Zufalls: Dahinter verbarg sich die Attitüde eines – nach Jahren des Krieges und der Stagnation – sich endlich befreienden und aufsteigenden residenzstädtischen Bürgertums in Wirtschaft, Handel und Verwaltung, auf der Basis verbesserter finanzieller Verhältnisse, in gediegener Saturiertheit und mentaler Wohlbefindlichkeit, ausgestattet mit einer soliden Ausbildung an höheren Schulen, teilweise an den Universitäten, hineingeboren nicht zuletzt in

---

[149] Dazu die farbige Schilderung in: *Wagners* Erinnerungen, S. 43f., 75.

[150] Diese für Milieu und Mentalität des aufstrebenden Bürgertums aufschlußreiche, aber nicht generalisierbare Episode bei: *Spechter*, Osnabrücker Oberschicht, S. 90.

[151] Zur Person: *Krusch*, Möser und die Osnabrücker Gesellschaft, S. 303ff. - *Spechter*, Osnabrücker Oberschicht, S. 83, 89f., 98f. - *van den Heuvel*, Beamtenschaft und Territorialstaat, S. 155f. - Vgl. auch Justus Friedrich August *Lodtmann*, Acta Osnabrugensia oder Beiträge zu den Rechten und Geschichten von Westphalen, insonderheit vom Hochstift Osnabrück. Teile 1-3. Osnabrück 1778/1782.

ein bereits funktionierendes Klientelsystem mit gegenseitiger familiärer Patronage und verwandtschaftlicher Pfründenzuteilung – dies alles unter dem Patronat des auch in dieser Hinsicht erfolgreichen *Bürgerregenten* Möser, der für viele seiner Zeitgenossen der Modellfall einer zielstrebig geplanten und konsequent protegierten Musterkarriere darstellte, an der es sich füglich zu orientieren galt.[152] Lodtmanns Aversion gegen das althergebrachte mildtätige Gebaren seiner Mutter in einer Zeit allgemeiner Krisenerfahrung in der Gesamtbevölkerung gebrach es also weniger an fehlendem menschlichem Scham- und Taktgefühl, es war vielmehr das verletzte bürgerliche Ehrgefühl eines ehrgeizigen Aufsteigers und Karriereplaners, das den Umgang, ja die Berührung mit den unterschichtigen Armen tunlichst verbot – die Variante eines neuen Standesbewußtseins übrigens mit einer erneuerten bürgerlichen Leistungs- und Verhaltensnorm und einer sich verdichtenden Besitzer- und Eigentümermentalität, die mit der älteren Tradition bürgerlichen Mäzenatentums und uneigennütziger Spendentätigkeit nur noch wenig gemein hatte.

Bezeichnenderweise waren es die landesherrlichen Beamten im bischöflichen Regierungsdienst – anders als die gewählten kommunalen Mandatsträger, anders auch als die Repräsentanten der Kaufmannschaft, der Zünfte (Gilden) und der Handelshäuser –, die ihren herausgehobenen exponierten Status nicht für eine stärkere Parteinahme zugunsten der Minderbemittelten einsetzten, die ja schließlich in geeigneter Form – um jegliches Konfliktpotential frühzeitig zu dämpfen – in den

---

[152] Zum Hintergrund der sozialen Differenzierungsprozesse in der stadtbürgerlichen Gesellschaft Osnabrücks vgl. die Arbeiten von *Krusch* und *Spechter*. – Ebenso: Christine *van den Heuvel*, Städtisch-bürgerliche Freiheit und fürstlicher Absolutismus. Verfassung und Verwaltung der Stadt Osnabrück in der Frühen Neuzeit, in: *Stolleis*, Michael (Hrsg.), Recht, Verfassung und Verwaltung in der Frühneuzeitlichen Stadt. Köln/Wien 1991, S. 159–171. – Zum allgemeinen Hintergrund: Heinz *Schilling*, Die Stadt in der Frühen Neuzeit. München 1993. – Anton *Schindling*, Bildung und Wissenschaft in der Frühen Neuzeit 1650–1800. München 1994.

4. Lokalmilieu und Engagement

ständestaatlichen Konsens der kleinräumigen überschaubaren Gesellschaft eingebunden werden mußten. Die gebremste Aktivität der Landesregierung innerhalb der Stadtmauern hatte freilich ihre Gründe: Sosehr der Einfluß des omnipotenten Möser auf das Gesamtgefüge des Geistlichen Staates eine bestimmende Richtgröße darstellte, so zurückhaltend blieben seine Interventionen und seine Ratschläge auf die eigentlichen Geschicke der Stadt selbst, in der er lebte, aber »auf die er nur mittelbar wirkte«, wie STÜVE in seiner »Geschichte der Stadt Osnabrück« ausführt.[153] Freilich stand dem gefragten Mann ein subtiles, auf ihn zugeschnittenes System informeller Einflußnahmen zur Verfügung, dessen er sich behutsam zwar, aber dennoch wirkungsvoll bediente, wenn er bestimmte Maßnahmen im Bereich der Gewerbe-, Wirtschafts- und Handelsförderung voranbringen wollte, die der Stadt und dem Land gleichermaßen zugute kamen.[154] Als Bürger der Stadt, auf deren Terrain die landesherrlichen Behörden, die ritterschaftlichen Häuser und nicht zuletzt das repräsentative landesherrliche Residenzschloß standen, war Möser aus Gründen der Stabilität und der Berechenbarkeit stets darauf aus, daß trotz aller getrennter Kompetenzen, autonomer Handlungsspielräume und eigenständiger Rechtsbezirke in den wichtigen politischen Fragen ein pragmatischer Grundkonsens mit den führenden kommunalen Verantwortungsträgern zustande kam und aufrechterhalten wurde.

Obwohl die Stadt Osnabrück seit dem späten Mittelalter über ein hohes Maß an kommunaler Autonomie und weitreichenden Freiheiten[155], so etwa über die volle Kriminaljurisdiktion

---

[153] *Friderici/Stüve*, Geschichte der Stadt Osnabrück, Teil 3, Osnabrück 1826, S. 311 (Teil 3 ist von Stüve verfaßt).

[154] Wie Anm. 153. – *Gruner* II, 1803, S. 517f. – *Runge*, Mösers Gewerbetheorie und Gewerbepolitik, S. 42ff. – *Knudsen*, S. 31–64.

[155] Hierzu grundsätzlich das klassische Werk von: Johann Carl Bertram *Stüve*, Geschichte des Hochstifts Osnabrück. Bde. 1–3. Osnabrück/Jena 1853–1882, ND Osnabrück 1970 und 1980. – Vgl. ebenso: *Krusch*, Möser und die Osnabrücker Gesellschaft, S. 244–373. – *Spechter*, Osnabrücker Oberschicht, sowie Klaus

und die städtische Konsistorialhoheit (in evangelischen Kirchensachen), verfügte, gab es wichtige und konsensbedürftige Politikfelder, beispielsweise auf dem Gebiet der *polizeilichen* Bekämpfung des Bettelunwesens, wo die Lösungskompetenz des städtischen Rats ebenso gefragt war – wegen des konzentrierten Problemdrucks vielleicht noch mehr – als die der fürstbischöflichen Regierung im Schloß oder der studierten Advokaten in der Land- und Justizkanzlei. Der Umgang miteinander verlief in förmlichen geregelten Bahnen, unter Wahrung der landesherrlichen Präzedenz und der protokollarischen Vorrangstellung der Regierung, die als *Pfahl im Fleische der Stadt*, trotz der Abfederung durch Mösers geschmeidigen Kurs, den Ratsherren oft genug ein Dorn im Auge war. Die Landesgesetze galten in der Stadt nur, wenn sie der Rat ausdrücklich auf förmlichen Beschluß übernommen hatte. Sosehr die Stadt auf ihre Vormachtstellung in der landständischen Städtekurie und auf ihre weitgehende Autonomie in dem Geistlichen Territorium pochte, so blieb sie als landsässige Stadt mit ihren besonderen residenzstädtischen Funktionen – im Zeichen der Bikonfessionalität und der Verfassungsparität – in der Regel auf ein gutes Einvernehmen mit den »exemten« Institutionen und Entscheidungsträgern innerhalb ihrer Mauern angewiesen.[156]

Weder für den selbstbewußten Möser noch für den eigenwilligen Rat der Stadt – wiewohl beide demselben sozialen Sub-

---

Wriedt, Ratsverfassung und städtische Gesellschaft im spätmittelalterlichen Osnabrück, in: OM 94, 1989, S. 11–26.

[156] Vgl. *Friderici-Stüve*, Geschichte der Stadt Osnabrück, Teil 3, S. 311–313. – *Bär*, Verwaltungsgeschichte des Regierungsbezirks Osnabrück, S. 61–71. – *Hartmann*, Plaudereien über Zustände und Vorgänge in der Stadt Osnabrück bis zum Jahre 1808, in: OM 13, 1886, S. 1–122, hier: S. 2–31. – *Renger*, Landesherr und Landstände, S. 84–93. – *van den Heuvel*, Städtisch-bürgerliche Freiheit und fürstlicher Absolutismus, S. 159–171. – Luise *Wiese-Schorn*, Von der autonomen zur beauftragten Selbstverwaltung. Die Integration der deutschen Stadt in den Territorialstaat am Beispiel der Verwaltungsgeschichte von Osnabrück und Göttingen in der frühen Neuzeit, in: OM 82, 1976, S. 29–59.

4. Lokalmilieu und Engagement

strat der bürgerlichen Führungselite der Stadt entstammten – war es angesichts des kommunalen Selbständigkeitsdrangs und der »obrigkeitlichen« Abgrenzungstendenz immer einfach, politisch Rücksicht aufeinander zu nehmen, wenn unterschiedliche Interessen, wie im Falle des umstrittenen Zuchthausbaus, nur mit dem Hebel konsequenten landesherrlichen Drucks entschieden werden konnten.[157] Gerade die Verwaltung des bürgerlichen Armen- und Sozialfürsorgewesens der Stadt bildete eine Hauptdomäne der kommunalen Überwachungs- und Gestaltungskraft, auf die die städtischen Ratsmitglieder entschieden Wert legten, weil sie ihnen neben dem politischen Manövrierspielraum auch soziale Chancen der populären Selbstdarstellung und der ehrbewußten Selbstprofilierung innerhalb der Stadtgesellschaft eröffnete. Sosehr die Landesregierung und der Stadtmagistrat bei der Lösung des Bettler- und Vagantenproblems schon mehrere Generationen lang auf sinnvolle Kooperation und abgestimmte Handlungsweise untereinander angewiesen waren[158], ohne daß der Mißstand der Unruhe und der Unordnung durch das fahrende Volk wirksam beseitigt werden konnte, sosehr bestanden Bürgermeister und Rat auf ihrer traditionellen Polizei- und Aufsichtsgewalt über das bürgerliche Armenwesen der Stadt, das als originäre kommunale Aufgabe verstanden wurde, das freilich aber auch – darauf wurde bereits eingegangen – seine Bewährung neben dem konkurrierenden System der kirchlich-katholischen Armenpflege suchen mußte.
Möser vermochte sehr klar zwischen seiner Funktion als bischöflicher Regierungsbeamter und Justizrat einerseits, sowie seinem Status als exemter landesherrlicher Stadtbewohner (ohne kommunale bürgerliche Partizipationsrechte) anderer-

---

[157] *Gruner* II, 1803, S. 528f. – *Friderici-Stüve*, Geschichte der Stadt Osnabrück, Teil 3, S. 311.

[158] Die ungebrochene Kontinuität der Bemühungen gegen einheimische und fremde Bettelei in dem Zeitraum zwischen 1675 und 1800 wird dokumentiert: StA Osnabrück, Dep. 3 b V, Nr. 1420. Die obrigkeitlichen Aktionen verliefen zumeist ergebnislos – der repressive Grundzug blieb erhalten. Die polizeiliche Gesetzgebung nahm zu.

seits zu unterscheiden, indem er sich sorgsam aus den offiziellen Ratsangelegenheiten – schon aus Gründen des Prestiges und seiner unangefochtenen Amtsautorität – heraushielt. Eine Kompetenzüberschreitung, auch bei der wiederholten konzertierten »Jagd« nach Bettlern, Tagedieben und vermeintlichen Armen, wurde nach Möglichkeit vermieden, um in dem paritätischen Geflecht von Ansprüchen, Interessen und Barrieren keine zusätzliche Erschwernis für den Zuständigkeitsbereich der kommunalen Ratsobrigkeit zu schaffen.[159] Es war ohnehin schon schwierig genug für die agierenden Politiker in der Stadt, den Überblick über die Gesamtkonstruktion des uneinheitlichen distributiven Armenwesens mit seinen vielen Stiftungen und Schenkungen der verschiedensten Art zu behalten. Eine stattliche Anzahl der Fonds und milden Einrichtungen war bereits im späten Mittelalter und in der Reformationszeit, andere im Zeichen barocker Frömmigkeit und aufgeklärten bürgerlichen Gemeinsinns gegründet oder gestiftet worden. Die meisten von ihnen oblagen am Ende der hochstiftischen Zeit der reglementierenden Obhut des städtischen Rats, einige befanden sich in der Hand privater Wohltäter oder unter dem Schutz der zünftischen und anderer korporativer Vereinigungen, andere wiederum in dem verzweigten und eigenständigen Fürsorgesystem der katholischen Kirche.

Die folgende, nach MOLLYS Angaben überprüfte Aufstellung der nahezu 60 Armenstiftungen und Fonds innerhalb des städtischen Areals, angefordert im Vorfeld ihrer Zentralisierung im Jahre 1810 von der königlich-westphälischen Regierung in Kassel, vermag einen Überblick über Ausmaß und Vielfalt der offiziellen und halb-offiziellen Institute der bürgerlich-säkularen und der christlich-kirchlichen Armenbetreuung zu geben:[160]

[159] StA Osnabrück, Rep. 100/198/31. Hier Beispiele für die Kompetenzwahrung zwischen »Stift« und »Stadt«, Landesherrschaft und Stadtmagistrat.
[160] Für die Zusammenstellung der insgesamt 57 hier genannten Armen- und Waisenfonds in der Stadt sind folgende Quellenmaterialien wichtig: StA Osnabrück, Dep. 3 b V, Nr. 1424 (Akten

I. Armenstiftungen unter der Direktion und Aufsicht des Magistrats

1. Waisenhausfond (3390), zur Versorgung verwaister Bürgerkinder lutherischer Konfession;

2. Allgemeine Stadtarmenrechnung (940), für arme Einwohner beider Bekenntnisse;

3. Hof- und Siechenhausfundation zur Süntelbecke (1127), zur Verpflegung Aussätziger und für arme kranke lutherische Bürger in der späteren Zeit;

4. Hospitalfond zum Heiligen Geist (1078), zur Unterstützung alter lutherischer Bürger mit Geld, Lebensmitteln und Kleidung;

betr. die im Jahre 1807 von der Regierung zu Kassel verlangten Nachrichten über die Armenfonds); Dep. 3 b VII, Nr. 1–179 (Vereinigte kleine Armenstiftungen), darunter insbesondere für die Katholischen Armenfonds (Dep. 3 b VII, Nr. 174ff.) und für die Ämter-Armen (Dep. 3 b VII, Nr. 66ff.). – Die Zahlen in den Klammern (hinter der Nennung der einzelnen Fonds) geben die (freilich schwankende) Höhe des Stammkapitals der einzelnen Stiftungen in Reichstalern an. – Die vorliegende Zusammenstellung orientiert sich an den Angaben bei Ferdinand *Molly*, Reform des Armenwesens in Stadt und Stift Osnabrück in der Zeit der französischen Herrschaft 1806–1813, S. 4–10. – Vgl. dazu ebenso *Hoffmeyer*, Fürsorge für die Armen, S. 1–82, bes. S. 52–66, sowie *Siegmund-Schultze*, »Fromm«, »mild«, »gemeinnützig«, S. 105–215, bes. S. 138–157. – Aufschlußreich sind die einschlägigen Artikel in: Osnabrück. 1200 Jahre Fortschritt und Bewahrung. Profile bürgerlicher Identität. Ausstellungskatalog. Nürnberg 1980, hier der Abschnitt 4.3: Spitäler und Armenfürsorge, S. 141–146, sowie die von Ernst *Schubert* und Hermann *Queckenstedt* verfaßten Artikel in: 450 Jahre Reformation in Osnabrück. Ausstellungskatalog, hrsg. von Karl Georg *Kaster* und Gerd *Steinwascher*. Bramsche 1993, S. 447–459.

5. Hospitalfond zur Twente (1209), früher zur Unterstützung an den Kirchen und Toren bettelnder Kranker, zuletzt zur Verpflegung armer kranker lutherischer Bürger;

6. Blumen- und Haltern-Klosterfundation (214), einst Aufenthaltsstätte von Beginen, zuletzt Wohnung für vier Jungfrauen aus dem städtischen Bürgertum mit Geldunterstützung;

7. Meyers- und Jakobi-Armenfundation (265), freie Wohnung für acht arme Frauen mit Geld- und Brotversorgung;

8. Buschen Stipendien-Rechnung (245), für zwei Studierende mit Stipendium von je 40 rthl. und für die Lehrer am Gymnasium für den Unterricht armer Knaben mit 84 rthl.;

9. Fundation für Hausarme (246), zur Unterstützung von Hausarmen lutherischer Konfession je nach Bedürfnis auf St. Thoma;

10. Langen-Armen- oder alter Männerhofstiftung (129), für alte Männer mit freier Wohnung, Brot und Feuerung;

11. Nitzen-Armenfond (–), für eine arme Frau mit freier Wohnung und etwas Geld;

12. Petershagen-Armenfond (–), freie Wohnung für eine arme Person;

13. St. Annen-Armenfond (–), fünf kleine Wohnräume für fünf alte Frauen mit ein wenig Geldunterstützung;

14. Kurren-Armenfond (–), für einige Arme freie Wohnung mit etwas Geld;

15. Gresels-Armenfond (–), Unterhaltung einer armen Frau mit Geld;

16. Elenden-Armenfond (950), bestehend aus zwei Häusern und zwei Gärten, ursprünglich für arme Exulanten bestimmt, später an Arme für geringe Abgabe vermietet;

17. Greven- und Westerkamps-Armenfond (7), für Hausarme. Die Kapitalien waren bei der Neustadt belegt, die Zinsen jährlich zu Weihnachten verteilt.

II. Katholische Armenstiftungen unter der Aufsicht der geistlichen interimistischen Kommission (vor 1803 weitgehend unter der Verwaltung des Domkapitels)

1. Kerssenbrock-Fundation (1031), für verschämte Arme;

2. Ga(h)len-Fundation (245), in erster Linie für katholische Arme auf dem Lande, dann auch für sonstige Notdürftige;

3. Eberhard v. Ga(h)len-Fundation (195), wie Nr. 2;

4. Lutter- und Hellenbeck-Fundation (9), für 9 Personen, die regelmäßig an den wöchentlichen Messen teilnehmen mußten;

5. Zweite Lutter-Fundation (21), durch den Dompastor und die Pfarrer zu Essen und Cappeln im Oldenburgischen, von denen jeder ein Drittel erhielt, an katholische Arme zu verteilen;

6. Überschüsse für Arme aus verschiedenen Fundationen (74), jährlich 10 rthl. zur Unterstützung armer Studenten, 4 rthl. für Bekleidung von zwei armen Frauen und der

Rest für Kleidung armer Studenten im Collegio Paulino (dem katholischen Gymnasium);

7. Rudolf Voss-Fundation (2), für eine arme Witwe;

8. Seminarien-Register-Fundation (7), wie Nr. 7;

9. Registrum XI virginum (376), teils von dem Administrator, teils von dem Dompastor an Stadt- und Landarme verteilt;

10. Quotidian-Register-Fundation (6), wie Nr. 9;

11. St. Budden-Fundation (128), wie Nr. 9;

12. Groppendorff-Fundation (19), abwechselnd an die Armen der Kirchspiele Badbergen, Hunteburg und Venne mit jährlich 12 rthl., das übrige an die Stadt- und Landarmen von Osnabrück verteilt;

13. Winkelhausen-Fundation (32), für Stadt- und Landarme;

14. Bevernförde-Fundation (160), je zur Hälfte von dem Dompastor und dem Pfarrer zu Bohmte an Arme verteilt;

15. Schmisingsche Fundation (141), nach Abzug von 15 rthl., die zur Ergänzung eines verlorenen Kapitals zurückgelegt wurden, von den Pastoren am Dom und St. Johann an katholische Hausarme;

16. Präsentien-Register-Fundation am Dom (34), an verschiedene Arme;

17. Armengelder des Dompastors (131), für Arme des Domkirchspiels und ausserhalb der Stadt;

18. Armengelder des Pastors zu St. Johann (150), hiervon genossen:
    a) die Haaken- und Mönnichsarme 23 rthl.;
    b) die Voss-Arme 2 rthl.;
    c) die 4 Landlehrer des Kirchspiels zu St. Johann 7 rthl.;
    d) die Kirchspielsarmen in und außerhalb der Stadt den Rest von 118 rthl.;

19. Mönnichsarmen-Fundation (221), davon ca. 51 rthl. für fundierte Messen, Administration und Unterhaltung der dazu gehörigen Gebäude, der Rest für die in diesem Institut aufgenommenen 9 Armen;

20. Haakenarmen-Fundation (249), ca. 50 rthl., wie Nr. 19, das übrige für 12 Arme;

21. Vossarmen-Fundation (145), hiervon nach Abzug von 12 rthl. für Messen, Verwaltungs- und Reparaturkosten für 9 arme Frauen;

22. Waisenfundation beim Dom (1130), 25 rthl. in augmentum zurückgelegt:
    a) 125 rthl. für Administration und Unterhaltung der Gebäude;
    b) 35 rthl. Pension für die vormalige über 80 Jahre alte Waisenmutter;
    c) von den Überschüssen werden unter Einschluß der Kinder, welche schon bei Handwerkern untergebracht waren, 55 Kinder unterhalten, und

23. Waisenfundation zu St. Johann (2721), hiervon:
    a) 460 rthl. für fundierte Messen etc.;
    b) 20 rthl. für Kinder auf dem Waisenhof;
    c) 35 rthl. Kostgeld für außerhalb des Waisenhofs befindliche Kinder;
    d) 11 rthl. für bei Handwerkern in der Lehre untergebrachte Kinder;

e) von dem Überschuß für 28 Familien oder Witwen eine Beihilfe.

III. Armenstiftungen unter der Direktion einzelner Familien oder der Aufsicht der Zünfte (Ämter)

1. Viti-Gesellschaft-Fond (259), für 12 arme Frauen beider Konfessionen;

2. Schmiedeamt-Fond (290), die Zinsen von diesem Kapital an bedürftige Amtsbrüder und deren Witwen verteilt;

3. Schusteramt-Fond (21), an bedürftige Amtsbrüder;

4. Backamt-Fond (–), besaß einige Häuser, deren Mietertrag an einheimische und fremde Arme verteilt wurde;

5. Schneideramt-Fond der Altstadt (500), von dem Zinsertrag dieses Kapitals 3 kleine Wohnungen unterhalten und der Rest von der Miete an bedürftige Amtsbrüder verteilt;

6. Schneideramt-Fond der Neustadt (625), hiervon die Zinsen, wie Nr. 5;

7. Brockmannscher-Fond (3500), gehörte den Lohgerbern und Riemenschneidern, welche mit dem Zinsertrag dieses Kapitals ihre dürftigen Amtsbrüder unterstützten;

8. Holzsträßer-Armenfond (48), diese Stiftung gehörte dem Tuchmacheramt, das von der Einnahme der ihm gehörigen Armenhäuser Unterhalt den einheimischen Amtsbrüdern und anderen Notleidenden gewährte;

9. Neuensträßer-Armenfond (56), wie Nr. 8;

4. Lokalmilieu und Engagement

10. Storcks- oder Lodtmanns-Armenfond (–), nur einige Armenhäuser;

11. Dumstorf-Armenfond (–), wie Nr. 10;

12. Wahlfeldscher-Armenfond (1000), für verschiedene Arme;

13. Der zum Hause der Rätin von Voigts gehörige Fond (–), verteilte 3 Malter Roggen an Arme.

Die vorliegende Zusammenstellung der verfügbaren finanziellen Ressourcen, der Renten, Naturalien, Pachtgelder und Immobilien, die für die Generalfundation der geplanten zentralen Armenanstalt und deren Risikokalkulation von großer Bedeutung war, bot in der Retrospektive ein aufschlußreiches Bild über die reich gestreuten »Armenstationen« in der Stadt zur Zeit Mösers, die wie Glieder in einer Kette die lutherischen und die katholischen, die zünftisch oder privat organisierten Einwohner im Falle der Not und persönlicher Krisen betreuten und sie nicht ins Uferlose abgleiten ließen. Kaum eine Kategorie von Armen blieb von dem dicht geknüpften Netz sozialer Hilfs- und Betreuungsmaßnahmen ausgespart – für Arme und Kranke, Alte und Junge, Witwen und Waisen, Invaliden und von Unglück und Katastrophen betroffene, aus der Bahn geworfene Existenzen war im Prinzip insoweit vorgesorgt, als ihnen durch die mächtigen ratsherrlichen Patrone vieler Stiftungen, die Bürgermeister, die Amtsjuristen und die Armenprovisoren, mit Geld, Lebensmitteln oder Kleidung für eine bestimmte Zeit über die Runden geholfen werden konnte.[161]

---

[161] StA Osnabrück, Dep. 3 b VII, Nr. 219: Allgemeines Stadt-Armen-Copiar, 1750–1799. Hierin ein Spiegel der vielfältigen Aktivitäten und Möglichkeiten, wem, wann, wie und wie lange geholfen werden konnte.

Für alle diejenigen minderbemittelten Einheimischen aber, die nicht das Glück hatten, durch eine der Stiftungen materiell unterstützt zu werden, stand der Fonds für die »Allgemeinen Stadtarmen« zur Verfügung, aus dem – nach sorgfältiger Prüfung durch die Provisoren, durch den für die städtischen Finanzen zuständigen Lohnherrn und zumeist auch durch den Stadtarmen-Buchhalter selbst – den Notleidenden beider Konfessionen ein Almosen zugeteilt werden konnte.[162] Wenn auch in der täglichen Praxis der Armenversorgung vieles zäher, mühsamer und bescheidener vonstatten ging, als es die beachtliche Fülle der großen und der kleinen Fundationen zu suggerieren vermochte, so war doch durch das doppelte System der kirchlichen und der kommunalen Sozialarbeit im Kleinen, so prekär die schiere Existenzsicherung der alten, der kranken und der verunglückten Verarmten im Einzelfall auch sein mochte, eine große Stütze im normalen Alltag und ein stabilisierender Rückhalt in den Zeiten der Not und des wirklichen Mangels gegeben.[163]

Während die katholischen Stiftungen unter der Aufsicht des Domkapitels – nach 1803 unter der Leitung der Geistlichen Interimistischen Kommission – als eigenständiges Korpus vorläufig erhalten blieben und damit dem Kommunalisierungs- und Zentralisierungsprozeß weitgehend entzogen wurden[164], nahm die Entwicklung der drei alten städtischen Hospitäler aus dem Mittelalter, des Hospitals zum Heiligen Geist, des Hospitals zur Süntelbecke und schließlich des Hospitals zur

---

[162] StA Osnabrück, Dep. 3 b V, Nr. 1411: 1773–1805 Unterstützung armer Mitbürger mit Feuerungsmaterial. Hier zeigt sich sehr schön, wie die Verteilung in der Praxis funktionierte – langsam und schwerfällig, keineswegs bürokratisiert und anonym.

[163] Vgl. *Molly*, Reform des Armenwesens, S. 10–17. – *Hoffmeyer*, Fürsorge für die Armen, S. 39–55.

[164] Molly sieht die Fonds schon wenige Jahre nach der Säkularisation integriert – dies sicher etwas zu verfrüht und zu optimistisch! *Molly*, Reform des Armenwesens, S. 52f., 56 Anm. 3 (Stadt-Land-Problematik).

4. Lokalmilieu und Engagement

Twente, einen anderen Verlauf.[165] Die einstmals als Eigenbetriebe, als sogenannte »Hofhäuser« mit einem eigenen Hofmeister und einer eigenen Landwirtschaft geführten bürgerlichen Spitäler oblagen der Verwaltung des städtischen Rats, der eigens dafür reputierte Bürger aus der Kaufmannschaft und der politischen Funktionselite als Provisoren und als Patrone einsetzte, die die eigenständige Rechnungsführung dieser kapitalintensiven Einrichtungen überwachten.[166] Aber schon zur Zeit Mösers hatte sich der alte Stiftungszweck der Hospitäler von der anstaltsmäßigen Pflege hin zu einer Praxis weitgehend finanzieller Unterstützung gewandelt, mit anderen Worten: es hatte sich im Verlaufe des 17. und des 18. Jahrhunderts eine Mutation von der traditionellen Anstaltsstiftung hin zu einer nahezu ausschließlichen Kapitalstiftung durchgesetzt – mit dem Ergebnis, daß die städtische Bewirtschaftung der drei Hospitäler sukzessive aufgegeben und die alten kranken Insassen von Bürgern der Stadt aufgenommen und gegen Entlohnung aus den Fonds häuslich gepflegt und betreut wurden.[167] Die allmähliche Kapitalisierung des Stiftungsvermögens auf

---

[165] Instruktive Zusammenfassung der Entwicklung unter historisch-juristischen Prämissen: *Siegmund-Schultze*, »Fromm«, »mild«, »gemeinnützig«, S. 138–142. Stephan *Nußmann* (Osnabrück) bereitet derzeit eine moderne Hospitalgeschichte der Stadt vor. – Vgl. die exemplarischen Musterarbeiten zu einzelnen Hospitälern von Annette *Boldt*, Das Fürsorgewesen der Stadt Braunschweig in Spätmittelalter und Früher Neuzeit. Eine exemplarische Untersuchung am Beispiel des St. Thomae-Hospitals. Chronik der Stiftung St. Thomae-Hof für die Zeit von 1705 bis in die Gegenwart. Hildesheim 1988. – Ulrich *Knefelkamp*, Das Heilig-Geist-Spital in Nürnberg vom 14. – 17. Jahrhundert. Geschichte, Struktur, Alltag. Nürnberg 1989.
[166] Vgl. dazu: *Hoffmeyer*, Fürsorge für die Armen, S. 2–39.
[167] StA Osnabrück, Dep. 3 b V, Nr. 1424. Aufstellung von Statistiken durch die königlich-westphälische Regierung zu Kassel 1806: Nur im Heilig-Geist-Hospital zu Osnabrück befanden sich noch vier Arme, während die Armen und Pfründner der anderen Spitäler in der Stadt bei Bürgern untergebracht waren. – Vgl. dazu auch *Siegmund-Schultze*, »Fromm«, »mild«, »gemeinnützig«, S. 170.

diese Weise trug natürlich auch Züge der Rationalisierung der Verwaltungstätigkeit und der gewünschten Optimierung dieser städtischen Armengeld-Anlage, die freilich nicht nur für den sozialen »Pflegedienst« in der Stadt, sondern auch für andere kommunale Aufgaben im Bereich der evangelischen Kirche, der Schulen und der baulichen Sanierungsarbeiten herhalten mußte.
Aber mehr noch als durch diese traditionelle Basis der Armen- und Krankenfundation durch die drei mittelalterlichen Hospitalgründungen in der Stadt profitierte das kommunale Armenwesen von der Existenz und Wirkungsweise des vergleichsweise jungen *Evangelischen Armen- und Waisenhofes,* der seit 1634 zu einem sinnstiftenden Mittelpunkt der städtischen Armenpflege inmitten einer, wie die Auflistung eingangs zeigt, vielgestaltigen Landschaft größerer und kleinerer Armen-Institute wurde. Das in den Wirren des Dreißigjährigen Krieges, als die Zahl der Armen, Waisen und Invaliden besonders gravierend war, in dem zur Großen Gildewart gehörenden Tecklenburger Hof – dem ehemaligen Sitz der osnabrückischen Kirchenvögte – errichtete Armen- und Waisenhaus konnte seine anstaltliche Nutzungsweise, mehr als 170 Jahre lang, bis zur Integration in die neue allgemeine Armen-Anstalt der Stadt im Jahre 1810, behaupten.[168] Der Armenhof, sozialtopographisch mitten in einem Viertel der Altstadt, der sogenannten Butenburg, gelegen, eingerahmt von Kaufmannshäusern und Handwerkerstuben, war beileibe keine Stätte schamerfüllter Schande, in der sich die Ärmsten der Armen – selbstverschuldet oder unschuldig – in ihrem Elend die Hand gaben, sondern er wurde im Gegenteil schon bald nach seiner Gründung zu einem zentralen Identifikationsobjekt reger bürgerlicher Anteilnahme und öffentlichen Gemeinsinns.
Die reichhaltigen Stiftungen, Schenkungen und Erbvermächtnisse aus breiten Kreisen eines insgesamt sehr spendenfreudigen kommunalstädtischen Bürgertums ließen den Kapital-

---

[168] Zum Hintergrund vgl. *Hoffmeyer,* Fürsorge für die Armen, S. 39–52. – Stephan *Nußmann,* Nr. 129, in: Katalog 1200 Jahre Osnabrück, S. 144f.

4. Lokalmilieu und Engagement 255

Blick auf das Areal des ehem. Tecklenburger Hofes (Armen- und Waisenhof der Stadt Osnabrück, später Jugendherberge), um 1930.
StA Osnabrück, Erw. A 23, Nr. 21

*Durchblick auf das fürstbischöfliche Schloß zu Osnabrück
(heute Sitz der Universität), vor 1939.*
StA Osnabrück, Erw. A 23, Nr. 21

fonds des Armenhofes besonders im fortgeschrittenen 18. Jahrhundert zu einer Art renditeträchtiger *Ersatzsparkasse* anwachsen, mit einem bemerkenswerten, geradezu professionalisierten Kreislauf von Geldanlage, Kreditvergabe und Zinsbewirtschaftung, der nicht nur für die liquidationsschwachen Bürger und »Kolonen«, sondern auch für anleihebedürftige Angehörige der landsässigen Ritterschaft – darunter die offenbar besonders *bedürftigen* Familien von Bar und von Hammerstein – interessant war.[169] Der vom städtischen Rat eigens eingesetzte Armenhof-Buchhalter regelte zusammen mit den Armenprovisoren und mit dem Einverständnis des amtierenden Bürgermeisters und Lohnherrn den teilweise komplizierten Finanzverkehr und nicht minder aufwendigen Schriftverkehr, den die städtischen Wahlbeamten nicht selten unter großem Zeitdruck bewältigen mußten, um die Fülle der Obligations- und Schuldverschreibungen quasi in einer Art Nebenregistratur zu fixieren und geschäftsmäßig zu ordnen.

Der städtische Rat, der in seinen amtlichen Schriftstücken den Armenhof selbstbewußt als »unser Osnabrückisches Evangelisches Rats-Waisenhaus«[170] bezeichnete und sich dadurch voll mit der Ziel- und der Zwecksetzung dieser Institution identifizierte, erkannte vor allem den Modellcharakter der geordneten kleinen Armenherberge unweit des Rathauses an, mit dem er an das soziale Gewissen der Bürger appellieren, um ihr Vertrauen als christliche Wohltäter werben konnte, und dies zumal in einer konfessionellen Konkurrenzsituation mit der katholischen Kirche, die nur wenige Schritte entfernt auf der Doms-Freiheit und der Johannis-Freiheit mit ihrem eigenen Potential an karitativen Einrichtungen und Häusern aufwarten konnte. Mit dem Evangelischen Armen- und Waisenhof hatte

---

[169] StA Osnabrück, Dep. 3 b VII, Nr. 219, Allgemeines Stadt-Armen-Copiar, hierin eine bemerkenswerte Übersicht über den Kapitalverkehr, d. h. über die Notwendigkeit und die Häufigkeit von zinsgünstigen Kapitalanleihen in der bürgerlich-ständischen Kleingesellschaft der Osnabrücker Stiftslandschaft.

[170] Exemplarisch: StA Osnabrück, Dep. 3 b VII, Nr. 219, auf dem repräsentativen Umschlag des »Allgemeinen Stadt-Armen-Copiars«.

der Rat ohne Zweifel ein Instrument zur Hand, um in geeigneter Form seiner kommunalen Aufsichts- und Betreuungspflicht nachzukommen, den verschiedenen Ausprägungen der Armut wirkungsvoll entgegenzutreten und die Arbeitsscheuen mit um so größerem Nachdruck zur Arbeit anzuhalten. Die wiederholten, zuletzt nach 1770 ausprobierten, aber nie so recht erfolgreichen Versuche, auf Dauer ein funktionierendes Werkhaus zum Spinnen von Garn in dem Armenhof einzurichten[171], zeugten von dem ernsthaften Bemühen der Stadtväter, über den Rahmen einer bloßen Bewahranstalt zur Pflege und Verköstigung der verarmten Insassen hinauszugelangen und mehr auf richtige Ausbildung, auf pädagogische »Correction« und geregelten Arbeitsablauf hinzuwirken. Die feste Anstellung einer Waisenmutter und eines Waisenvaters, die frühe Einrichtung einer Waisenhofschule im Jahre 1641 – sie wurde 1792 in einem Gutachten für den Buchhalter Moll wegen des industriösen Praxisbezugs als eine »Musterschule«, vor allen anderen Schulen der Stadt, qualifiziert[172] – sowie schließlich die enge Verbindung des Armenhofs mit der benachbarten Heilig-Geist-Kirche als spezieller Armenkirche waren Indikatoren einer programmatischen bürgerlich-kommunalen Konzeption aktiver Armenhilfe und praktischer Erziehung zur Arbeit, die gerade in der Amtszeit des armenpolitisch reservierten Landesbeamten Möser einen beträchtlichen Aufschwung in der Stadt erlebte. Die Erziehung und Ausbildung zu Arbeitseifer und Arbeitsbejahung, zu den bürgerlichen Tugenden des Fleißes, der Ordnung und der Sparsamkeit, machte unter dem Dach der städtischen Ratsaufsicht, sekundiert von dem geistlichen Zuspruch der evangelischen Prädikanten, Fortschritte, die untrennbar mit der gewiß noch ungelenken und

---

[171] Über die verschiedenen, fragmentarisch gebliebenen Versuche, ein Werkhaus auf dem Armenhof einzurichten. StA Osnabrück, Dep. 3 b V, Nr. 1420.

[172] Gutachten der Prädikanten Ringelmann und Klefeker an Buchhalter Moll, Osnabrück, 8. März 1792. StA Osnabrück, Dep. 3 b V, Nr. 1420.

4. Lokalmilieu und Engagement

unfertigen, aber dennoch schrittweise durchexerzierten *Armenpädagogik* auf dem Waisenhof verbunden waren.[173] Sosehr die finanzielle Basis dieser im Zentrum der städtischen Aufmerksamkeit stehenden Armeninstitution durch eine Kombination aus Kollekten, Privatspenden und Vermächtnissen, aus Eigeneinnahmen eigenbehöriger Höfe sowie der anteiligen Partizipation an Strafgeldern bei der Übertretung städtischer Ordnungen gesichert war, sosehr litt sie unter der Überfrachtung verschiedenster sozialer Aufgaben, die die eigentliche Betreuung der Waisenkinder – der Jungen und der Mädchen gleichermaßen[174] – zeitweise in den Hintergrund treten ließ. So wurde der Armenhof in den letzten Jahren seiner Existenz immer mehr zu einer multifunktionalen Drehscheibe einer bemühten, wenngleich noch immer begrenzten und eingehegten *kommunalen Sozialhilfepraxis*, indem er sowohl als Altersheim und Krankenhaus, als Waisenheim und Frauenhaus, wie auch als Obdachlosenasyl und Bettlerdepot, als Spinnwerkstatt und Schule, als Aufenthaltsort und Schlafstätte und nicht zuletzt als Suppenküche für die verarmten Menschen in der Stadt, die keine offizielle Bleibe in dem kleinen Areal an der Großen Gildewart fanden, diente.[175]

Der soziale Problemdruck gerade in einer Zeit wachsender Bevölkerungszahlen war zweifellos groß, seine Lösung wurde bewußt als öffentliche Aufgabe verstanden und auch als solche wahrgenommen, aber es gelang dem Rat andererseits durch

---

[173] Vgl. Ludwig *Hoffmeyer*, Geschichte der evangelischen Volksschulen des Fürstentums Osnabrück, der Niedergrafschaft Lingen sowie der Städte Meppen und Papenburg. Osnabrück 1925, S. 24ff. – Allgemeine, vergleichende Gesichtspunkte: *Sachße/Tennstedt*, Geschichte der Armenfürsorge, S. 125ff. – *Herrmann*, Armut – Armenversorgung – Armenerziehung, S. 194–218.

[174] Vgl. *Hoffmeyer*, Fürsorge für die Armen, S. 47f.: 1777 waren 19 Knaben und 10 Mädchen, 1784 insgesamt 35 Kinder auf dem Waisenhof.

[175] Einblicke in das Funktionieren des Waisenhofs: 1801 gab es den Versuch, eine Suppenküche (Rumford-Suppe) für die Stadtarmen einzurichten. Zur Argumentation und zur Planung: StA Osnabrück, Dep. 3 b V, Nr. 1421.

ein pragmatisches, manchmal strenges, in der Regel aber geschmeidiges Anpassen an die jeweilige Situation, der komplexen Herausforderung letztlich immer Herr zu werden und drohende Konflikte in einem frühen Vorstadium zu dämpfen. Daß es bei dem Versuch, das existierende Armutsproblem durch eine Politik der kleinen Schritte im Rahmen der realisierbaren Möglichkeiten in den Griff zu bekommen, dennoch Reibungsverluste, Enttäuschungen und Rückschläge gab, war angesichts einer nur rudimentär entwickelten, kaum spezifisch auf die Armenfrage zugeschnittenen kommunalen Sozial-Politik normal und wohl nicht zu verhindern. Auch am Beispiel Osnabrücks läßt sich daher gut illustrieren, daß institutionelles Handeln und reglementiertes Verteilen allein noch keine Lösung des Problems erzwingen konnten, daß ein einzelnes exponiertes und funktionstüchtiges Institut – neben den kleineren anderen – nur ein begrenztes Auffangbecken, nur ein konzentrierter Filter, aber kein Katalysator des allgemein empfundenen Problemdrucks sein konnte, sondern daß es dazu einer konzeptionellen, nicht einer fallweisen, einer anlaßgebundenen oder nur punktuellen Orientierung im politischen Raum bedurfte. Bei allen Anstrengungen freilich war es somit notwendig, die wichtigen gesellschaftlichen Kräfte und öffentlichen Verantwortungsträger zu mobilisieren, und zwar auf der Basis eines moralischen Grundkonsenses, unter Zurückstellung der traditionellen ständischen, schichten- und statusspezifischen Interessen und Egoismen, allein mit dem Ziel vor Augen, schwierige Situationen der sozialen Bedrängung zu wenden und in regulierte Bahnen einer halbwegs kläglichen Existenzsicherung und einer halbwegs geordneten Lebensweise im Zeichen des Mangels und der Ungewißheit zu lenken.

Die Probe der sozialen Krisenanfälligkeit – in die auch der städtische Armen- und Waisenhof als eine der wichtigen Säulen des sozialen Dachs über die Stadt hinaus im Gefüge des Gesamtterritoriums eingebunden war – kam schon bald, und sie bezog sich auf die Bewältigung der allgemeinen Hungerjahre zwischen 1770 und 1772, einer gemeineuropäischen Krise von beträchtlicher Dimension, in die auch das kleine

4. Lokalmilieu und Engagement 261

Osnabrücker Land hineinzustürzen drohte. Der Ausgang war zunächst ungewiß, aber schon wenige Jahre später freilich, 1777, konnte der Regierungssekretär Preuß in der Rückschau selbstbewußt feststellen, daß »dem großen Korn-Mangel von den Jahren 1771 und 1772 durch auswärts angeschafftem Korn und gehörig getroffener Verfügungen im Lande dermaßen abgeholfen, daß keiner Noth gelitten, ... so daß auch diesfalls keine außerordentliche Auflage auf die Untertanen nötig gewesen«.[176] Die Herausforderung, durch den potentiellen Roggenmangel tatsächlich in eine ernsthafte Versorgungskrise in der Bevölkerung abzugleiten, wurde in der Tat durch eine Strategie der Konzentration aller Kräfte und durch ein bemerkenswertes solidarisches Krisenmanagement bestanden, an dem sich die Landesregierung und der Stadtmagistrat gleichermaßen beteiligten, die beide im Zeichen des Gefühls der gemeinsamen Bedrohung – ohne den üblichen Streit um bürgerliche Autonomie, um Präzedenz und privilegierte Weisungskompetenz – lange Zeit Hand in Hand zusammenarbeiteten. Die gemeinsame Erfahrung und bewußtseinsmäßige Verarbeitung dieser Krisenjahre, die für das Fürstbistum Osnabrück glimpflich verliefen, hat politisch lange nachgewirkt und die soziale Sensibilität der Politiker und der Institutionen auf dem schmalen Grat zwischen Krise und Stabilität, zwischen Konsens und Partikularinteresse neu geweckt und geschärft.[177]

[176] Regierungs-Sekretär Preuß an den Geheimen Rat, Osnabrück, 18. November 1777. StA Osnabrück, Rep. 100/254/22.
[177] Die »Krisenjahre« 1770 bis 1772 sind für den Osnabrücker Raum bislang nur kursorisch behandelt. Vgl. z. B. *Wrasmann*, Heuerlingswesen (OM 42, 1919, S. 130–134). – Im Rahmen meiner öffentlichen Antrittsvorlesung als Privatdozent in Osnabrück (WS 1993/94) wurde der Versuch unternommen, den speziellen Osnabrücker Befund – unter den Bedingungen der Parität – in die allgemeine Bewertung der großen Hungerkrise einzubringen und im Vergleich typologisch zu qualifizieren. Die Vorlesung, die demnächst publiziert wird, trägt den Titel »Hungerjahre und aufgeklärte Staatsverwaltung. Die Bewältigung der sozialen Versorgungskrise 1770–1772.« – Zur Problematik generell vgl. *Abel*, Massenarmut und Hungerkrisen in Europa. – G. *Schmidt*, Die frühneuzeitlichen Hungerrevolten.

In enger Kooperation mit Möser unternahm die vom Rat der Stadt eingesetzte »Verpflegungs-Commission« unter der Leitung des sozialengagierten und erstaunlich professionellen Bürgermeisters Berghoff im Jahre 1772, als der Vorrat an Roggen auf dem Rats-Kornboden, dem städtischen Reservemagazin, zu schwinden drohte, eine Reihe reglementierender und einschneidender Maßnahmen, die einerseits der Bestandsaufnahme und Entscheidungsfindung, andererseits der subtilen Kontrolle und Verhinderung des Mißbrauchs dienten.[178] Während Möser für die Ämter des Hochstifts eine Generalvisitation anordnete, mit dem Ziel, die vorhandenen Kornvorräte zu fixieren, freilich mit dem Verbot, daß nichts mehr von dem einen Kirchspiel in das nächste transferiert werden durfte, setzte Bürgermeister Berghoff entsprechende administrative Kontrollmaßnahmen im Gebiet der Stadt durch, die schließlich in der beiderseits geförderten, gegen Widerstände an der lokalen Basis durchgesetzten Volkszählung von 1772 gipfelten.[179] Die auf diese Weise gewonnenen statistischen Rahmendaten – die Kenntnis über den Stand der Vorräte, über das Volumen des Mangels, über die Zahl der Menschen als Konsumenten und als Steuerzahler – stellten eine geeignete Informationsgrundlage für die politisch Verantwortlichen dar, um die Risiken und die Chancen der erfolgreichen Abwehr der drohenden Subsistenzkrise angemessen abwägen und kalkulieren zu können.

Die Maßnahmen, die in Stadt und Land im Jahre 1772 dann tatsächlich ergriffen und eingeleitet wurden, waren in erster Linie Maßnahmen der Prävention und der Vorsorge, nicht schon des krisenhaften Ernstfalls – betont durchgeführt im

---

[178] Geheimen Räte Bussche und Ende an Bürgermeister Berghoff, Osnabrück, 16. März 1772. StA Osnabrück, Dep. 3 b V, Nr. 1409.

[179] StA Osnabrück, Rep. 100/188/41; hier Tabellen mit Statistiken und genauen Zahlenangaben. – *Bölsker-Schlicht*, Hollandgängerei, S. 86. – *Schlumbohm*, Bauern und Heuerlinge in Landwirtschaft und Leinengewerbe: Das Kirchspiel Belm um 1810, S. 225–244.

4. Lokalmilieu und Engagement

Zeichen der fürsorglichen Schutzpflicht der landesherrlichen und der kommunalen »Obrigkeit«. Denn auch der städtische Magistrat der Landeshauptstadt Osnabrück nahm für sich die Rolle der obrigkeitlichen, »stadtväterlichen« Schutz- und Schirmfunktion für seine Untertanen in Anspruch – in der dokumentierten Wirklichkeit der geschriebenen Akten, so scheint es, noch mehr als der seinen Mitbürgern weiter entrückte fürstbischöfliche Justizrat Möser.[180]

So entwarf die »Verpflegungs-Commission« ein differenziertes Aktionsprogramm, das auch in den späteren Notjahren 1794[181] und 1799[182] noch als ein Modell der geeigneten Krisenbewältigung gelobt und zur Nachahmung herangezogen wurde. Von den Modalitäten des auswärtigen Roggenankaufs, über die genaue Quantenzuteilung an die Bäcker, bis hin zu dem Anlegen und Führen exakter Tabellen, wie die Distribution der Almosen und der gebackenen Brote an welchem Ort und zu welcher Zeit zu erfolgen hatte, reichte die Skala des Reglements der Kommission, die in dem kommunalen Waisenhof und in der benachbarten Armenkirche den passenden Versammlungsort für die unentgeltliche Versorgung der verarmten Bedürftigen sah. Die verschämten Hausarmen aber – ihre Zahl blieb unbekannt –, die entweder krank waren, oder sich nicht in der Öffentlichkeit zeigen wollten, wurden jede Woche von den Knaben und den Mädchen des Waisenhofes versorgt. Diese waren es auch, die in jugendlicher Unbefangenheit allwöchentlich mit den Blechbüchsen in den Straßen kollektierten, damit das eingesammelte Geld von dem Armen-Buchhalter jeden Montag in der Armenkirche an die immatrikulierten Stadtarmen verteilt werden konnte.[183] Diese ungewissen Ein-

---

[180] Vgl. hierzu die aufschlußreichen Memoranden Berghoffs von 1772 (undatiert). StA Osnabrück, Dep. 3 b V, Nr. 1409.

[181] StA Osnabrück, Dep. 3 b V, Nr. 1413: hier die Mangelsituation des Jahres 1794.

[182] StA Osnabrück, Dep. 3 b V, Nr. 1417: hier die Mangelsituation des Jahres 1799.

[183] Protokoll der Abläufe von 1772, mit relativ exakter Rekonstruktion aus der Perspektive des Jahres 1794. StA Osnabrück, Dep. 3 b V, Nr. 1413.

nahmen freilich, die von Mal zu Mal schwankten und vom Zufall des jeweiligen Spendeneingangs abhingen, vermochten allein nicht die notwendige Geldsumme zur Finanzierung der Freizügigkeit, das heißt: zur kostenlosen Ausgabe des Korns oder der gebackenen Brote, über längere Zeit zusammenzubringen.

Zur entscheidenden Voraussetzung, die kommunale Fürsorglichkeit und Schutzpflicht unter der Anspannung der Krise von 1772 weiter aufrechtzuerhalten und zu gewährleisten, wurde daher die exorbitante, von der »Verpflegungs-Commission« organisierte und vom »Intelligenz-Blatt« publik gemachte Sammelaktion unter den Einwohnern der Stadt, die sich – wie der Bürgermeister Berghoff eindringend berichtet – zu einer Manifestation solidarischer Anteilnahme und »christlicher Wohltätigkeit«[184] entwickelte. Das Bemerkenswerte an dieser Kraftanstrengung war weniger die Summe von 1380 Reichstalern, die bei der Sammlung innerhalb kürzester Zeit zusammenkam, sondern die freiwillige Partizipation fast aller sozialer Gruppen, über die ständischen und die konfessionellen Schranken hinweg, die sich damit öffentlich zu dem bürgerlichen Gemeinschaftswerk, der herannahenden Subsistenzkrise mit Entschlossenheit zu trotzen, bekannten. Die erhaltenen Listen der Spender – ein Spiegel der ökonomischen Sozialhierarchie in der Stadt – tragen fast alle Namen von Rang und Einfluß, aber auch die Namen der vielen »namenlosen« unbekannten Wohltäter: Neben den Regierungsbeamten, Kommunalpolitikern und rechtsgelehrten Advokaten, die Geschäftsleute, Kaufmänner und Händler, die Zünfte und die Handwerker, neben dem König von England die katholische Dienstmagd, neben dem Domkapitel die Angehörigen der evangelischen Ritterschaft, und nicht zuletzt Möser selbst, der unsentimentale Spitzenverdiener, der wohldosiert einmal 25, ein andermal 10 Reichstaler spendete.[185] Für eine Stadt, die

---

[184] Berghoff, Anstalten der Stadt bei der Teurung 1772. StA Osnabrück, Dep. 3 b V, Nr. 1409.

[185] Spendenlisten von 1772, mit exakter Buchführung. StA Osnabrück, Dep. 3 b V, Nr. 1409. – Zu Mösers Einkommenssituation

1772 gerade 5923 Einwohner zählte, von denen allein 1203 als Exemte in kirchlichen, in ritterschaftlichen und in landesherrlichen Diensten standen[186], war das Ergebnis ein bemerkenswerter Erfolg – die Verantwortlichen selbst sahen darin eine Art übergreifenden moralischen Konsens, der im Angesicht des drohenden Hungers für viele Minderbemittelte die städtische Gesellschaft als eine exklusive soziale Not- und Solidargemeinschaft zusammenklammerte, deren Wirkung und deren Folgen auf den weiteren Verlauf, wie die späteren Krisenfälle der Jahre 1794 und 1799 gezeigt haben, durchaus von einer strukturbildenden Bedeutung waren.[187]
Der Mechanismus von Krisenbewältigung, Versorgungsmangel, Nahrungsbeschaffung und dem Appell an das christliche Gewissen der sozialen Wohltäter funktionierte in Osnabrück erstaunlich günstig: Auf der Basis der gesammelten Gelder organisierte die »Verpflegungs-Commission« den Ankauf des fehlenden Korns – in der Regel in Bremen und in Emden – über eigens bestellte Händler auf dem Land, ohne dabei die finanziellen Reserven der anderen Armen-Fonds – trotz der akuten Teuerung – in Anspruch zu nehmen. Der König von England – selbst durch heftige Subsistenzkonflikte und Hungerrevolten in seinem Land bedrängt und daher in einem erhöhten Maße krisenerfahren[188] – hatte als Regent der Osna-

---

(seine Bezüge beliefen sich auf 1875 Reichstaler festen Gehalts) vgl. *Hatzig*, Möser als Staatsmann, S. 194 (Anlage 2, mit Auflistung).

[186] Vgl. *Hartmann*, Stadt Osnabrück, S. 22. – *Krusch*, Möser und die Osnabrücker Gesellschaft, S. 244–373. – *Spechter*, Osnabrücker Oberschicht, S. 117–131. – *Knudsen*, S. 31–54.

[187] Protokolle Berghoffs 1772, undatiert. StA Osnabrück, Dep. 3 b V, Nr. 1409. – Allgemeine Aspekte zur Moralpolitik und zur Konsensdebatte: *Thompson*, Die »moralische Ökonomie« der englischen Unterschichten, S. 71–136. – *Herzig*, Unterschichtenprotest in Deutschland, S. 22–77. – G. *Schmidt*, Die frühneuzeitlichen Hungerrevolten, S. 257–280.

[188] Vgl. dazu G. *Schmidt*, Die frühneuzeitlichen Hungerrevolten, S. 261–264, 279f. – *Thompson*, »Moralische Ökonomie«, S. 67–130. – *Press*, Kurhannover, S. 69–73.

brücker Vormundschaftsregierung der ständischen Stiftskasse einen Betrag von 5000 Reichstalern angewiesen, um die Auswirkungen des Kornmangels in den ländlichen Kirchspielen und damit die Reaktionen der unzufriedenen bäuerlichen Schichten unter Kontrolle zu halten. Die Stadt Osnabrück profitierte von dieser Summe ebenfalls, und zwar gerade auf dem schwierigen Sektor der notwendigen »Victualienzufuhr«, die angesichts der eingeschränkten »Handelsfreiheit« und der »Vertheurung« des Korns im interregionalen Raum der nordwestdeutschen Territoriallandschaft zu erheblichen Restriktionen und Problemen führte.[189]

Immerhin aber gelang es noch rechtzeitig, eine genügend große Menge an Roggen einzukaufen, um den drohenden Engpaß zu schließen: Von 88 Malter Roggen wurden 8381 Stück Brote à 6 Pfund verbacken, davon gelangten in den 43 Wochen zwischen dem 7. März und dem 21. Dezember 1772 insgesamt 3352 Brotlaibe unentgeltlich in die Hände der Armen beider Konfessionen, so daß auf diese Weise nach dem Urteil der Armenprovisoren, die für die ordnungsgemäße Distribution in den einzelnen Stadtvierteln verantwortlich waren, die gröbste Not getilgt werden konnte.[190] Das politische Esta-

---

[189] Memorandum Berghoffs 1772, undatiert. StA Osnabrück, Dep. 3 b V, Nr. 1409. – *Möser*, Vorschlag, wie der Teurung des Korns am besten auszuweichen (1771), V, Nr. 3, S. 27–35. – Möser hat diesen Vorschlag mehrfach variiert und in seinen Patriotischen Phantasien vorgetragen. Ob sich Möser in der Diskussion über Handelsfreiheit oder traditionelle Kornsperren als (heimlicher) Physiokrat erweist, muß offenbleiben. Elemente physiokratischen Denkens sind zweifellos vorhanden. Vgl. dazu: Justus *Möser*. Gebundene oder freie Wirtschaft (aus »Patriotische Phantasien« 1767–1790). Hrsg. von August *Skalweit*. Frankfurt am Main 1948. – *Runge*, Mösers Gewerbetheorie und Gewerbepolitik, S. 129–149. – *Wagner*, Möser und das Osnabrücker Handwerk, S. 143–161. – G. *Schmidt*, Die frühneuzeitlichen Hungerrevolten, S. 276–280. – Diethelm *Klippel*, Der Einfluß der Physiokraten auf die Entwicklung der liberalen politischen Theorie in Deutschland, in: Der Staat 23, 1984, S. 205–226.

[190] Listen und Tabellen für das »Krisenjahr« 1772. StA Osnabrück, Dep. 3 b V, Nr. 1413.

blishment in der Stadt sah keinen Anlaß, den Kurs seiner eingeschlagenen Krisenbewältigungsstrategie zu überdenken – weder gab es ein echtes Konfliktsyndrom mit aufsässigen, vom Hunger gepeinigten Armen, noch gab es eine offene Proteststimmung der Unzufriedenheit und des Unmuts, die in eine ernstere Konfrontation hätte einmünden können.
Welch unaufgeregte Behäbigkeit, trotz aller Gefahr der sozialen Auflehnung und Verhärtung in den unteren Bevölkerungsschichten, im Kreise der Verantwortlichen herrschte, zeigt die eher marginale Pointe am Ende der großangelegten Spendenaktion, als der Bürgermeister Berghoff an Ostern 1772 seine Kollegen und Mitstreiter zu einem Glas Wein in das Rathaus bat, um in Gegenwart des katholischen Dompastors auf den Erfolg des Ergebnisses anzustoßen, das »viel beträchtlicher als vormalen« gewesen sei, wie man selbstzufrieden räsonierte.[191]
Das bürgerliche Notabelndenken in den Kreisen der Osnabrücker Oberschicht, das aus der kleinen Episode am Rande spricht, verriet selbst im Verzug der Krise eine abgeklärte und pragmatische Gelassenheit, fast schon ein Übermaß an Selbstsicherheit, das unschwer auf eine erfolgreiche Beherrschung der akuten Versorgungsprobleme schließen ließ.
Daß von diesen Männern freilich die eingeforderte Pflicht der »Obrigkeit«, für die armen Mitbürger zu sorgen, sehr ernst genommen wurde, demonstrierten die Reaktionen mancher der geförderten Familien, die dem engagierten Berghoff, der »ein Joseph in dieser teuren Zeit ... absonderlich vor die Armen gewesen«[192] (unter Bezugnahme auf den biblischen Joseph in Ägypten), öffentlichen Dank abstatteten. Wenn eine politische Führungsfigur in Osnabrück in der Endphase der Stiftszeit je den Respekt der Armen und der Minderbegüterten wirklich erfahren hat, dann war es der in den kommunalen Obliegenheiten bewanderte und angesehene Bürgermeister Berghoff,

[191] Mitteilung Berghoffs 1772, undatiert. StA Osnabrück, Dep. 3 b V, Nr. 1409.
[192] Henrich Schwietering (ein betroffener Armer) an Bürgermeister Berghoff 1772, undatiert. StA Osnabrück, Dep. 3 b V, Nr. 1409. Dort noch weitere Briefe ähnlichen Inhalts, die Berghoffs exponierte Rolle als kommunaler Sozialpolitiker unterstreichen.

der anders als der gouvernementale Möser nicht nur den Milieus der kleinen Leute und ihrer bescheidenen Wahrnehmungswelt näher war, sondern auch in der persönlichen sozialen Einstellung einfühlsamer, duldsamer und als Mensch generöser wirkte.[193] Die Schranken der Parität setzten allerdings auch dem vielfältigen, von echtem bürgerlichem Gemeinsinn getragenen Wirken Berghoffs Grenzen, das aber, wie die Dankadressen zeigen, dennoch in dem kleinen Kosmos der Osnabrücker Armenwelt pointiert erfahren und weit über das Hunger- und Teuerungsjahr 1772 hinaus in der Erinnerung behalten wurde.

Die vielfältigen Anstalten der Stadt, flankiert durch die Unterstützung der fürstbischöflichen Regierung, waren durchaus angemessen und erfolgreich, um angesichts der knappen Vorräte einer drohenden Hungersnot mit all den sozialen Implikationen, die damit für die Normalität des Alltags verknüpft waren, wirkungsvoll vorzubeugen. Unter dem Druck der Krise, die die Schwächsten naturgemäß am härtesten traf, hatte sich die Solidarität der überschaubaren stadtbürgerlichen Gesellschaft, zusammen mit ihren exemten korporativen Personalverbänden, besonders mit dem sperrigen katholischen Domkapitel, über die Schranken der Parität hinweg erstaunlich schnell und unbürokratisch bewährt, war den einheimischen Armen mit entschlossener Tatkraft ein schwerer Pauperisierungsschub am Ende dann doch erspart geblieben. Vor allem erfuhr der bürgerliche Gemeinsinn im Zeichen einer aufgeklärten moralischen Verantwortungsethik für die sozial Schwachen und Mindergestellten einen kräftigen Impuls und eine neue Motivation – immerhin war es gelungen, einen durch die Hungerjahre bedingten überdimensionierten Morta-

---

[193] Der mäzenatisch eingestellte Berghoff stiftete am 7. Juni 1789 dem Armen- und Waisenhof 1500 Reichstaler für die Unterhaltung und die Ausbildung speziell der »Waisen-Mädchen«. Hier sah er ein Defizit gegenüber der Förderung der »Waisen-Knaben«, das er durch seine großzügige Schenkung mindern wollte. Damit verhielt er sich ganz im Sinne seiner verstorbenen Ehefrau. StA Osnabrück, Dep. 3 b VII, Nr. 219, Copiar des Armen- und Waisenhofs.

4. Lokalmilieu und Engagement

litätseinbruch in der Bevölkerung zu verhindern. Die Geburtenzahlen gingen zwar zurück – kein Zweifel, die subsistenzgeschädigten Menschen waren vorsichtig geworden –, aber schon bald wieder war die demographische Stagnation im Zeichen der wirtschaftlichen Erholung und einer günstigen Prosperität überwunden: Im Jahre 1800 bevölkerten 8564 Menschen die Stadt Osnabrück – im Jahre 1772 waren es nur 5923 gewesen –, was einem Anstieg innerhalb dreier Jahrzehnte von rund 45 Prozent entsprach.

Und dennoch blieben im Zeichen der Bedrohung von 1772 die Strukturen des mobilen Elends und der Sehnsucht nach Freiheit und Abenteurertum verworren und flüchtig: Allein rund 370 Fremde aus den umliegenden Kirchspielen, so eine Stadtvisitation von 1772, bevölkerten ohne Obdach die Stadt, brachten Unruhe, Unzufriedenheit und »Gassenbettelei« in die Straßen und vergrößerten dadurch nur den Problemdruck für den Magistrat, der sich weigerte, die orientierungslosen, von Hunger und Angst gepeinigten Menschen zurückzutreiben, da dies für die kleinen Bauerschaften auf dem platten Land ebenfalls nicht ohne gefährliche Konsequenzen geblieben wäre.[194] Der Erlaß einer Bettelordnung mit der Einsetzung von vier Armenvögten, die das folkloristische laute Treiben in den Gassen überwachen und regeln sollten, vermochte in der Situation der ungewissen Weiterungen 1772 nur wenig auszurichten. Das Bettelunwesen nahm groteske Züge an, die einen immer stärkeren Reglementierungs- und Disziplinierungszwang gegen die zwischen der Stadt und dem Land fluktuierenden Vagabunden und »Berufspendler« erforderlich werden ließen – und dennoch, trotz aller Repressionsinstrumente, mußten es sich die Armenvögte gefallen lassen, daß sie von den Bettlern unter dem Beifall der johlenden Straßenjugend verprügelt und

---

[194] Memorandum des Rats der Stadt Osnabrück vom 12. März 1772. StA Osnabrück, Dep. 3 b V, Nr. 1409. – Zu den statistischen Angaben vgl. auch *Hartmann*, Stadt Osnabrück, S. 2, 20ff. – *Hoberg*, Die Gemeinschaft der Bekenntnisse in kirchlichen Dingen, S. 2–5.

ihrer ohnehin geringen polizeilichen Autorität gänzlich entkleidet wurden.[195]
In diesen Kontext gehörte schließlich der Versuch, nach dem Vorbild der Münsterschen Ordnung 1772 auch in Osnabrück ein Spinnhaus in dem an der Großen Straße gelegenen St. Jürgens-Haus einzurichten, damit auf diese Weise, wie Berghoff meinte, »der Müßiggang verwöhnter gesunder bettler in beschäftigung und gesegneten Fleiß verwandelt werde«.[196] Die Idee eines Werkhauses, die schon früher für den Waisenhof mit wechselndem Erfolg ventiliert und für einige Zeit (1770) realisiert worden war, sollte unter dem Patronat des Bürgermeisters nunmehr in einem größeren Rahmen und in einem eigens dafür eingerichteten Haus umgesetzt werden. Obwohl das Projekt der Flachsspinnerei einige Jahre lang Bestand hatte und einem wechselnden Kreis zumeist älterer Männer und Frauen Arbeit und Brot – im Winter auch Licht und Wärme – brachte, kam der Betrieb zu keiner Zeit richtig in Schwung. Um die Subsistenz der Anstalt zu bewahren, mußte wöchentlich ein gewisses Quantum an Garn gesponnen werden, was wiederum auf das Mißtrauen der »freien« Konkurrenz außerhalb der anstaltlichen Preisbindung stieß.[197] Ökonomische Interessen bei der Produktion und dem Verkauf des Garns blockierten ebenso wie das zunehmende Desinteresse bei den abkommandierten Arbeits-Armen, die dem Müßiggang lieber frönten als dem disziplinierenden Tagwerk im Spinnhaus, eine zügige und dynamische Aufwärtsentwicklung, so daß das Werkhaus spätestens 1780, als die Geräte in den Waisenhof

---

[195] *Wagners* Erinnerungen, S. 44–46. – Vgl. auch *Albrecht*, Armenvögte der Stadt Braunschweig, S. 55–75.
[196] Berghoff, Anstalten der Stadt bei der Teuerung 1772. StA Osnabrück, Dep. 3 b V, Nr. 1409. – *Münch*, Lebensformen in der Frühen Neuzeit, S. 355–413.
[197] StA Osnabrück, Dep. 3 b V, Nr. 1410: Anlage eines Spinnhauses durch den Rat der Stadt; Ratsprotokolle vom Mai 1772 und Rechnungsbücher der Anstalt. Aus ihnen geht die Begrenzung des Projekts hervor, auch das mangelnde Durchgreifen des Rats, der sich mit dem St. Jürgens-Spinnhaus offenbar nur halb identifizierte.

4. Lokalmilieu und Engagement

transferiert wurden, still und unspektakulär seine Pforten schloß.[198] Die ursprüngliche Kosten-Nutzen-Rechnung war aus den Fugen geraten, weil der erhoffte Primäreffekt, die Reduktion der Straßenbettelei, sich nicht mit den dilettantischen Mitteln eines freigängerischen Gewährenlassens, wie es im St. Jürgens-Haus lange Zeit praktiziert wurde, erreichen ließ. Eine feste Kasernierung der arbeitslosen Bettler allerdings, wie sie im landesherrlichen Zuchthaus mitten in der Stadt ja durchaus möglich gewesen wäre, lehnte der städtische Rat aus prinzipiellen Gründen strikt ab, und er tat sich daher schwer mit seinem eigenen kleinen Modell der Arbeitsbeschaffung, dem Spinnhaus, das nach wenigen Jahren – ähnlich wie entsprechende Häuser in Koblenz und in Köln[199] – so kläglich gescheitert war.
Die verschiedenen Anläufe und Versuche, die die Stadt in der Zeit nach dem Siebenjährigen Krieg, in der namengebenden Ära Mösers, unternahm, zeitigten eine Reihe von Ansätzen, die durchaus moderne und zukunftsträchtige Elemente enthielten, freilich litt die Ausführung an einer diffusen Mischung aus behördlicher Unsicherheit, halbherziger Entschlußkraft und mangelndem Organisationsgrad, so daß das vorhandene Innovationspotential in dem verrechtlichten System der Religions- und Verfassungsparität zu letztlich nicht vielmehr als einem Aufwind von produktiver Stagnation und defensivem Reformeifer führte – bis die Etablierung der zentralen Armenanstalt 1810 im Zeichen des rheinbündischen königlich-westphälischen Reformstaates nicht nur eine Modernisierung der archaischen Organisationsstrukturen, sondern einen Systemwechsel in der kommunalen Armenfürsorge auch für das verspätete Osnabrück einleitete. Der Reformdruck der landesherrlichen Regierung gegenüber einer beharrenden Traditio-

---

[198] Buchhalter Kemper an Bürgermeister Berghoff, Osnabrück, 11. April 1780. StA Osnabrück, Dep. 3 b V, Nr. 1410.
[199] Vgl. dazu im Überblick *Hersche*, Intendierte Rückständigkeit, S. 142. – *François*, Unterschichten und Armut in rheinischen Residenzstädten, S. 433–464. – *Ders.*, Koblenz im 18. Jahrhundert (1982). – Dietrich *Ebeling*, Bürgertum und Pöbel. Wirtschaft und Gesellschaft Kölns im 18. Jahrhundert. Köln/Wien 1987.

nalität in dem altertümlichen Armenwesen hielt sich in der Spätzeit des alten Fürstbistums in Grenzen, so daß die auf Autonomie und Abstand bedachte landsässige Stadt von dieser Seite nur wenige Impulse zur Gestaltung und Nachahmung empfing. Und dennoch waren landesherrliche Regierung und kommunaler Rat, die Stadt und das Land, in der vereinten Gegnerschaft gegen Bettelei und Müßiggang mehr aufeinander angewiesen, als die Formen dieses informellen Pragmatismus nach außen in Erscheinung traten.

5. Kirchspielsregionalismus und Beharrung: Das »stiftische« Osnabrück als Handlungsbühne

Die welfische Landesherrschaft hatte durch die Präsenz der Regierung unter Mösers konditionierter, aber weitreichender »Alleinherrschaft« am Ort stets einen Fuß in der Stadt, so daß die Praxis der gegenseitigen Orientierung und Information, gerade in der Frage der entgrenzten Armutsbekämpfung, ein Gebot der Notwendigkeit war. Die empfindliche Nahtstelle, die Stadt und Land in dieser virulenten Frage zusammenband, bildete allerdings der umstrittene Neubau des landesherrlich-landständischen Zuchthauses mitten in Osnabrück, in dem Möser seit 1762 als bestallter Kriminaljustitiar faktisch die Rolle eines obersten Untersuchungsrichters wahrnahm. Schon zu Beginn der 1750er Jahre, während der Regierungszeit Fürstbischof Clemens Augusts, als die Pläne zum Bau eines Gefängnisses realisiert werden sollten, hatte sich die auf Eigenständigkeit pochende Stadt Osnabrück entschieden dagegen ausgesprochen, daß innerhalb ihrer Mauern eine neue landesherrliche »Citadell« errichtet werden würde[200] – eine deutli-

---

[200] Bürgermeister und Rat der Stadt Osnabrück an König Georg II. von England, Osnabrück, 25. April 1752. StA Osnabrück, Rep. 110 I, Nr. 206. Es handelt sich hier um ein längeres Memo-

5. Kirchspielsregionalismus und Beharrung

che Anspielung auf die einstige »demolirte« Zwingburg, die sogenannte Petersburg, die Fürstbischof Franz Wilhelm von Wartenberg 1629 zur Disziplinierung der Bürgerschaft im Südosten der Stadt hatte bauen lassen, die aber am Ende des Dreißigjährigen Krieges wieder niedergerissen worden war. Die Stadt ließ die Gründe der anderen Stände, des Domkapitels und der Ritterschaft, nicht gelten, aus pragmatischen Gründen der Verwaltungsvereinfachung für ein zentrales Landesgefängnis in der Hauptstadt, nahe dem Sitz der Land- und Justizkanzlei, zu plädieren, um auf diese Weise die umständlichen Verhör- und Aktenwege zu den Amts-Gerichten in den Amtsstädten des Hochstifts zu umgehen. Die Stadt fürchtete um ihre Gerichtshoheit und sonstigen Freiheitsprivilegien, witterte einen Anschlag der Katholiken hinter dem Plan, hob die finanziellen Belastungen für die Einwohner hervor und kämpfte mit allen Mitteln, selbst vor dem Reichskammergericht in Wetzlar, gegen die Verwirklichung des ungeliebten Projekts, in dem der Rat generell eine schwere Schädigung, »ein sehr großes praejudiz«, für die Verfassung der Stadt kommen sah.[201]

Der vehemente Protest der Stadtväter lief allerdings ins Leere, die Koalition aus katholischem Domkapitel und evangelischer Ritterschaft konnte sich am Ende durchsetzen, das Reichskammergericht wies die Klage der besorgten Kommune als wenig stichhaltig zurück. Noch Ende der 1750er Jahre (bis etwa 1762) wurde nach Plänen des münsterschen Barockbaumeisters Johann Konrad Schlaun auf dem Areal des ehemaligen Augustinereremitenklosters und der alten Jesuitenakademie »ein großes massives, drei Etagen hohes Gebäude« errichtet, in dem das »Zucht- und Gefangenhaus«[202] untergebracht

---

rial des Rats, mit reichhaltigen Argumenten gegen den Bau eines Zuchthauses in Osnabrück. Der Widerstand der städtischen Führungsgruppen war zu diesem Zeitpunkt beträchtlich.

[201] Bürgermeister und Rat der Stadt Osnabrück an König Georg II. von England, Osnabrück, 16. Juni 1752. StA Osnabrück, Rep. 110 I, Nr. 206.

[202] Sehr aufschlußreiche, komparatistische Betrachtung eines Zeitgenossen: Justus *Gruner*, Versuch über die recht- und zweckmäßig-

war. Durch den Siebenjährigen Krieg und den anhaltenden Streit der Stadt Osnabrück mit der ständischen Gegenpartei bedingt, dauerte es noch viele Jahre, bis das Haus seine endgültige Anstaltsfunktion erhielt, die in der sozialen Realität des Zuchthausalltags zunächst keineswegs eindeutig festgelegt und definiert war. Wenn Gruner 1802 in seiner vergleichenden Anstaltsbeschreibung das Osnabrücker Zuchthaus als »eins der vorzüglichsten Strafinstitute Westphalens«[203] charakterisiert – mit geordneten Verhältnissen: unten die Bediensteten und die Kirche, im mittleren Stockwerk die Frauen, im obersten die Männer, mit jeweils etwa fünfzehn Zimmern, mit Arbeits-, Schlaf- und Krankenstuben[204] –, so wird hier das Bild eines funktionierenden Bewahr- und Corrections-Mechanismus geboten, der so in den ersten Jahrzehnten der Zuchthausexistenz in den 1760er und 1770er Jahren nicht bestanden hat.

Die wirklichen Anfänge liegen dagegen weitgehend im dunkeln und vermitteln den Eindruck einer zähen, auch von Möser kaum attraktiver gestalteten schwierigen Genese, zumal auch er noch mit den zeitgemäßen Mitteln der Inquisition und der Tortur arbeitete und daher eher ein furchteinflößendes Regiment als eine »Schule der Humanität« und der humanisierenden Arbeitspädagogik führte. 1767 gelang es Möser zwar, die Stadt Osnabrück zu einem Ausgleich mit den vorderen Ständen zu bewegen und ihr ein anteiliges Präsentationsrecht für die Stellenbesetzungen in dem Zuchthaus zu sichern. Aber auch danach dauerte es noch viele Jahre, bis die Stände, die für die Finanzierung des großen Hauses verantwortlich waren, die

ste Einrichtung öffentlicher Sicherungsinstitute, deren jetzigen Mängel und Verbesserungen. Nebst einer Darstellung der Gefangen- Zucht- und Besserungshäuser Westphalens. Frankfurt am Main 1802, S. 275.

[203] *Gruner*, wie Anm. 202, S. 275. – Vgl. ebenso *Sachße/Tennstedt*, Geschichte der Armenfürsorge, S. 112ff., 159ff. (Zucht- und Arbeitshäuser, insbes. in Preußen).

[204] *Gruner*, wie Anm. 202, S. 276. – Vgl. auch Walter *Borchers*, Zum Schaffen Johann Conrad Schlauns und seines Künstlerstabes im Osnabrücker Raum, in: OM 68, 1959, S. 133–220.

5. Kirchspielsregionalismus und Beharrung

offenen Fragen der Organisation, der kontinuierlichen Verpflegung, der Beschäftigung und Seelsorge der Gefangenen geregelt hatten.[205]
Die ständische Selbstverwaltung unter dem Patronat Mösers und der aufsichtführenden Land- und Justizkanzlei war so sehr mit der osnabrück-spezifischen Lösung der komplexen Probleme beschäftigt, daß man erst gar nicht viel Ausschau hielt nach den großen Musterentwürfen der altehrwürdigen Zuchthäuser in der näheren Umgebung Osnabrücks im Norden Deutschlands, in Bremen (1608) etwa, in Lübeck (1613), Hamburg (1622) und Danzig (1629), ganz zu schweigen von dem niederländischen Leitvorbild des Tuchthuis in Amsterdam (1595) – dies alles durch Erfahrung und langjährige Praxis bewährte Anstalten, die für den Osnabrücker »Filialbau« stärker als Modell hätten dienlich sein können, als dies dann im Geflecht der ständischen und der paritätischen Partikularinteressen in der Zeit der Minderjährigkeitsregierung tatsächlich geschah.[206]
Die Grauzone, in der sich die eigentliche Zweckbestimmung der Osnabrücker Anstalt als multifunktionaler Bewahranstalt für Straftäter, für Bettler und für Züchtlinge viel zu lange befand, war freilich ein zusätzlicher Grund, der eine dynamische

---

[205] Vgl. *Gruner*, wie Anm. 202, S. 275–281. – *Hoffmeyer*, Chronik der Stadt Osnabrück, S. 252. – Zu den Verordnungen und Reglements von 1767/1768 im einzelnen vgl.: CCO I, 1, S. 697–702 und CCO I, 2, S. 1351–1353 und S. 1443–1450.

[206] Die vorzügliche, paradigmatische Analyse eines Zuchthauses des 18. Jahrhunderts in seinem städtischen und landesherrlichen Umfeld bietet: Bernhard *Stier*, Fürsorge und Disziplinierung im Zeitalter des Absolutismus. Das Pforzheimer Zucht- und Waisenhaus und die badische Sozialpolitik im 18. Jahrhundert. Sigmaringen 1988, hier bes. S. 184–199. – Vgl. ebenso *Münch*, Lebensformen in der frühen Neuzeit, S. 373–379. – *Stekl*, Österreichs Zucht- und Arbeitshäuser (1978). – *Ders.*, »Labore et fame« – Sozialdisziplinierung in Zucht- und Arbeitshäusern des 17. und 18. Jahrhunderts, in: *Sachße/Tennstedt*, Soziale Sicherheit und soziale Disziplinierung, S. 119–147.

Ausgestaltung des Projekts erheblich verzögerte.[207] Ursprünglich als rein strafrechtlich konzipierte Institution – als Gefängnis für verurteilte Verbrecher – vorgesehen, war es vor allem Möser, der die Idee förderte, daneben eine Zucht- und Corrections-Anstalt für straffällig gewordene Arbeitslose, Müßiggänger und Bettler einzurichten, mit dem naheliegenden zweckdienlichen Ziel, die vagierenden Randseiter der Gesellschaft von der Straße zu holen und sie in dem eingegrenzten Areal des Zuchthauskomplexes unter die Kontrolle der Obrigkeit zu stellen.

Was Möser letztlich in seinem Denken bewegte, war weniger ein religiös motiviertes Arbeitsethos, sondern mehr die spezifische rationale Ausprägung einer bürgerlichen Leistungsethik, verbunden mit einem für ihn typischen Pragmatismus, der im Falle des Zuchthauses geradezu ideal die Chance der Kasernierung der unbotmäßigen Armen mit dem praktischen Ziel ihrer sozialen Disziplinierung und menschlichen »Correction« verband. Noch 1778 räsonierte Möser, eher nachdenklich als forciert, über die Bedeutung und den tieferen Sinn der erzieherischen Funktion, die das Zuchthaus als Bewahranstalt oder als Werkhaus, als bloßes Gefängnis oder als produktives Arbeitshaus, besser oder schlechter, in getrennten Häusern oder vereint unter einem Dach auszuüben vermochte.[208] Daß er als Kriminaljustitiar schon frühzeitig über den Charakter des Zuchthauses als reiner Straftäteranstalt hinausstrebte und die Vorteile eines zentralen, obrigkeitlich überwachten Arbeits-

---

[207] Die Alternative »Gefängnis« oder/und »Zuchthaus« wurde schon 1752/1755 zur Zeit des katholischen Fürstbischofs, Kurfürst Clemens August von Köln, und davor diskutiert – freilich ohne Ergebnis, weil die Stadt Osnabrück sich aus prinzipiellen Gründen gegen jegliche Baugenehmigung sperrte. StA Osnabrück, Rep. 110 I, Nr. 206. – Zu dieser Problematik vgl. generell *Stier*, Fürsorge und Disziplinierung, S. 184–217.

[208] *Möser*, Etwas zur Verbesserung der Zuchthäuser (1778), VII, Nr. 37, S. 121–126. – Ebenso: Brief Mösers an Nicolai, 1782, in: *Sheldon*, Justus Möser. Briefwechsel, Nr. 550, insbes. S. 626f. (... der Bau des Zuchthauses habe an die 60 000 Reichstaler gekostet).

5. Kirchspielsregionalismus und Beharrung

hauses erkannte, legte Möser seinem Publikum 1767 in einer seiner frühen »Patriotischen Phantasien« auseinander, wo er in betont merkantilem Geist den Vorzug einer fabrikartigen Strickerei in den Räumen der neuen Zwangsanstalt propagierte – mit vielen praktischen Hinweisen zur konkreten Vorgehensweise, aber auch mit der wohl notwendigen Versicherung, daß »man mit dieser kleinen Fabrique keinem Amt oder Zunft in hiesiger Stadt zu nahe«[209] trete.

Die verschiedenen, zeitlich gestreckten Versuche, ein funktionierendes Werkhaus im Sinne Mösers zu errichten, verliefen fast alle tastend, abwartend und unsicher, ohne überzeugende Leitfunktion nach außen und wohl streckenweise – dies lassen die wiederholten Erörterungen Mösers erkennen – auch ohne eigentliche Fortüne. Erst in den späten Jahren seiner Amtszeit schien die Idee des integrierten Arbeitshauses festere Wurzeln geschlagen zu haben, als es nämlich kurz nach 1790 gelang, in dem Osnabrücker Leinwandhändler und Tabakfabrikanten Tenge einen *Entrepreneur* zu finden, der bereit war, mit der Zuchthausleitung einen Kontrakt zu schließen, der ihm die Beschäftigung von zeitweise 16 bis 18 Züchtlingen »zum Wollspinnen« erlaubte.[210] Aber auch in diesem Fall, wie zuvor, stieß die Idee, aus den kasernierten Gassenbettlern »nützliche Glieder der menschlichen Gesellschaft« zu machen, mit den Bedenken zusammen, daß sich der »privilegierte« Produktionsort eines anstaltlichen Arbeitshauses nicht mit den Konkurrenzbedingungen der privaten, der kommunalen und der zünftischen Wirtschaft vertrage.[211] Es war also insgesamt

---

[209] *Möser*, Vorschlag zur Beschäftigung der Züchtlinge (1767), VIII, Nr. 41, S. 122–124, hier: S. 124.

[210] Ernst Friedrich Tenge an den Rat der Stadt Osnabrück, Osnabrück, 15. Oktober 1794. StA Osnabrück, Dep. 3 b V, Nr. 1420. – Zur Person: *Spechter*, Osnabrücker Oberschicht, S. 67f.

[211] StA Osnabrück, Dep. 3 b V, Nr. 1420 (Protokoll des Ratsausschusses über Tenges Vorschläge). – Rep. 110 II, Nr. 358: Projekt der Hebamme Stroh von 1786, eine Seiden-Garn-Spinnerei im Zuchthaus zu Osnabrück einzurichten und sie mit einer »Land-

schwer in Osnabrück, über das fallweise Experimentieren mit interessanten Vorschlägen und vielversprechenden Angeboten hinaus zu gelangen und eine konzeptionelle Linie zu finden, die sowohl den armenpflegerischen Aspekten wie auch den juristisch-strafrechtlichen Intentionen des »Zucht- und Gefangenhauses« gerecht wurde – sollte dieses ein wenig mehr sein als nur ein disziplinierendes Mehrzweckmodell, eine »Universalanstalt« (STIER), ohne eigentliche fürsorgerische Perspektive, ohne den Kausalzusammenhang zwischen Armut und Arbeit, Arbeit und Arbeitslosigkeit gebührend herauszustellen!

Daß die Entwicklung des Osnabrücker Zuchthauses in seiner Doppelpoligkeit als Strafgefangenenhaus für Kriminelle und als Arbeitshaus für corrections-bedürftige Züchtlinge nur schleppend voranging und erst am Ende der hochstiftischen Zeit, wie es scheint, einen Kulminationspunkt erreichte, hing zentral mit der mangelhaften, fast apathisch wirkenden Identifikationsbereitschaft der städtischen Führung mit dieser Anstalt zusammen, die wie ein Fremdkörper im Gefüge der kommunalen, landesherrlichen und kirchlich-katholischen Institutionen empfunden wurde, ja sogar tendenziell als Disziplinierungsinstrument gegen die verunsicherte Stadtbürgerschaft wahrgenommen wurde – wähnte doch der Rat, daß die alte Gerichtshoheit der Stadt schrittweise unterhöhlt werden könnte.[212] Es fiel auf, daß in den Jahren der großen Hungerkrise 1770 bis 1772 und auch danach die hergelaufenen fremden Bettler, wenn nicht schon gleich ausgewiesen, so doch recht viele von ihnen im Waisenhof untergebracht wurden, in dem Bürgermeister Berghoff ohne Frage ein verkleinertes kommunales Gegenmodell zum ungleich mächtigeren landes-

fabrik« zu verbinden. Nach einem günstigen Anfangserfolg scheiterte das Projekt an den Eskapaden seiner Initiatorin – die Hebamme Stroh verschwand über Nacht, ohne daß sie später jemals wiedergesehen wurde!

[212] Zum Hintergrund: *Gruner* II, 1803, S. 524–528. – *Hartmann*, Stadt Osnabrück, S. 1–7, 20–31. – *Renger*, Landesherr und Landstände, S. 84–93.

5. Kirchspielsregionalismus und Beharrung

herrlichen Zuchthauskomplex sah.[213] »Ganze Familien, die sich mit ihren Kindern durch Gassenbetteln vor den Türen ernähren ... ins Zuchthaus zu bringen oder in einem vorgeschlagenen Werckzimmer arbeiten zu lassen«, meinte Berghoff, »wird gar zu großen beschwerlichkeiten unterworfen sein, welches allenfalls nur bei einzelnen Personen statt hat.«[214] Man war, wie man sieht, sichtlich bemüht, das eigene städtische Terrain im paritätischen Osnabrück zu nutzen, um institutionelle Distanz und eigenständiges Profil zu demonstrieren, ohne dabei aber allzu offenkundig die wahren Motive freizulegen.

Obwohl das Zuchthaus der Finanzhoheit der Landstände unterstand und daher wenig geeignet war, als Interventionswaffe eines ohnehin nur mäßig ausgeprägten landesherrlichen Absolutismus eingesetzt zu werden, blieben die Reserven auf seiten der Stadt bestehen, hielt man als Landstand, der an den hohen Bauschulden partizipierte, an der Chimäre der kommunalen Autonomie fest und war bestrebt, die eigenen Mittel und eigenen Möglichkeiten der Armenpflege, des Arbeitszwangs und der Bettelbekämpfung zu professionalisieren und zur Anwendung zu bringen. Möser erkannte die Grenzen seines Einflusses, aber auch die natürlichen Limitierungen des Stadtregiments, dessen bürgerliches Führungspersonal und politisches Befähigungspotential ihm durch Bekanntschaft und Verwandtschaft, durch den Dienstverkehr und durch offizielle Anlässe vertraut waren. Das Osnabrücker Zuchthaus, das nicht nur, aber auch als ein Scharnier zwischen der städtischen und der ländlichen Last der Bettel- und Vagantenbekämpfung gedacht war, erfüllte diese Funktion aus den dargelegten Gründen nur sehr bedingt – seine wuchtige Existenz diente im Bewußtsein der Menschen mehr der Abschreckung und der Angst als der Erfüllung einer geordneten polizeilichen Über-

---

[213] StA Osnabrück, Dep. 3 b V, Nr. 1409: Anstalten der Stadt bei der Teuerung 1772, hier Berghoffs Politik einer geschmeidigen Ausgrenzung des »Zuchthauses« als Lösungsinstrument für die kommunalen Probleme.
[214] StA Osnabrück, Dep. 3 b V, Nr. 1409: Berghoff, Unvorgreifliche Gedanken, 1772, undatiert.

wachungsapparatur, deren Maschen im Netz der Kontrollen noch immer groß genug geknüpft waren, um den verfolgten »Objekten« Spielräume der Tarnung, des Verkleidens und des Untertauchens zu gewähren.[215] In dem sozialen Brennpunkt der Stadt verknoteten sich die Probleme des Armenwesens in der Kleinräumigkeit und Beengtheit der Gassenviertel auf eine für alle sichtbare Weise, die Fluchtwege für das Bettlervolk waren kürzer und anonymer, die Wege zu den Futterkrippen der vielen kleinen Armen-Institute freilich vielgestaltiger und verlockender, als dies auf dem platten Land mit seinen weiträumigen Distanzen und seiner bäuerlich-naturverbundenen Lebensweise der Fall war. Mösers gepflegte – mehr geistige als gelebte – Urbanität wurde nicht nur auf dem Dienstwege, sondern auch bei seinen Reisen und geselligen Ausflügen mit der rustikalen Denkart und den Alltagssorgen der ländlichen Gesellschaft im Osnabrücker Umland konfrontiert, die noch stark von den feudal-grundherrlichen Bindungen und ständischen Abhängigkeiten der alten Agrarverfassung geprägt war. Mösers fast schon verklärtes Bild von einem intakten gesunden Bauernstand – die gehobene ländliche Schicht der mehrheitlich noch leibeigenen Erben erklärte er ideell unter Rückgriff auf den naturrechtlichen Urzustand »zu echten Landbesitzern und Staatsgenossen, ursprünglichen Königen in ihren Häusern und Hofmarken« – ein solches Bild entsprach vor allem dem staatspolitischen Denken dieses der bäuerlichen Subsistenzerhaltung aus ehrlicher Überzeugung zugetanen Mannes, der in der Sicherung der funktionstüchtigen »steuerbaren« und »spannfähigen« Höfe einen Grundpfeiler der Staats- und Gesellschaftsordnung und damit des Gemeinwohls sah.[216] Entsprechend nachdrücklich setzte

---

[215] Eine »Verkerkerung« der Gesellschaft zu einem Zwangssystem im Sinne Foucaults hat es im Hochstift Osnabrück nie gegeben. Die ständisch-regionalen Kräfte standen mit ihrem Autonomieanspruch einer durchgreifenden Disziplinierung und Überwachung »von oben« im Wege. Vgl. zur These der »Verkerkerung«: Michel *Foucault*, Überwachen und Strafen, S. 379–397.

[216] *Möser*, Vorrede zur »Osnabrückischen Geschichte« (1768), XII, 1, S. 31–45. – Vgl. besonders *Göttsching*, Mösers Staats- und Ge-

5. Kirchspielsregionalismus und Beharrung

sich Möser, der in den Kategorien des Eigentums und des Besitzes dachte, in der Regierung und auf den Landtagen für gesetzliche Maßnahmen ein, die die bäuerliche Leistungskraft und Steuerfähigkeit stabilisierten, die andererseits aber auch den überhandnehmenden Mißständen entgegenzutreten suchten, vor allem den wuchernden Formen des ländlichen Schuldenwesens und der dadurch bedingten stückweisen »Ausheurung« der illiquid gewordenen Hofstätten.[217]
Die sozialen Probleme, die der ländliche Raum aufwarf und denen sich der bürgerliche Standespolitiker Möser unvoreingenommen stellte, waren von anderer Natur als die Herausforderungen, mit denen die Kommunalgesellschaft einer mittelgroßen Landstadt zu tun hatte. Auch wenn das Armen- und Bettlerproblem beide Zonen menschlicher Existenz gleichermaßen betraf, so waren die beiden Lebenswelten doch sehr verschieden ausgeprägt, der Erfahrungs- und Wahrnehmungshorizont von gegensätzlichen Bildern und Motivstrukturen geleitet, die Reaktionen und Verhaltensweisen der Stadtbewohner anders als die der Landleute, deren Arbeitsbedingungen und Alltagsnormalität ungleich mehr von den Segnungen und Gefährnissen der Natur abhingen, die ihr »natürlicher« Partner bei Wind und Wetter bei der harten Verrichtung auf Feld und Flur war. Obwohl die große Mehrzahl der Osnabrücker Bauern eigenbehörig war, also einem Grundherrn unterstand – von knapp über 5000 Höfen etwa 3200[218] –, war das gesellschaftliche Gefüge der kleinen hochstiftischen Agrarwelt

---

schichtsdenken, S. 33–61. – *Sheldon*, Problem der Leibeigenschaft bei Möser, S. 62–70. – *Knudsen*, S. 127–132. – *Schröder*, Möser, S. 296–303. – *Ders.*, Möser als Jurist.

[217] Vgl. dazu: *Herzog*, Das Osnabrücker Land, S. 58–67. – *Winkler*, Landwirtschaft und Agrarverfassung im Fürstentum Osnabrück nach dem 30jährigen Krieg (1959). – *Knudsen*, S. 127–138. – *van den Heuvel*, Ländliches Kreditwesen am Ende des 18. Jahrhunderts, S. 163–192.

[218] So *Herzog*, Das Osnabrücker Land, S. 62. – Vgl. neuerdings auch die instruktive Studie von Stefan *Brakensiek*, Agrarreform und ländliche Gesellschaft. Die Privatisierung der Marken in Nordwestdeutschland 1750–1850. Paderborn 1991, S. 299–310.

nicht in erster Linie von dem sozialen Gegensatz zwischen Grundherr und Bauer, sondern von den Strukturen der Abhängigkeit und des sozialen Nexus zwischen Bauern und Heuerleuten bestimmt, jener wachsenden Schicht unterbäuerlicher »Pächter« also, die ohne eigenen Besitz an Grund und Boden in der Regel ein karges Dasein als Nebenbewohner fristeten und zweifellos ein großes und gefährliches Armuts- und Arbeitslosenpotential im ländlichen Raum darstellten.[219] Die alte Eigentumsordnung von 1722, mit ihrer durchweg strengen, allein die grundherrlichen Interessen betonenden Diktion, war noch immer gültig und verlangte von den eigenbehörigen Bauern ohne Einschränkung die Abgabe der als ungerecht empfundenen »unbestimmten Gefälle«, eine Praxis, die noch zur Zeit des bauernfreundlichen Möser viele Höfe in finanzielle Not stürzte und zu einer unkontrollierten Ausheurung der verschuldeten Hofstätten führte.[220] Was hier geschah und was die ländliche Sozialordnung immer mehr aus der Balance geraten ließ, war ein System des abgestuften Drucks vom adeligen Grundherrn über den eigenbehörigen bäuerlichen Voll- und Halberben, die minderbesitzende Gruppe der kleinbäuerlichen Erb- und Markkötter, bis hin zu der numerischen

---

[219] Vgl. *Wrasmann*, Heuerlingswesen (OM 42, 1919, S. 135–138). – Heinrich *Niehaus*, Das Heuerleutesystem und die Heuerleutebewegung. Quakenbrück 1924. – *Seraphim*, Heuerlingswesen in Nordwestdeutschland (1948). – Günther *Wrede*, Siedlungsentwicklung vom 9. bis 18. Jahrhundert, in: *Behr*, Landkreis Osnabrück, S. 97–113. – Franz *Bölsker-Schlicht*, Sozialgeschichte des ländlichen Raumes im ehemaligen Regierungsbezirk Osnabrück im 19. und frühen 20. Jahrhundert unter besonderer Berücksichtigung des Heuerlingswesens und einzelner Nebengewerbe, in: WF 40, 1990, S. 223–250, hier: S. 228f. – *Reinders-Düselder*, Obrigkeit und Kirchspiel – Adel, Bauern und Heuerlinge, S. 305–338. – *Saalfeld*, Sorge um das tägliche Brot, S. 109–132.

[220] Vgl. hierzu den aspektreichen Beitrag von Karl H. L. *Welker*, Behandungskontrakt statt Eigengebung: Erbpacht statt Eigenbehörigkeit, in: Möser-Forum I, hrsg. von W. *Woesler*, 1989, S. 223–256. – *Sheldon*, Problem der Leibeigenschaft bei Möser, S. 62–70. – *Göttsching*, Möser in der sozialen Bewegung seiner Zeit, S. 99–114.

5. Kirchspielsregionalismus und Beharrung

Mehrheit der landlosen Heuerlingsfamilien, die – ohnehin schwach und ohne rechtlichen Besitzanspruch – die Härte der sozialen und ökonomischen Realität im Dorfverband am meisten zu spüren bekamen. Möser, der die nicht fest fixierte, unkalkulierbare Abgabenlast der Eigenbehörigen in ein regelmäßiges Jahrgeld, in eine spezielle Form der Erbpacht, umwandeln wollte, scheiterte damit an der Reformgegnerschaft der Stände, die einstweilen kompromißlos an der persönlichen Abhängigkeit ihrer hörigen Bauern festhielten.
Dennoch hat Möser, der die Leibeigenschaft in Osnabrück nicht abschaffte, eine Reihe von Anstrengungen unternommen, unter den Bedingungen des Ständestaats den Eigenbehörigen Erleichterungen zu verschaffen, so etwa im Bereich der Entschuldung, des Erb- und des Pachtrechts, um auf diese Weise zur Stabilisierung der bäuerlichen Produktion, zur Förderung der Agrikultur und der Viehzucht und damit nicht zuletzt zur Liquidität der steuerbaren Höfe beizutragen. Freilich war es auf Dauer schwierig, gegen den erklärten Willen der traditionsbewußten adeligen Landsassen – auch viele Domprälaten gehörten dazu – landeseinheitlich generalisierbare Regelungen durchzusetzen, so daß die Mösersche Politik eines zeitweise recht milden Bauernschutzes vielfach eine reformerische Politik der kleinen Schritte in Einzelfällen darstellte, die punktuell zu brauchbaren Lösungen führte, aber insgesamt keine Linderung der angespannten, von Geldknappheit und Abgabenlast charakterisierten Situation auf dem ländlichen Agrarsektor brachte.[221]
Der eigentliche soziale Problemdruck, der Unruhe in die Dörfer und kleinen Bauerschaften der ländlichen Gesellschaft brachte, ging von der unterbäuerlichen Schicht der einheimischen und fremd ins Land gekommenen Heuerlinge aus, die

---

[221] Vgl. exemplarisch *Welker*, Behandungskontrakt, S. 229f. (hier das Gut Aselage als Beispiel für den Versuch einer Abgabenreform). – *Behr*, Obrigkeitliche Maßnahmen zur Förderung der Agrikultur, S. 84–102. – *Sheldon*, Patriotismus, S. 42. – *Göttsching*, Möser in der sozialen Bewegung seiner Zeit, S. 109 (Möser sei ein »ideeller Bauernbefreier«). – *Schlumbohm*, Saisonaler Rhythmus, S. 263–298. – *Ders.*, Agrarische Besitzverhältnisse, S. 315–334.

sich angesichts des starken Bevölkerungswachstums in der zweiten Hälfte des 18. Jahrhunderts überproportional schnell vermehrten und insgesamt schon mehr als die Hälfte aller Stiftsuntertanen, deren Zahl sich auf etwa 120 000 Menschen belief, ausmachten.[222] Die gepachtete kleine Acker- und Viehwirtschaft, die in der Regel ihre Lebensgrundlage bildete, reichte bei weitem nicht aus, um die Subsistenz der zumeist kinderreichen Familie in dem Nebengebäude eines Hofes zu gewährleisten, geschweige denn – da ja eine vollbäuerliche Ackernahrung nicht gegeben war – um die grundherrlichen und steuerlichen Lasten allein aus dem schmalen Ertrag der geringen landwirtschaftlichen Nutzfläche zu bezahlen. Die prekäre Existenzform dieser eingeengten Menschen auf dem platten Land, die oft nur eine einzige Kuh – die als »Reichtum des kleinen Mannes«[223] galt – besaßen, wurde aufgefangen und teilweise gelindert durch die Suche nach alternativen einkommensträchtigen Erwerbsmöglichkeiten, die freilich nicht überall in ausreichendem Maße zur Verfügung standen. Die Beschäftigung der unterbäuerlichen Schichten in der heimgewerblichen textilen Warenproduktion einerseits, sowie die saisonale Arbeitswanderung vieler Heuerlinge als Grasmäher

---

[222] StA Osnabrück, Rep. 100/188/41, betr. die Zahl der Einwohner, der Haupt- und Nebenfeuerstätten in den Kirchspielen und Ämtern des Hochstifts Osnabrück, 1772. – Zahlenangaben bei *Mooser*, Unterschichten in Deutschland, S. 319 (allgemein). – Vgl. ferner grundsätzlich: Diedrich *Saalfeld*, Stellung und Differenzierung der ländlichen Bevölkerung Nordwestdeutschlands in der Ständegesellschaft des 18. Jahrhunderts, in: *Hinrichs*, Ernst / *Wiegelmann*, Günter (Hrsg.), Sozialer und kultureller Wandel in der ländlichen Welt des 18. Jahrhunderts. Wolfenbüttel 1982, S. 229–251. – Ulrich *Hagenah*, Ländliche Gesellschaft im Wandel zwischen 1750 und 1850 – das Beispiel Hannover –, in: Niedersächsisches Jahrbuch für Landesgeschichte 57, 1985, S. 161–206. – Josef *Mooser*, Ländliche Klassengesellschaft 1770–1848. Bauern und Unterschichten, Landwirtschaft und Gewerbe im östlichen Westfalen. Göttingen 1984.

[223] Zitiert nach *Mooser*, Unterschichten in Deutschland, S. 320. Hier auch pointierte Ausführungen über die Formen und Ausprägungen des »agrarischen Individualismus« (Marc Bloch).

und als Torfstecher nach Holland, Friesland und Groningen, die sogenannte Hollandgängerei, andererseits, waren durchaus ein hilfreiches und auch notwendiges Ventil, um das Ausmaß der ländlichen Armut, den Überbevölkerungsdruck und die Pein der existenzbedrohenden Insolvenz ein wenig zu entschärfen.[224]
Daß der saisonale Nebenerwerb in den Niederlanden ebenso wie der Broterwerb in dem »protoindustriellen« Textilgewerbe nur ein Ausweg aus der sozialen Misere der kleinen Hofpächter, aber keine grundsätzliche Verbesserung ihrer häuslichen Ausgangsposition waren, zeigte der zunehmende Konkurrenzdruck im eigenen Land, dem die Heuerlinge wegen der Expansion ihres »Standes« bei gleichzeitig begrenzter landwirtschaftlicher Nutzfläche und nur verhalten steigender Produktivität vermehrt ausgesetzt waren. Möser, der angesichts des sozialen Elends der Überpopulation entschieden vor der »Aufzucht eines Heuproletariats«[225] warnte, sah in der unkontrollierten Ausmietung der verschuldeten Höfe eine der Hauptursachen für den schleichenden Niedergang der standardisierten bäuerlichen Ertrags- und Einkommensstruktur, andererseits aber auch eine Weichenstellung für die potentielle Pauperisierung der land- und kapitallosen Kleinpächter, die in Zeiten der Krise und im Alter vielfach keinen Vermögensrückhalt hatten, in Müßiggang und Bettelei abglitten und nicht selten der gemeinen Kasse auf Dauer zur Last fielen.[226]

[224] Dazu vor allem die bereits genannten, einschlägigen Arbeiten von *Lucassen*, *Bölsker-Schlicht* und *Schlumbohm* sowie die älteren Untersuchungen von *Wrasmann*, *Niehaus* und *Seraphim*. Dazu der illustrative Ausstellungskatalog: 350 Jahre auf der Suche nach Arbeit in der Fremde (1993).

[225] *Hatzig*, Möser als Staatsmann, S. 165. – *Schlumbohm*, Bauern und Heuerlinge in Landwirtschaft und Leinengewerbe, S. 225–244. – Ders., Bauern – Kötter – Heuerlinge. Bevölkerungsentwicklung und soziale Schichtung in einem Gebiet ländlichen Gewerbes: das Kirchspiel Belm bei Osnabrück, S. 77–88.

[226] *Möser*, Konzept für das Schreiben der Regierung an den Vogt zu Ankum, Osnabrück, 5. Dezember 1771. StA Osnabrück, Rep. 100/198/32.

Mösers oft inhuman und unduldsam wirkende Rhetorik gegen Faulheit und Apathie, gegen selbstverschuldete Armut und den Mangel an Willensenergie, hatte in der Wahrnehmung und Bewertung der Heuerlingsnot mit ihrer rasanten Ausbreitung ihr eigentliches soziales Substrat: Ländliche Armut, so suggerierte Möser zu Recht, war zuvorderst Heuerlingsarmut, war primär ein ernstes Strukturproblem der »Classe der Heuerleute«, nämlich die schleichende Zerstörung des Gleichgewichts zwischen den »besitzenden« Erbbeständern und den »nicht-besitzenden« Heuerlingen und der damit einhergehende tendenzielle Verfall der Existenzgrundlage der vielen orientierungslosen, von der Hand in den Mund lebenden Eigentumslosen in den Kirchspielen des Hochstifts.[227]
Möser war von Anbeginn seiner Konsulententätigkeit in der Vormundschaftsregierung in Osnabrück an klar – übrigens auch schon vorher aus der ständischen, interessengebundenen Perspektive des Ritterschaftssyndikus –, daß es für die Stabilität und Konsensfähigkeit der kleinräumigen territorialen Gesellschaft entscheidend darauf ankam, die Proportionen im ländlichen Sozialgefüge zwischen den bäuerlichen »Erbesklassen« und der unterbäuerlichen Heuerlingsschicht, trotz der Probleme, die es in ihrer hierarchisierten, quasi-feudalen Abhängigkeitsstruktur gab, nicht aus den Fugen geraten zu lassen. Der schmale Grat zwischen Beschäftigung und Arbeitslosigkeit, auf dem sich die ungewisse Heuerlingsexistenz im Prinzip bewegte, konnte im Gefolge der erschwerten Nachkriegsbedingungen nach 1763 sehr schnell zu einem Absturz in die Krise und damit zu einer Deklassierung ins soziale Abseits führen. Unruhe unter der Landbevölkerung machte sich breit, als – auch für die Amtsvögte vernehmlich – die ersten größeren Bettlertrupps, teils aus der unmittelbaren Nachbarschaft, teils aus der Fremde, über die Dörfer zogen, die Einhei-

[227] Johann Aegidius *Klöntrup*, Alphabetisches Handbuch der besonderen Rechte und Gewohnheiten des Hochstifts Osnabrück, hier: Bd. II, Osnabrück 1799, S. 164. – Die Verknüpfung von Heuerlingsarmut und Hollandgängerei hat Möser in seinen »Patriotischen Phantasien« mehrfach prononciert hervorgehoben und diskutiert: *Göttinger-Akademie-Ausgabe* IV, Nr. 14–17, S. 77–101.

mischen mit ihrer aufdringlichen Impertinenz tyrannisierten und die neue evangelische Obrigkeit in Osnabrück zu einer ersten deutlichen Reaktion zwangen, die sich 1766 in einer von Möser konzipierten Armenordnung mit dem schlichten Titel »Verordnung wegen des Allmosen-Sammlens« niederschlug.[228]
Von grundsätzlicher Bedeutung sollte freilich zunächst die Frage der Organisationsstruktur für die Überwachung der Bettler und die Betreuung der Armen werden: Schon 1749 hatten die Stände vergeblich beantragt, das traditionelle System der Kirchspieleinteilung in dem Hochstift – jenseits aller konfessionellen Barrieren und bikonfessionellen Scheidelinien in den gemischten Kirchspielen – auch für die armenpolizeilichen Maßnahmen und die obrigkeitlichen Interventionsmöglichkeiten zugrunde zu legen.[229] Aber erst 1766 kam dieses Organisationsprinzip auf Empfehlung Mösers voll zur Durchführung, weil es seinen Vorstellungen von der historischen Identitätswahrung der gewachsenen kleinen Sozialeinheiten und seinem Ideal von der kompakten lebensweltlichen Sozialität einer Gemeinschaft im angestammten Verband am ehesten entsprach.[230]

[228] Gedruckt in: CCO II, 1, Nr. 1067, S. 396–399. – Zum allgemeinen Hintergrund der ländlichen Situation nach dem Siebenjährigen Krieg: Wilhelm *Abel*, Agrarkrisen und Agrarkonjunkturen. Eine Geschichte der Land- und Ernährungswirtschaft Mitteleuropas seit dem hohen Mittelalter. Hamburg/Berlin ³1978. – Friedrich Wilhelm *Henning*, Dienste und Abgaben der Bauern im 18. Jahrhundert. Stuttgart 1969. – *Ders.*, Landwirtschaft und ländliche Gesellschaft in Deutschland. Bde. 1-2. Paderborn 1978/79. – Werner *Rösener*, Die Bauern in der europäischen Geschichte. München 1993.
[229] Zur konfessionellen Situation innerhalb der Kirchspiele des Hochstifts vgl. die Spezifikation in *Anlage 4* zu dieser Arbeit. – Vgl. ebenso: *Hoberg*, Die Gemeinschaft der Bekenntnisse in kirchlichen Dingen (1939). – *Penners*, Konfessionsbildung im Fürstbistum Osnabrück, S. 25-50. – *Schindling*, Westfälischer Frieden und Altes Reich, S. 97-120.
[230] *Möser*, Vorrede zur »Osnabrückischen Geschichte« (1768), XII, 1, S. 31-45. – Vgl. auch *Schindling*, Osnabrück, Nordwestdeutsch-

Der folgende Überblick verdeutlicht kursorisch die konfessionelle Zuordnung der Kirchspiele im Hochstift Osnabrück, wie sie auf der Basis der Verteilung der Pfarrstellen nach Artikel 21 der Capitulatio Perpetua Osnabrugensis von 1650[231] vorgenommen wurde:

*Acht »doppelpfarrige« Kirchspiele mit je zwei Pfarrern:
einem katholischen und einem lutherischen*

Badbergen
Bissendorf
Gütersloh
  (Teile des Kirchspiels gehörten zur Herrschaft Rheda)
Melle
Neuenkirchen bei Melle
Neuenkirchen bei Vörden
Quakenbrück
Vörden

28 Kirchspiele mit katholischem Pfarrer

Alfhausen	Langenberg
Ankum	Merzen
Belm	Neuenkirchen im Hülsen
Berge	Oesede
Bersenbrück	Ostercappeln
Borgloh	Riemsloh
Damme	Rulle
Gesmold	Schledehausen

land und das Heilige Römische Reich zur Zeit Mösers, S. 210–222. – *Knudsen*, S. 145–163. – *Schröder*, Möser, S. 296–300.

[231] CCO I, S. 1635ff. – Die Aufteilung der Kirchspiele erfolgte gemäß dem sog. »Vollmarschen Durchschlag«. – Vgl. dazu *Renger*, Landesherr und Landstände, S. 11–18. – *Oschmann*, Der Nürnberger Exekutionstag 1649–1650 (1991).

5. Kirchspielsregionalismus und Beharrung

Glandorf
Glane
Hagen
Hunteburg
Iburg
Laer

Schwagstorf
St. Vit
Voltlage
Wallenhorst
Wellingholzhausen
Wiedenbrück

17 Kirchspiele mit lutherischem Pfarrer

Barkhausen
Bippen
Bramsche
Buer
Dissen
Engter
Essen
Fürstenau
Gehrde

Hilter
Holte
Hoyel
Lintorf
Menslage
Oldendorf
Üffeln
Venne

Nicht erwähnt sind in der Capitulatio Perpetua Osnabrugensis die vier Pfarrkirchen (Kirchspiele) der Stadt Osnabrück:

Dom St. Peter (kath.)
St. Johann (kath.)
St. Marien (luth.)
St. Katharinen (luth.)

Die Strukturanpassung des ländlichen Armenwesens in das vorgegebene differenzierte Gliederungssystem der alten Kirchspiele kam dem Regionalisierungswunsch Mösers fraglos entgegen, der ja eine wie auch immer geartete behördliche Zentralisierung der Armenpflege am Sitz der Regierung entschieden ablehnte, aber sie entsprach auch den traditionellen Bedürfnissen und Gebräuchen des Domkapitels, das die geistliche Armenhilfe in den katholischen Kirchspielen durch die eigenen Stiftungen und Fonds auch weiterhin sichergestellt wissen wollte. Das Kirchspiel als organisatorische Funktionseinheit an der Basis – das Lebensmilieu der Menschen am unmit-

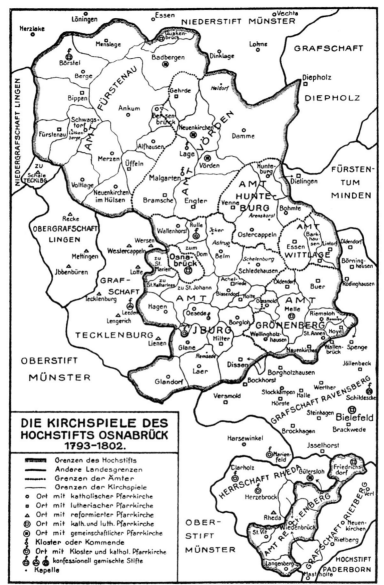

Aus: H. Hoberg, *Die Gemeinschaft der Bekenntnisse in kirchlichen Dingen* (1939), S. XIII.

telbarsten erfassend – war eingebettet in ein System der hierarchisch-abgestuften Befehls- und Entscheidungsebenen, die von den Vogteien über die Ämter bis zum Geheimen Rat, der Landesregierung in Osnabrück, und zur Land- und Justizkanzlei als Gerichts- und Verwaltungsbehörde reichten. Das Netz der regionalen Verantwortungs- und Aufsichtsinstanzen in dem Stiftsland war also insgesamt, wie die nachstehende Aufstellung zeigt[232], dicht gewebt und schien gegen den sozialen Druck der provozierenden, schubweise auftretenden Bettleraufmärsche konsistent zu sein:

Ämter, Vogteien, Kirchspiele im Hochstift Osnabrück

Amt Iburg:	13 Vogteien,	19 Kirchspiele
Amt Fürstenau:	7 Vogteien,	14 Kirchspiele
Amt Vörden:	5 Vogteien,	6 Kirchspiele
Amt Hunteburg:	3 Vogteien,	4 Kirchspiele
Amt Wittlage:	3 Vogteien,	3 Kirchspiele
Amt Grönenberg:	6 Vogteien,	8 Kirchspiele
Amt Reckenberg:	2 Vogteien,	3 Kirchspiele
	39 Vogteien,	57 Kirchspiele

Möser setzte in der Verordnung vom 3. März 1766, die zur Richtschnur der Behandlung des ländlichen Armenwesens in seiner Amtszeit wurde, durch, *daß jedes Kirchspiel seine Armen selbst zu unterhalten habe*, daß ein Armer nur in dem Kirchspiel Almosen sammeln dürfe, in dem er geboren war oder darin seine nächsten »Blutsfreunde« wohnen hatte oder aber sich darin wenigstens zehn Jahre »redlich und fleißig« ernährt hatte. Zusätzlich verschärfend trat die Bestimmung hinzu, daß jedem Armen das Almosensammeln nur in seiner Bauerschaft und nur an zwei Tagen in der Woche erlaubt war – allein in

---

[232] Vgl. *Bär*, Verwaltungsgeschichte des Regierungsbezirks Osnabrück, S. 23. – *van den Heuvel*, Beamtenschaft und Territorialstaat, S. 51–54, 145–159. – *Freiherr von Boeselager*, Osnabrücker Domherren, S. 68–82.

der Woche vor den vier hohen Festen [Weihnachten, Ostern, Pfingsten, Mariä Himmelfahrt] stand ihm das ganze Kirchspiel zum Sammelngehen offen. Einem Bettler außer an den in der Verordnung festgesetzten Tagen etwas vor den Türen zu verabreichen, war bei Androhung einer Strafe von zwei Talern strikt untersagt. Andererseits aber wurde es gestattet, die kranken und alten Armen in den Häusern zu unterstützen, ohne daß es dazu der öffentlichen Kulisse der Straße und der neugierigen Blicke der weniger bedürftigen Bettler bedurfte.[233] Die in acht Punkten untergliederte, von den Geheimen Räten Bussche und Ende unterschriebene Verordnung war in ihrer juristischen Diktion präzise und nüchtern abgefaßt und folgte in ihrer Kernaussage ganz der Möserschen Strategie der Dezentralisierung einer von den kleinsten korporativen Einheiten, den Kirchspielen und den Bauerschaften, zu verantwortenden Armenpflege und sozialen Fürsorgepraxis.[234] Mösers Versuch, das Problem der Bettelei an der Wurzel zu bekämpfen, indem er mit normativer Konsequenz dessen Einhegung in den kleinen sozialen Einheiten der primären Erlebniswelt, beispielsweise des bäuerlichen Dorfverbandes, betrieb, folgte natürlich ein Stück weit dem politischen Instinkt, dadurch die einzelne Bauerschaft, ja den einzelnen Bauer zur Räson zu bringen, nicht von sich aus noch das ohnehin schon beträchtliche Potential der hausgemachten Bettler zu erhöhen. Das in der Verordnung zugrundegelegte *Bauerschaftsprinzip* war gleichzusetzen mit einem obrigkeitlichen Legitimationsappell an die eigenbehörigen Hofbesitzer im Lande, stärker als zuvor auf die Rekrutierung fremder Heuerleute »in der Mark« zu

---

[233] Vgl. CCO II, 1, 1766, Nr. 1067: Gliederung der Ordnung in 8 Punkten. – Vgl. dazu auch: *Rupprecht*, Mösers soziale und volkswirtschaftliche Anschauungen, S. 64–73. – *Hatzig*, Möser als Staatsmann, S. 163–179. – H. *Zimmermann*, Staat, Recht und Wirtschaft bei Justus Möser, S. 47–51.

[234] Zur Konzeption der Dezentralisierung, verbunden mit dem Prinzip der Eigenverantwortlichkeit: *Möser*, Jeder zahle seine Zeche (1772), V, Nr. 38, S. 155–158. – Vgl. dazu: *Göttsching*, Möser in der sozialen Bewegung seiner Zeit, S. 99–114. – *Welker*, Behandungskontrakt statt Eigengebung, S. 223–256.

5. Kirchspielsregionalismus und Beharrung

achten, die im Falle der Verarmung nur der Bauerschaft zur Last fallen würden.[235]
Die Praxis der willkürlichen Ansetzung von Heuerleuten, gerade von den Bauern der verschuldeten Höfe, hatte Dimensionen angenommen, die den Wunsch nach einer einschränkenden Regulierung und einer stärkeren Kontrolle laut werden ließen. Nicht nur Möser, auch die betroffenen Stände in ihrer Eigenschaft als Grundherren und als Verpächter fürchteten auf Dauer um die Subsistenz und Überlebenskraft der Höfe, als die Krise der Hungerjahre zwischen 1770 und 1772 das ganze Ausmaß der vermehrten Ansetzung der Heuerlinge auf den vermieteten Parzellen offenbarte, die – verarmt und ohne Nahrungsrücklage – ihren Bauern und der Gemeinde, in der sie wohnten und nun bettelten, in zum Teil erdrückender Weise zur Last fielen. Der akute Versorgungsnotstand konnte zwar mit Hilfe der Regierung und des Landtags durch gezielte Getreidezufuhren gemildert, teilweise sogar überwunden werden, aber an den strukturellen Voraussetzungen für die Existenzbedingungen der halb-pauperisierten landlosen Heuerlingsschicht, die in ihrer fast ausweglosen Beengtheit, den täglichen Mangel vor Augen, zu einer Quelle der Landarmut wurde, änderte sich insgesamt nur wenig.[236]
Mösers Verordnung machte vor allem den grundbesitzenden Verpächtern und Bauern Druck, mehr auf ihre langfristigen ökonomischen Interessen an der Subsistenzerhaltung ihrer Höfe zu achten und weniger der Willkür des Augenblicks zu folgen und ihre Hofstätten aus Kostengründen oder Gründen der Arbeitskräftebeschaffung auszumieten. Aber weder die

---

[235] CCO II, 1, Nr. 1067. – *Wrasmann*, Heuerlingswesen (OM 42, 1919, S. 135f.). – *Bölsker-Schlicht*, Hollandgängerei, S. 82–128. – R. *Middendorff*, Der Verfall und die Aufteilung der gemeinen Marken im Fürstentum Osnabrück bis zur napoleonischen Zeit, in: OM 49, 1927, S. 1–157.

[236] StA Osnabrück, Rep. 100/198/32; Bericht des Vogts zu Ankum, 1771. – *Wrasmann*, Heuerlingswesen (OM 42, 1919, S. 130–134). – *Hatzig*, Möser als Staatsmann, S. 163–192. – *Mooser*, Unterschichten in Deutschland, S. 317–338. – *Böhme/Kreter*, Rodenbrocksche Armenstiftung in Buer, S. 179–244.

Vögte noch die Amtsdrosten, die am unmittelbarsten mit den negativen Praktiken der teils angemeldeten, teils unpublizierten, nach freiem Ermessen vorgenommenen Ausheurung der Höfe konfrontiert waren, vermochten ein wirksames Modell der Überwachung, der Kontrolle oder gar der förmlichen Anmeldepflicht vorzuschlagen, geschweige denn durchzusetzen. Auch Mösers Versuch, durch flankierende Maßnahmen der Verbesserung des bäuerlichen Erbrechts und des Schuldenrechts die Expansion der Heuerlingswirtschaft ins Uferlose zu bremsen, brachte nicht den erhofften Durchbruch zu einer Wende, so daß die Ordnung von 1766 schon wenige Jahre später, unter dem Druck der allgemeinen Teuerung und der Hungerkrise, gezwungenermaßen einer verschärften Revision bedurfte.[237]

Das Motiv, die Verantwortlichkeit des einzelnen Bauern gegen die ungehemmte Willkür seiner Standesgenossen, nachdrücklicher als geschehen, zu sensibilisieren und in rechtswirksame Formen verbindlich einzukleiden, bildete den Antrieb zu der Verordnung vom 18. November 1774, »wegen der Betteley und der Aufnahme fremder Heuerleute«, wie Möser zutreffend die bedenkliche Kausalität der sozialen Misere auf dem flachen Land zu fixieren verstand.[238] Die Geheimen Räte Ende und Riedesel unterstützten den forcierten Kurs Mösers ohne Einschränkung, der an dem normensetzenden Grundsatz aus dem Jahre 1766 festhielt, daß nämlich die einzelnen Bauerschaften in den Kirchspielen auch weiterhin die Armenlast selbst zu tragen hätten. Da dies so sei, gebot Möser, komme es im Umgang mit den Heuerleuten nicht nur auf die Klugheit und die Interessenlage der gesamten Bauerschaft, sondern geradezu

---

[237] Vgl. hierzu *Hatzig*, Möser als Staatsmann, S. 163–165. – *Wrasmann*, Heuerlingswesen (OM 42, 1919, S. 136). – *Welker*, Behandungskontrakt statt Eigengebung, S. 229f. – *Sheldon*, Problem der Leibeigenschaft bei Möser, S. 62–70. – *Brakensiek*, Agrarreform und ländliche Gesellschaft, S. 299–310.

[238] Gedruckt in: CCO II, 1, Nr. 1234, 1774, S. 494–497. – *Schlumbohm*, Bauern und Heuerlinge in Landwirtschaft und Leinengewerbe, S. 225–244. – *Bölsker-Schlicht*, Heuerlinge und Bauern, S. 327–339.

5. Kirchspielsregionalismus und Beharrung

auf das individuelle Verhalten des einzelnen Bauern an, dessen Verantwortlichkeit für die Existenzbedingungen seiner Heuerleute mit scharfen Gegenmaßnahmen im Falle der Zuwiderhandlung konditioniert wurde.[239] Die neue Verordnung von 1774 ließ nämlich den verpachtenden Bauer auf zehn Jahre für »die Schatzungen und die Holzungsbrüchten« seiner neuaufgenommenen Heuerleute einstehen, und sie gab ihm das Instrument in die Hand, diejenigen Heuerleute, die sich der Bequemlichkeit des Bettelns hingaben, anstatt ihren Pflichten nachzukommen, bei nächster Gelegenheit in das Kirchspiel oder das fremde Territorium, aus dem sie eingezogen waren, zurückzuschaffen. Durch diese rigide Regelung des Domizilrechts wurde die *Landesverweisung* als verschärfte Form des lokalen Disziplinarzwangs neu eingeführt, die Möser – dem englischen Vorbild folgend – mit der Autorität seines Amtes konsequent gegen die Angriffe der Betroffenen verteidigte.[240] Nur im besonderen Unglücksfall, wie in Abschnitt 2 der Verordnung festgelegt, sollten der Vogt und die Kirchspielsvorsteher entscheiden, ob der Heuerling als einheimischer Kirchspielsarmer zu gelten oder nach Ablauf von zehn Jahren das Kirchspiel zu verlassen habe. Die im Dorfverband bekannten einheimischen Armen sollten zur Arbeit herangezogen werden; die gesunden und kräftigen, aber notorisch arbeitsscheuen Bettler wurden hingegen mit der Drohung, im »fernen« Osnabrücker Zuchthaus kaserniert und zur Arbeit gezwungen zu werden, zur Vorsicht und zur Umkehr gemahnt. Schließlich sollte allen denjenigen Armen und Hilfsbedürftigen, denen die gewöhnlichen Armenmittel nicht ausreichten, nach sorgfältiger Prüfung durch den Pfarrer eine freiwillige

---

[239] Vgl. *Hatzig*, Möser als Staatsmann, S. 167. – Generelle Aspekte: Heide *Wunder*, Die bäuerliche Gemeinde in Deutschland. Göttingen 1986, S. 80–113. – Zur vormodernen ländlichen Welt der späteren Frühen Neuzeit vgl. auch die exemplarische Modellstudie von Rainer *Beck*, Unterfinning. Ländliche Welt vor Anbruch der Moderne. München 1993, S. 374–385.

[240] CCO II, 1, Nr. 1234, 1774, S. 494–497. – *Möser*, Ökonomische Aufgabe der Armen betreffend (1773), IX A, Nr. 9, S. 49–50.

Hauskollekte gestattet werden – freilich unter dem Schutzschirm des örtlichen Kirchspielsvorstehers, der Bauerrichter und des Vogtes, um zu verhindern, daß sich fremde Bettler, schlitzohrige Vagabunden und sonstige heimliche »Collectanten« verbotenerweise unter die ehrlichen Armen mischen würden.[241]

Mit der Verschärfung der Bestimmungen im Jahre 1774 war der Rahmen der alten Ordnung von 1766 zwar beibehalten, aber in entscheidenden Punkten fortgeführt und präzisiert worden. Im Hinblick auf das Ziel, eine Entspannung der Situation in den bettlergeprüften Kirchspielen des Hochstifts herbeizuführen, hatte Möser bewußt mehr auf Maßnahmen der Repression denn auf solche einer pragmatischen Anpassung und Humanisierung gesetzt. Der von ihm eingeschlagene *Kurs einer normativen Disziplinierung*, dem ein Gerüst detaillierter, wenig elastischer Formen von Rechtsvorschriften, von Präventionen und von Sanktionen, zugrunde lag, verfolgte zielgerichtet die Anwendung des Grundsatzes einer politisch gewollten (und auch erreichten) *Dezentralisierung* des Armenwesens – gewissermaßen nach den Regeln des Verursacherprinzips –, indem die regionalen und die lokalen Lebens- und Handlungseinheiten, die Ämter, die Kirchspiele und die Bauerschaften, in eine sehr archaische, aber immerhin doch fragmentarisch funktionierende *Form einer vormodernen Sozialverantwortlichkeit* zentral eingebunden waren.[242]

Die erlassenen Armenordnungen waren für die Regierung in Osnabrück zweifellos mehr als nur eine Handreichung von Rahmenrichtlinien und mehr oder weniger verbindlichen

---

[241] CCO II, 1, Nr. 1234, 1774, S. 494–497. – *Hatzig*, Möser als Staatsmann, S. 167. – *Wrasmann*, Heuerlingswesen (OM 42, 1919, S. 136f.). – *Herzog*, Das Osnabrücker Land, S. 58–67. – H. *Zimmermann*, Staat, Recht, Wirtschaft bei Möser, S. 47–51.

[242] Zum Kontext wichtig: *Ritter*, Sozialstaat. – *Wehler*, Deutsche Gesellschaftsgeschichte I, S. 124ff. – *Kocka*, Weder Stand noch Klasse, S. 191–220. – *Wunder*, Bäuerliche Gemeinde, S. 80–111. – *Schröder*, Möser als Jurist. – Vgl. auch Kapitel II, Anm. 212 dieser Arbeit, mit der Literatur zum frühneuzeitlichen Disziplinierungskonzept.

Empfehlungen, wenngleich gesagt werden muß, daß die Wahl der Mittel zur Verwirklichung der angestrebten Ziele von den lokalen Obrigkeiten letztlich unterschiedlich konsequent, ja im Grunde anlaß- und ortsgebunden recht variabel »exekutiert« wurde. Die generelle landeseinheitlich-abstrakte Gesetzesnormierung aus der übergeordneten Vogelperspektive der Regierung in Osnabrück war die eine Seite, die Optik der basiserprobten und erfahrenen »Exekutoren« vor Ort – der Vögte, Pastoren und Armenprovisoren, die das ländliche Milieu genau kannten – die andere Seite eines schwierigen sozialpolitischen Kontextes, der neben den Mechanismen der Überwachung und der Bestrafung noch immer hinreichend Freiräume zur müßiggehenden Flucht ins Weite übrigließ.

Da sich Möser frühzeitig gegen eine zentralgelenkte Armenbürokratie aussprach, in der er nur ein neues überflüssiges Instrument staatlicher und ständischer Kostenexpansion sah, setzte er um so mehr auf die Kräfte der lokalen Selbstkontrolle in den Kirchspielsdörfern und kleinen Bauerschaften, auf die Zugkraft einer spezifisch ländlich ausgeprägten *Lokalvernunft*, die es vielerorts unter Kenntnis der jeweiligen *Lokalmentalität* ermöglichte, mit einem gesunden Pragmatismus der lästigen Bettlergefahr zu trotzen. Damit anerkannte der historisch gebildete Jurist zugleich die Vielfalt und die Vielgestaltigkeit der regionalen Traditionen und Gebräuche, gerade auch im Umgang mit den wirklich Schwachen und den vielen, der Hilfe bedürfenden Unterprivilegierten, deren »Ehre« im Ansehen der Mitbewohner unverletzt geblieben war und deren fürsorgliche »Betreuung« durch den angestammten heimischen Lebensverband in der Regel außer Frage stand.[243]

[243] Auswertung der Korrespondenz zwischen den Vögten, den Pastoren und dem Geheimen Rat zu Osnabrück. StA Osnabrück, Rep. 100/198/5 (hier auch zum Teil sehr eindrucksvolle Schilderungen der »lokalen Milieus«). Das ständestaatlich organisierte Hochstift Osnabrück mußte im Zeichen der Parität einen eigenen, spezifischen Weg gehen. – *Welker*, Behandungskontrakt statt Eigengebung, S. 223–256. – *Wagner*, Möser und das Osnabrücker Handwerk, S. 143–161. – *Knudsen*, S. 127–144. – *Schröder*, Möser, S. 298–305.

Daß die verordnete Reglementierung von 1766 und von 1774 dennoch auf Probleme und auf Widerspruch gerade unter den Vögten stieß, die ja als landesherrliche Beamte zwischen der Regierung, den Pastoren und den dörflichen Armenprovisoren standen, hing zentral mit dem Grundsatz zusammen, daß die Armenlast in der Hauptsache auf den Schultern der jeweiligen Bauerschaft ruhen sollte. Vor allem wurde auf die Gefahr eines undifferenzierten platten Schematismus hingewiesen, da das Bauerschaftsprinzip nicht in allen Kirchspielen gleichermaßen den lokalen Bedürfnissen genügte.[244] Es gab große und kleine, reiche und arme Bauerschaften, mit verschuldeten Höfen und vielen Armen, mit wohlhabenden Höfen und wenigen seßhaften Armen, so daß der *Zwang zur bauerschaftlichen Fürsorge* objektiv durchaus ungerecht in dem Osnabrücker Kirchspielsregionalismus zwischen dem üppigeren Südteil und dem kargeren Nordteil verteilt sein konnte. So blieb es nicht aus, daß die schwächer gestellten Bauerschaften sich der Armen- und Bettlerlast nur erwehren konnten, indem sie vernehmlich – und in der Regel vergeblich – nach einer Freigabe des Almosensammelns im *ganzen* Kirchspiel verlangten.[245]

Aber Mösers gouvernementales Regiment im entrückten Osnabrück blieb seiner harten Linie treu, von kleinen zeitweiligen Ausnahmen, um lokale Schärfen zu bannen, natürlich einmal abgesehen. In seinen Konzepten für die Reskripte der Regierung an die Ämter und an die Vögte lehnte Möser jedes Mitleid auch für die unverschuldete Armut ab, propagierte Strenge und Konsequenz, um den Fleiß der geringen Leute anzuspornen und das fremde »Gesindel« aus dem Stift fernzuhal-

---

[244] So zum Beispiel im Kirchspiel Menslage 1775 (unterschiedliche Größe der Bauerschaften, unterschiedliche Qualität der Ertragslage, Diskussion über Möglichkeiten des Ausgleichs). StA Osnabrück, Rep. 100/198/5. – Vgl. auch *Mooser*, Unterschichten in Deutschland, S. 317–338. – *Hatzig*, Möser als Staatsmann, S. 35–89.

[245] Vogt zu Ankum an den Drost des Amtes Fürstenau, 10. Januar 1776. StA Osnabrück, Rep. 100/198/5. Der Vogt macht auf die Mißrelationen unter den Bauerschaften aufmerksam.

ten.[246] Alles kam auf das Selbstinteresse der jeweiligen Bauerschaft an, vernunftgemäß mit der Ansetzung von Heuerleuten umzugehen, denn, so Möser, »wird nicht eine jede vorsichtiger werden, aufmerksamer darauf, nur Sichere und arbeitstüchtige Männer heranzuziehen, wenn sie selbst für den von ihr angerichteten Schaden einstehen muß? Und wird nicht die Quelle des Mitleids mit den Unglücklichen reichlicher fließen, wenn die Furcht vor Überlauf von Bettlern aus anderen Orten fortfällt?«[247]
Die Einhegung der Armutsbewältigung im unmittelbaren sozialen Lebensverband der Betroffenen, die subsidiäre Verortung der Maßnahmen und der Hilfen im Regulativ des Dorfes und der Bauerschaft, blieb die Maxime Mösers, von der er nur in seltenen Fällen abwich. Möser also ein altständischer Protagonist des Subsidiaritätsprinzips? Natürlich konzedierte der Regierungsjurist auch Ausnahmen von der Regel, wenn von den Amtsträgern vor Ort glaubhaft nachgewiesen werden konnte, daß ein Ernteeinbruch, ein Hagelschlag oder sonstiges Unwetter, daß ein unverschuldetes Unglück oder der Tod eines Familienvaters unmittelbare Not ausgelöst hatten, die durch pragmatische Hilfe, auch von seiten der Regierung und der Stiftskasse, gelindert und rasch behoben werden mußte. In Situationen dieser Art kam es vor allem auf das soziale Gewissen, den Einfallsreichtum und die administrative Wendigkeit der Pastoren beider Konfessionen an, mit welchem Interesse und mit welcher Energie sie sich die Lösungskompetenz für die familiären häuslichen Probleme vieler Verarmter oder heruntergekommener Existenzen in ihrem geistlichen Seelsorgebereich zutrauten. Die Ausstellung von sogenannten Kollektantenbriefen, die ein befristetes Betteln über die Bauerschaft hinaus im *ganzen* Kirchspiel erlaubte, oder die Erteilung von Attesten, die zu einer temporären Befreiung von den dienstli-

---

[246] Geheimer Rat an den Drost des Amtes Fürstenau, 8. Februar 1776. StA Osnabrück, Rep. 100/198/5 (mit Protokollnotizen).
[247] Wie Anm. 246. – Ebenso wichtig zur Problematik: StA Osnabrück, Rep. 100/198/32, Vogt zu Ankum 1771 über das »Bauerschaftsprinzip«. – *Hatzig*, Möser als Staatsmann, S. 165. – *Wrasmann*, Heuerlingswesen (OM 42, 1919, S. 130–136).

chen und den steuerlichen Lasten führte, bildeten in dem bescheidenen Arsenal der Möglichkeiten zweifellos noch die am meisten angewandte Methode der direkten personenbezogenen Unterstützung, die wegen der Häufigkeit und der darin liegenden Mißbrauchsgefahr freilich nicht gerne und in der Regel nur restriktiv von den adeligen Amtsdrosten und dem Geheimen Rat in Osnabrück gewährt wurde.[248]
In diesem Zusammenhang müssen besonders das Engagement des evangelischen Pastors Block aus Badbergen sowie der lokale reformerische Elan des katholischen Pastors Nadermann zu Glane hervorgehoben werden, die beide aus unterschiedlichen Motiven auf eine durchgreifende Verbesserung der als unzureichend empfundenen distributiven Armenanstalten drängten. Nadermann, der seine persönlichen Einkünfte zum Aufbau einer kleinen Armenanstalt in seiner Gemeinde verwandte, konnte sein bemerkenswertes soziales Werk immerhin über den Tod hinaus sichern – und zwar gegen den Willen des Benediktinerkonvents in Iburg, der dem Pastor als »Ordensgeistlichem« zunächst das Recht bestritt, seine Bezüge und seine Ersparnisse in Gestalt eines förmlichen Vermächtnisses den verarmten Schülern und kranken Alten seines Sprengels zukommen zu lassen. Der katholische Pastor konnte sich 1785 jedoch erfolgreich behaupten. Während Nadermann[249] – mit der Unterstützung seines Erzbischofs Max Franz von Köln, des Generalvikars Vogelius und auch Mösers selbst – so auf die Wirkung seiner christlich-motivierten, industriösen Erziehungsmaßnahmen zur Beförderung von Arbeit, Fleiß und Selbständigkeit setzen konnte, hatte Pastor Block im

---

[248] Drost zu Fürstenau an den Geheimen Rat, 16. Januar 1776. StA Osnabrück, Rep. 100/198/5. Hier auch der Hinweis auf weitere Beispiele für die Praxis der Armentestate. – Vgl. auch *Hoberg*, Die Gemeinschaft der Bekenntnisse in kirchlichen Dingen, S. 45–68.

[249] Armenanstalt des Pastors Nadermann zu Glane 1778–1785. StA Osnabrück, Rep. 110 II, Nr. 340 (mit Konzept Mösers vom 12. November 1778, Stellungnahme zu diesem Projekt nebst Schreiben des Erzbischofs von Köln und des Generalvikars Vogelius). Die Begründung der Befürwortung der Armenanstalt durch Erzbischof Max Franz offenbart dessen aufgeklärtes Denken.

nördlichen Grenzkirchspiel zum Niederstift Münster mit dem dort wohl besonders bedrückenden Bettlerproblem zu kämpfen, dem er in einer Mischung aus Resignation und trotziger Barmherzigkeit entgegenzusteuern suchte.[250] Von mehr als 360 Armen, die in der Woche vor den vier hohen Festen in den sechs Bauerschaften des Kirchspiels herumgingen und bettelten, berichtete 1781 der leidgeprüfte Pastor, und er merkte weiter an, daß zwanzig, dreißig, nicht selten gar vierzig Personen »auf einmal in ein Haus treten« und die gänzlich überforderten Einwohner auf schlimme Weise malträtierten. Besonders ärgerniserregend empfand er die »jungen und starken Väter und Mütter mit ihren Kindern« aus den weit entfernten Bauerschaften, die im hiesigen Kirchspiel, »weil sie sich zuhause schämten«, mit »ungestümem Auftreten« und »mit impertinenten Ausdrücken« die von der Arbeit gezeichneten Einheimischen vor den Türen quälten und verunsicherten. Ob Repression und Restriktion dagegen das Allheilmittel seien – ließ er am Ende seines Berichts mit vorsichtiger, aber begründeter Skepsis die Regierenden in Osnabrück wissen.[251]

Einen ähnlich ernüchternden Befund wußte 1782 einer der Armenprovisoren aus dem flächenmäßig wohl größten Kirchspiel des Hochstifts, aus dem im Norden gelegenen Ankum, zu berichten: Auch hier zogen Heerscharen von Menschen »mehr nach Art militairischer executanten als Bettlern gleich« über die verstreuten Dörfer und forderten mit lauter Musik und Geschrei von den Einheimischen ihren Tribut – 257 Bettler allein an einem Tag in der lutherischen Bauerschaft Talge! Viele Einwohner müßten »extra von ihrer Arbeit im Hause bleiben«, um »den Ansturm der echten und falschen Notleidenden« abzufangen, wobei wiederholt, wie der Armenprovisor ausführt, »gesunde Dienstboten mit Erlaubnis ihrer Brot-

[250] Pastor Block an den Geheimen Rat, 8. Dezember 1781. StA Osnabrück, Rep. 100/198/5 (drastische Schilderung der Umstände des Armenwesens in den nördlichen Kirchspielen des Hochstifts).
[251] Wie Anm. 250. – Vgl. auch die Beispiele und eindringlichen Schilderungen des Bettler- und Vagantendaseins bei: *Schubert*, Arme Leute, sowie bei *Küther*, Menschen auf der Straße.

herren« die Bettlertrupps begleiteten und – von ihren Mitbewohnern durchaus erkannt – dennoch ungeniert und dreist mitbettelten, um anschließend »ihre Almosen auf eine schändliche Weise zu versaufen«.[252]
Was hier – aus der Feder der unmittelbar Betroffenen und durch weitere Beispiele dieser Art belegbar – wie ein folkloristisches Feuilleton des fröhlichen Bettelhandwerks in der freien Natur anmutet, wirft ein bezeichnendes Licht auf die mangelhafte Infrastruktur und Durchsetzungskraft der in archaischen Formen sich abspielenden ländlichen Armenversorgung, wirft ebenso Licht auf die vormoderne Mentalität einer weithin durch Mangel und Orientierungslosigkeit charakterisierten mobilen und halb-mobilen Gesellschaft auf dem Lande, wie auch Licht auf die Hilflosigkeit der lokalen Obrigkeiten gegenüber der kollektiven Bedrängnis durch die organisierten oder durch den Zufall vereinten Bettlerscharen. Das ernste Problem der tatsächlich vorhandenen Armut – das ehrliche Leid der wirklich Bedürftigen – schien dagegen, fast vergessen, schamvoll in den Hintergrund zu treten. Armut wurde somit nicht nur zu einem Spektakel ritualisierter öffentlicher Präsentation – Riten der Armut mit einer latenten Gewaltdrohung –, sondern auch zu einer Kategorie der verdeckten, halb-öffentlichen schamerfüllten Angelegenheit im Schatten der Einsamkeit, abseits der Turbulenz der Straße. Die Armen, so der Provisor aus Ankum lapidar, erhielten »die Wohltaten ins Haus geschickt«[253], während draußen im Streit über die Ausgrenzung der verhaßten Fremden der soziale Frieden der kleinen Dorfgemeinschaft auf dem Spiele stand.
Die Regierung selbst hatte durch das Bauerschaftsprinzip den *Solidaritätshorizont* der ländlichen Gesellschaft bewußt *lokalisiert* und damit die Erfahrung und die Wahrnehmung von Armut in den Kirchspielen fragmentiert, ohne jedoch eine wirk-

---

[252] Armenprovisor aus Ankum an den Geheimen Rat, 21. Januar 1782. StA Osnabrück, Rep. 100/198/5 (dort die Zitate).
[253] Wie Anm. 252. – Zur Mentalität der Armut und zu den Riten der Armutsbewältigung vgl. auch *Geremek*, Geschichte der Armut, S. 274–284, sowie *Gutton*, La société et les pauvres en Europe.

liche Gegenstrategie der übergeordneten administrativen Bettelbekämpfung in den ländlichen und den städtischen Milieus entwickelt zu haben. Es blieb auch in Zeiten der drohenden Eskalation, wie der Protest aus Badbergen und aus Ankum, den beiden Kirchspielen im Amt Fürstenau, zeigte, bei der traditionellen Linie einer landeseinheitlichen armenpolizeilichen Normierung, die die Kirchspiele formaliter selbstverständlich unter gleiches Recht und unter gleichen Sanktionszwang stellte, aber es kam doch sehr darauf an, wie in der Praxis die Kräfte der Selbstverwaltung am Ort mit dem rechtlichen Anpassungsdruck fertig wurden und wie sie in der konkreten Situation der Bedrängung mit dem »legalisierten« Repressionsinstrumentarium umgingen. Zu ausgewachsenen ernsten Konflikten zwischen der aufbegehrenden Bettlerschaft, den oft genug brüskierten Dorfbewohnern, den vermittelnden Pastoren und der Mentalität einer zuweilen dilatorisch agierenden Beamtenschaft, die sich nicht allzusehr in das Gestrüpp des ärgerlichen, aber flüchtigen und fast schon zur Normalität gehörenden Tagesgezänks hineinziehen lassen wollte, ist es in der Amtszeit Mösers nicht gekommen.[254]

Freilich bedurfte es stets der Vorsicht und der geeigneten Kontrollmaßnahmen, um den Druck von außen durch die fremden Bettler, die sich angesichts ihrer Mobilität und der bei vielen verlorengegangenen Heimat weder an die Landesgesetze noch an die ungeschriebenen Spielregeln der sozialen Balance in den Lebensgemeinschaften ihrer »Opfer« hielten, aufzufangen und abzufedern. Zu diesem Zweck und aus Gründen der erneuten Abschreckung der auswärtigen Eindringlinge, hatte Möser noch einmal eine neue, nicht minder scharfe Ordnung wie die beiden anderen von 1766 und 1774, konzipiert, die am 15. Dezember 1783 unter dem Titel »Verordnung wegen der Vaga-

---

[254] Proteste, Artikulationen des Unmuts, aber keine ernsten Konflikte, so die Auswertung der Armenkorrespondenz zwischen der »Basis« in den Kirchspielen, den Ämtern und der Regierung. StA Osnabrück, Rep. 100/198/5. – Zur normierenden Rechtspraxis und paritätischen Rechtskultur: *Renger*, Landesherr und Landstände (1968). – *Schröder*, Möser als Jurist (1986). – *Welker*, Behandungskontrakt statt Eigengebung, S. 223–256.

bonden und fremden Bettler« von dem zu diesem Zeitpunkt bereits allein regierenden Fürstbischof Friedrich von York, dem zweiten Sohn König Georgs III. von England, veröffentlicht wurde.[255] Die neue Ordnung deduzierte in systematischer Form die juristischen Schritte, die in den Augen der Obrigkeit nunmehr notwendig waren, um in geeigneter Weise die überbordende Bettelei einzudämmen, die jungen »Nachwuchskräfte« im Troß der Bettler a priori abzuschrecken, die gefangenen Pechvögel aber durch die rigide Androhung von Gefängnis-, in schweren Fällen sogar von Zuchthausstrafen zur Räson, und dies hieß im Sinne Mösers, zur Zwangsarbeit zu bringen. Zur Reglementierung der einheimischen Müßiggänger berief sich die Ordnung von 1783 ausdrücklich auf die Bestimmungen ihrer Vorgängerin von 1774, von der auch jetzt, fast ein Jahrzehnt später, keine Abstriche gemacht wurden. Aber auch die neue Ordnung blieb – wie so viele Ordnungen dieser Art auch in anderen Territorien des Reichs – nur von bedingter Wirksamkeit im Osnabrücker Land[256]: Sie war gleichermaßen Ausdruck eines neuen obrigkeitlichen Herrschaftsanspruchs im Zeichen der Volljährigkeit des amtierenden evangelischen Fürstbischofs wie auch Ausdruck der akuten Notwehr in einer bedrängten Situation durch die eindringenden Fremdlinge, die jetzt ohne Verzug der landesherrlichen Machtdemonstration und der hoheitlichen Jurisdiktionsgewalt als Signal nach innen und nach außen bedurfte. Die Bettelei in den Osnabrücker Landkirchspielen nahm danach keineswegs rapide ab, auch der forcierte Einsatz von eigens bestellten Armenjägern vermochte die Situation nur partiell für eine gewisse Zeit zu entschärfen, aber auf Dauer nicht grundsätzlich

---

[255] In: CCO II, 2, Nr. 1340, S. 566–570. – Zur Entstehungsgeschichte und zur Rolle Mösers dabei: StA Osnabrück, Rep. 100/198/31. Zu Fürstbischof Friedrich: Alfred Higgins *Burne*, The noble Duke of York. The Military Life of Frederick Duke of York and Albany. London 1949.

[256] Vgl. dazu *Schubert*, Arme Leute, S. 178–233. – *Sachße/Tennstedt*, Geschichte der Armenfürsorge, S. 107–131. – *Dinges*, Frühneuzeitliche Armenfürsorge als Sozialdisziplinierung?, S. 5–29 (betont die Begrenztheit der obrigkeitlichen Exekutive).

zu verändern. Solange die Regierung unter dem Einfluß Mösers an der Konzeption der korporativen Selbstverantwortung der Kirchspiele für ihre Armen festhielt, blieb es bei der Praxis der gezielten Reparaturen und der punktuellen pragmatischen Anpassung an ein System, das zwischen den Kraftlinien der zentralen obrigkeitlichen Normierungsgewalt und der regionalen autonomen Traditionspflege gegen jeglichen Uniformierungsdruck und damit letztlich auch gegen jeden wirklichen Modernitätswandel resistent war. Dies war nicht zuletzt auch deswegen der Fall, weil die Kräfte der Beharrung auf dem Land im Zeichen der verrechtlichten Parität und der andersgearteten retardierenden Mentalität noch immer stärker waren als die fortschrittlicheren Reformkräfte des Beamten- und des Wirtschaftsbürgertums in der nahegelegenen Haupt- und Residenzstadt Osnabrück.

So kam es am Ende entscheidend darauf an, das eingefahrene System der Kirchspielsvorsorge – so traditionsgebunden und innovationshemmend, so alternativlos, weil paritätskonform es auch immer war – funktionsfähig zu erhalten und finanziell zu stabilisieren. Neben der normalen (und prioritären) Bauerschaftshilfe, die auf freiwilligen Almosen und auf Kirchenkollekten beruhte, die also strikt an dem Prinzip der Freiwilligkeit anstelle der im Osnabrücker Stift noch weitgehend unüblichen Armen-Subskription festhielt, steuerte die ständische Stiftskasse über den bei ihr angelegten Fonds mit dem bezeichnenden Titel »Armenmemoralien« zum Teil beträchtliche Beträge in einer Höhe zwischen 2000 und 3000 Reichstalern jährlich hinzu, die unter diejenigen Bedürftigen ausgeteilt wurden, die nachweislich keinen Anspruch auf Unterstützung durch eine der Bauerschaften hatten.[257] Freilich blieb es unter dem strengen Möser ein leidiges und umstrittenes Thema, das auch den Landtag und den Landrat beschäftigte, nämlich die Frage, wer als arm und wer als gerade schon nicht mehr bedürftig einzustufen war, und ferner: inwieweit die phasen-

---

[257] Konzept Mösers vom 1. Juni 1776 (mit den notwendigen Angaben zur Praxis). StA Osnabrück, Rep. 100/198/33. – *Hatzig*, Möser als Staatsmann, S. 166.

weise großzügig gehandhabte und vom Mitleid der örtlichen Beamten, Vögte und Pastoren getragene Attestierung der Armut als Kriterium der Unbedenklichkeit anzuerkennen war. Die zeitweilige Fülle der Petitionen und eingereichten Armutszeugnisse führte schließlich dazu, daß die Ritterschaft auf Empfehlung Mösers Bittgesuchen nur noch dann Gehör schenkte, wenn es sich wirklich um »echte« Arme und um tatsächlich Behinderte, um Waisen und um geisteskranke Menschen handelte – bis diese Hilfe schließlich von Jahr zu Jahr mehr versiegte und 1775 durch Beschluß der adeligen Landstände, mit der Zustimmung Mösers, zunächst keine weitere Beachtung mehr fand.[258]

Als Stein des Anstoßes, diese Praxis der »Bezuschussung« abzustellen, wurde *die Ungleichheit und die Unregelmäßigkeit der Zahlungen* an die einzelnen Bittsteller, aber auch an die einzelnen Korporationen, die Kirchspiele, empfunden: manche von ihnen erhielten naturgemäß mehr als andere, andere wiederum gingen völlig leer aus, während die undifferenzierte Vergabe auf der Basis der eingereichten »pastoralen« Beglaubigungen der Ortsgeistlichen – dank ihrer Güte und ihrer Menschenfreundlichkeit – ständig größere Dimensionen annahm, ohne daß die beteiligten und betroffenen Personen sich jemals richtig zufriedengestellt sahen. Aus dieser Grauzone heraus, einer ungeregelten, um der Subsistenz und Entlastung der Kirchspielsversorgung wegen gleichwohl notwendigen Bewilligung von ständischen Armenmitteln, ventilierte Möser seit 1775/76, zusammen mit den Landständen, konkrete Pläne, jedem der Kirchspiele fünf Prozent seines Rauchschatzes als feste Mittel für die Armen zukommen zu lassen.[259]

Beim sogenannten Rauchschatz, einer Art Herdsteuer (Feuerstätten-Schatzung), die zweimal im Jahr eingezogen wurde,

---

[258] Wie Anm. 257. – Vgl. ebenso: *Rupprecht*, Mösers soziale und volkswirtschaftliche Anschauungen, S. 64–73. – H. *Zimmermann*, Staat, Recht und Wirtschaft bei Möser, S. 47–51. – *Knudsen*, S. 127–138.

[259] Wie Anm. 257. – Schreiben der Regierung zu Osnabrück an König Georg III. von England, den Rauchschatz betreffend, 14. Juni 1776. StA Osnabrück, Rep. 110 II, Nr. 339.

Tabelle

welche den Rauchschatz-Anschlag sämtlicher Kirchspiele auf dem Lande, von den Jahren 1772. 1773 und 1774. und den Ertrag desjenigen, was wegen der von Armen bewohnter Häuser in Abgang gebracht worden, enthält.

Amt	Kirchspiel	Mart. 1772. Anschlag. Rthl.	Mart. 1772. Abgang für Arme. Rthl.	Sept. 1772. Anschlag. Rthl.	Sept. 1772. Abgang für Arme. Rthl.	Mart. 1773. Anschlag. Rthl.	Mart. 1773. Abgang für Arme. Rthl.	Sept. 1773. Anschlag. Rthl.	Sept. 1773. Abgang für Arme. Rthl.	Mart. 1774. Anschlag. Rthl.	Mart. 1774. Abgang für Arme. Rthl.	Sept. 1774. Anschlag. Rthl.	Sept. 1774. Abgang für Arme. Rthl.	Anschlag von 3. Jahren. Rthl.	Abgang von 3. Jahren. Rthl.
Amt Iburg.	Kirchspiel Bellm	379	0	379	0	383	0	383	0	583	0	383	0		
	Bissendorf	519	7	520	8½	520	8½	520	6½	520	8½	520	7		
	Schledehausen	415	0	415	0	415	3	415	3	415	1½	415	1½		
	Wallenhorst	251	9	251	9	262	7½	262	6½	263	7½	263	7½		
	Vier Stadt-Kirchspiele	549	28	549	30	584	12	584	12½	584	18	584	19½		
	Oesede	176	10	176	10	177	11	177	11	177	11	177	11		
	Hagen	294	28	294	35	294	26½	295	33½	295	23½	295	27		
	Hilter	205	1	205	1	206	1½	206	1½	206	2	206	2		
	Borgloh	283	9	284	9	284	9	284	10	284	9	284	9½		
	Dissen	464	4	464	3½	464	3½	464	5	464	3½	464	4½		
	Laer	436	1	436	1	436	1	436	1	437	1	437	1		
	Glandorf	467	18	467	18½	468	17	468	16½	468	14	468	13½		
	Glane	228	9	228	9½	228	8½	228	9¼	228	9	229	9		
	Summa Amts Iburg	4666	124	4668	135	4721	123	4722	118¼	4724	110½	4725	113	28,226	723¾
Amt Fürstenau.	Kirchspiel Alfhausen	583	16	383	16	386	19	386	19	386	19	386	19		
	Ankum	1151	15	1152	15	1152	17	1152	18	1152	17	1153	16		
	Badbergen	722	16	722	17	722	19	722	19	722	19	722	21		
	Bippen und Berge	520	26	524	18	524	24	525	26	525	23	525	23		
	Menslage	428	8	429	9	429	9	429	9	430	8	430	7		
	Voigtey Merzen	675	12	675	13	687	14	687	15	688	16	688	17		
	Kirchspiel Schwagstorf	326	4	327	4	327	4	327	4	327	5	328	5		
	Summa Amts Fürstenau	4205	97	4212	92	4227	106	4228	110	4230	107	4232	108	25334	620.
Amt Vörden.	Kirchspiel Gehrde	318	13	320	12	322	13	322	17	322	15	322	15		
	Neuenkirchen	314	13	315	13	319	18	320	18	320	18	320	18		
	Damme	656	70	656	77	667	87	686	102	686	96	686	96		
	Engter	308	15	308	15	310	17	310	17	311	17	311	17		
	Bramsche	702	15	702	15	703	17	703	16	705	14	705	14		
	Summa Amts Vörden	2298	126	2301	132	2321	152	2341	170	2344	160	2344	160	13949	900.
A. Grönenberg.	Kirchspiel Melle	435	0	435	0	435	0	435	0	435	0	435	0		
	Buer und Oldendorf	955	0	955	0	955	0	956	0	956	0	957	0		
	Riemsloh	398	2	398	2	401	2	401	1	401	–½	401	–½		
	Neuenkirchen	455	6	456	5	456	5	457	6	457	5	457	5		
	Wellingholthausen	429	15	429	16	429	17	429	16	429	15	429	15		
	Summa Amts Grönenberg	2672	23	2673	23	2676	24	2678	23	2678	20½	2679	20½	16056	134.
A. Wittlag u. Hunteb.	Kirchspiel Essen	449	1½	449	1	449	1	449	1	449	1½	449	2		
	Lintorf	398	–½	398	–½	398	–½	398	–½	399	1½	399	1½		
	Barckhausen	276	2	276	2	276	1½	276	1½	276	1½	276	1½		
	Hunteburg	196	2	196	2	196	2½	196	2	196	3	196	3		
	Venne	230	1	230	1½	230	1½	230	1½	230	2	230	2½		
	Oster-Cappeln	536	2½	536	2½	536	3	536	3	536	2½	536	3½		
	Sūa der Aemter Wittlage u. Hunteburg	2085	9½	2085	9½	2085	10	2085	9½	2086	12	2086	14	12,512	64½
A. Reckenberg.	Die Wöste Voigtey	347	9	393	10½	347	12	394	12½	394	14½	394	14½		
	Voigtey Langenberg	336	2½	336	2½	337	1	337	–½	338	–½	338	–½		
	Summa Amts Reckenberg	683	11½	729	13	684	13	731	13	732	15	732	15	4291	80½
														100368	2522¾

Tabelle zum Rauchschatz-Anschlag in den Kirchspielen des Hochstifts Osnabrück (1772, 1773 und 1774), mit Abgang der Gelder für die Armen.

StA Osnabrück, Rep. 110 II, Nr. 339

kam zunächst nicht die einzelne Familie, sondern das einzelne Haus in Anschlag, natürlich auch die Nebenhäuser, in denen in der Regel die landlosen, halb-pauperisierten Heuerlinge auf ihrer schmalen und ungewissen Existenzbasis lebten. Möser hielt den Rauchschatz – im Gegensatz zum Kopfschatz – für eine besonders geeignete Form der unmittelbaren Armenentlastung, da diejenigen Nebenhausbewohner, die ihre Steuer aus schierer Not nicht bezahlen konnten, auf begründeten Antrag davon befreit wurden.[260] Allerdings hatte das Mißbrauchspotential auch hier – die Chance, dem Fiskus zu entrinnen, war zu verlockend – Ausmaße angenommen, die eindeutig zu Lasten der Stiftskasse gingen und erneut den Unmut der ständischen Grund- und Kapitalbesitzer hervorriefen. Da die einzelnen Kirchspiele die Praxis der Armen-Atteste unterschiedlich generös handhabten – die katholischen Kirchspiele großzügiger noch als die lutherischen –, entstand ein erhebliches Gefälle bei der Schatzremission, so daß einige Kirchspiele ohne Abgang, andere dagegen, wie die beigefügte Tabelle anzeigt[261], mit bis zu zehn Prozent Abgang in der Stiftsrechnung standen. Um diese Ungleichheit, die nur Verdruß, Mißtrauen und unnötige Konkurrenz schaffte, zu beseitigen, beantragten schließlich die Landstände 1776, jedem Kirchspiel anteilsmäßig fünf Prozent seines Rauchschatzes zufließen zu lassen – im errechneten Durchschnitt waren dies insgesamt etwa 1650 Reichstaler jährlich.[262]

---

[260] Zum Rauchschatz: *Klöntrup*, Alphabetisches Handbuch der besonderen Rechte und Gewohnheiten des Hochstifts Osnabrück, Bd. 3, S. 91–94. – *Wrasmann*, Heuerlingswesen (OM 42, 1919, S. 152f.). – *Hatzig*, Möser als Staatsmann, S. 163–179. – *Molly*, Reform des Armenwesens, S. 10–25. – *Bölsker-Schlicht*, Hollandgängerei, S. 82ff.

[261] Schreiben der Regierung zu Osnabrück an König Georg III. von England, 14. Juni 1776, wie Anm. 259 (hierin auch die in dieser Arbeit abgebildete Tabelle).

[262] Konzepte und Protokolle 1776/77. StA Osnabrück, Rep. 100/198/33. – *Hatzig*, Möser als Staatsmann, S. 167f. – Wie findig manche steuerzahlende »Patrioten« waren, zeigt sich im Kondominat Damme, wo die Bauern die osnabrückische gegen die mün-

5. Kirchspielsregionalismus und Beharrung

In einem ausführlichen Bericht an König Georg III. in London warb Möser um dessen Zustimmung für die geplante Fixierung einer *regelmäßigen* Remissionsquote, um der vormaligen Willkür ein Ende zu setzen und im Ergebnis die Stiftskasse zu entlasten. Möser plädierte ganz offen für eine gewisse Flexibilität in der Durchführung der neuen Verordnung, um so Spielraum für fallweise Entscheidungen zu gewinnen, da er zu Recht ahnte, wie schwierig es sein würde, die Kirchspiele auf der Basis der sogenannten *Fünf-Prozent-Gelder*[263] finanziell auszubalancieren und zufriedenzustellen. Der englische König stimmte mit Dekret vom 27. Mai 1777[264] der neuen Rauchschatz-Regelung für die stiftischen Landarmen – in erster Linie also für verarmte Heuerlingsfamilien – zu und bekräftigte somit sein Interesse, daß die von Möser angestrebte erweiterte Fürsorge der Kirchspiele durch die konkrete Entlastung der Kirchspielskassen in die Tat umgesetzt würde.[265] Der britische Regent der osnabrückischen Vormundschaftsregierung hatte wiederholt auf die Bedeutung des funktionierenden Landfriedens in dem paritätischen Nebenland hingewiesen und auf die pazifizierende Einbindung gerade der unteren existenzbedrohten Schichten – eines potentiellen sozialen Unruheherdes –

stersche »Hoheit« auszuspielen versuchten und sich weigerten, ihren »Zensus« zu entrichten. In Damme, so Möser spöttisch, muß es 1766 wohl besonders viele Arme gegeben haben, nämlich 148 in 70 abgängigen Wohnungen, fast ein Viertel der Armenhäuser im gesamten Hochstift, die sich vom Rauchschatz befreien ließen... Vgl. Justus Möser, *Göttinger Akademie-Ausgabe*, Bd. 11: Kommentar (1988), bearbeitet von Gisela *Wagner*, S. 46f. (IV, Nr. 10: »Das Glück der Bettler«). – Vgl. auch Jürgen *Kessel*, Die »Dammer Frage« im Streit zwischen Münster und Osnabrück 1568–1802/03, in: *Bade*, Damme, S. 111–143.

[263] Schreiben der Regierung zu Osnabrück an König Georg III. von England, 14. Juni 1776, wie Anm. 259.

[264] Gedruckt in: CCO II, Nr. 1257, S. 507–513, sowie weitere Exemplare in: StA Osnabrück, Rep. 100/198/33. – Vgl. auch *Press*, Kurhannover, S. 53–78.

[265] *Möser*, Jeder zahle seine Zeche (1772), V, Nr. 38, S. 155–158. – *Rupprecht*, Mösers soziale und volkswirtschaftliche Anschauungen, S. 64–73. – *Hatzig*, Möser als Staatsmann, S. 35–89.

Wert gelegt.²⁶⁶ Mit Geldern aus seiner »Bischöflichen Chatoul- und Privativkasse« finanzierte er einen »Fonds für milde Ausgaben«, aus dem nicht nur Prämien für besondere Leistungen, Pensionen und Stipendien, sondern auch Beträge für Arme und Armenbrot, für Witwen und für Waisen in regelmäßiger Folge erstattet wurden.²⁶⁷ Der nicht präsente, für den kleinen Mann im Osnabrücker Land weitentfernte insulare *Landesregent* – Georg III. von Großbritannien – war auf diese Weise als »Freund der Armen« und als Förderer der Schwachen vielen seiner Untertanen im Bewußtsein ein kleines Stück nähergerückt, ohne freilich jemals die Grenzen des bescheidenen Bischofslandes passiert zu haben.

Die Finanzierung der Armenhilfe in den osnabrückischen Landkirchspielen war mit der Verordnung des Königs von 1777 nach dem Prinzip der formalrechtlichen Gleichstellung und der Regelmäßigkeit neu geordnet worden, aber sie blieb insgesamt bescheiden und ohne durchgreifende Verbesserung der von Region zu Region unterschiedlichen Verhältnisse. Was durchaus »modern« im Sinne einer rationelleren und gezielteren Unterstützung der *individuellen* Armut gedacht war, was zum Abbau der psychologischen Protestschwellen bei den Betroffenen über das Raster der fiskalischen Erleichterung beitragen, stabilisierend also zu einer Alltagsnormalität auf niedrigerem Niveau mit bescheidenen Standards verhelfen sollte,

---

²⁶⁶ König Georg III. von England an die Regierung zu Osnabrück, 14. April 1775 und 28. Juni 1776. StA Osnabrück, Rep. 110 II, Nr. 339. – Vgl. auch *Thompson*, Die »moralische Ökonomie« der englischen Unterschichten, S. 71–136. – G. *Schmidt*, Die frühneuzeitlichen Hungerrevolten, S. 257–263.

²⁶⁷ »Fonds für milde Ausgaben«, nebst exakt geführten Rechnungen vom Landrentmeister in Osnabrück. StA Osnabrück, Rep. 100/198/31 und 34. – Bis 1784 betrug die jährliche Fonds-Summe 600 Reichstaler, danach 800 Reichstaler. Die Summe für die Armen war in der Regel der höchste Posten, neben den Pensionen und Stipendien, den Prämien und Auszeichnungen. So profitierten alte Landesbedienstete und jüngere Studenten ebenso von der königlichen »Chatoulkasse« wie Handwerker und Bauern, Kaufleute und Händler.

erwies sich in dem Kirchspielsregionalismus des Osnabrücker Bischofslandes als ein schwieriges und gefährdetes, weil oft vom Zufall abhängendes Unternehmen. Nicht ein bürokratisiertes, von der Regierung, der Land- und Justizkanzlei oder dem Landrat zentral gesteuertes fiskalisches Erfassungssystem, sondern das menschliche Gutdünken eines »beamteten« Vogtes, der über die Anträge, die Atteste und die Bittschreiben zunächst allein zu befinden hatte, gab in der unmittelbaren Konfrontation mit den Betroffenen den Ausschlag, ob der Armenstatus ausreichte, um in den kleinen, aber attraktiven Genuß des steuerlichen Sozial-Vorteils zu gelangen. Daß mit dieser Form der erneuten Inanspruchnahme der lokalen Selbstkontrolle, dem von Möser so gewollten aufgeklärten Regelmechanismus der *Lokalvernunft*, auch die Formen des Mißbrauchs, der Vorteilsnahme und der Korruption einhergingen[268], also die erhoffte Regelmäßigkeit mancherorts in eine ungerechte Beliebigkeit umzuschlagen drohte, wurde zugunsten der dezentralen Verantwortlichkeit unter Abwägung der Risiken und der Konsequenzen stillschweigend in Kauf genommen. Der Weg zur Repartierung einer allgemeinen Armensteuer, die der Zustimmung der Stände bedurft hätte, wurde dadurch jedenfalls nicht entscheidend beschleunigt.

Möser lehnte bis zum Ende seiner Amtszeit 1794 mit taktischem Geschick, mit viel Lavieren und partiellen Konzessionen, aber dennoch im Grundsatz entschieden eine Revision seiner armenpolizeilichen Normierung ab. Die drei Haupt-Ordnungen von 1766, 1774 und 1783 – neben einer Reihe weiterer Ausführungsbestimmungen, minderer Ordnungen und Erlasse – blieben über seinen Tod hinaus in Geltung: ein Beleg dafür, daß trotz aller Komplikationen in der sozialen Realität der Armen-Lebenswelt der jurisdiktionelle Rechtsrahmen tragfähig und ausreichend genug war, um das Armenproblem, die Armenlast und die Armenreaktionen pragmatisch zu steuern und mit dem Maßstab der Zweckmäßigkeit und der Ver-

---

[268] StA Osnabrück, Rep. 100/198/5: Berichte des Vogts über die Bauern, Bettler und Heuerleute im Kirchspiel Ankum, Amt Fürstenau, 1781–1786.

nunft realistisch zu gewichten. Die brüchigen Säulen der Armenhilfe, die ungewissen Erträge aus den Kollekten, die nicht auszuschließende Willkür bei der Schatzremission sollten in gewisser Hinsicht ein finanzielles Ventil für den sozialen Druck bilden, den die zwanghafte, von Möser dekretierte Härte des Bauerschaftsprinzips in dem abgestuften *System der normativen Disziplinierung* an vielen Stellen des Hochstifts erzeugte. Am Ende oblag es dem lokalen Arrangement, der praktischen Phantasie und Findigkeit sowie dem Sozialprestige der örtlichen Autoritäten, den dörflichen Rechtsfrieden zu erhalten und die Sozialbalance zwischen den wohlhabenden Bauern, den kleinen Köttern, den landlosen Heuerleuten und dem Ansturm der fremden Eindringlinge, der bettelnden Nahrungskonsumenten und verwünschten Almosenkonkurrenten, stets neu auszutarieren und politisch fest im Blickfeld zu behalten. So konnte zwar die Befriedung der ländlichen Gesellschaft, eine Kultur des relativen, fragmentierten Sozialfriedens, mit den Mitteln und den Möglichkeiten des politischen und des konfessionellen Pragmatismus, eingebettet in die Attitüde eines gouvernementalen Paternalismus bürgerlicher Prägung, gewährleistet werden, aber die Chancen einer wirklichen Armen- und Sozialreform in dem beharrenden Paritätssystem blieben gering und waren ohne eigentliche realistische Perspektive.

Am Ende der langen Ära Mösers, die schon von den Zeitgenossen als ein »Kulminationspunkt« in der wechselvollen Geschichte des Hochstifts angesehen wurde[269], hat der schon mehrmals zitierte Osnabrücker Bürgersohn und spätere Geheimrat in Berlin, Karl Justus (von) Gruner, ein lapidares, aber sicher zutreffendes Bild der Armenlage in seiner Heimat gezeichnet, das am Schluß der Betrachtung stehen soll: ». . . Man sorgt für mehrere andere allgemeine Bedürfnisse; allein es fehlt gänzlich an allen Armenanstalten, und das Leibeigenthum

---

[269] So *Wagners* Erinnerungen, S. 26, 83 (auch in der hier zitierten Aussage etwas glatt und ästhetisierend-verklärend). – Johann Eberhard *Stüve*, Beschreibung und Geschichte des Hochstifts und Fürstenthums Osnabrück (1789).

5. Kirchspielsregionalismus und Beharrung

drückt das öffentliche Wohl sehr darnieder. Das Land hat weder eine Arbeits- noch Hospital- und ähnliche Anstalt; die Armen werden aus den Kirchenkollekten und Kirchspielskassen ärmlich unterstützt, oder ernähren sich selbst durch Betteln, welches hier überall sichtlich ist, vorzüglich in solchen Orten, deren Gemeinden an sich unbegütert sind. Das Leibeigenthum aber tritt hier mit allen seinen gewöhnlichen Folgen ein; die Eigenthums-Ordnung legt den Eigenbehörigen viele Pflichten auf – es existieren noch unbestimmte Gefälle und ungemessene Dienste. Zwar gibt es Edelleute und Geistliche, die bieder und menschlich genug sind, ihre Leibeigenen möglichst zu schonen und gelinde zu behandeln; auch schützt die Landes-Justiz-Kanzlei sie gegen alle willkürlichen Bedrükkungen: allein harte Lasten sind hier positiv rechtlich, und ihre Ausübung oder Erlaß, mithin das ganze Schicksal des Bauern hängt von der Denkungsart der Gutsherren ab...«[270]

---

[270] *Gruner* II, 1803, S. 535f.

Kapitel IV

Resümee und Ausblick:
Der Osnabrücker Weg – ein Modell?
Tradition, Beharrung und Resignation

»*Daß Mösers Character vorzüglich gewesen sei, erhellet schon daraus, daß er bei den schwierigsten Geschäftsführungen viele Jahre lang das allgemeine Vertrauen bis an sein Ende genoß, in einem Lande und in einer Verfassung, wo das allgemeine Vertrauen zu erhalten eben nicht leicht ist; aber wie vorzüglich sein Character gewesen, wer wagt es so auseinander zu setzen, daß es ganz deutlich wäre? Der Mann war redlich, bieder, patriotisch, uneigennützig im höchsten Grade, menschenfreundlich, wahr, zuverläßig, fest ohne Eigensinn, nachgebend ohne Schwachheit, unverzärtelt ohne Rauhigkeit, gutherzig ohne Unbesonnenheit, froh und munter ohne Leichtsinn, gleichmüthig ohne Gleichgültigkeit, seines Werths sich bewußt ohne Egoismus, frugal ohne Geiz, mildthätig ohne Prahlerei, gastfrei ohne Verschwendung. – Alles höchst wahr; im Allgemeinen!*«

(Aus: Friedrich Nicolai, Leben Justus Möser's, 1797, Seite 79.)

Justus Möser, Kohlezeichnung von Dorothea Johanna Carolina Rehberg, signiert »Caroline Rehberg«, Pyrmont 1788.
Archiv der Universität Osnabrück

Resümee und Ausblick

»*Unstreitig steht, trotz der vielen Mängel seiner Verfassung und Verwaltung, dies Bisthum dennoch am höchsten unter allen seinen Brüdern. Es ist am kräftigsten kultiviert, am weitesten in der Aufklärung vorgerückt, und es könnte, wenn die Verwaltung immer gleich gut wäre, noch unendlich höher steigen, da es durch seine Verbindung mit dem Kurhause Hannover immer manche wichtige Vortheile voraus haben kann. Auch gab es einst eine schöne goldne Zeit für dies Land, wo es täglich stieg, und seine Blüthe im herrliche Flor prangte. Sie war damals, als der große, an Geist und Herz große* JUSTUS MÖSER *die Regierung leitete, und mit hellem Scharfblick, mit weiser Ruhe, mit wohlwollendem Patriotismus für die Kultur des Landes, für seine innern und äussern Bedürfnisse väterlich sorgte* . . .«

(Justus Gruner II, 1803, Seite 539f.)

Der Autor dieser Zeilen, der hier in nahezu emphatischer Verklärung das Bild seiner patria, des niedergegangenen Hochstifts Osnabrück, zeichnet, ist derselbe literarisch ambitionierte evangelische Bürger- und Beamtensproß der Stadt Osnabrück, der wenige Passagen zuvor die bedrückende Düsternis der Armenkultur in seinem Land in kräftigen Farben beschrieben hat. Die schwerblütige Symphonie über den Mangelzustand in der Welt der Unterprivilegierten im kleinen Kosmos des nordwestdeutschen Bischofslandes hat auf den ersten Blick wenig gemein mit der optimistischen Fortschrittsperspektive, die der sonst so rationalistisch argumentierende Gruner in das »patriotische« Wirken Justus Mösers, seines ihm eng verbundenen Paten und Förderers, hineininterpretiert. Das Phänomen der Armut und des Müßiggangs hatte in dem bürgerlichen, die säkulare Leistungsethik betonenden Denken der beiden Männer in der altertümlichen ständestaatlichen Umgebung, in der sie lebten und arbeiteten und die ihren Erfahrungs- und Wahrnehmungshorizont bestimmte, nur einen geringen, in jedem Fall aber negativen »verächtlichen« Stellenwert. Folgt man den Ausführungen Gruners, so bildete der Armutsfaktor, wiewohl als solcher gewiß wahrgenommen, keinen sozialen Bestandteil der allgemeinen öffentlichen Kulturpflege in einer Gesellschaft, deren aufgeklärtes Interesse zweifellos auf andere Ziele einer gehobenen Lebensweise im Wandel, auf musische und literarische, auf schöngeistige und gesellige Erlebnismotivation und Lebensqualität ausgerichtet war. Die Kulturen der Armut in den verschiedenen Lebensmilieus der unterbürgerlichen und der unterbäuerlichen Schichten fanden in dem Orientierungsrahmen der etablierten Hochkultur der Führungseliten hingegen keinen Platz – auch im Hochstift Osnabrück blieb die Armen- und die Bettlerwelt das Objekt einer mehr repressiven als humanitären, reformerischen Politik der Obrigkeit, mehr das Ziel einer diskriminierenden Zurückdrängung an den Rand der Gesellschaft als der Anlaß zu einer offensiven sozialpolitischen Auseinandersetzung mit dem komplexen Ursachengeflecht von Bedürftigkeit und Not, von Vagantentum und Müßiggeherei. Die »ehrlose« Armut wurde mit normativer Konsequenz in den lokalen Bereich ihrer konkreten Ausprägung verortet, wurde zu einem Gegenstand von Scham und Schande degradiert, wurde in der öffentlichen Diskussion mit moralischer Verurteilung *verächtlich* gemacht, um sie anschließend im Halbdunkel einer nicht mehr präsenten Öffentlichkeit den Kräften der Selbstkontrolle und der *Lokalvernunft* ihrem individuellen oder kollektiven Schicksal zu überlassen. Es waren eher die Schatten, als das Licht der Aufklärung, die auf diesen Bereich fielen.

Die sozialen Kategorien der »Ehre« und der »Ehrlosigkeit«, die neuerdings in der kultur- und mentalitätsgeschichtlichen Forschung verstärkt diskutiert werden, spielten im Denken und im Handeln des bürgerlichen Ständepolitikers Möser eine besondere Rolle. Seine Devise »Armut muß verächtlich bleiben«, in Publizistik und Regierungsamt konsequent vertreten, förderte geradezu ziel- und zweckgerichtet die Ausgrenzung der »ehrlosen« Bettler und der »unwürdigen« Müßiggänger aus dem Lebenskreis der »ehrlichen« Arbeiter unter den kleinen

Leuten – der Handwerker und der Heuerlinge sowie der durch Krankheit und Not nur noch bedingt einsatzfähigen und motivierbaren Menschen. Der öffentlichen Ächtung und Geringschätzung für die unangepaßten und »unnützlichen« Randseiter der Gesellschaft stellte Möser prononciert den Fleiß und das Pflichtgefühl der vielen anderen in der Mehrheit gegenüber, die ein Leben in normaler Daseinsvorsorge fristeten und den Schutz der örtlichen Solidargemeinschaft im Familien- und im Nachbarschaftsverband genossen, sei es in ihren Stadtquartieren, sei es im Dorf, sei es in ihrer jeweiligen Kirchspielseinheit.
Der Verlust der Statussymbole wie Ehre, Anerkennung, Leistung und Besitz, die das Selbstverständnis und das Sozialprestige gerade des minderprivilegierten kleinen Mannes ausmachten, dessen bescheidener Lebenssinn nicht selten am Fortkommen seiner Familie hing, wog naturgemäß schwer in der ständisch-strukturierten vormodernen Gesellschaft, deren Alltagsleben und Alltagshandeln nicht nur von den Normen der christlich-religiösen Lebensführung, sondern auch von der durchaus säkularen Vorstellung geprägt war, ein ehrbares und ehrenvolles Leben mit Arbeit und persönlichem Auskommen unter dem Schutz der Dorfgemeinde oder der Stadtverwaltung erfolgreich zu bewältigen. Der Appell an ein leicht verletzliches Gefühl der »Ehre« gerade auch bei den Schwachen in der Gesellschaft sollte daher Schranken aufbauen und stabilisieren gegen ein Abgleiten in haltlose Armut und in müßiggehende Bettelei – dies war zweifellos eine Maxime differenzierender »Moralpolitik« und Beeinflussung der »öffentlichen« Meinung, an der sich der obrigkeitlich-gesonnene Regierungspolitiker und Zeitungspublizist Möser orientierte.
»Mit der Armenpolitik hat sich Möser unmittelbar nur wenig beschäftigt«, räsonierte bereits 1874 in pointierter Kürze der bekannte Nationalökonom Wilhelm ROSCHER in seiner »Geschichte der National-Oekonomik in Deutschland« (S. 515), und er hat damit, wie die vorliegende *Problemuntersuchung* nachweisen kann, recht behalten. Die wissenschaftliche Arbeit in der Möser-Forschung ist in der Zwischenzeit zwar mit beachtlichen Ergebnissen vorangeschritten, aber die Figur *des so-*

zialen Möser, des vermeintlichen Armenpolitikers, ist bislang im Schatten des Regierungsjuristen und Staatsmannes, des Publizisten und Historiographen, des konservativen Repräsentanten der deutschen Aufklärung im Kreise der anderen Geistesgrößen seiner Zeit, diskret vergessen worden. Die älteren Arbeiten von RUPPRECHT, HATZIG, ZIMMERMANN und WRASMANN, ebenso wie die neueren von GÖTTSCHING, SCHLUMBOHM, KNUDSEN, WELKER und BÖLSKER-SCHLICHT streifen das Thema der Armenfrage im Kontext ihrer anders dimensionierten Fragestellung zur ländlichen Sozialordnung und zur grundherrlichen Agrarverfassung nur kurz – eine multiperspektivische, aktenfundierte und problemorientierte Spezialdarstellung zur Armutsproblematik im politischen Denken und politischen Handeln Mösers, zur Diskrepanz seiner theoretischen Anschauung einerseits und seiner praktischen Regierungspolitik andererseits im Zeichen der Aufklärung und der niedergehenden Stiftsexistenz gab es bislang noch nicht. Die Studien von HOFFMEYER, MOLLY und SIEGMUND-SCHULTZE haben indessen einen anderen, den städtischen Rahmen der bürgerlich-evangelischen Armenpflege und Fürsorgepolitik in Osnabrück im Visier.

Möser, der die *soziale Frage* seiner Zeit eindeutig mehr als Förderung von Wirtschaft und Handel, von Handwerk und Landeskultur denn als Erfüllung einer neuen reformerischen Armen- und Unterschichtenpolitik verstand, war gewiß kein sozialer Pionier seiner Zeit, kein Wohltäter und kein »Beglükker« der Armen – wie Dalberg oder Sonnenfels, Justi oder Nicolai –, der in den Kategorien mitleidiger Empfindsamkeit und gefühlsbetonter Humanität gedacht hätte. Sein Umgang mit den Besitz- und Eigentumslosen im Umfeld seines Osnabrükker Wirkens war konsequent und hart, sein Plädoyer für Arbeitsamkeit und Fleiß stets eindeutig und klar und nie ohne exemplarische Konkretion. Während er die Kausalverbindung von Armut und Arbeit, von Arbeitsbeschaffung und Arbeitslosigkeit voll erkannte und sie in dem Mechanismus von Müßiggang und Arbeitszwang zu durchbrechen versuchte, propagierte er in seiner volkspädagogischen Aufklärung, vor allem in den Beiträgen der »Patriotischen Phantasien«, Verhaltensleitbilder, die für die entstehende bürgerliche Gesellschaft von zentraler Bedeutung waren. Darin, daß er Kategorien wie »Ordnung«, »Fleiß«, »Arbeit« und »Industriosität« gegen die negativen Stereotypen wie »Faulheit«, »Müßiggang« und »Arbeitsscheu« mit ernstzunehmender Anteilnahme und schriftstellerischem Engagement popularisierte und im Bewußtsein der vielen orientierungslosen Menschen verankerte, lag zweifellos eine Form aufgeklärter sozialer Pädagogisierung und Fortschrittlichkeit, ein bedeutender Modernitätssprung, der freilich in der politischen Philosophie Mösers »nur« die positive Kehrseite einer ansonsten mit rigoroser Entschiedenheit gegen die Müßiggänger vorgetragenen moralischen Verurteilung und öffentlichen Deklassierung darstellte. Das aufgeklärte Menschenbild, das dieser ambivalenten Haltung zugrunde lag, entsprach einer Mischung aus optimistischen und aus pessimistischen Elementen, die Mösers schwierige anthropologische Grundeinstellung, seine Skepsis und Distanz, sein Mißtrauen und seine insgesamt doch weitgehende Sozialabstinenz, nicht zuletzt in der stets virulenten und auch von ihm nicht gelösten Armenfrage, charakterisierten.

Mösers Ideal des arbeitenden Armen, dessen soziale Integrationsfähigkeit in eine Gesellschaft des Mangels, der schleichenden Erosion und der begrenzten Perspektiven er dennoch in den theoretischen Entwürfen seiner Publizistik gewährleistet sah, war freilich nicht mit den Mitteln der rhetorischen Diskriminierung, mit den Etiketten »Schimpf« und »Schande«, »Scheusal« und »Gesindel« zu erreichen. Was als volkserzieherische Klugheit und als aufklärerische Prävention gedacht war, erwies sich in der sozialen Realität des Armenalltags, in der Stadt ebenso wie auf dem flachen Land, bei den Betroffenen als wenig hilfreich und wirksam. Möser fehlte – anders als Dalberg in Kurmainz, Erfurt und Würzburg – die überzeugende und kohärente Konzeption einer praxisbezogenen reformerischen Armenpolitik, ihm fehlte der Nachweis der erfolgreichen Konkretisierung seiner in der Publizistik durchaus »modernen« Vorschläge und Ideen, und schließlich mangelte es auch an den geeigneten Instrumenten, die notwendig gewesen wären, um einen effektiven Überwachungs- und Kontrollapparat zur reglementierenden Durchsetzung der gewünschten standardisierten Verhaltens- und Sozialisationsnormen zu etablieren. Nicht Unfähigkeit, nicht mangelnde Regierungskunst oder intellektuelle Sozialdistanz, sondern der schlichte Unwillen, die Erkenntnis der Nicht-Gefährdung der ständischen Lebensordnung durch den Bettel als Antriebsmotiv, bildeten die Determinanten für die bemerkenswerte soziale Reserviertheit eines Mannes, der sich dem notwendig gewordenen Anpassungsdruck eines überkommenen und veralteten Versorgungssystems nicht beugte und bis zuletzt auf die Kräfte der Selbstregulierung und der lokalen Kontrollinstanzen in Gestalt der Vögte, der Pastoren, der Kirchspielsvorsteher und der Armenprovisoren setzte.

Mit der verordneten Praxis der dezentralen korporativen Aufsichts- und Versorgungspflicht durch die Kirchspiele und die Bauerschaften in der unmittelbaren Konfrontation mit den Armen, den Bettlern und den bedrängten Almosenspendern wurde faktisch die Lösungskompetenz für die soziale Armenfrage delegiert – diese, wenn auch brüchige Form der subdelegierten vormodernen *Sozialverantwortlichkeit im Kleinen* war nicht mehr in erster Linie allein ein primäres Regierungsproblem, sondern eine elementare Aufgabe für die betroffenen Menschen an der lokalen Basis selbst, die sich in ihrem angestammten Lebensverband stets neu zu arrangieren und gegebenenfalls ohne amtliche Hilfe gegen fremde Eindringlinge zur Wehr zu setzen hatten.

Mit Nachdruck trat Möser stets für dezentrale Lösungsmodelle zur Bewältigung der Armutsfrage in seinem Land ein – im erklärten Gegensatz zu den zentralisierenden sozialpolitischen Maßnahmen und Institutionen des zeitgenössischen aufgeklärten Reformabsolutismus. Der konservative Aufklärer Justus Möser sicherte so den Status quo und die soziale Balance der alten Ständegesellschaft in dem kleinen bikonfessionellen, paritätischen Hochstift, dessen komplexe verfassungsrechtliche Stellung zwischen dem reichskirchlichen Deutschland der Germania Sacra und dem Kurstaat von Hannover bis zur Säkularisation von 1803 erhalten blieb. Möser wurde mit seiner theoretisch entfalteten Kategorie der *Lokalvernunft* im Zuge seiner betonten Dezentralisierungspolitik in gewisser Hinsicht auch zu einem bemerkenswerten Vorläufer der Lehre vom Subsidiaritätsprinzip, das im Denken und im Handeln des Osnabrücker Staatsmannes erkennbar wird – eine Dimension, die Mösers Verständnis von Staat und Gesellschaft aus dem Blickwinkel der subsidiären Armenhilfe neu beleuchtet und mit neuen Akzenten versieht.

Mit den gängigen und vieldiskutierten Interpretamenten in der Frühneuzeitforschung, den verschieden-akzentuierten und doch verzahnten Konzepten der »Rationalisierung« (Max WEBER), der »Zivilisierung« (Norbert ELIAS) und der »Sozialdisziplinierung« (Gerhard OESTREICH), läßt sich die Entwicklung des Armen- und des Bettlerwesens in Osnabrück unter Mösers Regiment nur sehr bedingt und insgesamt nur unzureichend fassen. Das System des abgestuften Drucks von oben nach unten, beispielsweise über die zentralen Verordnungen von 1766, 1774 und 1783, sowie über Gerichtsurteile, Dekrete und sonstige Verfügungen, das wir hier als *Prozeß der normativen Disziplinierung* bezeichnen, funktionierte keineswegs zuverlässig und einheitlich und schon gar nicht im Sinne einer administrativen juristischen Stringenz. Das Spannungsgefüge zwischen obrigkeitlicher Reglementierung, zwischen regionaler ständischer Autonomie und lokal-verantworteter Selbstkontrolle (mit allen Möglichkeiten des Überwachens, des Helfens und des Bestrafens) paralysierte vieles an politischer Energie, an straffer Koordination und an unmittelbarer Information, weil die Behördenwege und die Prozesse der Entscheidungsfindung in dem altertümlichen, reliktbeladenen Regierungssystem zwischen *dem regierenden Bürgerbeamten* Möser, dem adeligen Geheimen Rat, der Land- und Justizkanzlei sowie den ständischen Gremien kompliziert und langatmig waren.

Das politische Leben unter den Bedingungen eines Ständestaates – ohne die örtliche Präsenz des bischöflichen Landesherrn und ohne einen funktionierenden Hof als sozialen Mittelpunkt – wurde zusätzlich beschwert durch die beharrende Traditionskraft des verrechtlichten und stark reformhemmenden Paritätssystems, das den bikonfessionellen Osnabrücker

Staat nicht nur in einen lutherischen und in einen katholischen Bevölkerungsteil aufspaltete, sondern das auch den Charakter des Landes nachhaltig als halb-geistliches, halb-säkularisiertes Kirchenterritorium bestimmte. Die Spielregeln der Parität wurden von den beiden Konfessionsparteien in ihren juristisch genau fixierten Hoheits- und Handlungszonen strikt eingehalten – freilich sahen die einen, die Katholiken, darin mehr eine Schutzfunktion, die anderen, die regierenden Welfen, mehr eine Reformbarriere, ein Innovationshemmnis, das vor allem in der Hauptstadt Osnabrück, weniger auf dem Land, den Elan einer bürgerlichen Armenreform im Sinne der Zeit – die große Hamburger Anstaltsreform von 1788 diente hier als Modell – deutlich abbremste, ja obsolet werden ließ. Erst 1810 wurde schließlich unter den veränderten politischen Bedingungen des rheinbündischen Königreichs Westphalen, das zu den napoleonischen Reformstaaten zählte, die geplante zentrale Armen-Anstalt in der Stadt eingerichtet.
Die konfessionelle Parität, die dem Fürstbistum Osnabrück durch die reichsrechtlichen Fixierungen des Westfälischen Friedens vorgeschrieben war, erwies sich als eine Bastion traditioneller Strukturen und hier ganz eindeutig auch als eine Bremse für die ausgeprägte Tendenz der Möserschen Politik. Durch die Parität, die sich sozial konservierend auswirkte, wurden zweifellos Reformansätze und Reformprojekte blockiert, oder sie waren zum Scheitern verurteilt. Bei so antagonistischen Entscheidungsträgern wie dem beharrenden katholischen Domkapitel einerseits, dem evangelischen Osnabrücker Stadtmagistrat andererseits, führte das festgeschriebene bikonfessionelle Regelwerk zu unterschiedlichen sozialpolitischen Verhaltensweisen und zu unterschiedlichen Handlungsleitbildern. Die Frage nach den sozialen Folgen, den sozialen Wirkmechanismen und den Funktionen der Parität in Teilen des Alten Reiches während des 18. Jahrhunderts erhält hier im Schnittpunkt von vergleichender Konfessionsgeschichte und Reichsverfassungsgeschichte eine Fallanalyse, die – ähnlich wie die Untersuchung von Etienne FRANÇOIS über die Reichsstadt Augsburg – an einem Beispiel aus dem nordwestdeutschen Raum den Blick öffnet für die komplizierten juristisch

geregelten bikonfessionellen Lebenswelten in ihrer alltäglichen Realität, mit all ihren Problemen, all ihren Einengungen und all ihren Formen immobiler Traditionalität und resistenter Reformneigung.
Daß unter diesen Voraussetzungen einer gespaltenen konfessionellen und kulturellen Identität und einer bis zum Ende der Stiftsexistenz 1802/1803 in Kraft gebliebenen verrechtlichten Verfahrensparität das Osnabrücker Land und seine wenig mehr als 100 000 Einwohner nur unvollkommen in den traditionellen Bahnen, mit den traditionellen Politik- und Sozialmustern, regiert werden konnten, war schon für die agierenden Zeitgenossen eine Erfahrung, die den Aufbruch der gemäßigten Reformen im Zeichen einer milden Aufklärung deutlich abbremste, andererseits aber die verbreitete Mentalität der Beharrung und der Resignation durch den politischen Status quo und den gesellschaftlichen Immobilismus weiter beförderte. Die Sorge um das Wohl der Armen war dabei ein minderer Anlaß für eine obrigkeitliche Intervention oder für eine reglementierende »polizeiliche« Armenrevision – die traditionalen kirchlichen und korporativen Strukturen der Armenhilfe waren auch im Hochstift Osnabrück, neben der ausgeprägten Form des privaten bürgerlichen Mäzenatentums und der vielen gutdotierten Memorienstiftungen, eine überaus wirksame und historisch mächtige Größe in dem kaum noch überschaubaren, distributiven Gefüge einer breitgefächerten und konfessionell ressortierenden gespaltenen Armen- und Krankenversorgung.
So konnte sich Möser – die Chancen der konfessionellen Koexistenz im Zeichen der aufkeimenden Toleranz und der aufgeklärten Friedfertigkeit in hohem Maße nutzend – mit relativer Gelassenheit auf die Erhaltung und Verwaltung der bestehenden, quasi-öffentlichen Armenhilfe stützen, ohne daß es aus Gründen einer echten Krisengefahr, die es in Osnabrück nicht gab, einer neuen Organisationsstruktur oder einer reformerischen, anthropologisch motivierten Humanisierung bedurft hätte. Es blieb stets bei kleineren Reparaturen, punktuellen Verbesserungen und fallweisen Hilfsaktionen, mit denen das schwerfällig funktionierende und nicht überall effektive

System der regionalisierten Kirchspiels- und Bauerschaftsverantwortung am Leben erhalten wurde. Das Auseinanderfallen von gesetzlicher Norm und tatsächlicher Wirklichkeit, von verfaßter Ordnung und realgelebter Ordnung, von obrigkeitlicher »Handlungs-Logik« und unterschichtiger Überlebensstrategie, das Möser durchaus bewußt war, ließ das Konzept der normierenden juristischen Disziplinierung als Politikersatz nur eingeschränkt zur Entfaltung kommen, so daß die erhoffte sozial-disziplinierende Wirkung des kodifizierten Rechts eine Wendung der sozialen Misere nicht einzuleiten vermochte – eine historische *Erfahrung* übrigens, die auch von anderer Seite mit unterschiedlicher Akzentsetzung, mit zum Teil stärkerer, zum Teil einschränkender Betonung der obrigkeitlichen Disziplinargewalt und Fürsorgepflicht nuanciert diskutiert worden ist (JÜTTE, DINGES, ENDRES, FINZSCH, KOPITZSCH, STEKL, STIER, SACHSSE und TENNSTEDT). Möglicherweise war Osnabrück in diesem Zusammenhang vielleicht doch das exklusive Beispiel eines Sonderfalls, angesichts eines Staatsdenkers an der Spitze, der sich dezidiert gegen den reglementierenden Zug des Reformabsolutismus, gegen Uniformität der Politik und gegen Standardisierung der Verwaltung aussprach, der sich aber ebenso entschieden für den historisch gewachsenen Charakter der »natürlichen« Ordnung und damit durchaus klar für die Pluralität der regionalen Traditionen, der lokalen Sitten und der dörflichen Gebräuche einsetzte. Dieses schon damals anachronistisch anmutende Plädoyer für die Existenzform des kleinstaatlichen Partikularismus, das Möser 1768 exemplarisch in seiner berühmten Allgemeinen Einleitung zur »Osnabrückischen Geschichte« zu Papier gebracht hat, floß zweifellos ein in sein praktisches Handeln als Regierungsjurist und als Syndikus der evangelischen Ritterschaft – ein Handeln, das sich in der bürgerlichen Urbanität der Stadt ebenso wie in der ständischen Welt der adeligen Grundbesitzer und der bäuerlichen Eigenbehörigen manifest machen ließ. So blieb die Welt des Alten Reiches – mit ihrem neuen aufgeklärten Denken und ihrem politischen Traditionalismus – in dem »verspäteten« Osnabrück mit seiner paritätischen und seiner sozialkonservativen Verfassungsordnung noch eine lange Zeit erhalten und auf altertümliche Weise funktionsfähig: Sie prägte das Leben der Menschen in ihren unterschiedlichen sozialen Bezügen und unterschiedlichen örtlichen Milieus nachhaltiger, als dies der dominante gouvernementale Regierungsstil Mösers auf den ersten Blick zu erkennen gab. Die nicht stattgefundene obrigkeitliche Armenreform nährte die Enttäuschung und die Apathie der betroffenen kleinen Leute nur noch mehr, die schon bald in eine Mentalität der Gleichgültigkeit, ja der Lethargie und des Nichtstuns umschlug, wie sie für die vorindustrielle, altertümlich-beharrende Gesellschaft weithin charakteristisch gewesen war. *Mentalität* und *soziale Frage*, wie sie in dieser Untersuchung am Beispiel der verhinderten Armenreform eines Geistlichen Staates herausgearbeitet wurden, bedingten sich in ihrer jeweiligen Ausprägung gegenseitig, und sie hingen nicht nur im Falle der Erfolgsdynamik eines großen Reformwerks, sondern auch im Falle der beharrenden Stagnation, der schleichenden Krise und der politischen Handlungsblockaden enger zusammen, als dies nach außen zunächst den Anschein macht. Insofern darf die vorliegende Studie – in die methodische Anregungen aus der Mentalitätsgeschichte, der Sozial- und Kulturgeschichte eingeflossen sind – für sich in Anspruch nehmen, auch einen Beitrag zur Geschichte der Erfahrung und der Wahrnehmung, der Verarbeitung nicht von Veränderung, sondern von *verhinderter Veränderung*, von Stillstand und Resignation, von erduldeter Anpassung und phlegmatischem Gewährenlassen zu leisten. Nicht nur die Stationen und die Bilder des Wandels, der säkularen Modernisierungsschübe und der großen politischen Entwürfe, sondern auch die versteckten und quellenmäßig weniger greifbaren Facetten und Artikulationen der schleichenden Subsistenzkrisen und des permanenten Mangels, des Schicksals der Zukurzgekommenen zeitigen »erfahrungsgeschichtliche« Ergebnisse und Befunde, die das Verhalten und die Wahrnehmungsebene der einzelnen Menschen, der sozialen Gruppen und der politischen Institutionen in der konkreten historischen Situation freilegen und mit anderen parallelen Prozessen vergleichend korrelierbar machen. Auch die Schattenseite des Lebens gehört fraglos zur anthropologischen Dimension der Geschichtswissenschaft. Dabei dürften nur wenige lebensweltliche Erfahrungsräume in der Spätzeit des Alten Reiches so viel an konkreter Anschauung bereithalten – in der dialektischen Verschränkung von gesellschaftlicher Realität *und* literarisch reflektierender Kommentierung und Verarbeitung – wie das Osnabrück Justus Mösers.

So aufschlußreich der erfahrungsgeschichtliche Befund über die Mechanismen der lokalen Selbstkontrolle und über die Schwierigkeiten der »Kontrolleure« vor Ort im einzelnen auch ist, so darf nicht übersehen werden, wie wenig attraktiv das umständliche Regelwerk des Administrierens und des Reglementierens von den beteiligten und betroffenen Personen empfunden wurde. Der Typus der Osnabrücker Paritätsverfassung mit ihrer normierenden sozialen Einhegung und verletzenden sozialen Ausgrenzung, mit ihrer ständischen Autonomie und ihrer konfessionellen Exklusivität, war in dieser schwierigen Gemengelage und ihrer buchstäblichen Disparität gewiß kein Modell für andere Territorien, auch in den rudimentären organisatorischen Formen der veralteten Armenhilfepraxis kein überzeugendes Muster für fremde Ordnungen. Und dennoch hatte das System der lokalen Selbstkontrolle (das naturgemäß lokale Disziplinierungsmaßnahmen mit einschloß) – bei allem Anachronismus der bizarren und ungelenken Abläufe – eine erstaunlich zukunftsträchtige Komponente, die in den Köpfen der Menschen durch die Erfahrung der alltäglichen Normalität mentalitätsmäßig fest verankert blieb – nämlich die Einübung in die Spielregeln einer vormodernen Form der lokalen Selbstverwaltung, wenn man so will, eines lokalen »Kommunalismus«, der keineswegs autonom oder ungebunden, letztlich aber doch mit einem beträchtlichen Entwicklungspotential ausgestattet war, das die geistigen Linien etwa zur Selbstverwaltungsidee des Freiherrn vom Stein im frühen 19. Jahrhundert – bei aller Vorsicht, die geboten ist – aufscheinen ließ.

Das Subsidiaritätsprinzip – im 19. und 20. Jahrhundert vom Liberalismus und der katholischen Soziallehre propagiert – hatte im Staatsdenken und praktischen Regierungshandeln Justus Mösers einen Vorboten in der ständisch geprägten Welt des Alten Reiches. Die von Möser in bewußter und dezidierter Opposition gegen den aufgeklärten (und bürokratischen) Reformabsolutismus seiner Zeit empfohlene *Lokalvernunft* bot dabei eine Denkfigur und einen Anknüpfungspunkt auch für die Freiheitsbestrebungen des bürgerlichen 19. Jahrhunderts, das die freiheitlichen Traditionen der alten Stände und des alten Bürgertums als ein nicht nur historiographisches Leitbild kultivierte und sich dafür auf den Geschichtsschreiber ebenso wie auf den Staatsmann Möser beziehen konnte. In dieser Denkschule war der konservative Aufklärer und aufgeklärte Bürger Möser – der armenpolitische Verwalter des Status quo, in bemessen skeptischer Distanz zu wohlfahrtsstaatlichen Ideen einer eudämonistischen Aufklärung – durchaus auch ein früher Wegbereiter eines liberalen Staatsverständnisses, ein *Patriarch von Osnabrück* (so Goethe) nicht nur als Anreger einer seinerzeit jungen Literatengeneration von Stürmern und Drängern, sondern auch noch einer späteren politischen Bewegungspartei.

So steht neben dem traditionsgebundenen Politiker und Praktiker Möser gleichsam der innovatorische Denker und Staatsphilosoph in einer Person, der die geistigen Brücken zwischen der alten reichischen und der neuen konstitutionellen Welt in mancher Hinsicht zukunftsträchtig zu schlagen wußte. Mösers nach innen gewandte, eher dilatorische und unauffällige Armenpolitik gehörte mit Sicherheit nicht dazu: Aber die Herausforderung dieser sozialen Frage war zu seiner Zeit vergleichsweise noch gering – geringer als diejenige, die im Zeichen der Industrialisierung und des Pauperismus in der Mitte des 19. Jahrhunderts erst noch bevorstand, die aber unter den veränderten Rahmenbedingungen und sozial-politischen Gesetzmäßigkeiten mit einer neuen, andersgearteten und intensivierten Lösungskompetenz konfrontiert war.

Anlagen

»*Der Vorsatz, solche für die Menschheit und die bürgerliche Gesellschaft wohltätige Gesinnungen unter seinen Mitbürgern zu befördern, gab Gelegenheit zu den Aufsätzen, welche ihn in der zweiten Hälfte seines Lebens am meisten beschäftigten. Sie wurden nachher unter dem Titel: Patriotische Phantasien in vier Bänden zusammen gedruckt; und er ward dadurch hauptsächlich in ganz Deutschland als einer der vorzüglichsten Schriftsteller bekannt. Im October des Jahres 1766 fingen nämlich die Osnabrückschen Intelligenzblätter unter Mösers Aufsicht an, und blieben unter seiner Aufsicht bis in die Mitte des Jahres 1782.*«

(Aus: Friedrich Nicolai, Leben Justus Möser's, 1797, Seite 42–43.)

Anlage 1
Das Glück der Bettler (1767)

Neulich sah ich einen Handwerksmann mit seiner Frauen bereits um 4 Uhr des Morgens in seiner Werkstätte an der Arbeit. Der Mann schien mir munter und zufrieden zu sein, die Frau aber mit einer gewissen ängstlichen Eilfertigkeit zu spinnen. Auf eine kleine Warnung: sie würde sich auf diese Weise überarbeiten, antwortete sie mit Seufzen: »Ach, ich habe acht lebendige Kinder.« Und in dem Augenblick traten die vier ältesten schon munter herein, um zu beten und zu arbeiten. Der Anblick war überaus rührend; und der Mann erzählte mir mit einem anständigen Stolze, wie sauer er es sich werden ließe, als ein ehrlicher Mann mit den Seinigen durch die Welt zu kommen, und wie sichtbar Gott seinen Fleiß und Ordnung segnete. »Wir haben«, setzte er hinzu, »im Anfange oft Wasser und Brod gegessen, waren aber gesund und freudig dabei, bis uns endlich Gott mit Kindern segnete und mein täglicher Verdienst mit ihnen zunahm. Sauer ist es mir geworden«, schloß er, »blutsauer; aber ich habe Brod und bin vergnügt.«
Ich verglich hiemit eine Szene, die mir einmal zu London in einem Speisekeller, im Kirchspiele St. Giles, aufgestoßen ist. Herr Schutter, ein berühmter Akteur auf dem Schauplatze in Covent-Garden, welcher damals eben die niedrigen Klassen der Menschen studierte, um sich in der komischen Malerei festzusetzen und eine völlige Kenntnis vom high life below stairs zu erhalten, führte mich dahin. Die Magd, welche uns empfing, setzte geschwind die Leiter an, worauf wir heruntersteigen, und zog solche sogleich wieder herauf, damit wir ihr ohne Bezahlung nicht entlaufen mögten. Im Keller fanden wir zehn saubere Tische, woran Messer und Gabel in langen Ketten hiengen. Man setzte uns eine gute Rindfleischsuppe, etwa 4 Lot Rindfleisch mit Senf, einen Erbsenpudding mit etwa 6 Lot Speck, zween Stück gutes Brod und 2 Gläser Bier vor; und vor der Mahlzeit forderte die Wäscherin unser Hemd, um es während derselben zu waschen und zu trocknen; alles vor 2½ Pence oder 16 Pfennig unser Münze mit Einschluß der

Wäsche. Doch diese Beschreibung im Vorübergehen. Am Sonntag wird kein Hemd gewaschen und dafür ½ Pfund gebratenes Rindfleisch mit Kartoffeln zur Mahlzeit aufgesetzt.
In diesem Keller fanden wir uns in Gesellschaft der Gassenbettler. Da wir uns vorher eine dazu geschickte Kleidung vom Trödelmarkte gemietet hatten: so wurden wir bald mit ihnen vertraut; und man tat uns leicht die Ehre zu glauben, daß wir Diebe oder Bettler aus einem andern Kirchspiel wären. Allein, wie sehr erstaunten wir nicht, als wir die angenehme und unbekümmerte Lebensart dieser Bettler erblickten.
Erstlich zählte ein jeder seinen Gewinst vom Tage; und besonders ließen sich die Blinden von zweien andern ihre Einnahme öffentlich und auf ihre Ehre zählen, damit sie von ihren Führerinnen nicht betrogen werden mögten. Es war keiner unter ihnen, der nicht doppelt und dreimal so viel erbettelt hatte, als der fleißigste Handwerksmann in einem Tage verdienen kann. Nachdem das Finanzwesen in Ordnung gebracht und die Mahlzeit vorüber war, ließ sich ein jeder nach Gewohnheit einen Bumper mit starkem Porterbier geben, welcher auf die Gesundheit aller wohltätigen Seelen ausgeleeret wurde. Hierauf spielten die Blinden zum Tanz; und es war ein Vergnügen zu sehen, wie geschickt Bettler und Bettlerinnen, auch sogar einige, die des Tages über lahm gewesen waren, miteinander tanzten. Die kräftigsten Gassenlieder folgten auf diese Bewegung; bis endlich der erwartete Durst erfolgte. Dann ward von gewärmtem Porter und Rum ein starker Ponsch gemacht, die Zeitung dabei gelesen und der Abend bis drei Uhr des Morgens mit Trinken und politischen Urteilen über das Ministerium auf das vergnügteste zugebracht.
Überhaupt aber hat der Bettelstand sehr viel Reizendes. Unser Vergnügen wird durch nichts besser befördert als durch die Menge von Bedürfnissen. Wer viel durstet, hungert und frieret, hat unendlich mehr Vergnügen an Speise, Trank und Wärme als einer, der alles im Überfluß hat. Was ist ein König, der nie zum Hungern oder Dürsten kömmt und oft zwanzig große und kleine Minister gebraucht, um eine einzige neue Kitzelung für ihn auszufinden, gegen einem solchen Bettler, der sechs Stunden des Tages Frost, Regen, Durst und Hunger

ausgehalten und damit alle seine Bedürfnisse zum höchsten gereizet hat, jetzt aber sich bei einem guten Feuer niedersetzt, sein erbetteltes Geld überzählt, vom Stärksten und Besten genießt und das Vergnügen hat, seine Wollust verstohlner Weise zu sättigen? Er schläft ruhig und unbesorgt; bezahlt keine Auflagen; tut keine Dienste; lebt ungesucht, ungefragt, unbeneidet und unverfolgt; erhält und beantwortet keine Komplimente; braucht täglich nur eine einzige Lüge; errötet bei keinem Loche im Strumpfe; kratzt sich ungescheut, wo es ihm juckt; nimmt sich ein Weib und scheidet sich davon unentgeltlich und ohne Prozeß; zeugt Kinder ohne ängstliche Rechnung, wie er sie versorgen will; wohnt und reiset sicher vor Diebe, findet jede Herberge bequem und überall Brod; leidet nichts im Kriege oder von betriegerischen Freunden; trotzt dem größten Herrn und ist der ganzen Welt Bürger. Alles, was ihm dem Anschein nach fehlt, ist die Delikatesse oder derjenige zärtliche Ekel, womit wir alles, was nicht gut aussieht, verschmähen. Allein, wer ist im Grunde der glücklichste: der Mann, der ein Stück Brod, wenn es gleich sandig ist, vergnügt herunterschlucken kann, oder der Zärtling, der in allen Herbergen hungern muß, weil er seinen Mundkoch nicht bei sich hat? Und wie sehr erweitert derjenige nicht die Sphäre seines Vergnügens, der sich jedes Brod wohl schmecken läßt?
Wie beschwerlich ist dagegen der Zustand des fleißigen Arbeiters, der sich von dem Morgen bis zum Abend quälet, sich und seine Familie von eignem Schweiße zu ernähren? Alle öffentliche Lasten fallen auf ihn. Bei jedem Überfall feindlicher Parteien muß er zittern. Um sich in dem nötigen Ansehen und Kredit zu erhalten, muß er oft Wasser und Brod essen, seine Nächte mit ängstlicher Sorge zubringen und eine heimliche Träne nach der andern vergießen... Wenn ich solchergestalt den ehrlichen fleißigen Arbeiter mit dem Bettler vergleiche: so muß ich gestehen, daß es eine überaus starke Versuchung sei, lieber zu betteln als zu arbeiten. Das einzige, was den Bettlern bishero gefehlt, ist dieses, daß ihre Nahrung unrühmlich gewesen, und diesen Fehler will ich nächstens abhelfen.

Aus: Justus Mösers Sämtliche Werke. Historisch-kritische Ausgabe in 14 Bänden, Band 4 (Patriotische Phantasien I), Seite 65–68.

Anlage 2

Etwas zur Verbesserung der Armenanstalten (1767)

Wie, Sie wollen das Betteln rühmlich machen? In der Tat, das fehlt den faulen Müßiggängern noch. Allein, herunter mit dem Schleier, herunter mit dem Regentuche, worin sich viele unsrer Bettlerinnen verstecken, um ihre Ehre nicht zu verlieren. Verdient eine arme unglückliche Person so viel Schonung: so sorge man für sie daheim; und setze dieselbe nicht der traurigen Notwendigkeit aus, ihr Brod vor den Türen zu suchen. Verdienet sie es aber nicht: so verfolge Schimpf und Verachtung den verschuldeten Bettler. Er gehe, wenn er ja gehen soll, als ein Scheusal durch die Gassen und sei allen jetzt wankenden, jetzt auf die faule Seite nach und nach sinkenden, jetzt sorglos darauf los zehrenden Einwohnern ein so schreckliches Exempel, daß sie sich lieber das Blut aus den Fingern arbeiten und Wasser und Brod genießen, als auf künftige Almosen ihre Zeit und ihren Fleiß ungenutzt verschlafen oder verprassen. Eine Bettlerin im Regentuch ist eine Satire wider die Obrigkeit, die entweder die Unglückliche nicht versorgt oder die Schuldige nicht straft. Nirgends giebt es mehr Bettler, als wo eine unüberlegte Gütigkeit sich als christliches Mitleid zeigt und jeden Armen ernährt; nirgends giebt es weniger als bei den Fabriken, wo man den Bettler, der noch arbeiten kann, auf dem Misthaufen sterben läßt, um andre zum Fleiße zu zwingen.

Doch ich will die Sache gelassen betrachten. Von dem großen Gesetze, daß niemand im Staat sein Brod umsonst haben müsse, weil die Versuchung zur Faulheit sonst zu stark werden würde; und daß es besser sei, denjenigen, der nur noch einzig und allein ein gesundes Auge übrig hat, sein Brod durch eine ihm anvertraute Aufsicht verdienen zu lassen, als ihn auf dem Faulbette zu ernähren, will ich jetzt nichts erwähnen. Es ist bekannt genug; der Satz, worauf ich bauen will, soll sein: A r m u t   m u ß   v e r ä c h t l i c h   b l e i b e n.

Nur muß man mich wohl verstehen. Ein gesunder fleißiger Mensch ist nie arm. Der Reichtum bestehet nicht in Gelde, sondern in Stärke, Geschicklichkeit und Fleiße. Diese haben einen güldnen Boden und verlassen einen nie; das Geld sehr oft. In der letzten Ernte sahe ich die Frau eines Heuermanns, deren Mann ein Hollandsgänger ist, welche selbst mähete und band und ihr vierteljähriges Kind neben sich in der Furche liegen hatte, wo es so geruhig als in der besten Wiege schlief. Nach einer Weile warf sie mutig ihre Sense nieder, setzte sich auf eine Garbe, legte das Kind an die gesunde Brust und hieng mit einem zufriedenen und mütterlichen Blicke über den saugenden Knaben. Wie groß, wie reich, dachte ich, ist nicht diese Frau? Zum Mähen, Binden, Säugen und Frau zu sein gehören sonst vier Personen. Aber dieser ihre Gesundheit und Geschicklichkeit dienet für viere. Die Natur zeigt hier eine homerische Allegorie für die Arbeitsamkeit ohne Caylus und Winckelmann.

Wenn ich es also als ein Gesetz annehme, daß Armut schimpfen müsse, sobald sie nicht durch ein besonders Unglück ehrlich gemacht wird: so verstehe ich darunter den Mangel, der aus Ungeschicklichkeit und Faulheit entspringt, und mache mit Fleiß dieses große Gesetz hart, weil wir von Natur ohnehin weichherzig genug sind, mit jedem Armen ohne Untersuchung Mitleid zu haben, und unser Herz insgemein den Verstand betriegt, wenn es aufs Wohltun ankömmt. Das Sprüchwort: »Armut schimpft niemand« dienet insgemein nur dem stolzen Armen, dessen Eitelkeit sich beleidigt fühlt. Und wenn wir mit dem Armen ins Verhör gehen: so finden sich immer viele zweideutige Umstände zu seiner Entschuldigung. Daher mag die Armut überhaupt immer etwas Verächtliches behalten, wenn wir nur dabei unsre Hochachtung gegen die Frau, die zugleich mähet, bindet und säuget, verdoppeln. Jene Verachtung und diese Hochachtung müssen zusammenbleiben und die Bewegungsgründe zum Fleiße verstärken.

Dieses Gesetz muß aber nicht eher in Übung kommen, bevor wir nicht einige Voranstalten gemacht haben, wozu folgende meines Ermessens hinreichen werden. Man teile alle Arme in drei Klassen.

In die erste Klasse sollen diejenige kommen, welche durch Unglücksfälle oder Gebrechlichkeit arm sind und einige Schonung verdienen.

In die andre alle, welche eben keine Schonung verdienen und sich nur damit entschuldigen, daß sie keine Gelegenheit zu arbeiten haben, um ihr Brod zu gewinnen.

In die dritte alle mutwillige Bettler, die durch ihr eigen Verschulden arm sind und gar nicht arbeiten wollen, ohnerachtet sie Gelegenheit, Geschicklichkeit und Kräfte dazu haben.

Die Einrichtung dieser Klassen werde mit Zuziehung der Pfarrer und mit der genauesten Untersuchung gemachet; sodann aber die erstre Klasse durch öffentliche Vorsorge zu Hause versorgt, die andere mit Arbeit versehen und die dritte in dem angelegten Werkhause dazu gezwungen.
Man sieht leicht ein, daß bei diesem Plan alles auf die Vorkehrungen für die zweite Klasse ankomme. Und wenn ich zeige, daß mit den Armengeldern, welche jetzt verteilet werden, noch halb soviel mehr als sonst ausgerichtet werden könne: so glaube ich, wenigstens einen guten Rat dazu mitgeteilet zu haben. Ich will solchen auf einen ganz leichten Satz bauen. Man nehme z. E. in seine Hand zween Taler und gebe einigen Armen davon 6 Mgr.: so sind 12 Personen versorgt. Man lasse aber diese 12 Personen jede 2 Stücke Garn, welche zusammen 4 Mgr. wert sind, spinnen und bezahle ihnen solche mit 8 Mgr.: so ernährt man

    a) mit eben diesen zween Talern 18 Personen;
       jede davon bekommt
    b) 2 Mgr. mehr; es bleiben
    c) die Armen durch die Arbeit gesund; sie genießen
    d) ihr Brod nicht umsonst; locken also
    e) andre nicht zum Unfleiße und laufen
    f) nicht herum.

Anlage 2

Diese Sätze sind klar; nur wird man sagen:
Die Armen werden entweder das Garn von andern aufkaufen, oder es werden auch selbst fleißige Leute sich zu den Armen gesellen, um ihr Garn zum doppelten Preise zu verkaufen.

Der Einwurf ist richtig. Allein, hier muß man durch einigen Schimpf vorbauen.
Man wähle folglich ein öffentliches Zimmer auf einem Armenhofe. Dort sein Räder und Flachs. Dieses sei des Winters gewärmt und erleuchtet und von dem frühesten Morgen bis zum spätesten Abend keinem Armen verschlossen. Und was in diesem Zimmer gesponnen wird, das werde doppelt bezahlt. Der Schimpf, in einem öffentlichen Zimmer zu spinnen und in der Zahl der Armen bekannt zu sein, wird den fleißigen und empfindlichen Mann hinlänglich abhalten, seine Hand sinken zu lassen. Hingegen ist eben dieser Schimpf nicht unschwer für diejenige zu tragen, die sonst auf den Gassen betteln und von Obrigkeits wegen in die zweite Klasse gesetzt sind. Die Anstalt wird den Betrug verhüten, und bei einem Lichte und einer Wärme können mehrere Personen zusammen sitzen, mithin vieles ersparen. Dabei hat jeder Arme seine Freiheit, zu gehen und zu kommen und, wenn er des Tages eine bessere Arbeit findet, solcher nachzugehen.
Sobald ist aber nicht diese öffentliche Anstalt gemacht: so muß keiner sich unterstehen zu betteln; oder er muß sich gefallen lassen, in die dritte Klasse gesetzt, ins Werkhaus eingesperrt und zur Arbeit gezwungen zu werden. Denn nun ist die Entschuldigung, daß er keine Gelegenheit habe, sein Brod zu verdienen, gehoben und folglich die Obrigkeit berechtigt, das letzte Mittel zu gebrauchen.
Die Armengelder in hiesiger Stadt, welche von Obrigkeits wegen gesammlet und vor den Türen gegeben werden, belaufen sich des Jahrs zum allerwenigsten auf 12 000 Taler. Davon sollen 40 Hausarme einen jährlichen Zuschuß von 50 Taler empfangen: so bleiben noch 10 000 Taler übrig. Wenn diese auf die obige Art verwendet werden: so können 150 Arme der zwei-

ten Klasse jeder das Jahr 100 Taler verdienen, und so viel Arme finden sich hoffentlich nicht.

Man wird einwenden: Die Anstalt sei ganz gut, wenn man jährlich mit Gewißheit auf eine sichere Summe rechnen könnte. Allein, warum kann man das nicht? In der Stadt London sind die Almosen von jedem Hause fixiert und zum Etat gebracht. In Deutschland oder doch wenigstens in einem großen Teil desselben hat man die unbeständigsten Gefälle zu fixieren gewußt. Warum sollte dieses nicht auch mit den Almosen geschehen können? Wir legen Schatzungen an, um Pulver zu kaufen und die besten Städte damit in den Grund zu schießen. Sollte man denn nicht auch so etwas tun können, um andre wiederum glücklich zu machen? Sind die Armen nicht ein ebenso wichtiger Gegenstand der öffentlichen Vorsorge als andre Dinge? Und würde sich nicht jeder Hauswirt jährlich gern zu einem gewissen Almosenbeitrag selbst subskribieren, wenn er dagegen von allem andern Überlauf enthoben sein könnte? Würden diese Gelder nicht besser angewandt werden als diejenigen, die wir ohne genugsame Prüfung vor den Türen oft an Unwürdige verschwenden? Und werden wir von unserm neuangelegten Werkhause, welches wir mit so großen Kosten aufgeführt haben, den wahren Vorteil haben, wofern wir nicht durch jene Klassifikation zuvor alle mögliche Ungerechtigkeit entfernen? Wie viele Vermächtnisse, Hospitäler und Stiftungen ließen sich nicht ohnehin mit jener Anstalt für die Arme vereinigen, so daß eins dem andern die Hand böte und den Fleiß gemeinschaftlich beförderte?

Aus: Justus Mösers Sämtliche Werke. Historisch-kritische Ausgabe in 14 Bänden, Band 4 (Patriotische Phantasien I), Seite 68–73.

Anlage 3

Von der Armenpolizei unser Vorfahren (1769)

Man glaubt insgemein, unsre Vorfahren hätten sich wenig um die Polizei bekümmert und die Sachen so gehen lassen, wie sie gewollt. Um diesen Vorwurf abzulehnen, wollen wir einige die Armenanstalten betreffende Gesetze der mittlern Zeit wiederum in Erinnerung bringen.

Das erste, was hieher gehört, lautet also:
> Es soll sich kein Bettler unterstehen herumzulaufen. Wer dergleichen auf seinem Hofe oder auf seinen Gütern hat, soll sie ernähren; und keiner soll sich unterstehen, solchen einige Beihülfe zu geben, wo sie nicht arbeiten. De mendicis, qui per patrias discurrunt, volumus, ut unusquisque fidelium nostrorum suum pauperem de beneficio aut de propria familia nutriat et non permittat aliubi ire mendicando. Et ubi tales inventi fuerint, nisi manibus laborent, nullus eis quicquam tribuere praesumat. Capit. V. ann. 805 § 10.

Um andern hierin ein gutes Exempel zu geben, verpflichtete sich der Kaiser selbst, diejenigen Armen, welche sich auf seinen Gütern befänden, ernähren zu wollen.
> Fiscalini, qui mansos non habent, de Dominica accipiant praebendam (einen Pröven). Capit. de missis § 50.

Zur Beihülfe fleißiger Armen ward in jedem Kirchspiele der vierte Teil des Zehnten ausgesetzt.
> Ut decimae populi in quatuor partes dividantur. Prima pars Episcopis detur, alia Clericis, tertia pauperibus, quarta in fabrica ipsius ecclesiae. v. Caroli M. LL. § 95.

Und Gott sollte die Seele der Armen von den Priestern fordern, die solches versäumten und die Armen darüber sterben ließen. Capit. addit. IV. § 153.

Zur Zeit der Hungersnot wurden jedem Menschen die Armen, so er ernähren, und die Almosen, so er geben sollte, vorgeschrieben:

> Episcopi, Abbates et Abbatissae pauperes famelicos quatuor pro illa striccitate nutrire debent usque ad tempora messium – Comites fortiores libram de argento aut valente donent in eleemosyna. ib. § 143.

Die Armensachen sollten an den Gerichtstagen allezeit zuerst vorgenommen und durch nichts aufgehalten werden. Carol. M. LL. § 58.

Die Bischöfe und Grafen sollen sie in ihrem unmittelbaren Schutze haben. Capit. add. IV. 5–115.

Die Wundärzte wurden von Gerichts wegen angehalten, der Armen zu warten.

> Si quis medicum ad placitum pro infirmo visitando aut vulnere curando poposcerit: ut viderit vulnus medicus aut dolores agnoverit, statim sub certo placito cautione emissa infirmum suscipiat*. L. 3 Wisig. tit. de medicis.

---

* Es steht zwar hier nicht eigentlich, daß von armen Kranken die Rede sei. Vermutlich aber bedurfte es keines Zwanges, um reiche Patienten in die Kur zu nehmen. Doch konnte bei den Westgoten auch dieses unterweilen nötig sein, weil dieses Volk auf den Einfall des Herrn v. Maupertuis geraten war, daß der Arzt nicht belohnt und wohl gar bestrafet werden sollte, wenn er seinen Patienten sterben ließ; daher mancher sich wegern konnte, einen gefährlichen Patienten in die Kur zu nehmen. Die Westgoten waren überhaupt den Wundärzten nicht gewogen. Sie mußten 100 Dukaten Strafe geben, wenn sie einen durchs Aderlassen lähmten; sie durften keinem Frauenzimmer, ohne daß jemand dabei zugegen war, die Ader öffnen. Nullus medicus sine praesentia patris – mulierem ingenuam flebotomare praesumat – quia difficillimum non est, ut tali occasione ludibrium interdum adharescat. L.I de medicis. Und sie würden ihnen gewiß das Pulsfühlen verboten haben, wenn es wäre Mode gewesen.

Und gewiß mußten ihnen Richter und Advokaten allezeit umsonst helfen, da beide bloß für die Ehre dienten. Ihre Ordnung gegen die Bettler und Landstreicher war so strenge, daß jeder Reisender, der von der Heerstraße auf einem Dorf- oder Nebenweg wich und kein Notgeschrei machte, als ein Straßenräuber von jedermann erschlagen werden konnte.

Si peregrinus vel alienus extra viam per silvas vagetur et non vociferet neque cornu insonet, pro fure sit judicandus vel percutiendus vel redimendus. v. LL. Inae regis § 20.

Sie hielten es in diesem Stücke, eben wie wir es zu Kriegeszeiten halten, wo der General den ankommenden Fremden die Route vorschreibt, welche sie gehen müssen, wo sie nicht als Spions gehangen werden wollen. Ebendahin zielte anfänglich des Königs oder Kaisers Geleit und die Abzeichnung gewisser Heerstraßen. Man war mit keinem Geleite auf Dorf- und Nebenwegen sicher.
Wie verhalten wir uns aber jetzt in diesen Stücken? Die Heerstraßen haben ihren Charakter verloren. Man weiß kaum mehr, was sie bedeuten sollen. Die Landstreicher laufen, wie und wo sie wollen. Mit Geleit hält sich ein jeder sicher und berechtigt, sogar andern ins Haus zu kommen.
Die Wundärzte schicken ihre Rechnungen zur Landeskasse ein, wenn sie einem armen Unglücklichen gedienet haben.
Die Richter wollen den Armen nicht umsonst dienen, die Gerichtsschreiber ihre Kopeigebühren nicht fahren lassen, die Advokaten nicht umsonst schreiben und die Prokuratoren nicht umsonst laufen, ohnerachtet sie miteinander wenigstens den Zehnten ihres Fleißes den Armen nach den karolingischen Gesetzen schuldig sind.
Die Zehnten kommen den Armen nicht mehr zugute; die Almosen sind des Geizigen Willkür überlassen, und die Reichen sind froh, wenn sie sich des Überlaufs und Bettlens auf andrer Rechnung erwehren können.
Jeder nimmt nach Gefallen Fremde und Arme auf seine Gründe und läßt sie das Land belaufen. Die christliche Religion verpflichtet keinen mehr, sich armer Anverwandten an-

zunehmen. Man schickt sie lieber auf die Landeskasse. Das ist die Einrichtung unser erleuchteten Zeiten.

Karl der Große wollte nicht haben, daß ein Kind aufwachsen sollte, ohne eine Kunst zu lernen, womit es sich ernähren könnte. Dies ist der Sinn des Gesetzes: De computo, ut omnes veraciter discant, de medicinali arte, ut infantes hanc discere mittantur Cap. I.1. de 805 § 5.

Wir hingegen lassen die Jugend auf dem Lande, welche dereinst zum Ackerbau bestimmt ist, die Gänse und Schweine hüten, wovon sie wahrlich nicht lernen werden, sich bei mehrern Jahren zu ernähren und zu unterhalten. Die Mutter eines Kindes, das im zwölften Jahre sich seine Strümpfe nicht knütten oder sein Hemd nicht nähen oder seine anderthalb Stück Garn des Tages nicht hätte spinnen können, würde Karl der Große zum Schandpfahl verdammet haben. Und sollte sie es auch nicht verdienen? Wie mancher Mensch wird nicht endlich Krüppel und, weil er keine Handarbeit gelernt, ein Straßenbettler?

Aus: Justus Mösers Sämtliche Werke. Historisch-kritische Ausgabe in 14 Bänden, Band 4 (Patriotische Phantasien I), Seite 73–76.

Anlage 4

Konfessionsstatistik für die Ämter des ehemaligen Hochstifts Osnabrück (auf der Basis der Volkszählung von 1811/12)

Der konfessionell gemischte Status vieler Kirchspiele war unstrittig, nur die wenigsten von ihnen waren bekenntnismäßig eindeutig als rein katholisch oder rein lutherisch definiert. Hermann HOBERG, der sich mit dem gespaltenen Bekenntnischarakter des Hochstifts in seinem 1939 erschienenen Buch über die »Gemeinschaft der Bekenntnisse in kirchlichen Dingen« bislang am eingehendsten beschäftigt hat, verdanken wir eine aufschlußreiche, auf den Daten einer Volkszählung beruhenden Konfessionsstatistik, die in der Spätzeit der französischen Herrschaft, in den Jahren 1811/12, durchgeführt wurde. Trotz der Risiken und Ungenauigkeiten, die sich aus der Umrechnung der Zahlen von der neuen französischen Verwaltungseinteilung (Kommunen, Kantone, Arrondissements) in die alte stiftische Ämterstruktur ergaben, gewichtet HOBERG die Gesamtstatistik als »zuverlässig genug«, um auf dieser Basis eine detaillierte Einschätzung zur konfessionellen Mischung in dem paritätischen Hochstift vorzunehmen. Sie soll im folgenden (nach HOBERG, S. 2–4) wiedergegeben werden:

Amt Fürstenau »Danach waren im Amte Fürstenau rein oder fast rein katholisch die Kirchspiele Alfhausen, Bersenbrück, Merzen, Neuenkirchen, Schwagstorf und Voltlage, nahezu rein lutherisch die Kirchspiele Badbergen, Bippen, Menslage und Üffeln, über 60 v. H. lutherisch Fürstenau und Quakenbrück. Im Kirchspiel Ankum waren über 80 v. H. lutherisch die Bauerschaften Restrup und Talge, mehr als 60 v. H. katholisch Döthen, ungefähr gleichmäßig gemischt Nortrup-Loxten und Hekese; die übrigen Bauerschaften waren rein oder fast rein katholisch. Im Kirchspiel Berge waren über 90 v. H. katholisch die Bauerschaften Grafeld und Aselage, fast rein lutherisch Börstel, rund 60 v. H. lutherisch Anten, Dalvers und Schmone-Berge. Das ganze Amt Fürstenau zählte 17291 Katholiken, 14915 Lutheraner, 40 Reformierte und 4 Juden, zusammen 32250 Einwohner.

Amt Grönenberg Im Amte Grönenberg waren fast rein katholisch die Kirchspiele Gesmold und Wellingholzhausen, rein oder fast rein lutherisch die Kirchspiele Buer, Hoyel und Oldendorf sowie die zum Kirchspiel Spenge (Grafschaft Ravensberg) gehörende Bauerschaft Groß Aschen. Im Kirchspiel Melle war fast rein katholisch die Bauerschaft Eickholt, 60 v. H. katholisch die Bauerschaft Handarpe, fast rein lutherisch Eiken, 90 v. H. lutherisch Bakum, rund 80 v. H. lutherisch Gerden und die Stadt Melle, ungefähr gleichmäßig gemischt die Bauerschaften Dielingdorf, Drantum, Laer und Schlochtern. Das Kirchspiel Neuenkirchen war fast rein lutherisch bis auf die Bauerschaft Schiplage, deren Bevölkerung zu einem Drittel katholisch war. Im Kirchspiel Riemsloh war über 90 v. H. lutherisch Bennien, rund 70 v. H. lutherisch Döhren, über 60 v. H. katholisch Krukum, gleichmäßig gemischt Westendorf. Das ganze Amt Grönenberg zählte 6461 Katholiken, 16115 Lutheraner, 11 Reformierte und 23 Juden, zusammen 22610 Einwohner.

Amt Hunteburg Im Amte Hunteburg waren fast rein lutherisch das Kirchspiel Venne und die zum Kirchspiel Dielingen (Fürstentum Minden) gehörende Bauerschaft Meyerhöfen (Vogtei Hunteburg). Bohmte war über 60 v. H. lutherisch, das Kirchspiel Hunteburg über 60 v. H. katholisch. Im Kirchspiel Ostercappeln war über 80 v. H. katholisch das Dorf Ostercappeln, über 60 v. H. katholisch die Bauerschaft Schwagstorf, über 90 v. H. lutherisch die Bauerschaft Stirpe-Ölingen, über 60 v. H. lutherisch die Bauerschaft Herringhausen; die übrigen Bauerschaften waren ungefähr gleichmäßig gemischt. Das ganze Amt Hunteburg zählte 3599 Katholiken, 7937 Lutheraner, 1 Reformierten und 5 Juden, zusammen 11542 Einwohner.

Amt Iburg Im Amte Iburg waren rein oder fast rein katholisch die Kirchspiele Glandorf, Glane, Hagen, Iburg, Laer, Oesede, Rulle und Wallenhorst sowie der Landbezirk des Domkirchspiels und die zum Kirchspiel Gesmold (Amt Grönenberg) gehörenden Bauerschaften Ausbergen, Dratum und Üdinghausen-Warringhof (Vogtei Bissendorf). Rein oder nahezu rein lutherisch waren die Kirchspiele Dissen, Holte und Schledehausen sowie der Landbezirk des St. Marienkirchspiels. Über 70 v. H. lutherisch war das Kirchspiel Bissendorf. Im Kirchspiel Belm waren über 60 v. H. katholisch das Dorf Belm und die Bauerschaft Powe, über 90 v. H. lutherisch die Bauerschaften Darum und Wellingen, rund 60 v. H. lutherisch Gretesch, Haltern, Lüstringen und Vehrte; ungefähr gleichmäßig gemischt war Icker. Das Kirchspiel Borgloh war fast rein katholisch bis auf die Bauerschaft Eppendorf, in der die Lutheraner ein Drittel der Bevölkerung ausmachten. Im Kirchspiel Hilter waren das Dorf Hilter fast rein lutherisch, die Bauerschaft Hankenberge über 60 v. H., Natrup über 80 v. H. lutherisch. Von den im übrigen nahezu rein katholischen Bauerschaften des Kirchspiels St. Johann wies nur Voxtrup eine nennenswerte lutherische Minderheit (ungefähr 20 v. H.) auf. Im Landbezirk des St. Katharinenkirchspiels war die Bevölkerung der Bauerschaft Hasbergen zu einem Viertel katholisch; die Bauerschaften Hörne und der zu St. Katharinen gehörende Teil der Bauerschaft Ohrbeck waren fast rein lutherisch. Im ganzen zählte das Amt Iburg 21945 Katholiken, 20026 Lutheraner und 85 Reformierte, zusammen 42056 Einwohner.

Amt Vörden Im Amte Vörden war fast rein katholisch die zum Kirchspiel Bersenbrück gehörende Bauerschaft Hastrup (Vogtei Gehrde), über 60 v. H. katholisch das Kirchspiel Neuenkirchen. Nahezu rein lutherisch waren die Kirchspiele Engter, Gehrde und Venne, ungefähr 80 v. H. lutherisch Bramsche, über 60 v. H. lutherisch Vörden. Im Kirchspiel Damme war ungefähr 40 v. H. lutherisch Fladderlohausen, ungefähr 20 v. H. lutherisch Hinnenkamp; die übrigen Bauerschaften waren rein bzw. fast rein katholisch. Das ganze Amt Vörden zählte 10481 Katholiken, 11758 Lutheraner und 25 Reformierte, zusammen 22264 Einwohner.

Amt Wittlage Im Amte Wittlage gab es 7396 Lutheraner, 27 Katholiken und 6 Reformierte, zusammen 7429 Einwohner.

Stadt Osnabrück Von den 9229 Einwohnern der Stadt Osnabrück waren 5553 lutherisch, 3514 katholisch, 141 reformiert und 21 jüdisch. Davon entfielen [nach den alten Stadtvierteln geordnet] auf den Markt und die Haseleischaft 1197 Lutheraner, 810 Katholiken, 45 Reformierte und 10 Juden, auf die Butenburg 1603 Lutheraner, 457 Katholiken, 40 Reformierte und 5 Juden, auf die Neustadt 1412 Lutheraner, 1506 Katholiken, 33 Reformierte und 5 Juden und auf die Johannisleischaft 1341 Lutheraner, 741 Katholiken, 23 Reformierte und 1 Jude.

Amt Reckenberg Gleichzeitige das Amt Reckenberg betreffende Statistiken waren in den Staatsarchiven zu Osnabrück und Münster nicht aufzufinden. Erhalten sind aber für dieses Gebiet die Ergebnisse einer Zählung vom Jahre 1803. Danach war das ganze Amt fast rein katholisch bis auf die an der Nordgrenze gelegene Neusiedlung Friedrichsdorf. Von den Friedrichsdorfer Familien waren 49 katholisch, 27 lutherisch und eine gemischt (zusammen 378 Einwohner). Im ganzen Amte Reckenberg gab es 1287 katholische, 66 lutherische und 4 gemischte Familien, zusammen 7347 Einwohner.

Vorausgesetzt, daß die Volkszahl des Amtes Reckenberg sich von 1803 bis 1812 einigermaßen gleichblieb, lebten 1812 im Bereich des ehemaligen Hochstifts rund 84 000 Lutheraner, 70 000 Katholiken, 300 Reformierte und 50 Juden.«

Abkürzungen

Abt.	Abteilung
ADB	Allgemeine Deutsche Biographie
AF	Alte Folge
Akad.	Akademie
ARG	Archiv für Reformationsgeschichte
Bll. dt. LG.	Blätter für deutsche Landesgeschichte
CCO	Codex Constitutionum Osnabrugensium
Dep.	Depositum (-ta)
Ders./ders.	Derselbe
Diss.	Dissertation
dt.	deutsch
ebd.	ebenda
Erg.heft	Ergänzungsheft
Fasz.	Faszikel
fl.	Gulden (Floren)
fol.	Folio/Blatt
FS	Festschrift
GA	Germanistische Abteilung
Gesch.	Geschichte
GG	Geschichte und Gesellschaft
GWU	Geschichte in Wissenschaft und Unterricht
HJb	Historisches Jahrbuch
HJL	Hessisches Jahrbuch für Landesgeschichte
HRG	Handwörterbuch zur deutschen Rechtsgeschichte
Hrsg.	Herausgeber
Hs./hs.	Handschrift/handschriftlich
HZ	Historische Zeitschrift
IPO	Instrumentum Pacis Osnabrugense
Jb.	Jahrbuch
Jb. westdt. LG.	Jahrbuch für westdeutsche Landesgeschichte
Jg.	Jahrgang
Jh.	Jahrhundert
K	Kopialbuch
KA	Kanonistische Abteilung
Kap.	Kapitel
Konv.	Konvolut
LG	Landesgeschichte

Lit.	Literatur
LThK	Lexikon für Theologie und Kirche
Masch.	Maschinenschrift
Mitt.	Mitteilungen
Ms.	Manuskript
Nass. Ann.	Nassauische Annalen
ND	Neudruck/Nachdruck
NDB	Neue Deutsche Biographie
Nds.	Niedersachsen
NF	Neue Folge
NJLG	Niedersächsisches Jahrbuch für Landesgeschichte
OGQF	Osnabrücker Geschichtsquellen und Forschungen
OM	Osnabrücker Mitteilungen
Osn.	Osnabrück
r	recto
Rep.	Repositur
Rez.	Rezension
RGG	Religion in Geschichte und Gegenwart
Rs	Reichssachen
Rtl.	Reichstaler
SB	Sitzungsbericht
Sig.	Signatur
Sp.	Spalte
StA	Staatsarchiv
Sta	Stadtarchiv
Suppl.	Supplement
Tl./Tle.	Teil/Teile
Tom.	Tomus/Band
TRE	Theologische Realenzyklopädie
UB	Universitätsbibliothek
v	verso
Ver.	Verein
Veröff.	Veröffentlichung(en)
VSWG	Vierteljahrsschrift für Sozial- und Wirtschaftsgeschichte
WdF	Wege der Forschung
WF	Westfälische Forschungen
WZ	Westfälische Zeitschrift
ZBLG	Zeitschrift für Bayerische Landesgeschichte

ZfG	Zeitschrift für Geschichtswissenschaft
ZGO	Zeitschrift für die Geschichte des Oberrheins
ZHF	Zeitschrift für Historische Forschung
ZKG	Zeitschrift für Kirchengeschichte
ZRG	Zeitschrift der Savigny-Stiftung für Rechtsgeschichte
ZWLG	Zeitschrift für Württembergische Landesgeschichte
Zs.	Zeitschrift

Quellen- und Literaturverzeichnis

I. Ungedruckte Quellen

Niedersächsisches Staatsarchiv Osnabrück (StAO)

Rep. 100	Osnabrücker Hauptarchiv – Akten der Zentralbehörden des Hochstifts Osnabrück bis 1803 – Publica – Polizeisachen – Verwaltungs- und Gerichtsbehörden – Kirchliche Angelegenheiten
Rep. 110 I Rep. 110 II	Geheimer Rat zu Hannover und zu Osnabrück und Deutsche Kanzlei zu London betr. das Fürstbistum Osnabrück
Rep. 240	Ober-Ems-Departement und andere französische Behörden
Rep. 300	Staats- und Kabinettsministerium zu Hannover VI Ministerium des Innern
Rep. 560	Obere Domänenverwaltung in Hannover III Domkapitel (Protokolle)

Dep. 3 b	Stadt Osnabrück – Aktenarchiv
	  IV Stadtsachen
	   V Polizei- und Gildesachen
	  VII Armenwesen
	 VIII Evangelische Fonds
	    A. Waisenhof

Dep. 58 d	Ratsgymnasium Osnabrück – Handschriften A Nr. LXXVII (Verzeichnis der Möserschen Bibliothek)

Bibliothek des Staatsarchivs (Alte Bestände)

II. Justus Möser

(Editionen, Teilausgaben, Briefe)

Möser. – Justus Mösers Sämtliche Werke. Historisch-kritische Ausgabe in 14 Bänden. Hrsg. von der Akademie der Wissenschaften zu Göttingen, 1943–1990.

Erste Abteilung: Dichterisches Werk, philosophische und kritische Einzelschriften

Bd. I: Wochenschriften. Bearbeitet von Werner Kohlschmidt. 1943.

Bd. II: A. Gedichte. B. Drama: Arminius. C. Vermischte Schriften. Teil I. Bearbeitet von Oda May. 1981.

Bd. III: Vermischte Schriften. Teil II. Bearbeitet von Oda May. 1986.

Zweite Abteilung: Patriotische Phantasien und Zugehöriges

Bd. IV: Patriotische Phantasien I. Bearbeitet von Ludwig Schirmeyer, unter Mitwirkung von Werner Kohlschmidt. 1943.

Bd. V: Patriotische Phantasien II. Bearbeitet von Ludwig Schirmeyer, unter Mitwirkung von Werner Kohlschmidt. 1945.

Bd. VI: Patriotische Phantasien III. Bearbeitet von Ludwig Schirmeyer, unter Mitwirkung von Werner Kohlschmidt. o.J. [1954].

Bd. VII: Patriotische Phantasien IV. Bearbeitet von Ludwig Schirmeyer, unter Mitwirkung von Werner Kohlschmidt. o.J. [1954].

Bd. VIII: Den Patriotischen Phantasien verwandte Aufsätze 1755–1772. Bearbeitet von Ludwig Schirmeyer, unter Mitwirkung von Eberhard Crusius. 1956.

Bd. IX: A. Den Patriotischen Phantasien verwandte Aufsätze 1773–1794. B. Den Patriotischen Phantasien verwandte Handschriften. Sachgruppen: Religion, Staat. Bearbeitet von Ludwig Schirmeyer, unter Mitwirkung von Eberhard Crusius. 1958.

Bd. X: Den Patriotischen Phantasien verwandte Handschriften. Bearbeitet von Ludwig Schirmeyer und Eberhard Crusius. 1968.

Bd. XI: Kommentar. Erarbeitet von Gisela Wagner. 1988.

Dritte Abteilung: Osnabrückische Geschichte und historische Einzelschriften

Bd. XII, 1: Osnabrückische Geschichte. Allgemeine Einleitung 1768. Bearbeitet von Paul Göttsching. 1964.
Bd. XII, 2: Osnabrückische Geschichte. Erster Teil 1780. Bearbeitet von Paul Göttsching. 1965.
Bd. XIII: Osnabrückische Geschichte. Zweiter Teil 1780. Dritter Teil. Bearbeitet von Paul Göttsching. 1971.
Bd. XIV, 1: A. Historische Aufsätze 1753–1791. B. Historische Handschriften. Bearbeitet von Paul Göttsching. 1976.
Bd. XIV, 2: Kommentar. Erarbeitet von Paul Göttsching. 1990.

Möser. – Justus Möser's sämmtliche Werke. Neu geordnet und aus dem Nachlasse desselben gemehrt durch *B. R. Abeken.* 10 Theile. Berlin 1842/1843.

Möser. – Nicolai, Friedrich, Leben Justus Möser's, in: Justus Möser's sämmtliche Werke, neugeordnet und aus dem Nachlasse desselben gemehrt durch *B. R. Abeken.* 10. Theil. Berlin 1843, S. 1–85 (Beilagen, S. 86–133).

Möser, Justus, Osnabrückische Geschichte. Allgemeine Einleitung. Osnabrück 1768. 1. Teil (= Neubearbeitung der Allgemeinen Einleitung) und 2. Teil. Berlin und Stettin 1780; 3. Teil, hrsg. von *Carl Bertram Stüve,* Berlin und Stettin 1824.

Möser, Justus, Patriotische Phantasien, hrsg. von *J. W. J. v. Voigts, geb. Möser.* 1. Teil Berlin 1774, 2. Teil Berlin 1775, 3. Teil Berlin 1778, 4. Teil Berlin 1786.

Möser, Justus, Darstellung der Gründe, welche Seine Königliche Hoheit den Herrn Herzog von York als Bischofen zu Osnabrück bewogen haben, das Simultaneum zu Fürstenau und Schledehausen einzuführen und darüber mit dem Domcapitel den 29. December 1786 einen Vergleich zu schließen nebst einer kurzen Niederlegung der von der Stadt Fürstenau dagegen beym Corpore Evangelicorum eingebrachten Ausführung. Osnabrück 1793.

Möser. – Justus Möser. Briefe. Hrsg. von *Ernst Beins* und *Werner Pleister.* Hannover 1939.

Möser. – Justus Möser. Briefwechsel. Neu bearbeitet von *William F. Sheldon* in Zusammenarbeit mit *Horst-Rüdiger Jarck, Theodor Penners* und *Gisela Wagner.* Hannover 1992.

Möser. – Justus Möser. Gesellschaft und Staat. Eine Auswahl aus seinen Schriften. Hrsg. von *Karl Brandi.* München 1921.
Möser. – Justus Möser. Gebundene oder freie Wirtschaft (aus »Patriotische Phantasien« 1767–1790). Hrsg. von *August Skalweit.* Frankfurt am Main 1948.
Möser. – Justus Möser als Alltagsphilosoph der deutschen Aufklärung. Textauswahl und Einleitung von *Heinrich Kanz.* Frankfurt 1988.
Möser. – »Patriotische Phantasien.« Justus Möser (1720–1794). Aufklärer in der Ständegesellschaft. Ausstellungskatalog. Bearb. v. *Henning Buck.* Bramsche 1994.
Möser-Forum. Bd. 1, 1989, hrsg. von *Winfried Woesler.* Münster 1989.

III. Gedruckte Quellen

Codex Constitutionum Osnabrugensium (CCO) oder Sammlung von Verordnungen, gemeinen Bescheiden, Rescripten und anderen erläuternden Verfügungen, welche das Hochstift Osnabrück betreffen. 2 Theile, 4 Bde. Osnabrück 1783/1819.
Dalberg, Karl Theodor von, »Beyträge zur Verbesserung der Armen Politzey im Hochstift Würzburg«, veröffentlicht von *Friedrich Abert*: Vorschläge Karl Theodor von Dalbergs zur Verbesserung der Armenpolizei im Hochstift Würzburg (1779), in: Archiv des Historischen Vereins von Unterfranken und Aschaffenburg 54, 1912, S. 183–215.
Du Plat, Johann Wilhelm, Die Landvermessung des Fürstbistums Osnabrück 1784–1790. Hrsg. von *Günther Wrede.* 8 Lieferungen, Osnabrück 1955–1971.
Fink, Erich, Ein Brief Justus Mösers an Friedrich Nicolai vom Jahre 1782, in: OM 31, 1906, S. 240–256.
Fink, Erich, Die Drucke der capitulatio perpetua Osnabrugensis, in: OM 46, 1924, S. 1–48.
Freckmann, Johannes, Die capitulatio perpetua und ihre verfassungsgeschichtliche Bedeutung für das Hochstift Osnabrück (1648–1650), in: OM 31, 1906, S. 129–203.
Goethe, Johann Wolfgang von, Dichtung und Wahrheit. Dritter Teil. Dreizehntes und Fünfzehntes Buch. Zitiert nach der Insel-Taschenbuch-Ausgabe (it 151), hrsg. von *Jörn Göres.* Frankfurt am Main 1975, S. 661–664, 714–715.

Gruner, Justus, Widerlegung der Klöntrupschen Rechtstheorie vom Zwangsdienste. Osnabrück 1800.

Gruner, Justus, Versuch über die recht- und zweckmäßigste Einrichtung öffentlicher Sicherungsinstitute, deren jetzigen Mängel und Verbesserungen. Nebst einer Darstellung der Gefangen- Zucht und Besserungshäuser Westphalens. Frankfurt am Main 1802.

Gruner, Justus, Meine Wallfahrt zur Ruhe und Hoffnung oder Schilderung des sittlichen und bürgerlichen Zustandes Westphalens. Teil 2. Frankfurt am Main 1803.

Häberlin, Carl Friedrich, Handbuch des Teutschen Staatsrechts nach dem System des Herrn Geheimen Justizrath Pütter. Bd. 1. Frankfurt 1794.

Hattenhauer, Hans (Hrsg.), Allgemeines Landrecht für die Preußischen Staaten von 1794, Textausgabe. Frankfurt am Main/Berlin 1970.

Herrmann, Ulrich (Hrsg.), Materialien zum Göttingischen Magazin für Industrie und Armenpflege. Vaduz/Liechtenstein 1983.

Holsche, August Karl, Historisch-topographisch-statistische Beschreibung der Grafschaft Tecklenburg nebst einigen speciellen Landesverordnungen. Berlin/Frankfurt 1788 (ND Osnabrück 1975).

Isenburg, Wilhelm Karl Prinz von, Stammtafeln zur Geschichte der Europäischen Staaten, hrsg. von *Frank Baron Freytag von Loringhoven,* Bd. 1: Die deutschen Staaten, Bd. 2: Die außerdeutschen Staaten. Marburg 1953, ²1965.

Journal. »Journal von und für Teutschland«, 1784–1792 (9 Bde. zu jeweils 2 Halbbänden).

Justi, Johann Heinrich Gottlob von, Grundsätze der Polizey-Wissenschaft. Göttingen ²1759.

Kaiser und Reich. Klassische Texte und Dokumente zur Verfassungsgeschichte des Heiligen Römischen Reiches Deutscher Nation, hrsg. von *Arno Buschmann.* München 1984.

Kant. – Kant's gesammelte Schriften. Hrsg. von der Königlich Preußischen Akademie der Wissenschaften. Bd. VI: Die Metaphysik der Sitten. Berlin 1907.

Klöntrup, Johann Aegidius, Alphabetisches Handbuch der besondern Rechte und Gewohnheiten des Hochstifts Osnabrück (mit Rücksicht auf die benachbarten westfälischen Provinzen). Bde. 1–3. Osnabrück 1798–1800.

Lodtmann, Justus Friedrich August, Acta Osnabrugensia oder Beiträge zu den Rechten und Geschichten von Westphalen, insonderheit vom Hochstift Osnabrück. Teile 1–3. Osnabrück 1778/ 1782.

Münch, Paul (Hrsg.), Ordnung, Fleiß und Sparsamkeit. Texte und Dokumente zur Entstehung der »bürgerlichen Tugenden«. München 1984.

Nicolai, Friedrich, Beschreibung der Königlichen Residenzstädte Berlin und Potsdam (1769) = Nicolai, Gesammelte Werke. Hrsg. von *Bernhard Fabian* und *Marie-Luise Spieckermann*. Bd. 2. Hildesheim/Zürich/New York 1988.

Nicolai, Friedrich, Unter Bayern und Schwaben. Meine Reise im deutschen Süden 1781. Hrsg. von *Ulrich Schlemmer*. Stuttgart/ Wien 1989.

Osnabrück. – Capitulatio des Stifts Osnabrück. Ausführungsbestimmungen zum Westfälischen Frieden für das Fürstbistum Osnabrück. Nachdruck der Ausgabe aus dem Jahre 1651. Hrsg. von *Heinrich Witte*. Nürnberg 1980.

Osnabrück. – Privilegium de non evocando. Kompendium der städtischen Freiheiten Osnabrücks. Nachdruck einer Zusammenstellung aus dem 18. Jahrhundert. Hrsg. von *Heinrich Witte*. Nürnberg 1980.

Osnabrück. – Sammlung von acht Verordnungen der Stadt Osnabrück. Nachdruck der Ausgaben 1655–1817. Hrsg. von *Heinrich Witte*. Nürnberg 1980.

Osnabrück. – Osnabrück vor zweihundert Jahren. »Es waren goldene Zeiten.« Die Erinnerungen des Senators *Gerhard Friedrich Wagner* (1769 – 1846), vermehrt um ein Adreßbuch der Stadt Osnabrück aus dem Jahre 1845 in Faksimile. Nachwort von *Frank Henrichvark*. Osnabrück 1990.

Penners, Theodor (Hrsg.), Übersicht über die Bestände des Niedersächsischen Staatsarchivs in Osnabrück. Göttingen 1978.

Pitz, Ernst, Das Registraturwesen des Fürstbistums Osnabrück im 16., 17. und 18. Jahrhundert, in: Archivalische Zeitschrift 59, 1963, S. 59–133 und 60, 1964, S. 37–99.

Reichs-Abschiede. Neue und vollständigere Sammlung der Reichs-Abschiede. 4 Theile, 2 Bde. (1747). Neudruck Osnabrück 1967.

Sartori, Joseph von, Fortsetzung der Statistischen Abhandlung über die Mängel in der Regierungsverfassung der geistlichen Wahlstaaten, und von den Mitteln, solchen abzuhelfen. Augsburg 1787.

Schmelzeisen, Gustav Klemens (Bearb.), Quellen zur Neueren Privatrechtsgeschichte Deutschlands, 2: Polizei- und Landesordnungen, 1. Teilband: Reich und Territorien. Köln/Graz 1968.

Scholl, Rose (Bearb.), Quellen zur Geschichte des Kirchspiels Schledehausen im Niedersächsischen Staatsarchiv Osnabrück – Sachthematisches Inventar. Bissendorf 1988.

Sehling, Emil (Hrsg.), Die evangelischen Kirchenordnungen des XVI. Jahrhunderts. Bd. VII: Niedersachsen. II. Hälfte. Die außerwelfischen Lande. 1. Halbband. Tübingen 1963.

Sonnenfels, Joseph von, Grundsätze der Polizey, Handlung und Finanzwissenschaft. 3 Bde. Wien 1765ff. – Bd. 1: Polizeywissenschaft, Wien ²1768; Bd. 2: Handlungswissenschaft, Wien ²1771; Bd. 3: Finanzwissenschaft, Wien ⁵1787.

Spörhase, Rolf, Osnabrück. Karten zur Entwicklung der Stadt. Das Werden des Stadtgrundrisses im Landschaftsraum. Stuttgart [1968].

Streich, Gerhard, Klöster, Stifte und Kommenden in Niedersachsen vor der Reformation. Mit einem Quellen- und Literaturanhang zur kirchlichen Gliederung Niedersachsens um 1500. Hildesheim 1986.

Struckmann, G. W. (Hrsg.), Sammlung der gemeinen Bescheide, Ausschreiben und sonstigen allgemeinen Verfügungen der Königlichen Justizkanzlei zu Osnabrück. Osnabrück 1839.

Stüve, Johann Eberhard, Beschreibung und Geschichte des Hochstifts und Fürstenthums Osnabrück. Osnabrück 1789 (Nachdruck Osnabrück 1978).

Wolff, Christian, Grundsätze des Natur- und Völckerrechts. Halle 1754 (ND Königstein 1980).

Wrede, Günther, Geschichtliches Ortsverzeichnis des ehemaligen Fürstbistums Osnabrück. 3 Bde. Hildesheim 1975/1977/1980.

Zedler, Johann Heinrich, Großes vollständiges Universal-Lexicon aller Wissenschaften und Künste. 64 Bde. Leipzig/Halle 1732 – 1750. – Art. Arme, Armen-Recht, Armuth, Bd. 2, 1732, Sp. 1528–1530, 1538–1540, 1555–1563.

Zincke, Georg Heinrich, Abhandlung von der Wirthschaftskunst der Armen und Dürftigen, samt den allgemeinen Regeln dieser ihrer Wirthschaft. Düsseldorf/Duisburg 1759.

IV. Literatur

Abel, Wilhelm, Agrarkrisen und Agrarkonjunkturen. Eine Geschichte der Land- und Ernährungswirtschaft Mitteleuropas seit dem hohen Mittelalter. Hamburg/Berlin 1966, ³1978.

Abel, Wilhelm, Massenarmut und Hungerkrisen im vorindustriellen Deutschland. Göttingen 1972, ²1978, ³1983.

Abel, Wilhelm, Massenarmut und Hungerkrisen im vorindustriellen Europa. Hamburg/Berlin 1974.

Abel, Wilhelm, Massenarmut und Hungerkrisen in Deutschland im letzten Drittel des 18. Jahrhunderts, in: *Herrmann,* »Das pädagogische Jahrhundert«, S. 29–52.

Albrecht, Peter, Die Braunschweigischen Armenanstalten. Ein Beitrag zur städtischen Armenpolitik in der ersten Hälfte des 19. Jahrhunderts. Hamburg 1966.

Albrecht, Peter, Die Übernahme der Prinzipien der Hamburger Armenreform für die Stadt Braunschweig, in: *Sachße, Christoph / Tennstedt, Florian (Hrsg.),* Jahrbuch der Sozialarbeit 4, Reinbek 1984, S. 181–203.

Albrecht, Peter, Die Armenvögte der Stadt Braunschweig um 1800, in: Niedersächsisches Jahrbuch für Landesgeschichte 58, 1986, S. 55–75.

Albrecht, Peter, Die Reform der Braunschweigischen Armenanstalt nach Hamburger Vorbild, 1796–1805, in: *Braun/Kopitzsch,* Zwangsläufig oder abwendbar?, S. 166–187.

Aretin, Karl Otmar Freiherr von, Heiliges Römisches Reich 1776–1806. Reichsverfassung und Staatssouveränität. 2 Teile. Wiesbaden 1967.

Aretin, Karl Otmar Freiherr von, Die Konfessionen als politische Kräfte am Ausgang des Alten Reiches, in: *Iserloh, Erwin / Manns, Peter (Hrsg.),* Glaube und Geschichte. Festgabe Joseph Lortz. Bd. 2. Baden-Baden 1968, S. 181–241.

Aretin, Karl Otmar Freiherr von (Hrsg.), Der Aufgeklärte Absolutismus. Köln 1974.

Aretin, Karl Otmar Freiherr von, Vom Deutschen Reich zum Deutschen Bund. Göttingen 1980.

Aretin, Karl Otmar Freiherr von, Deutschland und die Französische Revolution, in: *ders./Härter, Karl (Hrsg.),* Revolution und konservatives Beharren. Das Alte Reich und die Französische Revolution. Mainz 1990, S. 9–20.

Aretin, Karl Otmar Freiherr von, Das Alte Reich 1648 – 1806. Bd. 1: Föderalistische oder hierarchische Ordnung (1648 – 1684). Stuttgart 1993.

Ariès, Philippe / Duby, Georges (Hrsg.), Geschichte des privaten Lebens. Bd. 3: Von der Renaissance zur Aufklärung. Hrsg. von *Philippe Ariès u. Roger Chartier.* Frankfurt 1991.

Arndt, Johannes, Das Niederrheinisch-Westfälische Reichsgrafenkollegium und seine Mitglieder (1653–1806). Mainz 1991.

Asch, Ronald G., Der Hof Karls I. von England. Politik, Provinz und Patronage 1625–1640. Köln 1993.

Aschoff, Hans-Georg, Der Katholizismus zwischen Reformation und Säkularisation, in: *Patze, Hans (Hrsg.),* Geschichte Niedersachsens Bd. 3, Teil 2. Hildesheim 1983, S. 217–259.

Aufklärung. Interdisziplinäre Halbjahresschrift zur Erforschung des 18. Jahrhunderts und seiner Wirkungsgeschichte. In Verbindung mit der Deutschen Gesellschaft für die Erforschung des 18. Jahrhunderts, hrsg. von *Günter Birtsch, Karl Eibl, Norbert Hinske, Rudolf Vierhaus,* Bd. 1, 1986ff.

Ay, Karl Ludwig, Unehrlichkeit, Vagantentum und Bettelwesen in der vorindustriellen Gesellschaft, in: Jahrbuch des Instituts für deutsche Geschichte (Tel Aviv) 8, 1979, S. 13–38.

Bade, Klaus J. / Jarck, Horst-Rüdiger / Schindling, Anton (Hrsg.), Schelenburg – Kirchspiel – Landgemeinde. 900 Jahre Schledehausen. Bissendorf 1990.

Bade, Klaus J. (Hrsg.), Deutsche im Ausland – Fremde in Deutschland. Migration in Geschichte und Gegenwart. München 1992.

Bade, Klaus J. / Kessel, Jürgen / Oberpenning, Hannelore / Schindling, Anton (Hrsg.), Damme. Eine Stadt in ihrer Geschichte. Sigmaringen 1993.

Bär, Max, Abriß einer Verwaltungsgeschichte des Regierungsbezirks Osnabrück. Hannover/Leipzig 1901.

Baron, Hans, Justus Mösers Individualitätsprinzip in seiner geistesgeschichtlichen Bedeutung, in: HZ 130, 1924, S. 31–57.

Bäte, Ludwig, Justus Möser, Advocatus Patriae. Frankfurt am Main/Bonn 1961.

Battenberg, J. Friedrich, Obrigkeitliche Sozialpolitik und Gesetzgebung. Einige Gedanken zu mittelrheinischen Bettel- und Almosenordnungen des 16. Jahrhunderts, in: ZHF 18, 1991, S. 33–70.

Bauer, Thomas, »Es solt yhe niemand unter den Christen betteln gahn«. Zur Geschichte der Bettler in Frankfurt am Main, in: Archiv für Frankfurts Geschichte und Kunst 62, 1993, S. 91–100.

Baum, Detlef, Bürokratie und Sozialpolitik. Zur Geschichte staatlicher Sozialpolitik im Spiegel der älteren deutschen Staatsverwaltungslehre. Ein Beitrag zu einer historisch-soziologischen Begründung der Bürokratisierung der Sozialpolitik. Berlin 1988.

Baumgart, Peter, Epochen der preußischen Monarchie im 18. Jahrhundert, in: ZHF 6, 1979, S. 287–316.

Baumgart, Peter, Der deutsche Hof der Barockzeit als politische Institution, in: *Buck, August u. a.* (Hrsg.), Europäische Hofkultur im 16. und 17. Jahrhundert. Hamburg 1981, S. 25–43.

Baumgart, Peter, Grundzüge des preußischen Absolutismus, in: *Schlenke, Manfred (Hrsg.),* Preußen-Ploetz. Eine historische Bilanz in Daten und Deutungen. Freiburg 1983, S. 149–162.

Baumgart, Peter, Joseph II. und Maria Theresia (1765–1790), in: *Schindling/Ziegler,* Die Kaiser der Neuzeit, S. 249–276, 490–491.

Bausinger, Hermann, Konservative Aufklärung – Justus Möser vom Blickpunkt der Gegenwart, in: Zeitschrift für Volkskunde 68, 1972, S. 161–178.

Bausinger, Hermann, Traditionale Welten. Kontinuität und Wandel in der Volkskultur, in: HZ 241, 1985, S. 265–286.

Baxa, Jakob, Justus Möser und Adam Müller. Eine vergleichende Studie, in: Jahrbuch für Nationalökonomie und Statistik 123, 1925, S. 14–30.

Becher, Ursula A. J., Politische Gesellschaft. Studien zur Genese bürgerlicher Öffentlichkeit in Deutschland. Göttingen 1978.

Beck, Rainer, Unterfinning. Ländliche Welt vor Anbruch der Moderne. München 1993.

Beckschäfer, Bernard, Evangelische Domherren im Osnabrücker Domkapitel, in: OM 52, 1930, S. 177–198.

Behr, Hans-Joachim, Obrigkeitliche Maßnahmen zur Förderung der Agrikultur und Viehzucht im Fürstentum Osnabrück im 18. Jahrhundert, in: OM 72, 1964, S. 84–102.

Behr, Hans-Joachim, Die ständische Verwaltung im Fürstentum Osnabrück unter der französischen und preußischen Besetzung 1803–1807, in: OM 75, 1968, S. 199–237.

Behr, Hans-Joachim, Politisches Ständetum und landschaftliche Selbstverwaltung. Geschichte der Osnabrücker Landschaft im 19. Jahrhundert. Osnabrück 1970.

Behr, Hans-Joachim (Hrsg.), Der Landkreis Osnabrück – Geschichte und Gegenwart. Osnabrück 1971.

Berding, Helmut, Napoleonische Herrschafts- und Gesellschaftspolitik im Königreich Westfalen 1807–1813. Göttingen 1973.

Berding, Helmut / Ullmann, Hans-Peter (Hrsg.), Deutschland zwischen Revolution und Restauration. Königstein 1981.

Berding, Helmut / François, Etienne / Ullmann, Hans-Peter (Hrsg.), Deutschland und Frankreich im Zeitalter der Französischen Revolution. Frankfurt am Main 1989.

Berger, Eva, Zur Sozialgeschichte des Krankenhauses – wer bürgt für die Kosten? 125 Jahre Stadt-Krankenhaus Osnabrück. 180 Jahre städtische Gesundheitspolitik. Bramsche 1991.

Bindel, Geistliche Polizei-Ordnung des Fürstentums Osnabrück vom Jahre 1662, in: OM 46, 1924, S. 49–141 (mit Abdruck).

Birtsch, Günter, Freiheit und Eigentum, in: *Vierhaus, Rudolf (Hrsg.)*, Eigentum und Verfassung. Zur Eigentumsdiskussion im ausgehenden 18. Jahrhundert. Göttingen 1972, S. 179–192.

Birtsch, Günter (Hrsg.), Grund- und Freiheitsrechte im Wandel von Gesellschaft und Geschichte. Beiträge zur Geschichte der Grund- und Freiheitsrechte vom Ausgang des Mittelalters bis zur Revolution von 1848. Göttingen 1981.

Blaich, Fritz, Die Epoche des Merkantilismus. Wiesbaden 1973.

Blanckmeister, Franz, Justus Möser, der deutsche Patriot und Apologet des Christentums. Heidelberg 1885.

Blanke, Horst Walter, Möser, Justus (1720–1794), in: *vom Bruch, Rüdiger / Müller, Rainer A. (Hrsg.)*, Historikerlexikon. Von der Antike bis zum 20. Jahrhundert. München 1991, S. 214–215.

Blanke, Horst Walter / Fleischer, Dirk (Hrsg.), Theoretiker der deutschen Aufklärungshistorie. 2 Bde. Stuttgart/Bad Cannstatt 1990.

Blanning, Timothy C. W., Reform and Revolution in Mainz, 1743–1803. Cambridge 1974.

Blasius, Dirk, Kriminalität und Alltag. Zur Konfliktgeschichte des Alltagslebens im 19. Jahrhundert. Göttingen 1978.

Blickle, Peter, Unruhen in der ständischen Gesellschaft 1300–1800. München 1988.

Blickle, Renate, Nahrung und Eigentum als Kategorien in der ständischen Gesellschaft, in: *Schulze*, Ständische Gesellschaft und soziale Mobilität, S. 73–93.

Blum, Peter, Staatliche Armenfürsorge im Herzogtum Nassau 1806–1866. Wiesbaden 1987.

Bödeker, Hans Erich / Herrmann, Ulrich (Hrsg.), Über den Prozeß der Aufklärung in Deutschland im 18. Jahrhundert. Personen, Institutionen und Medien. Göttingen 1987.

Bödeker, Hans Erich / Herrmann, Ulrich (Hrsg.), Aufklärung als Politisierung – Politisierung der Aufklärung. Hamburg 1987.

Bödeker, Hans Erich / Hinrichs, Ernst (Hrsg.), Alteuropa – Ancien Régime – Frühe Neuzeit? Probleme und Methoden der Forschung. Stuttgart/Bad Cannstatt 1991.

Böhme, Ernst / Kreter, Karljosef, Die Rodenbrocksche Armenstiftung in Buer 1823–1872. Armenpflege und Geldgeschäft im Osnabrücker Land in der Periode von Pauperismus und Frühindustrialisierung, in: OM 95, 1990, S. 179–244.

Bölsker-Schlicht, Franz, Die Hollandgängerei im Osnabrücker Land und im Emsland. Ein Beitrag zur Geschichte der Arbeiterwanderung vom 17. bis zum 19. Jahrhundert. Schloß Clemenswerth, Sögel 1987.

Bölsker-Schlicht, Franz, Heuerlinge und Bauern: Bevölkerung und soziale Schichtung vom 16. bis zum 20. Jahrhundert, in: Schelenburg – Kirchspiel – Landgemeinde. 900 Jahre Schledehausen, S. 327–339.

Bölsker-Schlicht, Franz, Sozialgeschichte des ländlichen Raumes im ehemaligen Regierungsbezirk Osnabrück im 19. und frühen 20. Jahrhundert unter besonderer Berücksichtigung des Heuerlingswesens und einzelner Nebengewerbe, in: Westfälische Forschungen 40, 1990, S. 223–250.

Bölsker-Schlicht, Franz, Torfgräber, Grasmäher, Heringsfänger ... – deutsche Arbeitswanderer im »Nordsee-System«, in: *Bade*, Migration in Geschichte und Gegenwart, S. 255–263 und 493–494.

Boeselager, Johannes Freiherr von, Die Osnabrücker Domherren des 18. Jahrhunderts. Osnabrück 1990.

Bog, Ingomar, Der Reichsmerkantilismus. Studien zur Wirtschaftspolitik des Heiligen Römischen Reiches im 17. und 18. Jahrhundert. Stuttgart 1959.

Boldt, Annette, Das Fürsorgewesen der Stadt Braunschweig in Spätmittelalter und Früher Neuzeit. Eine exemplarische Untersuchung am Beispiel des St. Thomae-Hospitals. Chronik der Stiftung St. Thomae-Hof für die Zeit von 1705 bis in die Gegenwart. Hildesheim 1988.

Borchardt, Knut, Grundriß der deutschen Wirtschaftsgeschichte. Göttingen 1978.

Borchers, Walter, Zum Schaffen Johann Conrad Schlauns und seines Künstlerstabes im Osnabrücker Raum, in: OM 68, 1959, S. 133–220.

Borscheid, Peter, Geschichte des Alters. Vom Spätmittelalter zum 18. Jahrhundert. München 1989 (dtv-Ausgabe).

Boyer, George R., An economic history of the English poor law 1750–1850. Cambridge 1990.

Braeker, Ulrich, Das Leben und die Abenteuer des armen Mannes in Toggenburg. Von ihm selbst erzählt – verschiedene Ausgaben, hier: Düsseldorf 1947; zuerst erschienen in Zürich 1789.

Brakensiek, Stefan, Agrarreform und ländliche Gesellschaft. Die Privatisierung der Marken in Nordwestdeutschland 1750–1850. Paderborn 1991.

Brandi, Karl, Einleitung zu Justus Möser: Gesellschaft und Staat. Eine Auswahl aus seinen Schriften. München 1921, S. I–XXXI.

Brandi, Karl, Justus Möser. Osnabrück 1944/1965.

Braubach, Max, Politik und Kultur an den geistlichen Fürstenhöfen Westfalens gegen Ende des alten Reichs, in: Westfälische Zeitschrift 105, 1955, S. 65–81.

Braubach, Max, Maria Theresias jüngster Sohn Max Franz. Wien und München ²1961.

Braubach, Max, Die kirchliche Aufklärung im katholischen Deutschland im Spiegel des »Journal von und für Deutschland« (1784–1792), in: ders., Diplomatie und geistiges Leben im 17. und 18. Jahrhundert. Gesammelte Abhandlungen. Bonn 1969, S. 563–659.

Braubach, Max, Vom Westfälischen Frieden bis zum Wiener Kongreß (1648 – 1815), in: *Petri, Franz / Droege, Georg (Hrsg.),* Rheinische Geschichte. Bd. 2: Neuzeit. Düsseldorf ³1980, S. 219–365.

Braudel, Fernand, Die lange Dauer, in: *Schieder, Theodor/Gräubig, Kurt (Hrsg.),* Theorieprobleme der Geschichtswissenschaft. Darmstadt 1977, S. 164–204.

Braudel, Fernand, Sozialgeschichte des 15.–18. Jahrhunderts: Der Alltag. München 1985.

Braun, Erich / Kopitzsch, Franklin (Hrsg.), Zwangsläufig oder abwendbar? 200 Jahre Hamburgische Allgemeine Armenanstalt. Symposium der Patriotischen Gesellschaft von 1765. Hamburg 1990.

Brentano, Lujo, Justus Möser, der Vater der neuesten preußischen Agrarreform, in: »Beilage zur Allgemeinen Zeitung« in München, Nr. 34 (12. Februar 1897), S. 1–4; Nr. 35 (13. Februar 1897), S. 1–6.

Breuer, Stefan, Sozialdisziplinierung. Probleme und Problemverlagerungen eines Konzepts bei Max Weber, Gerhard Oestreich und Michel Foucault, in: *Sachße/Tennstedt,* Soziale Sicherheit und soziale Disziplinierung, S. 45–69.

Bruch, Rudolf vom, Die Rittersitze des Fürstentums Osnabrück. Osnabrück 1930 (Reprint Osnabrück 1982).

Bruch, Rüdiger vom, Wissenschaftliche, institutionelle oder politische Innovation? Kameralwissenschaft – Polizeiwissenschaft – Wirtschaftswissenschaft im 18. Jahrhundert im Spiegel der Forschungsgeschichte, in: *Waszek, Norbert (Hrsg.),* Die Institutionalisierung der Nationalökonomie an deutschen Universitäten. München 1988, S. 77–108.

Brünauer, Ulrike, Justus Möser. Berlin 1933.

Brunner, Otto, Das »ganze Haus« und die alteuropäische »Ökonomik«, in: *ders.,* Neue Wege der Verfassungs- und Sozialgeschichte. Göttingen ²1968, S. 103–127.

Brunner, Otto, Die Patriotische Gesellschaft in Hamburg im Wandel von Staat und Gesellschaft, in: *ders.,* Neue Wege der Verfassungs- und Sozialgeschichte, S. 335–344.

Buchholz, Werner, Anfänge der Sozialdisziplinierung im Mittelalter. Die Reichsstadt Nürnberg als Beispiel, in: ZHF 18, 1991, S. 129–147.

Bucholtz, Engelbert, Die Einwirkungen des Reichsdeputations-Hauptschlusses im Jahre 1803 auf das Bistum Osnabrück. Osnabrück 1930.

Burke, Peter, Helden, Schurken und Narren. Europäische Volkskultur in der frühen Neuzeit. Stuttgart 1981.

Burne, Alfred Higgins, The noble Duke of York. The Military Life of Frederick Duke of York and Albany. London 1949.

Carl, Horst, Okkupation und Regionalismus. Die preußischen Westprovinzen im Siebenjährigen Krieg. Mainz 1993.

Christ, Günter, Selbstverständnis und Rolle der Domkapitel in den geistlichen Territorien des Alten Deutschen Reiches in der Frühneuzeit, in: ZHF 16, 1989, S. 257–328.

Christ, Günter, Karl Theodor von Dalberg (1744–1817), in: Fränkische Lebensbilder, hrsg. von *Alfred Wendehorst.* Bd. 13. Neustadt/Aisch 1990, S. 92–113.

Clemens August. Kurfürst Clemens August. Landesherr und Mäzen des 18. Jahrhunderts. Ausstellung in Schloß Augustusburg zu Brühl 1961. Köln 1961.

Clemens August. Fürstbischof, Jagdherr, Mäzen. Katalog zu einer kulturhistorischen Ausstellung aus Anlaß des 250jährigen Jubiläums von Schloß Clemenswerth. Meppen/Sögel 1987.

Conrad, Hermann, Deutsche Rechtsgeschichte. Bd. 2. Karlsruhe 1966.

Conrad, Hermann, Staatsgedanke und Staatspraxis des aufgeklärten Absolutismus. Opladen 1971.

Conrad, Hermann, Staat und Kirche im aufgeklärten Absolutismus, in: Der Staat 12, 1973, S. 45–63.

Conze, Werner, Vom »Pöbel« zum »Proletariat«: Sozialgeschichtliche Voraussetzungen für den Sozialismus in Deutschland, in: VSWG 41, 1954, S. 333–364.

Crusius, Eberhard, Die Land- und Justizkanzlei in Osnabrück und das öffentliche Bauwesen im Hochstift während des 18. Jahrhunderts. Osnabrück 1952 (= OM 65, 1952, S. 1–76, Tafeln I–VIII).

Danckert, Werner, Unehrliche Leute. Die verfemten Berufe. Bern 1963.

Danker, Uwe, Räuberbanden im Alten Reich um 1700. Ein Beitrag zur Geschichte von Herrschaft und Kriminalität in der Frühen Neuzeit. 2 Bde. Frankfurt am Main 1988 (Suhrkamp-TB).

Dann, Uriel, Hannover und England 1740 – 1760. Diplomatie und Selbsterhaltung. Hildesheim 1986.

Delumeau, Jean, Angst im Abendland. Die Geschichte kollektiver Ängste im Europa des 14. bis 18. Jahrhunderts. 2 Bde. Reinbek bei Hamburg 1985.

Dethlefs, Gerd, Zwischen Reformation und Säkularisierung 1530–1802, in: Westfalen in Niedersachsen. Kulturelle Verflechtungen: Münster – Osnabrück – Emsland – Oldenburger Münsterland. Ausstellungskatalog. Museumsdorf Cloppenburg 1993, S. 47–84.

Dickmann, Fritz, Der Westfälische Frieden. Münster ⁵1985.

Dilthey, Wilhelm, Das achtzehnte Jahrhundert und die geschichtliche Welt (1901), in: ders., Gesammelte Schriften, III. Stuttgart/Göttingen ³1962, S. 209–269.

Dinges, Martin, Stadtarmut in Bordeaux (1525–1675) – Alltag, Politik, Mentalitäten. Bonn 1988.

Dinges, Martin, Die Ehre als Thema der Stadtgeschichte. Eine Semantik im Übergang vom Ancien Régime zur Moderne, in: ZHF 16, 1989, S. 409–440.

Dinges, Martin, Frühneuzeitliche Armenfürsorge als Sozialdisziplinierung? Probleme mit einem Konzept, in: Geschichte und Gesellschaft 17, 1991, S. 5–29.

Dipper, Christof, Deutsche Geschichte 1648–1789. Frankfurt am Main 1991.

Dreyfus, François-Georges, Société et mentalités à Mayence dans la seconde moitié du XVIIIe siècle. Paris 1968.

Duby, Georges, Histoire des mentalités, in: *Samaran, Charles (Hrsg.),* L'histoire et ses méthodes. Paris 1961, S. 937–966.

Duchhardt, Heinz, Das Zeitalter des Absolutismus. München 1989.

Duchhardt, Heinz, Altes Reich und europäische Staatenwelt 1648–1806. München 1990.

Duchhardt, Heinz, Deutsche Verfassungsgeschichte 1495–1806. Stuttgart 1991.

Duchhardt, Heinz, Frankfurt am Main im 18. Jahrhundert, in: Frankfurt am Main. Die Geschichte der Stadt in neun Beiträgen. Hrsg. von der Frankfurter Historischen Kommission. Sigmaringen 1991, ²1994, S. 261–302.

Duda, Detlev, Die Hamburger Armenfürsorge im 18. und 19. Jahrhundert. Weinheim 1982.

Dülmen, Richard van / Schindler, Norbert (Hrsg.), Volkskultur. Zur Wiederentdeckung des vergessenen Alltags (16.–20. Jahrhundert). Frankfurt am Main 1984.

Dülmen, Richard van, Die Gesellschaft der Aufklärer. Zur bürgerlichen Emanzipation und aufklärerischen Kultur in Deutschland. Frankfurt 1986.

Dülmen, Richard van, Kultur und Alltag in der Frühen Neuzeit. Bd. 1: Das Haus und seine Menschen, 16.–18. Jahrhundert. München 1990.

Dülmen, Richard van, Kultur und Alltag in der Frühen Neuzeit. Bd. 2: Dorf und Stadt. München 1992.

Ebeling, Dietrich, Bürgertum und Pöbel. Wirtschaft und Gesellschaft Kölns im 18. Jahrhundert. Köln/Wien 1987.

Eckhardt, Albrecht / Schmidt, Heinrich (Hrsg.), Geschichte des Landes Oldenburg. Ein Handbuch. Oldenburg 1987, ³1988.

Ehmer, Josef, Sozialgeschichte des Alters. Frankfurt am Main 1990.

Elias, Norbert, Über den Prozeß der Zivilisation. 2 Bde. Frankfurt am Main 1976 (Suhrkamp TB, in mehreren Auflagen erschienen).

Elias, Norbert, Die höfische Gesellschaft. Untersuchungen zur Soziologie des Königtums und der höfischen Aristokratie. Frankfurt am Main 1983 (Suhrkamp-TB).

Ellermeyer, Jürgen, Vorindustrielle Städte als Forschungsaufgabe. Warum lassen sich Kenntnisse über Sozialstruktur und Unterschichten noch verbessern?, in: Die alte Stadt 7, 1980, S. 276–296.

Emminghaus, Arved, Das Armenwesen und die Armengesetzgebung in den europäischen Staaten. Berlin 1870.

Endres, Rudolf, Das Armenproblem im Zeitalter des Absolutismus, in: Jahrbuch für fränkische Landesforschung 34/35, 1975, S. 1003–1020.

Endres, Rudolf, Die Gesellschaft zur Beförderung vaterländischer Industrie in Nürnberg von 1792, in: *Braun/Kopitzsch,* Zwangsläufig oder abwendbar?, S. 188–202.

Endres, Rudolf, Armenstiftungen und Armenschulen in Nürnberg in der Frühneuzeit, in: Jahrbuch für fränkische Landesforschung 53, 1992 (= FS Alfred Wendehorst II), S. 55–64.

Engelsing, Rolf, Analphabetentum und Lektüre. Zur Sozialgeschichte des Lesens in Deutschland zwischen feudaler und industrieller Gesellschaft. Stuttgart 1973.

Engelsing, Rolf, Probleme der Lebenshaltung in Deutschland im 18. und 19. Jahrhundert, in: *ders.,* Zur Sozialgeschichte deutscher Mittel- und Unterschichten. Göttingen ²1978, S. 11–25.

Engelsing, Rolf, Sozial- und Wirtschaftsgeschichte Deutschlands. Göttingen ³1983.

Epstein, Klaus, Die Ursprünge des Konservativismus in Deutschland. Der Ausgangspunkt: Die Herausforderung durch die Französische Revolution 1770–1806. Frankfurt 1973 (Engl. Orig.-Ausgabe, New Jersey 1966).

Erbe, Michael, Deutsche Geschichte 1713–1790. Dualismus und Aufgeklärter Absolutismus. Stuttgart 1985.

Erker, Brigitte, Justus Möser in Pyrmont 1746–1793. Hrsg. vom Museumsverein im Schloß Pyrmont, Nr. 17. Bad Pyrmont 1991.

Fehrenbach, Elisabeth, Traditionale Gesellschaft und revolutionäres Recht. Die Einführung des Code Napoléon in den Rheinbundstaaten. Göttingen 1974, ³1983.

Fehrenbach, Elisabeth, Der Einfluß des napoleonischen Frankreich auf das Rechts- und Verwaltungssystem Deutschlands, in: *Reden-Dohna, Armgard von (Hrsg.),* Deutschland und Italien im Zeitalter Napoleons. Wiesbaden 1979, S. 23–40.

Fehrenbach, Elisabeth, Vom Ancien Régime zum Wiener Kongreß. München ²1986.

Feine, Hans Erich, Die Besetzung der Reichsbistümer vom Westfälischen Frieden bis zur Säkularisation 1648–1803. Stuttgart 1921.

Fenske, Hans / Mertens, Dieter / Reinhard, Wolfgang / Rosen, Klaus, Geschichte der politischen Ideen. Von Homer bis zur Gegenwart. Königstein 1981.

Fetscher, Iring / Münkler, Herfried (Hrsg.), Pipers Handbuch der politischen Ideen. Bd. 3: Neuzeit. München/Zürich 1985.

Feuchtwanger, Lion, Geschichte der sozialen Politik und des Armenwesens im Zeitalter der Reformation, in: Jahrbuch für Gesetzgebung, Verwaltung und Volkswirtschaft im Deutschen Reich [= Schmollers Jahrbuch] NF 32, 1908, S. 1423–1460; 33, 1909, S. 191–228.

Fiebig, Bernhardine, Justus Mösers Staatslehre. Diss. jur. (Ms.) Köln 1953.

Fiegert, Monika, Die Schulen von Melle und Buer im Hochstift Osnabrück vom Westfälischen Frieden bis zur Säkularisierung. Eine Regionalgeschichte des niederen Schulwesens im Prozeß der Konfessionalisierung. Osnabrück 1992.

Finzsch, Norbert, Obrigkeit und Unterschichten. Zur Geschichte der rheinischen Unterschichten gegen Ende des 18. und zu Beginn des 19. Jahrhunderts. Stuttgart 1990.

Fischer, Thomas, Städtische Armut und Armenfürsorge im 15. und 16. Jahrhundert. Göttingen 1979.

Fischer, Wolfram, Armut in der Geschichte. Erscheinungsformen und Lösungsversuche der »Sozialen Frage« in Europa seit dem Mittelalter. Göttingen 1982.

Flynn, Maureen, Sacred Charity. Confraternities and social welfare in Spain 1400–1700. London 1989.

Foucault, Michel, Überwachen und Strafen. Die Geburt des Gefängnisses. Frankfurt am Main ⁸1989.

François, Etienne, Unterschichten und Armut in rheinischen Residenzstädten des 18. Jahrhunderts, in: VSWG 62, 1975, S. 433–464.

François, Etienne, Koblenz im 18. Jahrhundert. Zur Sozial- und Bevölkerungsstruktur einer deutschen Residenzstadt. Göttingen 1982.

François, Etienne, »Die unsichtbare Grenze«. Protestanten und Katholiken in Augsburg 1648–1806. Sigmaringen 1991.

Frankenfeld, Alfred, Justus Möser als Staatsmann im Siebenjährigen Kriege und am englischen Hofe. Diss. phil. Göttingen 1922 (Ms.).

Frevert, Ute, Krankheit als politisches Problem 1770–1880. Soziale Unterschichten in Preußen zwischen medizinischer Polizei und staatlicher Sozialversicherung. Göttingen 1984.

Freyh, Antje, Karl Theodor von Dalberg. Ein Beitrag zum Verhältnis von politischer Theorie und Regierungspraxis in der Endphase des Aufgeklärten Absolutismus. Frankfurt am Main 1978.

Friderici-Stüve, Geschichte der Stadt Osnabrück. Teile 1–3. Osnabrück 1816, 1817, 1826.

Frijhoff, Willem, La coexistence confessionnelle: complicités, méfiances et ruptures aux Provinces-Unies, in: *Delumeau, Jean (Hrsg.),* Histoire vécue du peuple chrétien, Bd. 2. Toulouse 1979, S. 229–257.

Gagliardo, John G., Reich and Nation: The Holy Roman Empire as Idea and Reality, 1763–1806. Bloomington, Ind., 1980.

Gagliardo, John G., Germany under the Old Regime, 1600–1790. London/New York 1991.

Gall, Lothar, Von der ständischen zur bürgerlichen Gesellschaft. München 1993.

Gatz, Erwin (Hrsg.), Die Bischöfe des Heiligen Römischen Reichs 1648 bis 1803. Ein biographisches Lexikon. Berlin 1990.

Geremek, Bronislaw, Geschichte der Armut. Elend und Barmherzigkeit in Europa. München/Zürich 1988.

Gerteis, Klaus, Bildung und Revolution. Die deutschen Lesegesellschaften am Ende des 18. Jahrhunderts, in: Archiv für Kulturgeschichte 53, 1971, S. 127–139.

Gerteis, Klaus, Die deutschen Städte in der Frühen Neuzeit. Zur Vorgeschichte der »bürgerlichen Welt«. Darmstadt 1986.

Göttsching, Paul, Zwischen Historismus und politischer Geschichtsschreibung. Zur Diskussion um Mösers Osnabrückische Geschichte, in: OM 82, 1976, S. 60–80.

Göttsching, Paul, »Bürgerliche Ehre« und »Recht der Menschheit« bei Justus Möser, in: OM 84, 1978, S. 51–79.

Göttsching, Paul, Justus Möser in der sozialen Bewegung seiner Zeit, in: OM 85, 1979, S. 99–114.

Göttsching, Paul, Justus Mösers Staats- und Geschichtsdenken. Der Nationsgedanke des aufgeklärten Ständetums, in: Der Staat 22, 1983, S. 33–61.

Greiffenhagen, Martin, Das Dilemma des Konservatismus in Deutschland. München 1971.

Grieser, Rudolf, Die deutsche Kanzlei in London, ihre Entstehung und Anfänge, in: Blätter für deutsche Landesgeschichte 89, 1952, S. 153–168.

Grießinger, Andreas, Das symbolische Kapital der Ehre. Streikbewegungen und kollektives Bewußtsein deutscher Handwerksgesellen im 18. Jahrhundert. Frankfurt am Main 1981.

Grimm, Dieter, Deutsche Verfassungsgeschichte 1776–1866. Frankfurt am Main 1988.

Gründer, Horst, Arme, Armut und Armenwesen in der Stadt Münster im 19. Jahrhundert, in: Westfälische Zeitschrift 139, 1989, S. 161–178.

Gutton, Jean-Pierre, La société et les pauvres en Europe (XVIe–XVIIIe siècles). Paris 1974.

Haan, Heiner / Niedhart, Gottfried, Geschichte Englands vom 16. bis zum 18. Jahrhundert. München 1993.

Haarmann, Erich, Wie sah Möser aus?, in: OM 59, 1939, S. 1–42.

Haase, Carl, Obrigkeit und öffentliche Meinung in Kurhannover 1789–1803, in: Niedersächsisches Jahrbuch für Landesgeschichte 39, 1967, S. 192–294.

Haase, Carl, Bildung und Wissenschaft von der Reformation bis 1803, in: *Patze, Hans (Hrsg.),* Geschichte Niedersachsens Bd. 3, Teil 2. Hildesheim 1983, S. 261–493.

Hagenah, Ulrich, Ländliche Gesellschaft im Wandel zwischen 1750 und 1850 – das Beispiel Hannover –, in: Niedersächsisches Jahrbuch für Landesgeschichte 57, 1985, S. 161–206.

Hahn, Hans-Werner, Altständisches Bürgertum zwischen Beharrung und Wandel. Wetzlar 1689–1870. München 1991.

Hamann, Manfred, Das Staatswesen der Fürstbischöfe von Hildesheim im 18. Jahrhundert, in: Niedersächsisches Jahrbuch für Landesgeschichte 34, 1962, S. 157–193.

Hamburg. Die Patriotische Gesellschaft zu Hamburg 1765–1965. Festschrift der Hamburgischen Gesellschaft zur Beförderung der Künste und nützlichen Gewerbe. Hamburg 1965.

Hammerstein, Notker, Jus und Historie. Ein Beitrag zur Geschichte des historischen Denkens an deutschen Universitäten im späten 17. und im 18. Jahrhundert. Göttingen 1972.

Hammerstein, Notker, Aufklärung und katholisches Reich. Untersuchungen zur Universitätsreform und Politik katholischer Terri-

torien des Heiligen Römischen Reiches deutscher Nation im 18. Jahrhundert. Berlin 1977.
Hammerstein, Notker, Die deutschen Universitäten im Zeitalter der Aufklärung, in: ZHF 10, 1983, S. 73–89.
Hanschmidt, Alwin, Franz von Fürstenberg als Staatsmann. Die Politik des Münsterschen Ministers 1762–1780. Münster 1969.
Hanschmidt, Alwin, Das 18. Jahrhundert, in: *Wilhelm Kohl (Hrsg.),* Westfälische Geschichte. Bd. 1: Von den Anfängen bis zum Ende des Alten Reiches. Düsseldorf 1983, S. 605–685.
Hartmann, Plaudereien über Zustände und Vorgänge in der Stadt Osnabrück bis zum Jahre 1808, in: OM 13, 1886, S. 1–122.
Hartung, Fritz, Deutsche Verfassungsgeschichte. Vom 15. Jahrhundert bis zur Gegenwart. Stuttgart ⁹1969.
Hartung, Wolfgang, Die Spielleute. Eine Randgruppe in der Gesellschaft des Mittelalters. Wiesbaden 1982.
Hatzig, Otto, Justus Möser als Staatsmann und Publizist. Hannover/Leipzig 1909.
Hatzig, Otto, Justus Möser als Politiker, in: Zs. des historischen Vereins für Niedersachsen 76, 1911, S. 102–122.
Haug-Moritz, Gabriele, Kaisertum und Parität. Reichspolitik und Konfessionen nach dem Westfälischen Frieden, in: ZHF 19, 1992, S. 445–482.
Hauptmeyer, Carl-Hans (Hrsg.), Landesgeschichte heute. Göttingen 1987.
Hazard, Paul, Die Herrschaft der Vernunft. Das europäische Denken im 18. Jahrhundert. Hamburg 1949.
Head, Anne-Lise / Schnegg, Brigitte (Hrsg.), Armut in der Schweiz (17.–20. Jh.), /La pauvreté en Suisse (17e–20e s.): Beiträge der Jahrestagung 1988 der Schweizerischen Gesellschaft für Wirtschafts- und Sozialgeschichte. Zürich 1989.
Heckel, Martin, Gesammelte Schriften. Staat, Kirche, Recht, Geschichte. Hrsg. von *Klaus Schlaich.* Tübingen 1989.
Hegel, Eduard, Das Erzbistum Köln zwischen Barock und Aufklärung. Vom Pfälzischen Krieg bis zum Ende der Französischen Zeit 1688–1814, in: Geschichte des Erzbistums Köln, hrsg. von *Eduard Hegel,* Band 4, Köln 1979.
Hehemann, Rainer (Hrsg.), Biographisches Handbuch zur Geschichte der Region Osnabrück. Bramsche 1990.
Hempel, Ernst, Justus Mösers Wirkung auf seine Zeitgenossen und auf die deutsche Geschichtsschreibung, in: OM 54, 1933, S. 1–76.

Henning, Friedrich Wilhelm, Dienste und Abgaben der Bauern im 18. Jahrhundert. Stuttgart 1969.
Henning, Friedrich Wilhelm, Landwirtschaft und ländliche Gesellschaft in Deutschland. Bde. 1–2. Paderborn 1978/79.
Henning, Friedrich-Wilhelm, Deutsche Wirtschafts- und Sozialgeschichte im Mittelalter und in der frühen Neuzeit. Handbuch der Wirtschafts- und Sozialgeschichte Deutschlands in drei Bänden, Band 1. Paderborn 1991.
Hergemöller, Bernd-Ulrich (Hrsg.), Randgruppen der spätmittelalterlichen Gesellschaft: ein Hand- und Studienbuch. Warendorf 1990.
Herrmann, Ulrich (Hrsg.), »Das pädagogische Jahrhundert«. Volksaufklärung und Erziehung zur Armut im 18. Jahrhundert in Deutschland. Weinheim/Basel 1981.
Herrmann, Ulrich, Armut – Armenversorgung – Armenerziehung an der Wende zum 19. Jahrhundert, in: *ders.,* »Das pädagogische Jahrhundert«, S. 194–218.
Hersche, Peter, Die deutschen Domkapitel im 17. und 18. Jahrhundert. Bde. 1–3. Ursellen/Bern 1984.
Hersche, Peter, Intendierte Rückständigkeit: Zur Charakteristik des geistlichen Staates im Alten Reich, in: *Schmidt, Georg (Hrsg.),* Stände und Gesellschaft im Alten Reich. Stuttgart 1989, S. 133–149.
Herzig, Arno / Langewiesche, Dieter / Sywottek, Arnold (Hrsg.), Arbeiter in Hamburg. Unterschichten, Arbeiter und Arbeiterbewegung seit dem ausgehenden 18. Jahrhundert. Hamburg 1983 (Einleitung: S. 9–47).
Herzig, Arno, Unterschichtenprotest in Deutschland 1790–1870. Göttingen 1988.
Herzog, Friedrich, Das Osnabrücker Land im 18. und 19. Jahrhundert. Eine kulturgeographische Untersuchung. Oldenburg 1938.
van den Heuvel, Christine, Beamtenschaft und Territorialstaat. Behördenentwicklung und Sozialstruktur der Beamtenschaft im Hochstift Osnabrück 1550–1800. Osnabrück 1984.
van den Heuvel, Christine, Ländliches Kreditwesen am Ende des 18. Jahrhunderts im Hochstift Osnabrück. Das Anschreibebuch des Johann Gabriel Niemann, in: OM 91, 1986, S. 163–192.
van den Heuvel, Christine und Gerd, Reaktionen auf die Französische Revolution im Hochstift Osnabrück, in: OM 94, 1989, S. 195–218.

van den Heuvel, Christine, Städtisch-bürgerliche Freiheit und fürstlicher Absolutismus. Verfassung und Verwaltung der Stadt Osnabrück in der Frühen Neuzeit, in: *Stolleis, Michael (Hrsg.),* Recht, Verfassung und Verwaltung in der frühneuzeitlichen Stadt. Köln/Wien 1991, S. 159–171.

van den Heuvel, Christine, Das Osnabrücker Schloß. Quellen zur Baugeschichte, Hofhaltung und Gartenanlage im Hauptstaatsarchiv Hannover, in: OM 98, 1993, S. 87–113.

van den Heuvel, Gerd, Rezeption und Auswirkungen der Französischen Revolution in Niedersachsen 1789–1799, in: Niedersächsisches Jahrbuch für Landesgeschichte 63, 1991, S. 283–301.

Hinrichs, Carl, Preußentum und Pietismus. Göttingen 1971.

Hinrichs, Ernst, Einführung in die Geschichte der Frühen Neuzeit. München 1980.

Hinrichs, Ernst / Wiegelmann, Günter (Hrsg.), Sozialer und kultureller Wandel in der ländlichen Welt des 18. Jahrhunderts. Wolfenbüttel 1982.

Hinrichs, Ernst (Hrsg.), Absolutismus. Frankfurt 1986 (suhrkamp-TB).

Hinrichs, Ernst, Regionalgeschichte, in: *Hauptmeyer,* Landesgeschichte heute, S. 16–34.

Hinrichs, Ernst, Aufklärung in Niedersachsen. Zentren, Institutionen, Ausprägungen. Göttingen 1990.

Hirschfelder, Heinrich, Herrschaftsordnung und Bauerntum im Hochstift Osnabrück im 16. und 17. Jahrhundert. Osnabrück 1971.

Hoberg, Hermann, Die Gemeinschaft der Bekenntnisse in kirchlichen Dingen. Rechtszustände im Fürstentum Osnabrück vom Westfälischen Frieden bis zum Anfang des 19. Jahrhunderts. Osnabrück 1939.

Hoberg, Hermann, Der Hl. Stuhl und die Wahlen protestantischer Fürstbischöfe von Osnabrück nach dem Westfälischen Frieden, in: ZRG KA 33, 1944, S. 322–336.

Hoene, Otto zu, Kloster Bersenbrück. Das ehemalige adelige Zisterzienserinnen-Kloster St. Marien zu Bersenbrück. Bd. 2: Die Wirtschaft am Kloster. Die Gebäude. Die Aufhebung des Klosters. Das Stift Bersenbrück. Osnabrück 1978.

Hoffmann, Hans-Christoph, Osnabrück, Oldenburg und das westliche Niedersachsen. Kultur, Geschichte und Landschaft zwischen Weser und Ems. Köln 1990.

Hoffmeyer, Ludwig, Geschichte der Stadt und des Regierungsbezirks Osnabrück in Bildern. Osnabrück ²1920.
Hoffmeyer, Ludwig, Geschichte der evangelischen Volksschulen des Fürstentums Osnabrück, der Niedergrafschaft Lingen sowie der Städte Meppen und Papenburg. Osnabrück 1925.
Hoffmeyer, Ludwig, Die Fürsorge für die Armen, Kranken und Waisen in Osnabrück, in: OM 51, 1929, S. 1–82.
Hoffmeyer, Ludwig, Geschichte des Handwerks im Fürstentum Osnabrück, in Lingen, Meppen und Papenburg, in: Beiträge zur Geschichte des Osnabrücker Handwerks. Osnabrück 1975, S. 21–240 (Neudruck der Ausgabe 1925).
Hoffmeyer, Ludwig / Bäte, Ludwig / Koch, Heinrich, Chronik der Stadt Osnabrück. Osnabrück ⁴1982.
Hofmann, Reinhold, Justus Möser, der Vater der deutschen Volkskunde, in: OM 32, 1907, S. 72–167.
Hoke, Rudolf, Joseph von Sonnenfels (1732–1817), in: *Jeserich, Kurt G. A. / Neuhaus, Helmut (Hrsg.)*, Persönlichkeiten der Verwaltung. Biographien zur deutschen Verwaltungsgeschichte 1648–1945. Stuttgart 1991, S. 44–48.
Hollmann, Wolfgang, Justus Mösers Zeitungsidee und ihre Verwirklichung. München 1937.
Hollmann, Wolfgang, Justus Möser (1720–1794), in: *Fischer, Heinz-Dietrich (Hrsg.)*, Deutsche Publizisten des 15. bis 20. Jahrhunderts. München 1971, S. 98–108.
Hsia, Ronnie Po-Chia, Social Discipline in the Reformation: Central Europe 1550–1750. London/New York 1989.
Hubatsch, Walther (Hrsg.), Absolutismus. Darmstadt 1973.
Hubrig, Hans, Die patriotischen Gesellschaften des 18. Jahrhunderts. Weinheim 1957.
Hufton, Olwen H., The Poor of Eighteenth-Century France 1750–1789. Oxford 1974.
Hunecke, Volker, Überlegungen zur Geschichte der Armut im vorindustriellen Europa, in: Geschichte und Gesellschaft 9, 1983, S. 480–512.
Hüttl, Ludwig, Geistlicher Fürst und geistliche Fürstentümer im Barock und Rokoko, in: ZBLG 37, 1974, S. 3–48.
Im Hof, Ulrich, Das gesellige Jahrhundert. Gesellschaft und Gesellschaften im Zeitalter der Aufklärung. München 1982.
Imhof, Arthur E., Einführung in die Historische Demographie. München 1977.

Imhof, Arthur E., Die Funktion des Krankenhauses in der Stadt des 18. Jahrhunderts, in: Zs. für Stadtgeschichte, Stadtsoziologie und Denkmalpflege 4, 1977, S. 215–241.

Imhof, Arthur E., Lebenserwartungen in Deutschland vom 17. bis 19. Jahrhundert. Weinheim 1990.

Irsigler, Franz / Lassotta, Arnold, Bettler und Gaukler, Dirnen und Henker. Randgruppen und Außenseiter in Köln 1300–1600. Köln 1984.

Jarck, Horst-Rüdiger (Hrsg.), Quakenbrück. Von der Grenzfestung zum Gewerbezentrum. Quakenbrück 1985.

Jedin, Hubert (Hrsg.), Handbuch der Kirchengeschichte, Bd. 5: Die Kirche im Zeitalter des Absolutismus und der Aufklärung. Freiburg 1970 (Sonderausgabe Freiburg 1985).

Jellinghaus, Hermann, Nachrichten über Dörfer und Bauernhöfe in Osnabrück. Osnabrück 1924.

Jeserich, Kurt G. A. / Pohl, Hans / Unruh, Georg-Christoph von (Hrsg.), Deutsche Verwaltungsgeschichte. Bd. 1: Vom Spätmittelalter bis zum Ende des Reiches. Stuttgart 1983.

Jetter, Dieter, Geschichte des Hospitals. 2 Bde. Wiesbaden 1966/71.

Jetter, Dieter, Das europäische Hospital. Von der Spätantike bis 1800. Köln ²1987.

Jones, Colin, Charity and Bienfaisance: Treatment of the Poor in the Montpellier Region 1740–1815. New York 1982.

Joulia, Antoinette, Ein französischer Verwaltungsbezirk in Deutschland. Das Oberems-Departement (1810–1813), in: OM 80, 1973, S. 21–102.

Jürgensmeier, Friedhelm, Das Bistum Mainz. Frankfurt am Main 1988.

Jütte, Robert, Obrigkeitliche Armenfürsorge in deutschen Reichsstädten der frühen Neuzeit. Städtisches Armenwesen in Frankfurt am Main und Köln. Köln/Wien 1984.

Jütte, Robert, Abbild und soziale Wirklichkeit des Bettler- und Gaunertums zu Beginn der Neuzeit. Köln/Wien 1988.

Jütte, Robert, Disziplinierungsmechanismen in der städtischen Armenfürsorge der Frühneuzeit, in: *Sachße/Tennstedt,* Soziale Sicherheit und soziale Disziplinierung, S. 101–118.

Jütte, Robert, »Disziplin zu predigen ist eine Sache, sich ihr zu unterwerfen eine andere« (Cervantes) – Prolegomena zu einer Sozialgeschichte der Armenfürsorge diesseits und jenseits des »Fortschritts«, in: Geschichte und Gesellschaft 17, 1991, S. 92–101.

Jütte, Robert, Ärzte, Heiler und Patienten. Medizinischer Alltag in der frühen Neuzeit. München/Zürich 1991.

Kann, Robert A., Kanzel und Katheder. Studien zur österreichischen Geistesgeschichte vom Spätbarock zur Frühromantik. Wien 1962.

Kanz, Heinrich, Der humane Realismus Justus Mösers. Bildungsanalyse in der ersten Europäischen Aufklärung. Wuppertal/Ratingen/Kastellaun 1971.

Kanz, Heinrich, Die Idee der Selbstbestimmung in der Alltagsphilosophie des Osnabrückers Justus Möser, in: *Keck,* Spätaufklärung und Philanthropismus, S. 150–176.

Kappl, Claus, Die Not der kleinen Leute. Der Alltag der Armen im 18. Jahrhundert im Spiegel der Bamberger Malefizamtsakten. Bamberg 1984.

Kaschuba, Wolfgang, Lebenswelt und Kultur der unterbürgerlichen Schichten im 19. und 20. Jahrhundert. München 1990.

Kass, Georg, Möser und Goethe. Berlin 1909.

Kaster, Karl Georg, »Meliorisierung« und »Möblierung«. Das Schloß als hannoversches Allod zwischen 1698 und 1802, in: *Verspohl, Franz-Joachim (Hrsg.),* Das Osnabrücker Schloß. Stadtresidenz, Villa, Verwaltungssitz. Bramsche 1991, S. 229–269.

Kaufhold, Karl Heinrich, Die »moral economy« des alten Handwerks und die Aufstände der Handwerksgesellen. Überlegungen zu einer neuen Veröffentlichung, in: Archiv für Sozialgeschichte 22, 1982, S. 514–522.

Kaufhold, Karl Heinrich, Gewerbe und ländliche Nebentätigkeiten im Gebiet des heutigen Niedersachsen um 1800, in: Archiv für Sozialgeschichte 23, 1983, S. 163–218.

Keck, Rudolf W. (Hrsg.), Spätaufklärung und Philanthropismus in Niedersachsen. Ergebnisse eines Symposions. Hildesheim 1993.

Kellenbenz, Hermann, Deutsche Wirtschaftsgeschichte. Bd. 1: Von den Anfängen bis zum Ende des 18. Jahrhunderts. München 1977.

Kempf, Thomas, Aufklärung als Disziplinierung. Studien zum Diskurs des Wissens in Intelligenzblättern und gelehrten Beilagen der zweiten Hälfte des 18. Jahrhunderts. München 1991.

Kessel, Jürgen, Die Rolle Justus Mösers bei der Wiederaufnahme der Grenzverhandlungen mit Münster (1768–1774), in: OM 97, 1992, S. 77–114.

Kessel, Jürgen, Die »Dammer Frage« im Streit zwischen Münster und Osnabrück 1568–1802/03, in: *Bade u. a. (Hrsg.),* Damme. Eine Stadt in ihrer Geschichte, S. 111–143.

Kiesel, Helmuth/Münch, Paul (Hrsg.), Gesellschaft und Literatur im 18. Jahrhundert. Voraussetzungen und Entstehung des literarischen Markts in Deutschland. München 1977.
Kirchgässner, Bernhard / Baer, Wolfram (Hrsg.), Stadt und Bischof. Sigmaringen 1988.
Klassen, Peter, Justus Möser. Frankfurt am Main 1936.
Klein, Ernst, Geschichte der öffentlichen Finanzen in Deutschland (1500–1870). Wiesbaden 1974.
Kleinheyer, Gerd/Schröder, Jan, Deutsche Juristen aus fünf Jahrhunderten. Heidelberg ²1983.
Klippel, Diethelm, Politische Freiheit und Freiheitsrechte im deutschen Naturrecht des 18. Jahrhunderts. Paderborn 1976.
Klippel, Diethelm, Der Einfluß der Physiokraten auf die Entwicklung der liberalen politischen Theorie in Deutschland, in: Der Staat 23, 1984, S. 205–226.
Klippel, Diethelm, Politische Theorien im Deutschland des 18. Jahrhunderts, in: Aufklärung 2/2, 1987, S. 57–87.
Klippel, Diethelm, Von der Aufklärung der Herrscher zur Herrschaft der Aufklärung, in: ZHF 17, 1990, S. 193–210.
Knefelkamp, Ulrich, Das Heilig-Geist-Spital in Nürnberg vom 14.–17. Jahrhundert. Geschichte, Struktur, Alltag. Nürnberg 1989.
Knemeyer, Franz-Ludwig, Regierungs- und Verwaltungsreform in Deutschland zu Beginn des 19. Jahrhunderts. Berlin/Köln 1970.
Knemeyer, Franz-Ludwig, Art. Polizei, in: *Brunner/Conze/Koselleck (Hrsg.)*, Geschichtliche Grundbegriffe. Historisches Lexikon zur politisch-sozialen Sprache in Deutschland, Bd. 4, 1978, S. 875ff.
Knoch, Annegret, Die Politik des Bischofs Franz Wilhelm von Wartenberg während der westfälischen Friedensverhandlungen (1644–1648). Diss. phil. Bonn 1965.
Knudsen, Jonathan Brian, Justus Möser and the German Enlightenment. Cambridge 1986.
Knudsen, Jonathan Brian, Justus Möser: Local History as Cosmopolitan History, in: *Bödeker, Hans Erich u. a. (Hrsg.)*, Aufklärung und Geschichte. Göttingen 1986, S. 324–343.
Koch, Lotte, Wandlungen der Wohlfahrtspflege im Zeitalter der Aufklärung. Erlangen 1933.
Koch, Rainer, Grundlagen bürgerlicher Herrschaft. Verfassungs- und sozialgeschichtliche Studien zur bürgerlichen Gesellschaft in Frankfurt am Main (1612–1866). Wiesbaden 1983.

Kocka, Jürgen, Theorien in der Sozial- und Gesellschaftsgeschichte. Vorschläge zur historischen Schichtungsanalyse, in: Geschichte und Gesellschaft 1, 1975, S. 9–42.

Kocka, Jürgen, Weder Stand noch Klasse. Unterschichten um 1800. Bonn 1990.

Koeppel, Ferdinand, Karl von Dalbergs Wirken für das Hochstift Würzburg unter Franz Ludwig von Erthal, in: Zeitschrift für bayerische Landesgeschichte 17, 1953/54, S. 253–298.

Kopitzsch, Franklin (Hrsg.), Aufklärung, Absolutismus und Bürgertum in Deutschland. München 1976.

Kopitzsch, Franklin, Grundzüge einer Sozialgeschichte der Aufklärung in Hamburg und Altona. 2 Teile. Hamburg 1982, ²1990.

Kopitzsch, Franklin, Die Aufklärung in Deutschland. Zu ihren Leistungen, Grenzen und Wirkungen, in: Archiv für Sozialgeschichte 23, 1983, S. 1–21.

Kopitzsch, Franklin, Die Hamburger Aufklärung und das Armenproblem, in: *Herzig, Arno / Langewiesche, Dieter / Sywottek, Arnold (Hrsg.),* Arbeiter in Hamburg. Unterschichten, Arbeiter und Arbeiterbewegung seit dem ausgehenden 18. Jahrhundert. Hamburg 1983, S. 51–59.

Kopitzsch, Franklin, Sozialgeschichte der Aufklärung in Deutschland, in: *Berding/François/Ullmann,* Deutschland und Frankreich im Zeitalter der Französischen Revolution, S. 373–390.

Kopitzsch, Franklin, Einführung: Aufklärung und soziale Frage in Hamburg, in: *Braun/Kopitzsch,* Zwangsläufig oder abwendbar?, S. 30–36.

Körholz, Leo, Die Wahl des Prinzen Friedrich von York zum Bischof von Osnabrück und die Regierung des Stifts während seiner Minderjährigkeit. Diss. phil. Münster 1907 (1908).

Koselleck, Reinhart, Preußen zwischen Reform und Revolution. Allgemeines Landrecht, Verwaltung und soziale Bewegung von 1791 bis 1848. Stuttgart 1967, Sonderausgabe 1987.

Krause, Peter, Die Entwicklung der sozialen Grundrechte, in: *Birtsch,* Grund- und Freiheitsrechte im Wandel von Gesellschaft und Geschichte, S. 402–431.

Kremer, Bernd Mathias, Der Westfälische Friede in der Deutung der Aufklärung. Zur Entwicklung des Verfassungsverständnisses im Hl. Röm. Reich Deutscher Nation vom Konfessionellen Zeitalter bis ins späte 18. Jahrhundert. Tübingen 1989.

Kriedte, Peter / Medick, Hans / Schlumbohm, Jürgen, Industrialisierung vor der Industrialisierung. Gewerbliche Warenproduktion auf dem Land in der Formationsperiode des Kapitalismus. Göttingen 1976.

Kruedener, Jürgen Freiherr von, Die Rolle des Hofes im Absolutismus. Stuttgart 1973.

Krüger, Hartmut, Justus Möser (1720–1794), in: *Jeserich, Kurt G. A. / Neuhaus, Helmut (Hrsg.),* Persönlichkeiten der Verwaltung. Biographien zur deutschen Verwaltungsgeschichte 1648–1945. Stuttgart 1991, S. 35–39.

Krüger, Kersten (Hrsg.), Europäische Städte im Zeitalter des Barock. Gestalt – Kultur – Sozialgefüge. Köln/Wien 1988.

Krug von Nidda, Carl Ludwig, Entwicklungstendenzen und gegenseitige Beziehungen der öffentlichen und freien Wohlfahrtspflege in Deutschland in der Epoche des Übergangs von der Armenpflege zur Fürsorge, in: Beiträge zur Entwicklung der Deutschen Fürsorge. 75 Jahre Deutscher Verein für öffentliche und private Fürsorge. Köln/Berlin 1955, S. 133–349.

Krumwiede, Hans-Walter, Kirchengeschichte. Geschichte der evangelischen Kirche von der Reformation bis 1803, in: *Patze, Hans (Hrsg.),* Geschichte Niedersachsens Bd. 3, Teil 2. Hildesheim 1983, S. 1–216.

Krusch, Bruno, Der Staat Osnabrück, ein Opfer der französischen Revolution, in: OM 32, 1907, S. 168–316.

Krusch, Bruno, Justus Möser und die Osnabrücker Gesellschaft, in: OM 34, 1909, S. 244–373.

Kuczynski, Jürgen, Geschichte des Alltags des deutschen Volkes. 5 Bde. Berlin (Ost) 1980–1985.

Kunisch, Johannes, Die deutschen Führungsschichten im Zeitalter des Absolutismus, in: Deutsche Führungsschichten der Neuzeit, hrsg. von *H. H. Hofmann* u. *G. Franz.* Boppard 1980, S. 111–141.

Kunisch, Johannes, Absolutismus. Europäische Geschichte vom Westfälischen Frieden bis zur Krise des Ancien Régime. Göttingen 1986.

Küther, Carsten, Räuber und Gauner in Deutschland. Das organisierte Bandenwesen im 18. und frühen 19. Jahrhundert. Göttingen 1976, ²1987.

Küther, Carsten, Menschen auf der Straße. Vagierende Unterschichten in Bayern, Franken und Schwaben in der zweiten Hälfte des 18. Jahrhunderts. Göttingen 1983.

Lahrkamp, Monika, Münster in napoleonischer Zeit 1800–1815. Administration, Wirtschaft und Gesellschaft im Zeichen von Säkularisation und französischer Herrschaft. Münster 1976.

Lampe, Joachim, Aristokratie, Hofadel und Staatspatriziat in Kurhannover. Die Lebenskreise der höheren Beamten an den kurhannoverschen Zentral- und Hofbehörden 1714–1760. 2 Bde. Göttingen 1963.

Langewiesche, Dieter / Schönhoven, Klaus (Hrsg.), Arbeiter in Deutschland. Studien zur Lebensweise der Arbeiterschaft im Zeitalter der Industrialisierung. Paderborn 1981.

Langford, Paul, Public life and the propertied Englishman 1689–1798. Oxford 1991.

Laslett, Peter, The world we have lost. London/Cambridge 1965, 1971, 1983 (dt: Verlorene Lebenswelten, Frankfurt am Main 1991, Fischer TB).

Lehmann, Hartmut, Das Zeitalter des Absolutismus. Gottesgnadentum und Kriegsnot. Stuttgart 1980.

Lenger, Friedrich, Sozialgeschichte der deutschen Handwerker seit 1800. Frankfurt 1988.

Lenk, Kurt, Deutscher Konservatismus. Frankfurt am Main/New York 1989.

Lentze, Hans, Joseph von Sonnenfels (1732–1817), in: Österreich in Geschichte und Literatur 16, 1972, S. 297–306.

Lenzing, Rudolf, Von Möser bis Stüve. Ein Jahrhundert Osnabrücker Pressegeschichte als Spiegel des Bürgertums. Diss. phil. Münster 1925, Osnabrück 1924.

Levine, Daniel, Poverty and Society. The Growth of the American Welfare State in International Comparison. New Brunswick/London 1988.

Lindemann, Mary, Unterschichten und Sozialpolitik in Hamburg, 1799–1814, in: *Herzig/Langewiesche/Sywottek,* Arbeiter in Hamburg, S. 61–70.

Lindemann, Mary, Patriots and Paupers. Hamburg 1712–1830. Oxford 1990.

Lindig, Annemarie, Franz Oberthür als Menschenfreund. Ein Kapitel aus der katholischen Aufklärung in Würzburg, in: *Volk, Otto* (Hrsg.), Professor Franz Oberthür. Persönlichkeit und Werk. Neustadt a. d. Aisch 1966, S. 11–130.

Link, Christoph, Herrschaftsordnung und bürgerliche Freiheit. Grenzen der Staatsgewalt in der älteren deutschen Staatslehre. Wien 1979.

Link, Christoph, Zwischen Absolutismus und Revolution. Aufgeklärtes Denken über Recht und Staat in der Mitte des 18. Jahrhunderts, in: *Neuhaus, Helmut (Hrsg.)*, Aufbruch aus dem Ancien régime. Köln 1993, S. 185-209.

Lochter, Ulrich, Justus Möser und das Theater. Ein Beitrag zur Theorie und Praxis im deutschen Theater des 18. Jahrhunderts. Osnabrück 1967.

Lodtmann, Friedrich, Des Domkapitels Streitigkeiten mit Ernst August II., Ritterschaft und Städten, in: OM 10, 1875, S. 201-244.

Loehning, Curt, Advocatus patriae, Justus Möser. Schriften. Berlin 1948.

Lorenzen, Brigitte, Justus Mösers Patriotische Phantasien. Studien zur Erzählhaltung. Diss. Göttingen 1956.

Lottes, Günther, Disziplin und Emanzipation. Das Sozialdisziplinierungskonzept und die Interpretation der frühneuzeitlichen Geschichte, in: Westfälische Forschungen 42, 1992, S. 63-74.

Lübben, August / Walther, Christoph, Mittelniederdeutsches Handwörterbuch. Darmstadt 1980 (ND der Ausgabe von 1888).

Lütge, Friedrich, Geschichte der deutschen Agrarverfassung vom Frühen Mittelalter bis zum 19. Jahrhundert. Stuttgart ²1967.

Lutz, Heinrich, Normen und gesellschaftlicher Wandel zwischen Renaissance und Revolution - Differenzierung und Säkularisierung, in: Saeculum 26, 1975, S. 166-180.

Machens, Konrad, Die Tuchmacherei des Osnabrücker Landes im 17. und 18. Jahrhundert, in: OM 69, 1960, S. 48-61.

Machens, Konrad, Beiträge zur Wirtschaftsgeschichte des Osnabrücker Landes im 17. und 18. Jahrhundert, in: OM 70, 1961, S. 86-104.

Magen, Ferdinand, Reichsexekutive und regionale Selbstverwaltung im späten 18. Jahrhundert. Zu Funktion und Bedeutung der süd- und westdeutschen Reichskreise bei der Handelsregulierung im Reich aus Anlaß der Hungerkrise von 1770/72. Berlin 1992.

Mager, Wolfgang, Protoindustrialisierung und Protoindustrie. Vom Nutzen und Nachteil zweier Konzepte, in: Geschichte und Gesellschaft 14, 1988, S. 275-303.

Maier, Hans, Die ältere deutsche Staats- und Verwaltungslehre. Ein Beitrag zur Geschichte der politischen Wissenschaft in Deutschland. München ²1980.

Maier, Hans, Justus Möser, in: Jahres- und Tagungsbericht der Görres-Gesellschaft 1985. Köln 1986, S. 67-82.

Mannheim, Karl, Das konservative Denken, in: Wissenssoziologie, hrsg. von *Kurt H. Wolff.* Berlin/Neuwied 1964.

Mannheim, Karl, »Konservatismus«. Ein Beitrag zur Soziologie des Wissens. Hrsg. von *David Kettler, Volker Meja* und *Nico Stehr.* Frankfurt am Main 1984.

Martens, Wolfgang, Die Botschaft der Tugend. Die Aufklärung im Spiegel der deutschen Moralischen Wochenschriften. Stuttgart 1971.

Marshall, Dorothy, The English Poor in the Eighteenth Century. London 1926, Reprint New York 1969.

Matz, Klaus-Jürgen, Pauperismus und Bevölkerung. Die gesetzlichen Ehebeschränkungen in den süddeutschen Staaten während des 19. Jahrhunderts. Stuttgart 1980.

Maurer, Michael, Aufklärung und Anglophilie in Deutschland. Göttingen/Zürich 1987.

Maurer, Michael, Justus Möser in London (1763/64). Studien seiner produktiven Anverwandlung des Fremden, in: Rom – Paris – London. Erfahrung und Selbsterfahrung deutscher Schriftsteller und Künstler in den fremden Metropolen. Ein Symposion. Hrsg. von *Conrad Wiedemann.* Stuttgart 1988, S. 571–583.

Maußer, Erich, Das Rechtsdenken Justus Mösers in seiner geschichtlichen Stellung zwischen Naturrechtslehre und Historismus. Diss. jur. (Ms.) Freiburg i. Br. 1942.

McStay Adams, Thomas, Bureaucrats and Beggars. French Social Policy in the Age of the Enlightenment. 1991.

Medick, Hans, Zur strukturellen Funktion von Haushalt und Familie im Übergang von der traditionellen Agrargesellschaft zum industriellen Kapitalismus: die proto-industrielle Familienwirtschaft, in: *Herrmann,* »Das pädagogische Jahrhundert«, S. 75–96.

Meier, Ernst von, Hannoversche Verfassungs- und Verwaltungsgeschichte 1680–1866. 2 Bde. Leipzig 1898/99, ND Hildesheim 1973.

Meinecke, Friedrich, Die Entstehung des Historismus. Hrsg. von *Carl Hinrichs.* München ⁴1965.

Melton, James Van Horn, Absolutism and the eighteenth-century origins of compulsory schooling in Prussia and Austria. Cambridge/New York 1988.

Menzler, Jürgen, Die Bettelgesetzgebung des 17. und 18. Jahrhunderts im Gebiet des heutigen Landes Hessen. Diss. jur. Marburg 1967.

Merker, Nicolao, Die Aufklärung in Deutschland. München 1982.
Mertens, Dieter, Mittelalterbilder in der Frühen Neuzeit, in: *Althoff, Gerd* (Hrsg.), Die Deutschen und ihr Mittelalter. Themen und Funktionen moderner Geschichtsbilder vom Mittelalter. Darmstadt 1992, S. 29–54, 177–186.
Metz, Karl Heinz, Staatsraison und Menschenfreundlichkeit. Formen und Wandlungen der Armenpflege im Ancien Régime Frankreichs, Deutschlands und Großbritanniens, in: VSWG 72, 1985, S. 1–26.
Metz, Karl Heinz, Armut und Arbeit. Armenhilfe und Arbeitslosigkeit in Großbritannien während der Industriellen Revolution, in: Archiv für Sozialgeschichte 27, 1987, S. 1–23.
Meyer, Horst, »Nil magnum sine tempore«. Zum Abschluß der zweiten Abteilung der Akademie-Ausgabe von Justus Mösers Sämtlichen Werken, in: OM 94, 1989, S. 219–228.
Middendorff, R., Der Verfall und die Aufteilung der gemeinen Marken im Fürstentum Osnabrück bis zur napoleonischen Zeit, in: OM 49, 1927, S. 1–157.
Mieck, Ilja, Europäische Geschichte der Frühen Neuzeit. Eine Einführung. Stuttgart ⁴1989.
Mithoff, H. Wilhelm H., Kunstdenkmale und Alterthümer im Hannoverschen. Bd. 6: Fürstenthum Osnabrück, Niedergrafschaft Lingen, Grafschaft Bentheim und Herzogthum Arenberg-Meppen. Hannover 1879.
Möller, Helmut, Die kleinbürgerliche Familie im 18. Jahrhundert. Verhalten und Gruppenkultur. Berlin 1969.
Möller, Horst, Aufklärung in Preussen. Der Verleger, Publizist und Geschichtsschreiber Friedrich Nicolai. Berlin 1974.
Möller, Horst, Vernunft und Kritik. Deutsche Aufklärung im 17. und 18. Jahrhundert. Frankfurt 1986.
Möller, Horst, Fürstenstaat oder Bürgernation. Deutschland 1763–1815. Berlin 1989.
Moes, Jean, Justus Möser et la France. Contribution à l'étude de la réception de la pensée française en Allemagne au XVIIIe siècle. Tom. 1–2. Osnabrück 1990.
Mohrmann, Wolf-Dieter, Die politische Geschichte des Osnabrücker Landes im Überblick, in: *Meyer, Bernd / Mohrmann, Wolf-Dieter / Seifert, Angelika / Warnecke, Edgar F.,* Das Osnabrücker Land. (Landschaften Niedersachsens und ihre Probleme, Folge 6). Hannover 1988, S. 63–101.

Mohrmann, Wolf-Dieter / Pabst, Wilfried, Einführung in die politische Geschichte des Osnabrücker Landes. Darstellung und Quellen. Osnabrück 1990.

Mohrmann, Wolf-Dieter, Osnabrücks Geschichte in der europäischen Dimension, in: OM 96, 1991, S. 11–25.

Molitor, Hansgeorg, Der Kampf um die konfessionellen Besitzstände im Fürstbistum Osnabrück nach 1648. Johann von Hoya, Franz Wilhelm von Wartenberg und die Einführung des Tridentinums, in: OM 93, 1988, S. 69–75.

Mollat, Michel, Die Armen im Mittelalter. München 1984.

Molly, Ferdinand, Die Reform des Armenwesens in Stadt und Stift Osnabrück in der Zeit der französischen Herrschaft 1806–1813. Diss. Münster 1919.

Mommsen, Hans / Schulze, Winfried (Hrsg.), Vom Elend der Handarbeit. Probleme historischer Unterschichtenforschung. Stuttgart 1981.

Montanari, Massimo, Der Hunger und der Überfluß. Kulturgeschichte und Ernährung in Europa. München 1993.

Mooser, Josef, Ländliche Klassengesellschaft 1770–1848. Bauern und Unterschichten, Landwirtschaft und Gewerbe im östlichen Westfalen. Göttingen 1984.

Mooser, Josef, Unterschichten in Deutschland 1770–1820. Existenzformen im sozialen Wandel – Emanzipation und Pauperismus, in: *Berding/François/Ullmann*, Deutschland und Frankreich im Zeitalter der Französischen Revolution, S. 317–338.

Moraw, Peter / Press, Volker, Probleme der Sozial- und Verfassungsgeschichte des Heiligen Römischen Reiches im späten Mittelalter und in der frühen Neuzeit (13.–18. Jahrhundert), in: ZHF 2, 1975, S. 95–108.

Moraw, Peter / Press, Volker, Geistliche Fürstentümer, in: TRE 11, 1983, S. 711–719.

Moritz, Werner, Kranken- und Armenpflege in Hessen. Dokumente aus acht Jahrhunderten. Katalog zur Ausstellung der Hessischen Staatsarchive zum Hessentag 1980. Marburg 1980.

Moritz, Werner, Die bürgerlichen Fürsorgeanstalten der Reichsstadt Frankfurt am Main im späten Mittelalter. Frankfurt am Main 1981.

Muchembled, Robert, Culture populaire et culture des élites dans la France moderne (XVe–XVIIIe siècles). Paris 1978 (dt. Stuttgart 1982).

Mütter, Bernd, Die Geschichtswissenschaft in Münster zwischen Aufklärung und Historismus. Unter besonderer Berücksichtigung der historischen Disziplin an der münsterschen Hochschule. Münster 1980.

Muhlack, Ulrich, Physiokratie und Absolutismus in Frankreich und Deutschland, in: ZHF 9, 1982, S. 15-46.

Muhlack, Ulrich, Geschichtswissenschaft im Humanismus und in der Aufklärung. Die Vorgeschichte des Historismus. München 1991.

Müller-Armack, Alfred, Religion und Wirtschaft. Geistesgeschichtliche Hintergründe unserer europäischen Lebensform. Stuttgart 1959.

Münch, Paul, Grundwerte der frühneuzeitlichen Ständegesellschaft? Aufriß einer vernachlässigten Thematik, in: *Schulze,* Ständische Gesellschaft und soziale Mobilität, S. 53-72.

Münch, Paul, Zucht und Ordnung. Reformierte Kirchenverfassungen im 16. und 17. Jahrhundert (Nassau-Dillenburg, Kurpfalz, Hessen-Kassel). Stuttgart 1978.

Münch, Paul, Kirchenzucht und Nachbarschaft. Zur sozialen Problematik des calvinistischen Seniorats um 1600, in: Kirche und Visitation. Beiträge zur Erforschung des frühneuzeitlichen Visitationswesens in Europa. Hrsg. von *Ernst Walter Zeeden* und *Peter Thaddäus Lang.* Stuttgart 1984, S. 216-248.

Münch, Paul, Lebensformen in der frühen Neuzeit 1500 bis 1800. Frankfurt am Main/Berlin 1992.

Neuhaus, Helmut, Hie Österreichisch - hier Fritzisch. Die Wende der 1740er Jahre in der Geschichte des Alten Reiches, in: *ders.* (Hrsg.), Aufbruch aus dem Ancien régime. Beiträge zur Geschichte des 18. Jahrhunderts. Köln 1993, S. 57-77.

Nicolai, Friedrich, Leben Justus Mösers, siehe Literaturverzeichnis: II. Justus Möser.

Niehaus, Heinrich, Das Heuerleutesystem und die Heuerleutebewegung. Quakenbrück 1924.

Nipperdey, Thomas, Die anthropologische Dimension der Geschichtswissenschaft, in: *ders.,* Gesellschaft, Kultur, Theorie. Gesammelte Aufsätze zur neueren Geschichte. Göttingen 1976, S. 33-58.

Nipperdey, Thomas, Deutsche Geschichte 1800-1866. Bürgerwelt und starker Staat. München 1983.

Nipperdey, Thomas, Einheit und Vielfalt in der neueren Geschichte, in: HZ 253, 1991, S. 1-20.

Oberschelp, Reinhard, Politische Geschichte Niedersachsens 1714–1803. Hildesheim 1983.

Oer, Rudolfine Freiin von, Landständische Verfassungen in den geistlichen Fürstentümern Nordwestdeutschlands, in: *Gerhard, Dietrich (Hrsg.),* Ständische Vertretungen in Europa im 17. und 18. Jahrhundert. Göttingen 1969, S. 94–119.

Oestreich, Gerhard, Strukturprobleme des europäischen Absolutismus, in: ders., Geist und Gestalt des frühmodernen Staates. Ausgewählte Aufsätze. Berlin 1969, S. 179–197.

Oexle, Otto Gerhard, Armut, Armutsbegriff und Armenfürsorge im Mittelalter, in: *Sachße/Tennstedt,* Soziale Sicherheit und soziale Disziplinierung, S. 73–100.

Oschmann, Antje, Der Nürnberger Exekutionstag 1649–1650. Das Ende des Dreißigjährigen Krieges in Deutschland. Münster 1991.

Osnabrück. – Die Kunstdenkmäler der Provinz Hannover: IV. Regierungsbezirk Osnabrück, 1. und 2. Stadt Osnabrück. Hrsg. von *Heinrich Siebern* und *Erich Fink.* Hannover 1907.

Osnabrück zur Möserzeit. Eine Ausstellung archivalischer Zeugnisse. Zusammengestellt von *Eberhard Crusius.* Göttingen 1955.

Osnabrück – 1200 Jahre Fortschritt und Bewahrung. Profile bürgerlicher Identität. Ausstellungskatalog. Hrsg. v. d. Stadt Osnabrück. Nürnberg 1980.

Osnabrück. – Handbuch des Bistums Osnabrück. Bearbeitet von *Hermann Stieglitz.* Hrsg. vom Bischöflichen Generalvikariat Osnabrück. Osnabrück ²1991 (1. Auflage 1968).

Osnabrück. – Das Osnabrücker Schloß. Stadtresidenz, Villa, Verwaltungssitz. Hrsg. von *Franz-Joachim Verspohl.* Bramsche 1991.

Osnabrück. – 450 Jahre Reformation in Osnabrück. Hrsg. von *Karl Georg Kaster* und *Gerd Steinwascher.* Bramsche 1993.

Osterloh, Karl-Heinz, Joseph von Sonnenfels und die österreichische Reformbewegung im Zeitalter des aufgeklärten Absolutismus. Eine Studie zum Zusammenhang von Kameralwissenschaft und Verwaltungspraxis. Lübeck/Hamburg 1970.

Ott, Stefan, Die politischen Anschauungen Johann Carl Bertram Stüves und ihre Beeinflussung durch Justus Möser. Diss. phil. Tübingen 1933.

Otte, Hans, Fromm, mild und gemeinnützig. Zum rechtlichen Status der Evangelischen Stiftungen Osnabrück, in: OM 93, 1988, S. 115–150.

Ouvrier, C. W., Der ökonomische Gehalt der Schriften von Justus Möser. Gießen 1928.

Oxley, Geoffrey, Poor Relief in England and Wales 1601–1834. London 1974.

Panke-Kochinke, Birgit, Die anständige Frau. Konzeption und Umsetzung bürgerlicher Moral im 18. und 19. Jahrhundert. Pfaffenweiler 1991.

Pankoke, Eckart, Von »guter Policey« zu »socialer Politik«. »Wohlfahrt«, »Glückseligkeit« und »Freiheit« als Wertbindung aktiver Sozialstaatlichkeit, in: *Sachße/Tennstedt,* Soziale Sicherheit und soziale Disziplinierung, S. 148–177.

Pelc, Ortwin, Die Lübecker Armenanstalt von 1783. Gründung, Organisation und Wirksamkeit bis 1813, in: *Braun/Kopitzsch,* Zwangsläufig oder abwendbar?, S. 108–128.

Penners, Theodor, Die historisch-politischen Grundlagen des Regierungsbezirks Osnabrück, in: Neues Archiv für Niedersachsen 14, 1965, S. 273–286.

Penners, Theodor, Zur Konfessionsbildung im Fürstbistum Osnabrück. Die ländliche Bevölkerung im Wechsel der Reformationen des 17. Jahrhunderts, in: Jahrbuch der Gesellschaft für niedersächsische Kirchengeschichte 72, 1974, S. 25–50.

Penners, Theodor, Das Kirchspiel im Konflikt der Konfessionen, in: Schelenburg – Kirchspiel – Landgemeinde. 900 Jahre Schledehausen, S. 89–105.

Peter, Joachim Heinrich, Die Probleme der Armut in den Lehren der Kameralisten. Berlin 1934.

Pfister, Christian, Bevölkerungsgeschichte und historische Demographie 1500–1800. München 1994.

Philipp, G., Möser, Justus, in: HRG III, 1984, Sp. 705–716.

Pielsticker (Rath), Das früher katholische so genannte Stift Bersenbrück im Fürstenthume Osnabrück. Eine Denk- und Schutzschrift. Osnabrück 1860.

Pleister, Werner, Die geistige Entwicklung Justus Mösers, in: OM 50, 1929, S. 1–89.

von Pommer-Esche, Die französische Gesetzgebung über das Armenwesen bis zur Trennung der Rheinprovinz von Frankreich, in: Archiv für Landeskunde der Preußischen Monarchie 6, 1859, S. 209–247.

Press, Volker, Reich und höfischer Absolutismus, in: *Conze, Werner / Hentschel, Volker (Hrsg.),* Ploetz. Deutsche Geschichte, Epochen und Daten. Freiburg/Würzburg ³1983, S. 157–168.

Press, Volker, Kurhannover im System des alten Reiches 1692 – 1803, in: *Birke, Adolf M. / Kluxen, Kurt (Hrsg.)*, England und Hannover. München/London 1986, S. 53–78.

Press, Volker, The Habsburg Court as Center of the Imperial Government, in: The Journal of Modern History 58, Supplement (1986), S. 23–45.

Press, Volker, Reichsstadt und Revolution, in: *Kirchgässner, Bernhard / Naujoks, Eberhard (Hrsg.)*, Stadt und wirtschaftliche Selbstverwaltung. Sigmaringen 1987, S. 9–59.

Press, Volker, Bischof und Stadt in der Neuzeit, in: *Kirchgässner, Bernhard / Baer, Wolfram (Hrsg.)*, Stadt und Bischof. Sigmaringen 1988, S. 137–160.

Press, Volker, Kaiser Joseph II. – Reformer oder Despot?, in: *Vogler, Günter (Hrsg.)*, Europäische Herrscher. Ihre Rolle bei der Gestaltung von Politik und Gesellschaft vom 16. bis zum 18. Jahrhundert. Weimar 1988, S. 275–298.

Press, Volker, Soziale Folgen des Dreißigjährigen Krieges, in: *Schulze*, Ständische Gesellschaft und soziale Mobilität, S. 239–268.

Press, Volker, Warum gab es keine deutsche Revolution? Deutschland und das revolutionäre Frankreich 1789 – 1815, in: *Langewiesche, Dieter (Hrsg.)*, Revolution und Krieg. Zur Dynamik historischen Wandels seit dem 18. Jahrhundert. Paderborn 1989, S. 67–85.

Press, Volker, Kriege und Krisen. Deutschland 1600–1715. München 1991.

Preu, Peter, Polizeibegriff und Staatszwecklehre. Die Entwicklung des Polizeibegriffs durch die Rechts- und Staatswissenschaften des 18. Jahrhunderts. Göttingen 1983.

Prinz, Joseph, Das Territorium des Bistums Osnabrück. (Studien und Vorarbeiten zum Historischen Atlas von Niedersachsen 15). Göttingen 1934.

Raabe, Paul, Die Zeitschrift als Medium der Aufklärung, in: Wolfenbütteler Studien zur Aufklärung 1, 1974, S. 99–136.

Rabe, Horst, Deutsche Geschichte 1500–1600. Das Jahrhundert der Glaubensspaltung. München 1991.

Raeff, Marc, The well-ordered Police-State. Social and institutional change through law in the Germanies and Russia, 1600–1800. New Haven/London 1983.

Raeff, Marc, Der wohlgeordnete Polizeistaat und die Entwicklung der Moderne im Europa des 17. und 18. Jahrhunderts. Versuch eines vergleichenden Ansatzes, in: *Hinrichs,* Absolutismus, S. 310–343.

Ratzinger, Georg, Geschichte der kirchlichen Armenpflege. Freiburg ²1884.

Raumer, Kurt von, Deutschland um 1800. Krise und Neugestaltung 1789–1815, in: *Brandt/Meyer/Just,* Handbuch der Deutschen Geschichte, Bd. 3/I. Wiesbaden 1980.

Reichardt, Rolf, Die Französische Revolution und Deutschland – Thesen für einen komparatistischen kulturhistorischen Neuansatz, in: *Aretin, Karl Otmar Freiherr von / Härter, Karl (Hrsg.),* Revolution und konservatives Beharren. Das Alte Reich und die Französische Revolution. Mainz 1990, S. 21–28.

Reinalter, Helmut (Hrsg.), Joseph von Sonnenfels. Wien 1988.

Reinders-Düselder, Christoph, Das Land Oldenburg und die Aufklärung – eine Skizze, in: *Keck,* Spätaufklärung und Philanthropismus, S. 75–104.

Reinders-Düselder, Christoph, Obrigkeit und Kirchspiel – Adel, Bauern und Heuerlinge im 18. und frühen 19. Jahrhundert, in: *Bade u. a. (Hrsg.),* Damme. Eine Stadt in ihrer Geschichte, S. 305–338.

Reinhard, Wolfgang, Möglichkeiten und Grenzen der Verbindung von Kirchengeschichte mit Sozial- und Wirtschaftsgeschichte, in: *Klingenstein, Grete / Lutz, Heinrich (Hrsg.),* Spezialforschung und »Gesamtgeschichte«. Beispiele und Methodenfragen zur Geschichte der frühen Neuzeit. Wien 1981, S. 243–278.

Reinhardt, Volker, Überleben in der frühneuzeitlichen Stadt. Annona und Getreideversorgung in Rom 1563–1797. Tübingen 1991.

Reith, Reinhold (Hrsg.), Lexikon des alten Handwerks. Vom späten Mittelalter bis ins 20. Jahrhundert. München ²1991.

Renger, Reinhard, Landesherr und Landstände im Hochstift Osnabrück in der Mitte des 18. Jahrhunderts. Untersuchungen zur Institutionengeschichte des Ständestaates im 17. und 18. Jahrhundert. Göttingen 1968.

Renger, Reinhard, Justus Mösers amtlicher Wirkungskreis. Zu seiner Bedeutung für Mösers Schaffen, in: OM 77, 1970, S. 1–30.

Renger, Reinhard, Probleme einer Edition der amtlichen Schriften Justus Mösers, in: Möser-Forum I/1989, hrsg. von *Winfried Woesler,* S. 273–279.

Rhotert, Johannes, Die ehemaligen Stiftskurien in der Stadt Osnabrück nach dem Besitzstand vom Jahre 1802, in: OM 38, 1913, S. 48–83.

Rhotert, Johannes, Die Dompröpste und Domdechanten des vormaligen Osnabrücker Kapitels. Osnabrück 1920.

Rhotert, Johannes, Die Entwicklung des katholischen Volksschulwesens im Bistum Osnabrück. Osnabrück 1921.

Ribhegge, Wilhelm, Konservative Politik in Deutschland. Von der Französischen Revolution bis zur Gegenwart. Darmstadt 1989.

Riedel, Manfred, Art. Bürger, Staatsbürger, Bürgertum, in: *Brunner/Conze/Koselleck,* Geschichtliche Grundbegriffe, Bd. 1, 1972, S. 672–725.

Riis, Thomas (Hrsg.), Aspects of Poverty in Early Modern Europe. 2 Bde. Florenz 1981/86.

Ritter, Christian, Immanuel Kant, in: *Stolleis,* Staatsdenker, S. 332–353.

Ritter, Gerhard A., Entstehung und Entwicklung des Sozialstaates in vergleichender Perspektive, in: HZ 243, 1986, S. 1–90.

Ritter, Gerhard A., Der Sozialstaat. Entstehung und Entwicklung im internationalen Vergleich. München 1989, ²1991.

Roeck, Bernd, »Arme« in Augsburg zu Beginn des 30jährigen Krieges, in: ZBLG 46, 1983, S. 515–558.

Roeck, Bernd, Reichssystem und Reichsherkommen. Die Diskussion über die Staatlichkeit des Reiches in der politischen Publizistik des 17. und 18. Jahrhunderts. Stuttgart 1984.

Roeck, Bernd, Eine Stadt in Krieg und Frieden. Studien zur Geschichte der Reichsstadt Augsburg zwischen Kalenderstreit und Parität (1584–1648). 2 Bde. Göttingen 1989.

Roeck, Bernd, Lebenswelt und Kultur des Bürgertums in der frühen Neuzeit. München 1991.

Roeck, Bernd, Als wollt die Welt schier brechen. Eine Stadt im Zeitalter des Dreißigjährigen Krieges. München 1991.

Roeck, Bernd, Außenseiter, Randgruppen, Minderheiten. Fremde im Deutschland der frühen Neuzeit. Göttingen 1993.

Rödel, Walter G., Mainz und seine Bevölkerung im 17. und 18. Jahrhundert. Demographische Entwicklung, Lebensverhältnisse und soziale Strukturen in einer geistlichen Residenzstadt. Wiesbaden 1985.

Rösch, Friedrich, Die Mainzer Armenreform vom Jahre 1786. Berlin 1929.

Rösener, Werner, Die Bauern in der europäischen Geschichte. München 1993.
Rohm, Thomas, Osnabrück, in: *Schindling, Anton / Ziegler, Walter (Hrsg.),* Die Territorien des Reichs im Zeitalter der Reformation und Konfessionalisierung. Land und Konfession 1500–1650. Bd. 3: Der Nordwesten. Münster 1991, S. 130–146.
Roscher, Wilhelm, Geschichte der National-Oekonomik in Deutschland. München 1874.
Rothert, Hermann, Geschichte der Stadt Osnabrück im Mittelalter, in: OM 57, 1937, S. 1–325; OM 58, 1938, S. 1–435.
Rückert, Joachim, Historie und Jurisprudenz bei Justus Möser, in: Die Bedeutung der Wörter. Studien zur europäischen Rechtsgeschichte. Festschrift für Sten Gagnér zum 70. Geburtstag. Hrsg. von *Michael Stolleis.* München 1991, S. 357–381.
Rudersdorf, Manfred, Justus Möser, Kurfürst Max Franz von Köln und das Simultaneum zu Schledehausen: Der Osnabrücker Religionsvergleich von 1786, in: Schelenburg – Kirchspiel – Landgemeinde. 900 Jahre Schledehausen, S. 107–136.
Runge, Joachim, Justus Mösers Gewerbetheorie und Gewerbepolitik im Fürstbistum Osnabrück in der zweiten Hälfte des 18. Jahrhunderts. Berlin 1966.
Ruppert, Wolfgang, Bürgerlicher Wandel. Die Geburt der modernen deutschen Gesellschaft im 18. Jahrhundert. Frankfurt am Main 1981.
Ruppert, Wolfgang (Hrsg.), Die Arbeiter. Lebensformen, Alltag und Kultur von der Frühindustrialisierung bis zum »Wirtschaftswunder«. München 1986.
Rupprecht, L., Justus Mösers soziale und volkswirtschaftliche Anschauungen. Stuttgart 1892.
Saalfeld, Diedrich, Die ständische Gliederung der Gesellschaft Deutschlands im Zeitalter des Absolutismus. Ein Quantifizierungsversuch, in: VSWG 67, 1980, S. 457–483.
Saalfeld, Diedrich, Die Sorge um das tägliche Brot, in: *Blum, Jerome (Hrsg.),* Die bäuerliche Welt. Geschichte und Kultur in sieben Jahrhunderten. München 1982, S. 109–132.
Saalfeld, Diedrich, Stellung und Differenzierung der ländlichen Bevölkerung Nordwestdeutschlands in der Ständegesellschaft des 18. Jahrhunderts, in: *Hinrichs, Ernst / Wiegelmann, Günter* (Hrsg.), Sozialer und kultureller Wandel in der ländlichen Welt des 18. Jahrhunderts. Wolfenbüttel 1982, S. 229–251.

Sachse, Wieland, Göttingen im 18. und 19. Jahrhundert. Zur Bevölkerungs- und Sozialstruktur einer deutschen Universitätsstadt. Göttingen 1987.

Sachse, Wieland, Industrieschule und Armenreform in Göttingen in der zweiten Hälfte des 18. Jahrhunderts, in: *Braun/Kopitzsch,* Zwangsläufig oder abwendbar?, S. 139–165.

Sachße, Christoph, Der Wohlfahrtsstaat in historischer und vergleichender Perspektive, in: Geschichte und Gesellschaft 16, 1990, S. 479–490.

Sachße, Christoph / Tennstedt, Florian, Geschichte der Armenfürsorge in Deutschland. Vom Spätmittelalter bis zum 1. Weltkrieg. Stuttgart 1980.

Sachße, Christoph / Tennstedt, Florian (Hrsg.), Bettler, Gauner und Proleten. Armut und Armenfürsorge in der deutschen Geschichte. Ein Bild-Lesebuch. Reinbek bei Hamburg 1983.

Sachße, Christoph / Tennstedt, Florian (Hrsg.), Soziale Sicherheit und soziale Disziplinierung. Beiträge zu einer historischen Theorie der Sozialpolitik. Frankfurt am Main 1986.

Sauter, Christina M., Wilhelm von Humboldt und die deutsche Aufklärung. Berlin 1989.

Schaer, Friedrich-Wilhelm, Peter Friedrich Ludwig und der Staat, in: *Schmidt, Heinrich (Hrsg.),* Peter Friedrich Ludwig und das Herzogtum Oldenburg. Beiträge zur Oldenburgischen Landesgeschichte um 1800. Oldenburg 1979, S. 43–69.

Schaer, Friedrich-Wilhelm / Eckhardt, Albrecht, Herzogtum und Großherzogtum Oldenburg im Zeitalter des aufgeklärten Absolutismus (1773–1847), in: Geschichte des Landes Oldenburg. Ein Handbuch. Hrsg. von *Albrecht Eckhardt* u. *Heinrich Schmidt.* Oldenburg 1987, ³1988, S. 271–331.

Scherner, Karl Otto, Das Recht der Armen und Bettler im Ancien Régime, in: ZRG GA 96, 1979, S. 55–99.

Scherpner, Hans, Theorie der Fürsorge. Göttingen ²1974.

Schierbaum, Heinrich, Justus Mösers Stellung in den Literaturströmungen während der zweiten Hälfte des 18. Jahrhunderts, in: OM 34, 1909, S. 1–43.

Schilling, Heinz / Diederiks, Herman (Hrsg.), Bürgerliche Eliten in den Niederlanden und in Nordwestdeutschland. Studien zur Sozialgeschichte des europäischen Bürgertums im Mittelalter und der Neuzeit. Köln/Wien 1985.

Schilling, Heinz, Aufbruch und Krise. Deutschland 1517–1648. Berlin 1988.

Schilling, Heinz, Höfe und Allianzen. Deutschland 1648–1763. Berlin 1989.
Schilling, Heinz, Die Stadt in der Frühen Neuzeit. München 1993.
Schindling, Anton, Der Westfälische Frieden und der Reichstag, in: *Weber, Hermann (Hrsg.),* Politische Ordnungen und soziale Kräfte im Alten Reich. Wiesbaden 1980, S. 113–153.
Schindling, Anton, Westfälischer Frieden und Altes Reich. Zur reichspolitischen Stellung Osnabrücks in der Frühen Neuzeit, in: OM 90, 1985, S. 97–120.
Schindling, Anton, Reichskirche und Reformation. Zu Glaubensspaltung und Konfessionalisierung in den geistlichen Fürstentümern des Reiches, in: ZHF, Beiheft 3: Neue Studien zur frühneuzeitlichen Reichsgeschichte, 1987, S. 81–112.
Schindling, Anton, Kurfürst Clemens August, der »Herr Fünfkirchen«. Rokokoprälat und Reichspolitiker 1700–1761, in: Clemens August. Fürstbischof, Jagdherr, Mäzen, 1987, S. 15–28.
Schindling, Anton, Theresianismus, Josephinismus, katholische Aufklärung. Zur Problematik und Begriffsgeschichte einer Reform, in: Würzburger Diözesangeschichtsblätter 50, 1988, S. 215–224.
Schindling, Anton, Der Westfälische Frieden und die deutsche Konfessionsfrage, in: *Spieker, Manfred (Hrsg.),* Friedenssicherung. Band 3. Münster 1989, S. 19–36.
Schindling, Anton, Reformation, Gegenreformation und Katholische Reform im Osnabrücker Land und im Emsland. Zum Problem der Konfessionalisierung in Nordwestdeutschland, in: OM 94, 1989, S. 35–60.
Schindling, Anton, Osnabrück, Nordwestdeutschland und das Heilige Römische Reich zur Zeit Mösers, in: Möser-Forum Bd. 1. Hrsg. von *Winfried Woesler.* Münster 1989, S. 210–222.
Schindling, Anton / Ziegler, Walter (Hrsg.), Die Kaiser der Neuzeit 1519–1918. Heiliges Römisches Reich, Österreich, Deutschland. München 1990.
Schindling, Anton, Die Anfänge des Immerwährenden Reichstags zu Regensburg. Ständevertretung und Staatskunst nach dem Westfälischen Frieden. Mainz 1991.
Schindling, Anton, Art. Absolutismus, in: Lexikon für Theologie und Kirche, Bd. 1, ³1993, S. 84–88.
Schindling, Anton, Bildung und Wissenschaft in der Frühen Neuzeit 1650–1800. München 1994.
Schipperges, Heinrich, Die Kranken im Mittelalter. München 1990.

Schirmeyer, Ludwig, Osnabrück und das Osnabrücker Land. Paderborn/Osnabrück 1948.

Schledehausen. Schelenburg – Kirchspiel – Landgemeinde. 900 Jahre Schledehausen. Hrsg. von *Klaus J. Bade / Horst-Rüdiger Jarck / Anton Schindling.* Bissendorf 1990.

Schlumbohm, Jürgen, Freiheit. Die Anfänge der bürgerlichen Emanzipationsbewegung in Deutschland im Spiegel ihres Leitwortes (ca. 1760 – ca. 1800). Düsseldorf 1975.

Schlumbohm, Jürgen, Der saisonale Rhythmus der Leinenproduktion im Osnabrücker Lande während des späten 18. und der ersten Hälfte des 19. Jh.s: Erscheinungsbild, Zusammenhänge und interregionaler Vergleich, in: Archiv für Sozialgeschichte 19, 1979, S. 263–298.

Schlumbohm, Jürgen, Agrarische Besitzklassen und gewerbliche Produktionsverhältnisse: Großbauern, Kleinbesitzer und Landlose als Leinenproduzenten im Umland von Osnabrück und Bielefeld während des frühen 19. Jh.s, in: Mentalitäten und Lebensverhältnisse. Beispiele aus der Sozialgeschichte der Neuzeit. Rudolf Vierhaus zum 60. Geburtstag. Göttingen 1982, S. 315–334.

Schlumbohm, Jürgen, Bauern und Heuerlinge in Landwirtschaft und Leinengewerbe: Das Kirchspiel Belm um 1810, in: Heimatbuch Belm, Bd. 2. Osnabrück 1985, S. 225–244.

Schlumbohm, Jürgen, Bauern – Kötter – Heuerlinge. Bevölkerungsentwicklung und soziale Schichtung in einem Gebiet ländlichen Gewerbes: das Kirchspiel Belm bei Osnabrück, 1650–1860, in: Niedersächsisches Jahrbuch für Landesgeschichte 58, 1986, S. 77–88.

Schmelzeisen, Gustav Klemens, Justus Mösers Aktientheorie als rechtsgedankliches Gefüge, in: ZRG GA 96, 1980, S. 254–272.

Schmidt, Georg (Hrsg.), Stände und Gesellschaft im Alten Reich. Stuttgart 1989.

Schmidt, Georg, Die frühneuzeitlichen Hungerrevolten. Soziale Konflikte und Wirtschaftspolitik im Alten Reich, in: ZHF 18, 1991, S. 257–280.

Schmidt, Georg, Der Westfälische Frieden – eine neue Ordnung für das Alte Reich?, in: Wendemarken in der deutschen Verfassungsgeschichte (= Der Staat, Beiheft 10, 1993) S. 45–83.

Schmidt, Peter, Studien über Justus Möser als Historiker. Zur Genesis und Struktur der historischen Methode Justus Mösers. Göppingen 1975.

Schöttke, Gustav, Die Stände des Hochstifts Osnabrück unter dem ersten evangelischen Bischof Ernst August von Braunschweig-Lüneburg (1662–1698), in: OM 33, 1908, S. 1–66.

Schorn-Schütte, Luise, Territorialgeschichte – Provinzialgeschichte – Landesgeschichte – Regionalgeschichte. Ein Beitrag zur Wissenschaftsgeschichte der Landesgeschichtsschreibung, in: Civitatum Communitas. Studien zum Europäischen Städtewesen. Festschrift für Heinz Stoob zum 65. Geburtstag, Teil 1. Köln 1984, S. 390–416.

Schorn-Schütte, Luise, Die Geistlichen vor der Revolution. Zur Sozialgeschichte der evangelischen Pfarrer und des katholischen Klerus am Ende des Alten Reiches, in: Deutschland und Frankreich im Zeitalter der Französischen Revolution, hrsg. von *Helmut Berding, Etienne François* und *Hans-Peter Ullmann*. Frankfurt am Main 1989, S. 216–244.

Schott, Claudia, Armenfürsorge, Bettelwesen und Vagantenbekämpfung in der Reichsabtei Salem. Bühl 1978.

Schröder, Jan, Justus Möser als Jurist. Zur Staats- und Rechtslehre in den Patriotischen Phantasien und in der Osnabrückischen Geschichte. Köln 1986.

Schröder, Jan, Justus Möser, in: *Stolleis*, Staatsdenker im 17. und 18. Jahrhundert, S. 294–309.

Schröer, Alois, Die Reformation in Westfalen. Der Glaubenskampf einer Landschaft. 2 Bde. Münster 1979/1983.

Schröer, Alois, Die Kirche in Westfalen im Zeichen der Erneuerung. 2 Bde. Münster 1986/1987.

Schubert, Ernst, Arme Leute, Bettler und Gauner im Franken des 18. Jahrhunderts. Neustadt a. d. Aisch 1983.

Schubert, Ernst, Mobilität ohne Chance: Die Ausgrenzung des fahrenden Volks, in: *Schulze, Winfried*, Ständische Gesellschaft und soziale Mobilität, S. 113–164.

Schubert, Ernst, Die Antwort niedersächsischer Kirchenordnungen auf das Armutsproblem des 16. Jahrhunderts, in: Jahrbuch der Gesellschaft für Niedersächsische Kirchengeschichte 89, 1991, S. 105–132.

Schubert, Ernst, Gestalt und Gestaltwandel des Almosens im Mittelalter, in: Jahrbuch für fränkische Landesforschung 52, 1992 (= FS Alfred Wendehorst I), S. 241–262.

Schubert, Ernst, Van dem gemenen Kasten vor de Armen – Die Antwort der Osnabrücker Kirchenordnung auf das Armutsproblem des 16. Jahrhunderts, in: 450 Jahre Reformation in Osnabrück, S. 447–451.

Schulin, Ernst, Die Französische Revolution. München ²1989.

Schulze, Hagen, Mentalitätsgeschichte – Chancen und Grenzen eines Paradigmas der französischen Geschichtswissenschaft, in: GWU 36, 1985, S. 247–270.

Schulze, Reiner, Policey und Gesetzgebungslehre im 18. Jahrhundert. Berlin 1982.

Schulze, Winfried, Vom Gemeinnutz zum Eigennutz. Über den Normenwandel in der ständischen Gesellschaft der Frühen Neuzeit, in: HZ 243, 1986, S. 591–626.

Schulze, Winfried, Einführung in die Neuere Geschichte (UTB Wissenschaft 1422). Stuttgart 1987.

Schulze, Winfried, Gerhard Oestreichs Begriff der »Sozialdisziplinierung in der Frühen Neuzeit«, in: ZHF 14, 1987, S. 265–302.

Schulze, Winfried (Hrsg.), Ständische Gesellschaft und soziale Mobilität. München 1988.

Schulze, Winfried, »Von den großen Anfängen des neuen Welttheaters«. Entwicklung, neuere Ansätze und Aufgaben der Frühneuzeitforschung, in: GWU 44, 1993, S. 3–18.

Schwab, Dieter, Die »Selbstverwaltungsidee« des Freiherrn vom Stein und ihre geistigen Grundlagen. Frankfurt am Main 1971.

Schwab, Dieter, Art. Eigentum, in: *Brunner/Conze/Koselleck,* Geschichtliche Grundbegriffe, Bd. 2, 1975, S. 65–115.

Schwanitz, Hedwig, Krankheit – Armut – Alter. Gesundheitsfürsorge und Medizinalwesen in Münster während des 19. Jahrhunderts. Münster 1990.

Schwerhoff, Gerd, Devianz in der alteuropäischen Gesellschaft. Umrisse einer historischen Kriminalitätsforschung, in: ZHF 19, 1992, S. 385–414.

Scupin, Hans Ulrich, Justus Möser als Westfale und Staatsmann, in: Westfälische Zeitschrift 107, 1958, S. 135–152.

Seegrün, Wolfgang, Aufklärung und Klosterwesen im Fürstbistum Osnabrück. Die Visitation der Jahre 1786–1788, in: OM 78, 1971, S. 95–116.

Seegrün, Wolfgang, Zwölf Jahrhunderte Bistum Osnabrück. Eine kleine Diözesangeschichte. Osnabrück 1979.

Seegrün, Wolfgang, Die Pastoraltheologie im Kloster Iburg (1788–1803). Ein Beitrag zum Thema Aufklärung und Klosterwesen, in: Iburg. Benediktinerabtei und Schloß. Beiträge zum

900. Jahrestag der Klostergründung. Bad Iburg 1980, S. 139–157.

Seegrün, Wolfgang, Das Bistum Osnabrück im Bischofsreich des Clemens August von Bayern, in: Clemens August. Fürstbischof, Jagdherr, Mäzen. Eine kulturhistorische Ausstellung aus Anlaß des 250jährigen Jubiläums von Schloß Clemenswerth. Hrsg. vom Landkreis Emsland. Sögel 1987, S. 61–78.

Sellin, Volker, Justus Möser, in: Deutsche Historiker IX, hrsg. von Hans-Ulrich Wehler. Göttingen 1982, S. 23–41.

Sellin, Volker, Mentalität und Mentalitätsgeschichte, in: HZ 241, 1985, S. 555–598.

Sellin, Volker, Mentalitäten in der Sozialgeschichte, in: Schieder, Wolfgang / Sellin, Volker (Hrsg.), Sozialgeschichte in Deutschland. Entwicklungen und Perspektiven im internationalen Zusammenhang. Bd. 3. Göttingen 1987, S. 101–121.

Seraphim, Hans-Jürgen, Das Heuerlingswesen in Nordwestdeutschland. Münster 1948.

Sheldon, William F., The Intellectual Development of Justus Möser: The Growth of a German Patriot. Osnabrück 1970.

Sheldon, William F., Jenny von Voigts, 1749–1814, in: Niedersächsische Lebensbilder 8, 1973, S. 243–266.

Sheldon, William F., Patriotismus bei Justus Möser, in: Vierhaus, Rudolf (Hrsg.), Deutsche patriotische und gemeinnützige Gesellschaften. München 1980, S. 31–49.

Sheldon, William F., Zum Problem der Leibeigenschaft bei Justus Möser, in: Dienst für die Geschichte. Gedenkschrift für Walther Hubatsch. Göttingen/Zürich 1985, S. 62–70.

Sieder, Reinhard, Sozialgeschichte der Familie. Frankfurt am Main 1987.

Siegmund-Schultze, Gerhard, »Fromm«, »mild«, »gemeinnützig« vom Mittelalter bis zur Gegenwart. Der rechtliche Status der Evangelischen Stiftungen Osnabrück, in: OM 92, 1987, S. 105–215.

Siegmund-Schultze, Gerhard, Hospitalstiftungen zwischen Kirche und Stadt im nachkonstitutionellen Stiftungsrecht, in: Verantwortlichkeit und Freiheit. Die Verfassung als wertbestimmte Ordnung. Festschrift für Willi Geiger zum 80. Geburtstag. Hrsg. von Hans Joachim Faller u. a. Tübingen 1989, S. 671–703.

Sievers, Kai Detlev, Volkskultur und Aufklärung im Spiegel der Schleswig-Holsteinischen Provinzialberichte. Neumünster 1970.

Sievers, Kai Detlev, Leben in Armut. Zeugnisse der Armutskultur aus Lübeck und Schleswig-Holstein vom Mittelalter bis ins 20. Jahrhundert. Heide 1991.

Skalweit, August, Die Getreidehandelspolitik und Kriegsmagazinverwaltung Preußens 1756–1806. Berlin 1931.

Slack, Paul, Poverty and Policy in Tudor and Stuart England. London/New York 1988.

Spangenberg, Hans, Beiträge zur älteren Verfassungs- und Verwaltungsgeschichte des Fürstentums Osnabrück, in: OM 25, 1900, S. 1–137.

Spechter, Olaf, Die Osnabrücker Oberschicht im 17. und 18. Jahrhundert. Eine sozial- und verfassungsgeschichtliche Untersuchung. Osnabrück 1975.

Stauf, Renate, Justus Mösers Konzept einer deutschen Nationalidentität. Mit einem Ausblick auf Goethe. Tübingen 1991.

Steinwascher, Gerd, Reformationsgedenken in Osnabrück. Konfessionelle Toleranz oder Konfrontation?, in: OM 98, 1993, S. 39–86.

Stekl, Hannes, Österreichs Zucht- und Arbeitshäuser (1671–1920). München 1978.

Stekl, Hannes, »Labore et fame« – Sozialdisziplinierung in Zucht- und Arbeitshäusern des 17. und 18. Jahrhunderts, in: *Sachße/ Tennstedt,* Soziale Sicherheit und soziale Disziplinierung, S. 119–147.

Stier, Bernhard, Fürsorge und Disziplinierung im Zeitalter des Absolutismus. Das Pforzheimer Zucht- und Waisenhaus und die badische Sozialpolitik im 18. Jahrhundert. Sigmaringen 1988.

Stievermann, Dieter, Politik und Konfession im 18. Jahrhundert, in: ZHF 18, 1991, S. 177–199.

Stolleis, Michael (Hrsg.), Staatsdenker im 17. und 18. Jahrhundert. Frankfurt am Main 1977, ²1987.

Stolleis, Michael, Geschichte des öffentlichen Rechts in Deutschland. Bd. 1: Reichspublizistik und Policeywissenschaft, 1600–1800. München 1988.

Stolleis, Michael, Staat und Staatsräson in der frühen Neuzeit. Studien zur Geschichte des öffentlichen Rechts. Frankfurt 1990.

Stoob, Heinz (Hrsg.), Altständisches Bürgertum. 2 Bde. Darmstadt 1978.

Stratenwerth, Heide, Die Reformation in der Stadt Osnabrück. Wiesbaden 1971.

Stürmer, Michael, Herbst des alten Handwerks. Zur Sozialgeschichte des 18. Jahrhunderts. München 1979.
Stüve, Johann Carl Bertram, Geschichte des Hochstifts Osnabrück. Bde. 1–3. Osnabrück/Jena 1853–1882, Neudruck Osnabrück 1970 u. 1980.
Stüve, Johann Carl Bertram, Zur Geschichte der Bürgerschaft von Osnabrück, in: OM 6, 1860, S. 17–57.
Stüve, Johann Carl Bertram, Zur Geschichte der Stadtverfassung von Osnabrück, in: OM 8, 1866, S. 1–210.
Stüve, Johann Carl Bertram, Das Finanzwesen der Stadt Osnabrück bis zum Westphälischen Frieden, in: OM 11, 1878, S. 1–118.
Süssmuth, Hans (Hrsg.), Historische Anthropologie. Göttingen 1984.
Tack, Johannes, Die Hollandsgänger in Hannover und Oldenburg. Ein Beitrag zur Geschichte der Arbeiterwanderung. Leipzig 1902.
Tennstedt, Florian, Sozialgeschichte der Sozialpolitik in Deutschland. Vom 18. Jahrhundert bis zum Ersten Weltkrieg. Göttingen 1981.
Thamer, Hans-Ulrich, Die Republik der Gebildeten. Aufklärungsgesellschaften in Deutschland und Frankreich im 18. Jahrhundert, in: Westfälische Zeitschrift 139, 1989, S. 123–139.
Thamer, Hans-Ulrich, Grenzgänger: Gesellen, Vaganten und fahrende Gewerbe, in: *Bade,* Migration in Geschichte und Gegenwart, S. 231–236 und 490–491.
Thompson, Edward P., Die »moralische Ökonomie« der englischen Unterschichten im 18. Jahrhundert, in: *ders.,* Plebeische Kultur und moralische Ökonomie. Frankfurt 1980, S. 67–130; zuerst erschienen in: Past and Present 50, 1971, S. 71–136.
Traphagen, Wilhelm, Die ersten Arbeitshäuser und ihre pädagogische Funktion. Berlin 1935.
Tribe, Keith, Governing Economy. The Reformation of German Economic Discourse 1750–1840. Cambridge 1988.
Trojan, Ernst-Jürgen, Über Justus Möser, Johann Gottfried Herder und Gustav Hugo zur Grundlegung der historischen Rechtsschule. Diss. jur. Bonn 1971.
Unruh, Georg-Christoph von, Polizei, Polizeiwissenschaft und Kameralistik, in: *Jeserich u. a.,* Deutsche Verwaltungsgeschichte, Bd. 1, S. 388–427.
Urlaub, Hildegard, Die Förderung der Armenpflege durch die Hamburgische Patriotische Gesellschaft bis zum Beginn des 19. Jahrhunderts. Berlin 1932.

Vahle, Johannes, Das städtische Armenwesen in Münster vom Ausgang der fürstbischöflichen Zeit bis zum Regime der französischen Herrschaft einschließlich. Ein Beitrag zur Geschichte des Armenwesens im Zeitalter der Aufklärung, in: Zeitschrift für vaterländische Geschichte und Altertumskunde (Westfälische Zeitschrift) 71, 1913 I, S. 331–494.

Valjavec, Fritz, Die Entstehung der politischen Strömungen in Deutschland 1770–1815. München 1951 (Neudruck Düsseldorf 1978).

Veddeler, Peter, Französische Emigranten in Westfalen 1792–1802. Münster 1989.

Vierhaus, Rudolf, Die Landstände in Nordwestdeutschland im späteren 18. Jahrhundert, in: *Gerhard,* Ständische Vertretungen in Europa im 17. und 18. Jahrhundert, S. 72–93.

Vierhaus, Rudolf (Hrsg.), Eigentum und Verfassung. Zur Eigentumsdiskussion im ausgehenden 18. Jahrhundert. Göttingen 1972.

Vierhaus, Rudolf (Hrsg.), Deutsche patriotische und gemeinnützige Gesellschaften. München 1980.

Vierhaus, Rudolf (Hrsg.), Bürger und Bürgerlichkeit im Zeitalter der Aufklärung. Heidelberg 1981.

Vierhaus, Rudolf, Deutschland im Zeitalter des Absolutismus (1648–1763). Göttingen ²1984.

Vierhaus, Rudolf, Deutschland im 18. Jahrhundert. Politische Verfassung, soziales Gefüge, geistige Bewegungen. Ausgewählte Aufsätze. Göttingen 1987.

Vierhaus, Rudolf, Ständewesen und Staatsverwaltung in Deutschland im späteren 18. Jahrhundert, in: *ders.,* Deutschland im 18. Jahrhundert, S. 33–49.

Vierhaus, Rudolf, Wahlkapitulationen in den geistlichen Staaten des Reiches im 18. Jahrhundert, in: *ders.,* Deutschland im 18. Jahrhundert, S. 50–62.

Vierhaus, Rudolf, Politisches Bewußtsein in Deutschland vor 1789, in: *ders.,* Deutschland im 18. Jahrhundert, S. 183–201.

Vovelle, Michel, Die Französische Revolution – Soziale Bewegung und Umbruch der Mentalitäten. München/Wien 1982.

Wagner, Gisela, Zum Stand der Möserforschung, in: OM 87, 1981, S. 114–136.

Wagner, Gisela, Aus Mösers Amtstätigkeit als Sekretär der Osnabrücker Ritterschaft, in: OM 88, 1982, S. 249–251.

Wagner, Gisela, Justus Mösers Verhältnis zu Kirche und Christentum, in: OM 89, 1983, S. 122–138.

Wagner, Gisela, Justus Möser und das Osnabrücker Handwerk in der vorindustriellen Epoche, in: OM 90, 1985, S. 143–161.
Wagner, Gisela, Ein Hinweis auf Justus Mösers Amtsauffassung und Arbeitsweise, in: OM 93, 1988, S. 179–181.
Wagner, Gisela, Zwei neuere Möser-Ausgaben, in: OM 93, 1988, S. 183–185.
Wagner, Gisela, Zum Publikumsbezug in Mösers Beiträgen für die Wöchentlichen Osnabrückischen Anzeigen, in: Möser-Forum I/ 1989, hrsg. von *Winfried Woesler,* S. 76–87.
Wagner, Gisela, Lebenssituation und Lebensführung der Frauen in der Sicht Justus Mösers, in: OM 98, 1993, S. 115–125.
Wanderarbeit jenseits der Grenze. 350 Jahre auf der Suche nach Arbeit in der Fremde. Ausstellungskatalog. Museumsdorf Cloppenburg 1993.
Warmbrunn, Paul, Zwei Konfessionen in einer Stadt. Das Zusammenleben von Katholiken und Protestanten in den paritätischen Reichsstädten Augsburg, Biberach, Ravensburg und Dinkelsbühl von 1548 bis 1648. Wiesbaden 1983.
Webb, Sidney and Beatrice, English local government vol. 7: English poor law history, Part 1: The Old Poor Law. London 1927, Reprint London 1963.
Weber, Max, Wirtschaft und Gesellschaft. Grundriß der verstehenden Soziologie. Hrsg. von *Johannes Winckelmann* (Studienausgabe). Tübingen ⁵1972.
Weber, Max, Die protestantische Ethik und der Geist des Kapitalismus, in: ders., Die protestantische Ethik. Bd. 1 (TB Siebenstern 53). Gütersloh ⁶1981, S. 27–277.
Wehler, Hans-Ulrich, Deutsche Gesellschaftsgeschichte. Bd. 1: Vom Feudalismus des Alten Reiches bis zur defensiven Modernisierung der Reformära 1700–1815. München 1987, ²1989.
Weis, Eberhard, Gesellschaftsstrukturen und Gesellschaftsentwicklung in der frühen Neuzeit, in: *Bosl, Karl / Weis, Eberhard,* Die Gesellschaft in Deutschland I. Von der fränkischen Zeit bis 1848. München 1976, S. 131–287.
Weis, Eberhard, Der Durchbruch des Bürgertums 1776–1847. Berlin 1978 (= Propyläen Geschichte Europas, Bd. 4).
Weis, Eberhard, Aufklärung und Absolutismus im Heiligen Römischen Reich. Zum Problem des Aufgeklärten Absolutismus in Deutschland, in: ders., Deutschland und Frankreich um 1800. Aufklärung, Revolution, Reform. Hrsg. von *Walter Demel* und *Bernd Roeck.* München 1990, S. 9–27.

Weis, Eberhard, Der aufgeklärte Absolutismus in den mittleren und kleinen deutschen Staaten, in: *ders.,* Deutschland und Frankreich um 1800. Aufklärung, Revolution, Reform. Hrsg. von *Walter Demel* und *Bernd Roeck.* München 1990, S. 28–45.

Welcker, Carl Theodor, Möser (Justus), in: Staats-Lexicon, hrsg. v. C. v. *Rotteck* und *C. T. Welcker,* 11, 1841, S. 67–113.

Welker, Ann Marie und Karl H. L., Möser aus französischer Sicht, in: OM 97, 1992, S. 115–139.

Welker, Karl H. L., Behandungskontrakt statt Eigengebung: Erbpacht statt Eigenbehörigkeit, in: Möser-Forum I. Hrsg. von *Winfried Woesler.* Münster 1989, S. 223–256.

Welker, Karl H. L. / Siemsen, Martin, Möser als Grundherr, in: OM 94, 1989, S. 185–194.

Welker, Karl H. L., Johann Wilhelm Riedesel Freiherr zu Eisenbach als Geheimer Rat in Osnabrück (1772 bis 1780), in: OM 95, 1990, S. 107–128.

Welker, Karl H. L., Justus Möser, in: *Hehemann,* Biographisches Handbuch, S. 207–210.

Welker, Karl H. L., Möserliteratur der achtziger Jahre, in: Das Achtzehnte Jahrhundert 14, 1990, S. 62–72.

Welker, Karl H. L., Justus Möser (1720–1794) als Osnabrücker und Westfale, in: Westfalen in Niedersachsen. Kulturelle Verflechtungen: Münster – Osnabrück – Emsland – Oldenburger Münsterland. Ausstellungskatalog. Museumsdorf Cloppenburg 1993, S. 376 – 381.

Welker, Karl H. L., Zwischen juristischer Symbolik und früher Bildwerbung. Justus Mösers Vorschläge zur Gestaltung eines Anzeigenblattes, in: Gutenberg-Jahrbuch 1993, S. 210–226.

Wende, Peter, Die geistlichen Staaten und ihre Auflösung im Urteil der zeitgenössischen Publizistik. Lübeck/Hamburg 1966.

Westerfeld, Heinrich, Kirchen- und Schulwesen im Kirchspiel Schledehausen vom Westfälischen Frieden bis zur Einführung des Simultaneums (1803), in: OM 36, 1911, S. 183–238.

Westfalen in Niedersachsen. Kulturelle Verflechtungen: Münster – Osnabrück – Emsland – Oldenburger Münsterland. Ausstellungskatalog. Museumsdorf Cloppenburg 1993.

Whaley, Joachim, Religious Toleration and Social change in Hamburg 1529–1816. Cambridge 1985.

Wieckenberg, Ernst-Peter (Hrsg.), Einladung ins 18. Jahrhundert. Ein Almanach aus dem Verlag C. H. Beck im 225. Jahr seines Bestehens. München 1988.

Wiedemann, Conrad, Arbeit und Bürgertum. Die Entwicklung des Arbeitsbegriffs in der Literatur Deutschlands an der Wende zur Neuzeit. Heidelberg 1979.

Wiese-Schorn, Luise, Von der autonomen zur beauftragten Selbstverwaltung. Die Integration der deutschen Stadt in den Territorialstaat am Beispiel der Verwaltungsgeschichte von Osnabrück und Göttingen in der frühen Neuzeit, in: OM 82, 1976, S. 29–59.

Wilbertz, Gisela, Scharfrichter und Abdecker im Hochstift Osnabrück. Untersuchungen zur Sozialgeschichte zweier »unehrlicher« Berufe im nordwestdeutschen Raum vom 16. bis zum 19. Jahrhundert. Osnabrück 1979.

Willoweit, Dietmar, Deutsche Verfassungsgeschichte. Vom Frankenreich bis zur Teilung Deutschlands. München ²1992.

Winckelmann, Otto, Über die ältesten Armenordnungen der Reformationszeit (1522–25), in: Historische Vierteljahresschrift 17, 1914/15, S. 187–228, 361–400.

Winckelmann, Otto, Das Fürsorgewesen der Stadt Straßburg vor und nach der Reformation bis zum Ausgang des 16. Jahrhunderts. Ein Beitrag zur deutschen Kultur- und Wirtschaftsgeschichte. 2 Teile in einem Band. Leipzig 1922 (Reprint New York/London 1971).

Winkler, Klaus, Landwirtschaft und Agrarverfassung im Fürstentum Osnabrück nach dem 30jährigen Krieg. Stuttgart 1959.

Winter, Eduard, Ferdinand Kindermann, Ritter von Schulstein (1740–1801), der Organisator der Volksschule und Volkswohlfahrt Böhmens. Augsburg 1926.

Winterling, Aloys, Der Hof der Kurfürsten von Köln 1688–1794. Eine Fallstudie zur Bedeutung »absolutistischer« Hofhaltung. Bonn 1986.

Wolf, Erik, Große Rechtsdenker der deutschen Geistesgeschichte. Tübingen ⁴1963.

Wolff, Fritz, Absolutismus und Aufklärung in Hessen-Kassel, 1730–1806, in: *Schultz, Uwe (Hrsg.)*, Die Geschichte Hessens. Stuttgart ²1984, S. 133–144.

Wrasmann, Adolf, Das Heuerlingswesen im Fürstentum Osnabrück, in: OM 42, 1919, S. 53–171; 44, 1921, S. 1–154.

Wrede, Günther, Siedlungsentwicklung vom 9. bis 18. Jahrhundert, in: *Behr*, Der Landkreis Osnabrück, S. 97–113.

Wriedt, Klaus, Ratsverfassung und städtische Gesellschaft im spätmittelalterlichen Osnabrück, in: OM 94, 1989, S. 11–26.

Wunder, Bernd, Geschichte der Bürokratie in Deutschland. Frankfurt am Main 1986.
Wunder, Heide, Die bäuerliche Gemeinde in Deutschland. Göttingen 1986.
Wunder, Heide, »Er ist die Sonn', sie ist der Mond«. Frauen in der Frühen Neuzeit. München 1992.
Zeeden, Ernst Walter, Deutsche Kultur in der frühen Neuzeit. Frankfurt am Main 1968.
Ziessow, Karl-Heinz, Ländliche Lesekultur im 18. und 19. Jahrhundert: Das Kirchspiel Menslage und seine Lesegesellschaften 1790–1840. 2 Bde. Cloppenburg 1988.
Zimmermann, Clemens, Reformen in der bäuerlichen Gesellschaft. Studien zum aufgeklärten Absolutismus in der Markgrafschaft Baden 1750–1790. Heidelberg 1983.
Zimmermann, Heinz, Staat, Recht und Wirtschaft bei Justus Möser. Jena 1933.
Zorn, Wolfgang, Sozialgeschichte 1648–1800, in: *Zorn, Wolfgang / Aubin, Hermann (Hrsg.),* Handbuch der deutschen Wirtschafts- und Sozialgeschichte. Bd. 1. Stuttgart 1971, S. 574–607.
Zschunke, Peter, Oppenheim am Rhein. Zur Geschichte der Bevölkerung und des Alltagslebens in einer gemischtkonfessionellen Kleinstadt in der Frühen Neuzeit. Wiesbaden 1983.
Zunkel, Friedrich, Art. Ehre, Reputation, in: *Brunner/Conze/Koselleck,* Geschichtliche Grundbegriffe, Bd. 2, 1975, S. 1–63.

NACHTRAG

Die folgende, soeben erschienene Studie in den Veröffentlichungen des Max-Planck-Instituts für Geschichte in Göttingen (Bd. 110) konnte hier nicht mehr berücksichtigt werden:
Schlumbohm, Jürgen, Lebensläufe, Familien, Höfe. Die Bauern und Heuerleute des Osnabrückischen Kirchspiels Belm in protoindustrieller Zeit, 1650–1860. Göttingen 1994.

Personen- und Ortsregister

Es handelt sich hier um ein Register der Orts-, Landschafts- und Personennamen. Nicht aufgenommen wurden die folgenden Stichworte, die sich fortlaufend im Text und in den Anmerkungen (A) finden:
- Justus Möser (Politiker, Jurist, Publizist, Historiograph)
- Osnabrück-Land (Fürstbistum, Hochstift, Geistlicher Staat, Bischofsland)
- Osnabrück-Stadt (Kommune, Bürgermeister und Rat, Magistrat)
- Osnabrück-Regierung (Geheimer Rat, Landesherrschaft)

Für die Hilfe bei der Erstellung des Registers auf PC habe ich Frau Ingrid Schilling, Sekr., zu danken.

A
Abbt, Thomas 236
Abeken, Bernhard Rudolf 8
Abel, Wilhelm 197
Ägypten 267
Albrecht, Peter 24
Alfhausen, Kirchspiel 288
Amerika, Nordamerika 94, 126
Amsterdam 275
Ancien régime (s. Deutschland, Deutsches Reich, Heiliges Römisches Reich Deutscher Nation)
Ankum, Kirchspiel 133 A, 139 A, 189 A, 206 A, 288, 298 A, 299 A, 301–303, 311 A
Aretin, Karl Otmar Freiherr von 3
Arnswaldt, Christian Ludwig August von 116 A, 173, 196 A
Aselage, Gut 283 A
Augsburg 25, 324

B
Badbergen, Kirchspiel 139 A, 189 A, 206 A, 288, 300f., 303
Bamberg (Hochstift) 134, 176, 227
Bar, von (Familie) 257
Barkhausen, Kirchspiel 289
Bäte, Ludwig 18
Baumgart, Peter 3
Bayern 24, 140
Beck, Rainer 295 A
Behr, Hans-Joachim 18
Beins, Ernst 20, 58 A
Belm, Kirchspiel 288
Berge, Kirchspiel 288
Berger, Eva 19
Berghoff, Justus Eberhard 36 A, 46 A, 171, 174 A, 224 A, 262, 263 A, 264, 267f., 270, 278f.
Berlin 30, 97, 168, 227, 312
Bersenbrück, Kirchspiel 288
Bippen, Kirchspiel 289

Birtsch, Günter 3
Bissendorf, Kirchspiel 288
Bloch, Marc 284 A
Block (ev. Pastor in Badbergen) 300f.
Boeselager, Johannes Freiherr von 18, 161 A
Böhmen 125
Bölsker-Schlicht, Franz 18, 320
Bonn (s. auch Kurköln) 14, 59, 164, 167, 213
Bordeaux 24
Borgloh, Kirchspiel 288
Bräker, Ulrich 91
Bramsche, Kirchspiel 104 A, 289
Brandi, Karl 18
Braunschweig-Lüneburg (s. auch Kurhannover, Welfen) 7
Braunschweig 24, 197 A
Bremen 265, 275
Brunner, Otto 41 A
Buer, Kirchspiel 289
Bussche, Ernst August Wilhelm von dem (Geheimer Rat) 292
Büsch, Johann Georg 217

C

Clemens August von Bayern, Kurfürst und Erzbischof von Köln, Fürstbischof von Münster, Paderborn, Hildesheim und Osnabrück 209, 237, 272, 276 A
Covent-Garden (s. auch London) 84

D

Dalberg, Karl Theodor Reichsfreiherr von 24, 50 A, 55f., 126f., 129, 147–154, 163, 176, 320f.
Damme, Kirchspiel 288, 308 A
Danzig 275
Deutschland, Deutsches Reich, Heiliges Römisches Reich Deutscher Nation 3, 5, 7f., 12–18, 25, 30, 33, 39, 59, 61, 68–72, 93, 98, 101f., 120f., 125, 129–131, 141, 146, 148, 151f., 154, 157, 175, 187f., 196, 202, 204, 208, 216, 223, 225, 266, 275, 304, 317, 320, 322, 324–329
Dinges, Martin 13, 23f., 66 A, 144 A, 326
Dissen, Kirchspiel 289
Dorfmüller, August Bernard 189 A, 205 A
Dreißigjähriger Krieg 47, 254, 273
Dresden 197
Duchhardt, Heinz 3
Dülmen, Richard van 23

E

Elias, Norbert 323
Emden 265
Ems 93
Ende, Gotthelf Diedrich von (Geheimer Rat) 292, 294
Endres, Rudolf 10f., 23f., 326
England, englisch 24, 43, 52 A, 59, 83f., 94, 98, 116 A, 117–120, 154, 157f., 160, 169, 173, 191, 193, 210, 219f., 233 A, 265, 295, 304, 309f.
Engter, Kirchspiel 289
Erfurt 50 A, 148, 151, 153, 163, 321

Erthal, Franz Ludwig von, Fürstbischof von Würzburg 147f., 153, 176
Essen, Kirchspiel 289
Europa, europäisch, alteuropäisch 22f., 71, 106, 126, 131

F
Finzsch, Norbert 13, 24, 326
Fischer, Wolfram 23
Foucault, Michel 23, 280 A
Francke, August Hermann 223
Franckesche Stiftungen (Halle) 223
François, Etienne 13, 24f., 324
Franken 24, 148f.
Frankfurt am Main 24, 130 A
Frankreich, französisch 14, 117, 140, 202, 208, 345
Französische Revolution 63, 73, 191 A
Franz Wilhelm von Wartenberg, Fürstbischof von Osnabrück 273
Friedrich II., der Große, König von Preußen 75
Friedrich von York, Fürstbischof von Osnabrück 58, 98, 133 A, 165, 183, 193, 209, 304
Friesland 285
Fürstenau, Amt, Stadt, Kirchspiel 44 A, 74 A, 93, 107 A, 133 A, 166 A, 230f., 289, 291, 303, 311 A, 345
Fürstenberg, Franz von 176

G
Ga(h)len-Fundation 205
Gehrde, Kirchspiel 289

Georg II., König von Großbritannien, Kurfürst von Hannover 272 A
Georg III., König von Großbritannien, Kurfürst von Hannover 59, 104 A, 120, 173, 196 A, 209f., 233 A, 236 A, 264f., 304, 306 A, 309f.
Geremek, Bronislaw 13, 23
Germania sacra (s. Reichskirche)
germanisch, altgermanisch 63
Gesmold, Kirchspiel 288
Glandorf, Kirchspiel 289
Glane, Kirchspiel 167 A, 289, 300
Goethe, Johann Wolfgang 329
Gott, Gottesfurcht 91, 137, 223
Göttingen 8, 20, 24, 74, 125, 197 A
Göttsching, Paul 18, 20, 320
Grönenberg, Amt 230, 291, 345f.
Groningen 285
Großbritannien (s. England)
Gruner, Karl Justus (von) 77 A, 98 A, 127 A, 168, 172, 181, 191, 202 A, 213, 226, 237, 273 A, 274, 312, 317f.
Gruner, Friedrich Andreas (ev. Pastor, St. Katharinen) 196
Gütersloh, Kirchspiel 288
Gutton, Jean-Pierre 13, 23

H
Habsburg, habsburgisch 125
Hagen, Kirchspiel 289
Halle a. d. Saale 24, 122, 216, 222–225
Hallescher Pietismus 222–224

Hamburg 24, 45, 121, 150f.,
  195 A, 196, 197 A, 198, 200,
  203, 216–218, 220–225, 275,
  324
Hammerstein, Notker 3
Hammerstein, von (Familie)
  257
Hanschmidt, Alwin 3
Hatzig, Otto 19, 320
Herder, Johann Gottfried 63
Herft, Dechant und Domprediger 168, 189 A, 205 A
Hersche, Peter 4
Herzog, Friedrich 18
Heuvel, Christine van den 18
Hilter, Kirchspiel 289
Hinrichs, Carl 223
Hinrichs, Ernst 3
Hirschfelder, Heinrich 18
Hoberg, Hermann 18, 344f.
Hoffmeyer, Ludwig 19, 320
Holland, Hollandgängerei
  (s. Niederlande)
Holte, Kirchspiel 289
Homer, homerisch 97
Hoyel, Kirchspiel 289
Hufton, Olwen H. 23
Hunecke, Volker 23
Hunteburg, Amt, Kirchspiel
  230, 289, 291, 346

I
Iburg, Amt, Stadt, Kirchspiel
  44 A, 52 A, 115 A, 230, 289,
  291, 300, 346f.

J
Jesuiten 273
Joseph, Hl. 267
Joseph II., Deutscher Kaiser
  167

Justi, Johann Heinrich Gottlob
  von 54, 74, 127, 320
Jütte, Robert 13, 23f., 144 A,
  326

K
Kant, Immanuel 24, 123f.
Kanz, Heinrich 18
Kaschuba, Wolfgang 23
Kassel 182 A, 201, 244, 253 A
Kerssenbrock-Fundation 205
Kindermann, Ferdinand, Ritter
  von Schulstein 125, 127
Klefeker (ev. Prädikant und
  Magister, Gutachter) 199 A,
  222, 224 A
Knudsen, Jonathan Brian 18,
  234 A, 320
Koblenz 24, 271
Kocka, Jürgen 23
Köln (s. auch Kurköln) 24, 271
Königsberg 123
Kopitzsch, Franklin 13, 24, 326
Krusch, Bruno 18
Kunisch, Johannes 3
Kurhannover, Hannover
  (s. auch Braunschweig-Lüneburg, Welfen) 8, 14, 21, 33, 47,
  59, 161f., 169, 173, 175, 178,
  205, 212, 233, 236f., 317, 322
Kurköln 7, 14, 47, 59, 164f.,
  167, 169, 209, 213, 300
Kurmainz 50 A, 55, 148, 151f.,
  153, 163, 176, 227, 321
Küther, Carsten 24

L
Laer, Kirchspiel 289
Langenberg, Kirchspiel 288
Laslett, Peter 98
Leine 60

Leipzig 196
Lessing, Gotthold Ephraim 236
Lintorf, Kirchspiel 289
Lodtmann, Justus Friedrich August 179 A, 239f.
London 8, 14, 21, 47, 52 A, 57, 59, 83–85, 98f., 109, 117f., 121, 161, 175, 178, 193, 210, 213, 219, 233, 236, 309
Lübeck 196, 197 A, 275
Luther, Lutheraner, lutherisch 12, 47, 154, 168, 187, 189, 191, 204f., 221, 223, 227, 251, 288f., 301, 308, 324, 344

M
Machens, Konrad 18
Mainz (s. Kurmainz)
Mariä Himmelfahrt 292
Max Franz von Österreich, Kurfürst und Erzbischof von Köln 164f., 167, 300
Max Friedrich von Königsegg, Kurfürst und Erzbischof von Köln 164
Meinecke, Friedrich 71
Melle, Stadt, Kirchspiel 44 A, 115 A, 166 A, 288
Menslage, Kirchspiel 289, 298 A
Merzen, Kirchspiel 288
Metz, Karl Heinz 23
Meyer, Horst 234 A
Minden-Ravensberg 130, 198 A, 226 A
Moes, Jean 18
Moll, Franz Arnold 173, 199 A, 221f., 258, 263
Mollat, Michel 13, 23, 41 A
Molly, Ferdinand 19, 244, 252 A, 320
Möller, Horst 3

Montanari, Massimo 13
Mooser, Josef 18
Moser, Johann Jakob 74
Münch, Paul 23
München 150
Münster (Fürstbistum, Stadt) 7f., 130, 139 A, 168, 176, 190 A, 270, 273, 301, 308 A

N
Nadermann (kath. Pastor in Glane) 167 A, 300
Napoleon Bonaparte, napoleonisch 11, 324
Neuenkirchen bei Melle, Kirchspiel 288
Neuenkirchen bei Vörden, Kirchspiel 288
Neuenkirchen im Hülsen, Kirchspiel 288
Nicolai, Friedrich 1, 18, 27, 30, 97, 137 A, 155, 211, 227, 236, 315, 320, 331
Niederlande, Holland, Hollandgängerei 90 A, 93–95, 126, 231f., 275, 285, 286 A
Niedersachsen, niedersächsisch 21, 39, 83
Nürnberg 24, 197
Nußmann, Stephan 253 A

O
Oesede, Kirchspiel 288
Oestreich, Gerhard 323
Oldendorf, Kirchspiel 289
OSNABRÜCK, Ämter, Amtsstädte, Vogteien und Kirchspiele im Überblick 288–291, 344–348 (Anlage 4)

OSNABRÜCK, Armenstiftungen, Fundationen und Hospitäler im Überblick 245–251
OSNABRÜCK, Ev. Armen- und Waisenhof der Stadt 254, 257–260, 263, 268 A, 270f., 278
OSNABRÜCK, Gesellschaft der Armenfreunde von 1801 196–203
OSNABRÜCK, Armen-Anstalt von 1810 11, 67 A, 116, 182, 195–202, 204–209, 244, 251, 254, 271
OSNABRÜCK, Religions- und Verfassungsparität (paritätische Stiftsverfassung) 17, 20, 24f., 33f., 39–41, 45–49, 57f., 60, 65, 77, 107, 116, 120, 145f., 158–178, 180f., 185–194, 198f., 203, 207, 209, 211–213, 216, 219–221, 225f., 234, 242, 268, 271, 305, 312, 323–325, 328
OSNABRÜCK, Landstände, ständisch (insbes. ev. Ritterschaft) 8, 11f., 14, 18, 21–23, 36, 38, 43, 50, 52, 56f., 61, 72–74, 76, 79, 91, 95–98, 101, 107, 109, 116, 118, 120, 122, 154, 160–168, 172, 178, 182–185, 190, 204, 211, 219, 226–228, 233, 235, 238, 242, 257, 264f., 272–275, 279–283, 286f., 293, 297, 299, 305–308, 311, 317, 322f., 326, 329
OSNABRÜCK, Domkapitel, Domprälaten 6, 8, 14, 45, 48, 72, 160–169, 173, 185f., 188–193, 196, 203–214, 252, 264, 267f., 273, 283, 289, 324

OSNABRÜCK, Ständische Stiftskasse 43f., 117, 266, 285, 299, 305, 308f.
OSNABRÜCK, Land- und Justizkanzlei 21, 50, 72f., 138, 162, 236 A, 238f., 242, 273, 275, 291, 311, 313, 323
OSNABRÜCK, Fürstbischöfliches Schloß 50, 60, 163, 211, 238, 241f.
OSNABRÜCK, Augustinereremitenkloster 273
OSNABRÜCK, Dominikaner („Natruper Kloster") 191
OSNABRÜCK, Heilig-Geist-Kirche (Armenkirche) 258, 263
OSNABRÜCK, Hospital zum Heiligen Geist 252–254
OSNABRÜCK, Hospital zur Süntelbecke 252–254
OSNABRÜCK, Hospital zur Twente 252–254
OSNABRÜCK, St. Peter (Dom, kath.) 257, 289
OSNABRÜCK, St. Johann (Kollegiatstift, kath.) 164, 186, 196, 257, 289
OSNABRÜCK, St. Katharinen (luth.) 186f., 196, 289
OSNABRÜCK, St. Marien (luth.) 186, 289
OSNABRÜCK, Butenburg (Stadtviertel) 254
OSNABRÜCK, Große Gildewart 254, 259
OSNABRÜCK, St. Jürgenshaus (Spinnhaus) 270f.
OSNABRÜCK, Petersburg (Zwingburg) 273
OSNABRÜCK, Tecklenburger Hof 254

OSNABRÜCK, Waisenhofschule 258
OSNABRÜCK, Zucht- und Gefangenhaus 11, 50, 113–115, 124, 139, 216, 243, 271–280, 295, 304
OSNABRÜCK, Zünfte, zünftisch 12, 77, 107, 135, 213, 240, 244, 251, 264, 277
Ostercappeln, Kirchspiel 288
Österreich 167

P
Paderborn 164
Penners, Theodor 18
Pestalozzi, Johann Heinrich 127
Pforzheim 24
Physiokrat(en) 266 A
Pieper, B. F. (kath. Pastor, St. Johann) 196
Pleister, Werner 20, 58 A
Potsdam 75
Presbyter und Senioren 145
Press, Volker 3
Preuß, Christian Friedrich 261
Preußen, preußisch 122f., 130, 131 A, 142, 168, 198 A, 222f., 226 A, 274 A
Pütter, Johann Stephan 74
Pyrmont (Bad) 155, 236

Q
Quakenbrück, Stadt, Kirchspiel 44 A, 288

R
Reckenberg, Amt 230, 291, 348
Recker (Kötter) 52 A

Reich (s. Deutschland, Heiliges Römisches Reich Deutscher Nation)
Reichsdeputationshauptschluß (1803) 172, 208 A
Reichskammergericht (Wetzlar) 273
Reichskirche (Germania sacra) 3, 6, 8, 25, 33, 41, 45, 63, 148, 152–154, 168f., 173, 175–177, 188, 207, 322
Reichsverfassung 3, 8, 183, 324
Renger, Reinhard 18, 21
Rheda, Herrschaft 288
Rhein, rheinisch 60, 150
Rheinbund, rheinbündische Reformstaaten 208, 271, 324
Riedesel, Johann Wilhelm Freiherr zu Eisenbach (Geheimer Rat) 294
Riemsloh, Kirchspiel 288
Riis, Thomas 23
Ringelmann (ev. Prädikant und Magister, Gutachter) 199 A, 222, 224 A
Ritter, Gerhard A. 23
Roeck, Bernd 23
Roscher, Wilhelm 319
Rückert, Joachim 18
Rulle, Kirchspiel 288
Rumford, Graf 150 A, 259 A
Runge, Joachim 18
Rupprecht, Ludwig 19, 320

S
Sachse, Wieland 24
Sachsse, Christoph 23, 326
Scherner, Karl Otto 23
Schindling, Anton 18
Schlaun, Johann Konrad 273

Schledehausen, Kirchspiel
  107 A, 166 A, 288
Schlumbohm, Jürgen 18, 320
Schmidt, Peter 18
Schröder, Jan 18
Schröder, Tilde 234 A
Schubert, Ernst 24, 134
Schwaben 24
Schwagstorf, Kirchspiel 289
Schwietering, Henrich 267 A
Seegrün, Wolfgang 18
Sextro, Heinrich Philipp 125
Sheldon, William F. 18, 20,
  58 A, 234 A
Shuter, Edward 84
Siebenjähriger Krieg 11, 14, 41,
  58, 76, 100, 103, 106, 114,
  122, 127, 210, 232, 233 A,
  239, 271, 274, 286
Siegmund-Schultze, Gerhard
  19, 320
Sievers, Kai Detlev 23
Slack, Paul 23
Sonnenfels, Joseph von 24, 54,
  74, 127, 320
Spechter, Olaf 18
Stauf, Renate 18
Stein, Heinrich Friedrich Karl
  Reichsfreiherr vom und zum
  63, 328
Stekl, Hannes 24, 326
Stier, Bernhard 13, 24, 275 A,
  278, 326
Stroh, Hebamme 277 A
Stuttgart 74
Stüve, Ernst Eberhard Wilhelm
  241
Stüve, Heinrich David (Maire)
  189 A, 208 A
Stüve, Johann Eberhard 191

St. Giles in London (Kirchspiel)
  83
St. James in London (Königs-
  palast) 83, 98
St. Vit, Kirchspiel 289

T
Talge, Bauerschaft im Kirch-
  spiel Ankum 301
Tecklenburg-Lingen 130, 226 A
Tenge, Ernst Friedrich 277
Tennstedt, Florian 23, 326
Themse 60, 83
Toggenburg (Kanton St. Gallen)
  91f.

U
Üffeln, Kirchspiel 289

V
Venne, Kirchspiel 289
Vierhaus, Rudolf 3, 10
Vogelius, Karl Heinrich von
  (Generalvikar) 164–167, 212,
  300
Voltlage 289
Vörden, Amt, Kirchspiel 93,
  230f., 288, 291, 347

W
Wagemann, Ludwig Gerhard
  125
Wagner, Gerhard Friedrich
  (Senator) 185, 191
Wagner, Gisela 20, 31 A
Wallenhorst, Kirchspiel 289
Weber, Max 323
Wehler, Hans-Ulrich 71
Weis, Eberhard 3
Welfen, welfisch (s. auch
  Braunschweig-Lüneburg,

Kurhannover) 8, 14, 47, 49, 59, 120, 154, 160, 162, 169, 176, 178, 181, 190f., 193, 209, 221, 226 A, 234, 237, 272, 324
Welker, Karl H. L. 18, 320
Wellingholzhausen, Kirchspiel 289
Wende, Peter 4
Weser 93
Westfalen, westfälisch (westphälisch) 39, 83, 182, 201, 208, 231, 244, 253 A, 271, 274, 324
Westfälischer Frieden 6, 25, 178, 185–187, 324
Westfälischer Reichskreis 131
Wetzlar 273
Wiedenbrück, Stadt, Kirchspiel 230, 289
Wien 24, 150, 197 A
Wilbertz, Gisela 18
Winkler, Klaus 18
Wittelsbacher, wittelsbachisch 150
Wittlage, Amt 230, 291, 347
Woesler, Winfried 17, 234 A
Wolff, Christian 122
Wrasmann, Adolf 19, 320
Württemberg, württembergisch 74
Würzburg (Hochstift, Stadt) 50 A, 147f., 151–153, 163, 176, 227, 321

Z

Zimmermann, Heinz 19, 320